2013 年度国家社会科学基金项目
《广西与东盟邻国同俗文化研究》　研究成果

走进同源异流的古越族群后裔家园

广西壮族与越南岱侬族族群同俗文化研究

陈杭　著

新华出版社

图书在版编目（CIP）数据

走进同源异流的古越族群后裔家园：广西壮族与越南

岱侬族族群同俗文化研究 / 陈杭著

北京：新华出版社，2022.6

ISBN 978-7-5166-6321-9

Ⅰ.①走… Ⅱ.①陈… Ⅲ.①壮族－民族文化－研究

－广西②岱人－民族文化－研究－越南 Ⅳ.①K281.8 ②K338.3

中国版本图书馆CIP数据核字(2022)第113227号

走进同源异流的古越族群后裔家园

作　　者：陈　杭

出 版 人：匡乐成　　　　　　　责任编辑：唐波勇

特约编辑：张汇元　　　　　　　封面设计：优盛文化

出版发行：新华出版社

地　　址：北京石景山区京原路8号　　邮　　编：100040

网　　址：http://www.xinhuapub.com

经　　销：新华书店、新华出版社天猫旗舰店、京东旗舰店及各大网店

购书热线：010-63077122　　　中国新闻书店购书热线：010-63072012

照　　排：优盛文化

印　　刷：石家庄汇展印刷有限公司

成品尺寸：210mm×285mm

印　　张：21.75　　　　　　　　字　　数：480千字

版　　次：2023年5月第一版　　　印　　次：2023年5月第一次印刷

书　　号：ISBN 978-7-5166-6321-9

定　　价：98.00元

目 录

绪　论

一、研究的缘起

2006 年秋，本课题研究成员带领所在高校 2003 级音乐专业学生前往广西平果县采风。平果县位于广西南部，是中国南方百越民族中"骆越"族群繁衍生息的腹地，其东侧即为著名的大明山，许多与古骆越音义相关的地名及文化遗址遍布大明山的周边。

在这里，我们认识了时任县人大主任的农敏坚先生。他亲自带领我们走遍了平果县传统民间音乐保存较好的村落，走近了流传千百年的古越"嘹歌"，领略了壮族丰富的民间口头文学艺术，深刻地理解了壮族内涵深厚的传统文化。

其间，我们有机会与农主任促膝长谈，知道他曾担任那坡县委书记。多年的基层农村工作，使他对那坡的山山水水、人文风俗十分了解。我们谈到当地黑衣壮民歌的挖掘与保护，还聊起了这个边陲小县壮族与毗邻越南少数民族的关系。农主任告诉我们，境外的越语当地壮人基本上都听得明白，越南岱、侬民族与广西边境的壮族实际上是历史文化同源的跨境民族，他们的语言基本上是相通的，边贸集市上双方的交流没有任何障碍。农主任深情地说，其实边境两边的民族历史上本来是一家人，许多村民家庭都有对方的亲戚，逢年过节双方来往非常密切，平时的生活习俗几乎没什么两样，宗教信仰与各种民间礼俗都是相同的。正是这些密切的亲缘关系与相同的风俗习惯，紧紧地维系着边民的相互关系，对边境地区社会治安的稳定起到了重要的促进作用。

与农主任的交谈使我们对中越边境跨境民族产生了浓厚的兴趣，之后，相关的学术研究进入了我们关注的视野，通过"知网""百度"等网络平台，我们获取了不少相关的资料。家在边境地区的本校学生以及校内的越南、老挝、泰国留学生们，也成了我们经常交谈的对象。不断地收集相关资料充实我们对该地区相关民族的资料库存，成了我们研究团队一直在进行的工作。

2013 年年初，课题组所在高校进行了国家社科项目申报的总动员，要求学校下属各专业的科研团队认真挖掘自己的研究积累，提交有分量的项目申请。经过反复研究与论证，本研究团队把视线聚焦在广西长达 1300 多千米的陆地边境地区的跨国民族，并且选择了最能体现他们族源文化保留与传承特征的生活习俗作为课题研究的重点方向，意图通过这些同俗文化的深入研究与最终论证，揭示如何在国际和平环境中，充分利用跨境民族的族源认同、风俗认同、文化认同、感情认同，最终达到睦邻安邦的政治目的。研究团队最后确定以"睦邻安邦视阈下广西与东盟邻国同俗文化研究"为题，通过充分的课题论证，进行项目申报。同年 8 月，研究团队将项目名称定为"广西与东盟邻国同俗文化研究"（西部项目）。自此，我们一直关注并研究的中越跨国民族同源同俗课题，进入了国家社会科学研究的平台。

二、研究的聚焦

广西与东南亚国家交往的历史非常久远。中南半岛的主要河川及山脉大部分是从中国广西、云南地区延伸过来的，由于山同脉，水同源，地理位置上的特殊关系，使中国边境地区与中南半岛众多国家的关系十分密切，而生活在这一区域的众多古老民族，在数千年漫长的历史岁月中，不断流动，不断交融，不断嬗变，形成了不少跨国民族，在族群文化、习俗等方面呈现出千丝万缕的关系。时至今日，这些生活在不同国度的跨境民族，由于亲缘、姻缘、俗缘、地缘的维系，往来十分频繁，成为影响跨境地域经济繁荣、社会安定的重要因素。

研究课题"广西与东盟邻国同俗文化研究"2013年6月获国家社会科学研究项目（西部项目）立项，使这具有厚重民族文化价值的历史成为具有现实意义的研究命题。然而，课题研究涉及国度众多，与广西相邻或相近的就有越南、老挝、柬埔寨、缅甸、泰国等国；相关地域范围宽阔，民族众多，历史上与广西境内民族有关系的就有越南的京族、岱族（也称岱依族）、侬族、泰族、华族、芒族、赫蒙族、瑶族、山斋族、山由族、倮倮族、仡佬族、布标族、拉基族、巴天族，老挝的老族、泰族、蒙莱族、瑶族、贺族，柬埔寨的老族、泰族，泰国的傈僳族、苗族、瑶族；缅甸的掸族、布朗族。其中，广西与越南就有跨境民族12个（指中国认定民族），而越南对应的跨境民族有26个（指越南认定民族），如广西彝族在越南对应的跨境民族为倮倮族、普拉族，广西壮族在越南对应的跨境民族为岱族、侬族、布标族、拉基族、山斋族，广西瑶族在越南对应的跨境民族为瑶族、巴天族、山由族，广西苗族在越南对应的跨境民族为赫蒙族（也有称苗族），而跨境京族、仡佬族两国的名称是一致的。

诚然，一个课题研究，要容纳、涉及如此众多国度、众多民族、广袤地域的相关内容，显然是不可能的。课题组重新审视了课题研究的对象指向，把地理范围的视线投向广西边境及与之接壤的越南北方。受范宏贵先生《壮族在东南亚最亲密的兄弟——越南的岱、侬、拉基、布标、山斋族》文章的影响，同时根据自己已有的研究基础与研究条件，我们最终把研究目标聚焦于生活在中越边境地区同源同俗的广西壮族与越南岱、侬族群。当研究指向确定后，我们及时向广西社会科学项目管理办公室负责人汇报，得到了他们的认可与支持。

研究目标的确立使课题组明确了研究的方向。我们查阅了大量的文字资料，被丰富的史料所感动，一幕幕数千年来古代南方百越民族繁衍与迁移历史的画面，在我们眼前由远而近地展开，我们仿佛看到了千百年来古越先民在恶劣的自然环境中，为寻求适合自己生息与繁育之地而辗转南迁的线路，不断地把祖宗留传下来的族群风俗文化带到了新的立足点，生生不息，代代相传，并与当地的原有文化紧密结合、不断发展。于是，一个课题研究专著的名称——"走进同源异流的古越族群后裔家园"诞生了。

三、国内外研究现状

共同的生息繁衍区域，共同的族源祖先，非常接近的民族语言和生活方式，使得广西壮族与越南岱、侬等族的民族关系，较早地引起了中越两国以及日、法等国人文社会科学学者的关注与研究。

（一）国内研究现状及主要论著观点

20世纪60年代，范宏贵在1966年第1期的《语言学资料》上发表了《越南少数民族语言概况》，

从一个广西学者的角度探讨了越南北方少数民族的语言问题。时隔 10 多年，又陆续有中国学者进入这个研究领域。1980 年《广西历史学会第二次代表会暨 1980 年年会会刊》刊登了黄国安的《骆越与广西壮族及越南民族的历史渊源关系》，较早探讨了中越壮、岱族的共同族源问题；1980 年第 1 期的《西南民族历史研究集刊》刊登了范宏贵的《侬智高的国籍和成分问题》，同年的《广西民族学院学报》第 4 期，刊登了粟冠昌的《试论侬智高的国籍和他的一生活动》，将中越两国边民都信奉的历史人物侬智高带进国际研究领域。1983 年第 3 期《印支研究》刊登了戴可来的《中越跨界的少数民族》，论述了中越众多跨境民族的历史与现状，以及这些民族在两地民间交往中的密切关系；1985 年 10 月 13 日《河池日报》刊登了卢桦的《历史悠久的中越边境贸易集市》，从商品流通、集市贸易等方面探讨了中越边境民族经济往来的问题。1985 年第 2 期《民族研究集刊》刊登了程方的《越南少数民族与中越跨境民族》，从越南北方少数民族的角度研讨两国跨境民族的问题。1986 年第 6 期《民族译丛》刊登了高冰玲的《越南的岱族》，文章对岱族的族源及传统文化进行了研究。1988 年 5 月广西民族出版社出版了黄现璠、黄增庆、张一民编著的《壮族通史》，此书对壮族的历史源流进行了科学的论定，为之后中越壮、岱跨境民族的研究奠定了理论基础。1990 年第 4 期的《广西民族研究》刊登了李锦芳的《壮族姓氏起源初探》。1999 年广西人民出版社出版了李富强的专著《人类学视野中的壮族传统文化》，特别是同年广西民族出版社出版了张有隽主编的《边境上的族群——中越边民群体的人类学考察》，11 月《民族研究》刊登了范宏贵的《中越两国的跨境民族概述》，中越跨境民族社会人文方面的研究从此开展。

进入 21 世纪，以广西民族师范大学、广西民族研究所为首，广西、云南众多高校专家进行了中越跨境民族研究，获得了丰硕的研究成果。2002 年 2 月滕成达在《东南亚纵横》发表了论文《中国壮族与越南岱、侬族民间诸神信仰比较》。《广西民族学院学报》2005 年第 2 期刊登了范宏贵的文章《壮族在东南亚最亲密的兄弟 ——越南的岱、侬、拉基、布标、山斋族》，经作者多年考查论证，首次明确了中越壮、岱跨国民族的族群范围，为日后相关的研究指明了方向。陈确在 2006 年第 3 期《东南亚研究》发表了《试述越南社会民俗的特点及其成因》；民族出版社 2007 年 9 月出版的范宏贵研究专著《同根生的民族——壮泰各族渊源与文化》，更是全面深入地研究与揭示了中国壮族与东南亚邻国相关民族同根同源的密切关系。《世界民族》2008 年第 4 期刊登了王文光、姜丹的论文《从同源走向异流的越南百越系民族》，《广西社会主义学院学报》2009 年第 2 期刊登了蓝韶昱的论文《中国壮族与越南岱族土司制度比较述略》，《广西师范学院学报》2014 年第 3 期刊登了谢永新、刘光创论文《广西壮族与越南岱族侬族的族源文化初探》，《河池学院学报》2014 年刊登彭茹的论文《越南高平侬语和广西靖西壮语的初步比较》。《广西民族师范学院学报》2017 年第 6 期刊登了郑永涛的论文《边疆少数民族文化跨境传播策略——以广西壮族与越南岱、侬族同根文化为例》，《广西师范学院学报》2017 年第 5 期刊登了黄艳、易奇志的研究文章《中国壮族与越南岱族、侬族的骆越文化传承研究》。

此外，广西壮族自治区内外高校不少硕士、博士研究生也将中越壮、岱族跨境民族问题作为自己的毕业研究课题。中南大学黄雁玲的博士学位论文《壮族传统家庭伦理及其现代演变研究》，广西民族大学何良俊的硕士学位论文《何谓侬人？——同根兄弟，认同有别》，华东师范大学阮庆如的硕士学位论文《中越边境地区岱、侬、壮三族原始祭祀信仰比较研究》，广西民族大学韦凡州的硕士学位论文《越南人信仰中的中越共同神研究》等，都把中国壮族与越南岱、侬族的民族关系作为研究课题。

（二）国外研究现状及主要论著观点

中越壮、岱族群的渊源关系及民族文化，也引起了国外专家学者的关注，其中最为突出的是日本当代民族学家、研究中国壮学的权威、大阪国立民族学博物馆先端人类科学研究部教授冢田诚之（TSUKADA Shigeyuki）。

冢田诚之较早进入中国广西、云南及越南北方地区，对中越壮、岱跨境民族进行了长期的调查与研究，相关的论著有：《唐朝宋时代华南少数民族的动向——以左、右江流域为中心》（《史学杂志》92编3号，1983年）、《明代壮族的迁徙与生态——明清时代壮族史研究》（《广西民族研究》，1987年第4期）、《唐宋时期华南少数民族的动向——以左右江流域为中心》（《贵州民族研究》，1994年第9期）、《中国广西壮族和越南侬族的民族间关系——以文化的比较和交流作为中心》（"中国、东南亚大陆架国境地域的诸民族文化动态的人类学调查研究"项目研究成果报告书，2004年）、《中国壮族与越南侬族的民族关系与交流》（《广西民族大学学报》，2007年9月）。冢田诚之上述论文及其他相关论著，极大地丰富了中越壮、岱跨境民族历史与文化研究的成果，特别是他站在一个域外专家的视角，较客观地揭示了该地区相关民族的生活现状及文化内涵，为中越两国学者的研究提供了非常有价值的参考。

越南专家学者及社会文化研究机构对中越壮、岱跨境民族的研究，也取得了不少成果。1975年河内社会科学出版社出版的《关于确定越南北方各少数民族的成分问题》收录了黄南的文章《议岱、侬族的关系》，较早地论述了越南岱族与侬族的历史与文化。1986年越南社会科学委员会民族学研究所编著了《越南北方少数民族》一书，论及了岱、侬等越北少数民族的历史与文化，为本课题研究越南跨境民族提供了重要资料。越南学者何文舒、吕文芦撰写的论文《越南岱族和侬族人的一些习俗》（宋福旋译，刊于《世界民族》1993年第5期），对越南岱、侬民族的民间习俗进行了深入的研究，并有部分与中国壮族比较研究的内容；越南学者苏玉清的论文《越南操岱泰语各族的音乐》（范宏贵译，载《民族艺术》1996年第1期）；越南学者黄友平、黄闭撰写的论文《越南岱侬族、侬族的宗教信仰》（陆冬梅译，载《东南亚纵横》2003年第10期），对越南岱侬族、侬族的原生宗教及佛、儒、道教在当地的传播进行了研究与论述；越南著名学者范秋夏所著的《越南岱族的饮食文化》（2007年由中国社会科学出版社翻译出版），较深入地研究了越南最大的少数民族岱族的食物种类及饮食习俗，论述了岱人日常生活及各种民间仪式中的饮食文化；越南国家文化遗产委员会委员、文化通讯部《文化艺术》杂志总编、越南国家文化艺术研究院院长阮志坚博士的著作《越南的传统文化与民俗》（郑晓云翻译编辑，2009年云南人民出版社出版），用了较长的篇幅论述了越南北方少数民族生活、劳作中的民间民俗；闭文侯的研究论文《越南岱族家庭——传统与变革》（李彩云译，载《百色学院学报》2014年第5期），从传统及变革的角度，论述了越南岱族的家庭结构、成员关系和生活传统习俗及其衍变。

越南学者卢越胜于2011年到华东师范大学攻读博士学位，在读期间多次深入中越边境壮、岱族地区进行社会考察调查，于2014年以"中越边境地区岱、壮、侬族历史社会文化比较研究"为题，完成了其博士学位论文；学者武氏雪2009年到华中科技大学攻读硕士学位，2012年5月以"越南传统庙会民间游戏的文化探析"为题的毕业论文获该校硕士学位，论文以较大的篇幅论述了北方少数民族各种民间庙会中的游戏活动，既有学术性又有趣味性。

四、相关学术问题的思考

在此之前，关于中越两国壮、岱跨境民族的历史与现状问题，不少中外专家学者已有了丰富的研究论著。但是，本课题组专题性地研究两国相关民族的共同风俗习惯，追溯其族群文化源流，探究其在边境地区"睦邻安邦"外交战略及加强国际合作中的重要作用，并且第一次提出了"同俗文化"的汉语用词，这样的研究命题在国内外都是首创的。其中，也有不少相关的学术问题，需要课题组先行认真思考与研究。

（一）关于课题研究的相关民族范围及专著中的称谓问题

本课题研究组尊重与借鉴国内外相关的研究成果，特别是范宏贵先生的《同根生的民族壮泰各族渊源与文化》及《壮族在东南亚最亲密的兄弟——越南的岱、侬、拉基、布标、山斋族》《壮族进入越南一分为五》等著作、文章，根据大量包括两国地方志、家族族谱、族群自称、族群方言、生活习俗、民间传唱传统古歌等的资料，以及两国相关民族跨境宗亲姻亲交往关系，明确论断了中国壮族与越南岱族、侬族、拉基族、布标族、山斋族为同宗同源的跨境民族。之后，本课题组在深入广西边境那坡、德保、靖西、大新、龙州、宁明、凭祥、上思、防城等地，越南北方谅山、北江、广宁、太原、北浒、高平、河江等地的社会考察中，采访了众多的专家学者、政府职员、文物博物馆人员、农户村民、作坊工匠、宗教神职人员，获得了大量的原始资料，从中印证了范宏贵先生关于两国跨境民族认定的结论是符合历史的，是完全正确的。因此，本课题的研究专著也以此为理论依据与研究基础。由于岱族与侬族分别为越南第一和第三大的少数民族，拉基、布标、山斋族的人口则较少，因此，本专著在论及越南国内这几个民族时，称之为"岱、侬族群"或"岱侬民族"，在论及中国壮族及越南岱、侬族群时，则合称之为"中越壮、岱跨境民族"或"壮、岱族"，或"壮、岱族群"。

（二）课题研究中越壮、岱跨国民族的同俗概念

在社会学中，民俗是一个地方或民族的民间生活习俗，同俗即相同或相异地域的人群拥有相同或相似的民俗。民俗受到尊重和维护，其根本原因在于民俗已成为群体的感知与共识，它以一种相对稳定的形式存在与传承于群体之中。同时，民俗又具有一定的变异性，民俗作为一种文化生活，年复一年，代复一代，在群体及其后代中传承，这种群际和代际间的传承，主要依靠不断重复的实施途径。然而，社会生活的文化环境是在不断变化的，受客观与主观因素的影响，传统民俗在群体中的传承也不可能是永远不变的，在千变万化的生活情景中，在思想意识不断变化的后人中，民俗也会随之发生嬗变。但是，这种变化一般不会动摇其群体源头文化的根基。由于生存的需要，一些成员离开了群体生息的故地，他们总会执着地携带着原有的生活习俗辗转他乡，在与异地文化的交融中坚守族源文化。

中国的壮族与越南的岱、侬族群，就是这样一群生活习俗十分密切的近亲群体，他们"共同滥觞于先秦时期岭南的百越民族，至秦汉时为骆越，至魏晋南北朝时为俚僚，至隋唐时为西原蛮（范围大致为左、右江流域到中越边境两侧）。"[1] 如上所述，中越壮、岱跨境民族先民原来生息于中国岭南地区，为当时百越民族的骆越族群。千百年的社会生活，孕育与形成了他们具有地域特色的族群民俗文化。由于生息与繁衍的需要，他们当中有的成员为了拓展生存与发展的空间，不断寻找新的生息落脚点，甚至形成了较大规模的迁徙。这些迁徙的群体进入新的地域与环境生活，仍然保持与延续着传统的族群习俗，尽管年湮代远，具有共同宗源关系的群体，往往会通过对各自相同生活习俗的认同态度，找到共同的传统文化渊源，这就是"同俗文化"寻根。

（三）课题研究的相关路径

社会科学是以社会现象为研究对象的科学，研究并阐述各种社会现象及其发展规律，是社会科学研究项目的主要任务。围绕本课题研究的立项宗旨与中心问题，有如下研究途径。

1.丰足的史料与参考资料是课题研究的起点

在跨越一千多年和漫长边境线区域的时空里，对中越壮、岱跨国民族进行民俗事项与文化的调查、研究，其难度之大可想而知。对于相关研究材料的收集，首先要考虑存在于该地区各地的典籍、地方志、家谱族谱等书面资料。

典籍是中国古代重要文献的总称，它包括了不同朝代、不同领域的代表性法典文献；典籍也泛指古代重要的图书、图籍等。典籍一般为古代各级官府编纂，或得到历史认可，具有权威性的文字史料，对本课题研究具有重要的史实参考作用。

地方志，古时称地志、方志，也有称地记、图经，它是中国历代全面、系统地记述本行政区域某个时期资料性文献的形式，其中包括自然、政治、经济、文化、社会等方面的情况和特定事项。地方志是一部地方的综合性资料书，它是对当地自然地理、人文地理、经济地理的如实记载，有史学之性质，但非正史，也非史学范畴。它比史学更通俗、更广博，具有地方百科全书的性质，其记述内容从自然景物到社会生活，从地方经济到行政治理，从乡间奇闻到市井陋习，几乎无所不包。地方志有规范的编纂要求和格式，在选材时有严格的要求，需经地方官府的审查，因此，地方志对各类学术研究有重要的参考价值，也是本研究课题必须认真收集的重要地方文献记载。

族谱，也叫家谱、宗谱、祖谱等，是中国传统的一种以记载血缘关系为主体的家族世系繁衍的表谱形式。中国古时各朝代都有记载帝王诸侯世系的皇谱，后逐渐走向民间百姓，成为记载父系家族世系及人物的家族历史图籍；在越南各历史朝代，民间也有撰族谱的习俗。家谱是一种最具有平民特色的特殊社会文献，作为珍贵的人文资料，家谱蕴藏着丰富的历史、民俗、人口、社会、经济和文化的信息，它以血缘、亲情为记载脉络，以宗族姓氏为维系标记，展示了千百年来宗族繁衍的源与流，是氏族最珍贵的文化遗产，在人文历史、社会科学研究中具有重要的历史参考价值。本课题研究的是中越壮、岱跨国民族的同俗文化，在跨越千年的时空中寻找同源异流的近亲民族轨迹，从寻找家谱入手是一条重要的研究路径。尽管经过无数次改朝换代及战乱、瘟疫、旱涝、干旱、地震等天灾人祸，世事沧桑，物是人非，族谱一直被专家学者作为研究宗族血缘延续的依据。同时，客观性与真实性是家谱族谱的另一特点，国史或正史，很容易受历代统治阶级的政治约束，难以客观地反映历史，而族谱中记录的家族世系，历代人物各方面都是真实的，很少有政治取向。所以族谱对本氏族历史名人和氏族发展的记载，一般可直接被地方志或研究人员所引用，其历史价值和社会作用明显优于史志。

参考文献的收集，是课题研究的重要准备工作。人类文明，总是在不断传承过去成就的基础上向前发展的，同样，继承性是一切科研工作所具有的特点，应该说几乎所有的研究成果都是在前人研究基础上的深化和拓展，了解与熟悉科研课题相关的已有文献，可以反映研究者所拥有的领域知识与研究基础。在科研论著中适当地引用参考文献，是尊重他人知识成果、增加科研信息量，为自己的论点提供有价值论据的一种方式。研究参考文献是学术上的一种诚实与科学的态度，把所引用的论点、资料和数据加以罗列，以便读者有处可查。

如上所述，在中越壮、岱跨境民族的研究问题上，不少国内外专家学者已进行了多年卓有成效的研究，他们在族群源流、宗族姓氏、民间信仰、民俗特点、土司制度、民族语言、家庭伦理、民族迁徙、文化交流、边贸集市、传统艺术、饮食文化、传统文化、民间游戏等方面都取得了丰硕的成果，

学习与借鉴这些研究成果，使我们的研究课题在前人与他人的研究基础上开拓、深化，继续前行，这是课题组研究必走的路径。

2. 深入所在区域田野调查是课题研究的基础

传统民俗文化主要是以口头、风俗、物质等形式流传下来的，这些物质的与非物质的文化遗产大多没有书面的记录，因此，我们不能闭门造车，仅从各种典籍、地方志、家谱族史等书面史料和记录中去寻找研究材料。可以这样说，前人的记录大多经过了整理、修饰和加工，甚至融进了记录者自己的感觉、印象和理解，已经不再是第一手材料了。在民俗学研究中，田野调查是非常重要和不可替代的一个准备环节，鲜活生动的民间风俗事象，只有通过田野调查才能获得感观上的认识与理性上的感受，才能真正体会民俗活动在百姓生活中的地位，才能对拥有族源文化渊源的异地生活族群进行对比研究，才能掌握各种传统民俗在不同环境背景中的存在和嬗变。可以这样说，我们通过不同渠道获得的民俗资料，只有还原活生生的现实生活环境，才能体现其真正的文化含义，才能印证其资料的真实性，从而使其具有真正的研究价值。

民俗事象涉及百姓生活的方方面面，大到宗族祭祀大典、神诞出游、年节活动，小到婚娶诞丧、劳作耕种、居所建造，都蕴含着丰富的传统文化。在进行田野调查时应注意民俗事象发生的环境、情景及参与者的身份、心态，了解民俗事象的过去与现状，了解当下民俗活动与宗源文化比较下的嬗变情况，分析其流变的影响因素，寻找社会环境变化对民俗传承的影响，以及理解传统民俗在社会文化发展大潮中的存在与地位。特别是中越壮、岱族在跨境而居的情况下，各自深受所在国主体民族及相邻民族文化的影响，对其所表现出来的多元文化融合的民俗状态，进行横向比较和纵向对比的综合研究，是本课题特别需要关注的研究内容。在田野调查结束以后，采用科学的方法整理收集到的相关资料，分门别类进行归档，然后对这些民俗事象材料进行人类学、民俗学、心理学、历史学、语言学、传播学、哲学、美学等多学科的综合研究，从而获得民俗事象变化与发展的规律，形成课题研究的基本结论。

（四）课题研究中的民俗范畴及其分类

民俗是人类的一种文化行为，是一种社会动态的过程，传统民俗存在于聚居人群中约定俗成的共同社会生活习惯，这种社会生活习惯是带有普遍和典型意义的，并且大多是有一定历史联系，甚至是亲缘关系的人群前人所流传下来的，它是文化现象、文化样式、文化类型的历史凝聚与演进。"民俗"一词，最早源于16世纪的德国，兴于19世纪上半叶英国的学术界，当时在议论民间古老习俗时一直使用 popular antiquities，1846年英国学者汤姆斯认为使用 folklore 一词更合适，它是 folk（乡民）与 Lore（知识）的组合词，意即民间的智慧或在民间的文化活动。对民俗的词义，世界各地学者各有解释，英国著名人类学家安德鲁·朗、著名学者博尔尼，美国著名民俗学家阿兰·邓迪斯都曾经有过关于民俗的经典论说。日本著名民俗学者柳田国男认为，"民俗学的首要任务、内容，是民间众多的历代相沿成习的生活记忆"[2]。我国20世纪初以来，就有著名学者周作人、陈独秀、胡适、顾颉刚、陈锡襄、张清水、赵瑜等，对民俗进行过诠释。民俗的定义，现在基本的共识是："民俗，是指一个国家或民族中广大民众所创造、享用和传承的生活文化。它起源于人类社会群体生活的需要，在特定的民族、时代和地域中不断形成、扩大和演变，为民众的日常生活服务。"[3]

民俗的产生、传承与传播，是由于其群体性、传统性、地方性、自觉性所决定的。远古时期，人类为生存组成群体，进而产生社会，在这个漫长的历史过程中，各个群体及其繁衍逐渐形成及传承其

共同的生存方式、生活模式和思维方式，这是长期的文化积淀，是群体（后来的民族）共同创造的结晶。所以，民俗是人类社会文化的一个重要组成部分，它存在于人类社会生活中的方方面面，它是一定范围内共同生活的成员在互动中共同理解并一致执行的群体文化指令。民俗是人群传统文化与生活方式的反映，可以说有群体生活的地方就有民俗；生产劳动时有劳作民俗，人们的衣食住行有生活民俗，逢年过节有节日民俗，游神庙会有宗教民俗，婚嫁丧葬有礼仪民俗，民俗与社会生活如影随形，社会生活因民俗而更加精彩。民俗体现的是群体的历史、群体的文化、群体的观念、群体的性格，民俗以群体互动内在意义和外在形式始终贯穿于群体生活之中，并且以一种族群共识的约束形式延续于后代。因此，群体的历史有多久，其民俗的历史也就有多久。所以，凡属于人们的社会生活范围，都有民俗，都属于民俗的范畴。

民俗的种类，根据不同的划分规则和标准，有多种分类方法。最早进行民俗分类的是英国，1890年英国民俗学会出版了高莫主编的《民俗学概论》专著，把民俗事象分为观念和信仰民俗、旧传的风俗、旧传的叙事、民间成语四大类。美国著名民俗学家理查德把民俗事象分为口头民俗、生活民俗、社会风俗、表演风俗四大类。日本著名民俗学家柳田国男"把民俗分为用眼睛看和记录的'有形文化'、用耳朵听的'语言艺术'和用心感受的'心意现象'三大部分"[4]。国内学者也有多种分类法，王娟在其《民俗学概论》中，将民俗划分为口头民俗、风俗民俗、物质民俗三大类。高丙中在其《中国民俗概论》中，将民俗划分为生产民俗、工商民俗、生活民俗、社会组织民俗、岁时节日民俗、人生礼俗、游艺民俗、观念民俗八大类。大多教科书以民俗事象所归属的生活形态为依据，将其划分为物质生活民俗、社会生活民俗、精神生活民俗三大类，其中物质生活民俗又可分生产民俗、工商业民俗、生活民俗三小项，社会生活民俗可以分为社会组织民俗、岁时节日民俗、人生礼俗三小项，精神生活民俗可以分为游艺民俗、观念民俗两小项。

由于自然环境、生活习性、意识形态、历史源流等影响因素，壮、岱族的社会民俗有其地域特性与人文特征，本课题根据研究与表达的需要，将其划分为宗族习俗、生活习俗、家庭及传统礼仪习俗、劳作习俗、年节习俗、娱乐习俗、美化习俗、贸易习俗、信仰习俗与健体游艺习俗。

[1] 蓝韶昱.中国壮族与越南岱族土司制度比较述略[J].广西社会主义学院学报，2009（2）：61.

[2][4] 乌日古木勒.柳田国男与日本民俗分类[J].民俗研究，2010（10）：43.

[3] 周争艳.民俗学研究对象与范围浅述[J].北方文学（下旬刊），2015（4）：204，206.

第一章
壮族与岱、侬族群的宗族习俗

- 壮、岱族群来源
- 姓氏家族
- 宗族体制
- 宗法乡规

在古代，人类为了生存和安全，拥有共同祖先的多个家庭通常同地而居，形成一定规模的聚落，这就是"宗族"。自从有了姓氏之后，宗族通常表现为同一姓氏，因此，宗族又是许多同姓家庭的联合体。经过千百年同宗、同族的社会生活，宗族形成了比较稳定的族群文化，这种宗族文化传承于族人之间，记载于宗族史料之中，是民间崇尚且愿意固守的传统文化，宗族成员间往往保留着一定的传统维系方式，如宗祠、族规、族谱等。同时，一个族群在长期的生产实践和社会生活中逐渐形成较为稳定并世代相传的习俗，这就是民俗。

历史上，由于自然环境条件的恶劣以及生产力的低下，原有居住区域的生活资料已不能满足人口不断增长的需要，于是族群不断流动与迁徙，去拓展自己的生存空间。因此，现代的宗族不一定聚居在同一区域，但他们之间往往有历史可循的共同祖先，同时，许多共同的传统习俗也成为生活在不同区域的同一族源的族群进行认定的重要依据。

中国壮族与越南岱、侬诸族就是这样一群来自共同族源的生活在现代不同国家的族群，除了通过大量史料与遗迹进行论证外，还可以通过包括民俗事象在内的丰富多彩的民族传统文化得以印证。

第一节　壮、岱族群来源

　　研究宗族，特别是研究民俗文化比较接近的宗族，首先要了解其族群来源，也就是"族属认同"问题。所谓族属认同，是指人类在长期的生息与繁衍过程中，由于种种社会原因，不可避免地需要不断拓展生存与发展的空间，因此，往往会引起族群的流动甚至形成大规模的迁徙。在相当长的历史时期中，这些迁徙的族群尽管生活在新的地域与环境，但传统的族群习俗总会顽固地在他们及后代中保留与延续。可以这样说，具有相同历史文化渊源关系的群体，仍然可以通过对某些生活习俗的亲近认同态度，找到共同的传统文化渊源，这就是族属认同。

　　中国的壮族与越南的岱、侬诸族，就具有这样一种生活习俗密切的族属关系。

　　历史上人类的迁徙，总是与一定的地理环境有密切的联系。我们打开亚洲地图，从地理概念上来看，"广西、云南等中国西南省份与亚洲中南半岛可视为同一地理区域，从历史上看，岱侬族先民在唐代与壮族先民是连成一片的，同为一个近亲群体"[1]。中越壮、岱族在族群、信仰、生活、生产、礼仪、节庆、娱乐、审美、健体等方面的同俗文化，引起了两国及其他国家专家学者的广泛关注，从20世纪60年代开始，特别是21世纪以来，大量研究成果表明，学术界在这些民族的关系问题上基本趋于较为统一的认同，即广西的壮族与越南的岱、侬族群，"共同滥觞于先秦时期岭南的百越民族，至秦汉时为骆越，至魏晋南北朝时为俚僚，至隋唐时为西原蛮（范围大致为左、右江流域到中越边境两侧）"[2]。宋朝以后，中越分疆，原西原蛮地区分属不同的国家，于是，本同属百越民族的族群在不同的国度分化成为不同的现代民族，"可见，壮族与岱族都是岭南百越先民发展而来的'同根生的民族'"[3]。

图1-1　广西柳州白莲洞前的柳江人塑像
（吴力摄）

　　壮族是中国岭南地区土生土长的土著民族之一，其族源为中国南方的古越人。20世纪以来，广西的柳江、灵山、桂林、柳州和云南的文山等地，陆续发现了十多处旧石器时代人类化石，尤为重要的是，20世纪50年代末在柳州市柳江新兴农场通天岩发现的人类颅骨及其他骨头化石，经中国科学院古脊椎动物与古人类研究室鉴定，距今已有四万到五万年历史，这就是后来人类考古史上著名的"柳江人"。有关专家将"柳江人"化石的体貌特征同现代壮族人的体貌特征进行比对：两者均有较短的面形、较高的颧骨、低塌的鼻梁、较平的眼眶、微突的下巴，比较接近。另外，广西，柳州的"白莲洞人""都乐人"，来宾的"麒麟山人"，田东的"定模洞人"，荔浦的"荔浦人"，灵山的"灵山人"，都安的"干淹人""九楞山人"等，也同样具有共同的体貌特征。广西各地发现的古人类活动遗址出土的遗骸化石，充分证明在旧石器时代，这片土地上就有古人类在活动，也就是说，这些古人类应该是当今广西境内壮族等世居民族的祖先。

图1-2 具有民族面部特征的壮族汉子
（农敏坚提供）

图1-3 广西那坡念井边贸互市上的壮族妇女
（陈家友摄）

古代生活在中国南方的各民族，历史上称为"百越民族"。百越民族的族群众多，分布的地域广阔，史书上多有记载。《吕氏春秋·恃君览》载："扬、汉之南，百越之际。"[4]指的就是古越人生活在长江以南的广袤地区。春秋战国时期，岭南地区的西瓯、路越（现学术界大多称"骆越"）民族是现代壮族的先民，"西瓯"之名最早出现在《淮南子·人间训》："与越人战，杀西瓯君译吁宋。"[5]而《汉

图1-4 搬木条的岱族老妇（陈家友摄）

书·贾谊传》则是首次出现"路越"族称的史书："路越之人，父子同川而浴。"[6]西瓯、路越族居住的地域在一些史书中还有记载，如《汉书·西南夷两粤朝鲜传》载："蛮夷中，西有西瓯，其众半赢，南面称王。"[7]《旧唐书·地理志》云："古西瓯所居，秦置桂林郡，汉为郁林郡，唐置党州。"古党州为今广西玉林一带，古贵州为今广西贵港一带，由此可见，古西瓯、路越人居住的地区就是后来壮族人聚居的地域，壮族人就是古西瓯、路越人的后裔。[8]壮族先民的称谓历史上曾经有多次变化，除了战国时期的西瓯、路越，还有汉唐时的僚、俚、乌浒，宋以后的僮（撞、獞）

人、俍（狼）人、土人等。1949年后统称僮族，由于读音及含义上的缘故，1965年经国务院总理倡议，改称壮族。壮族名称虽随代而异，几改其名，但其主要源流及发展脉络却是非常清晰的，即百越—瓯—瓯骆—西瓯骆—西瓯骆越—乌浒—俚僚—僮—俍—沙—依—壮，为一脉相承的族群。现代壮族人口众多，分布广阔，众多支系还有各种不同的自称。

图1-5 广西那坡壮族布敏族群（陈家友摄）

在中越边境地区生活的各个族群之间的关系，很早就引起两国学者的注意。有中国学者指出："越南北方的一些少数民族同中国南方的少数民族有着密切的历史关系，广西的壮族与越南的岱、侬等族都是古代百越族群部落的直系后裔。"[9] 有越南学者指出："中国古籍《新唐书·地理志》'岭南道'条载：'诸蛮州九十二，下辖四个都督府。'其中桂州都督府所辖的二十五个州大多在今广西南部壮语南部方言区内，而邕州都督府所辖的四十余个州多分布在红河以东北的今中越边境线两侧，这两个都督府的辖地是连成一片的。"[10] 这些地区都是西原蛮（僚）的分布区，由此可见中越壮、岱、侬等民族族源的密切关系，另外，从各自的族称上也可以看出中越壮、岱族的历史渊源。

图 1-6　路边歇息的岱族边民（张耀军摄）

岱族是岱侬族的简称，"岱侬"当地语为"种田的人"。在越南，岱族是人口最多的少数民族，约 150 多万人。侬族为第三大少数民族，人口 90 多万（均为 2010 年数据）。"越南的岱侬族和侬族与中国的壮族有着密切的亲缘关系，是典型的跨境民族，主要居住在与中国交界的高平、谅山、广宁、河江、宣光、老街等省。"[11] 岱、侬族群在 1958 年以前为越南统一的一个民族，称为"土族"，在词义上带有歧视的意思。1958 年"土族"改称为"僮族"，与当时中国的壮族同名。1961 年以后经再次识别，又重新将这个族群划分为岱族、侬族、山斋等几个民族。

越南岱、侬族群还有许多自称，通过这些民族自称还

图 1-7　广西那坡念井赶集的侬族汉子（陈家友摄）

体现了岱、侬族群与壮族的密切关系。过去，居住在边境的岱族和侬族，把中国的靖西、德保、那坡、大新、天等一带称为"农"或"农地"，所以，一些从中国迁徙到越南的族群都有带"侬"或"农"的自称，并且从这些自称中能够知道他们的祖上来自中国何方。例如，万承侬，他们是从万承州迁到越南的，万承州始建于唐代，直至民国还有此地名，位于今广西大新县境。英侬，是从龙英州迁到越南的，宋代始建龙英峒，元代改建为龙英土州，明、清两代沿袭此土州名，

图 1-8　越南岱族妇女（陈家友摄）

位于今大新县境。雷侬，是从下雷州迁到越南的。宋代始建下雷州，元代改置为下雷峒，民国改置为雷平县，今为大新县下雷镇。安侬，是从结安州迁到越南的，宋代始建结安峒，元代改建为结安土州，明、清两代沿袭此土州名，位于今广西天等县。归顺侬，是从归顺州迁到越南。归顺州始建于唐代，至清代改置为归顺直隶州，位于今广西靖西市境。富侬，是从富州迁到越南的。富州始建于元代，民国改称富宁县，位于今云南省富宁县。[12] 岱族进入越南的时间较早，有"岱""土""岸""偏""土佬""摆侬""沱北"等支系，现在仍保留着"布土""布岱""布安""布片"等自称。壮族的自称很多，

有"布土""布侬""布岱""布曼""布泰""布越""布壮""布雅依""布班""布衣""布陇""布傣""布诺""布僚"等20多种。从以上所示可以看到，壮族与岱、侬族的自称有不少是一致的，可见他们历史上的关系是何等密切。

由于共同的族源关系及同一的生活地域，越南的岱族与侬族的语言相差无几，在生活习俗上也比较相同，两者之间的区别，主要是从中国移居越南时间上的差别。20世纪50年代越南政府在识别民族时，均以18世纪为界，之前迁入的为岱族，之后迁入的为侬族。由于两个民族的传统文化极其接近，越南政府及民间都将其合称为"岱、侬族"，共同使用一套政府创造的拉丁化拼音文字及字典。

岱、侬两个民族的传统服饰有一定的区别，岱族分支"布岱"妇女与广西壮族分支"布岱"的妇女服装比较相同，妇女一般穿黑色或咖啡色的长裳，这种长裳前后的下摆较长，往往会超过膝盖到达小腿中间，里面着长裤，颜色与长裳是同样的。越南侬族妇女的穿着与广西自称"土人"或"侬人"的壮族妇女比较相同，上下装为自家织的阴丹士林布制作，一般为天蓝色或黑色。上衣较短，稍比臀部长些，为左盖右襟，襟边和袖口边绣有各种花纹。越南岱、侬族男子穿的衣服同广西壮族几乎没有什么差别，衣裤都是自产的黑麻布制作，上衣是对襟布扣衫，下身着裤腿较宽大的裤子。

图1-9　越南高栏人（陈家友摄）

另外，与壮族族源比较密切的还有越南的山斋（高栏—山子）、布标、拉基等族。"高栏"本来就是广西壮族一个分支的自称，有中国学者研究指出：越南的"高栏人"，祖籍为中国广西的廉州、钦州、上思等地，后因种种原因，陆续迁徙到越南北方。"安沛省安平县新香乡赵文珍的家谱记载，他们的祖先原来是在'大明国广东省北海道钦州府贴浪都笔符白村那邪'。明朝末年，世道混乱、村舍被劫，流浪他乡乞讨生活，进入越南居住。"[13]现存的越南高栏人的一些家谱和山歌书都是用汉字书写的，这也是越南高栏人族群来源的一个有力的佐证。

第二节　姓氏家族

　　姓氏，是一个人的家族血缘关系的标志和符号，是人类发展中特有的文化现象。人类在原始社会，愚昧无知，处于群婚制的杂交状态，原始人群的后代只知其母，不知其父，母系体系在当时占据主要的地位。经过漫长的发展时期，随着部落的形成与强化，人类初民出于自身生存保护的需要，有了区

图1-10　广西宾阳韦氏宗祠（陈家友摄）

分彼此部落的意识，于是，作为部落的标志或符号便应运而生，这就是人类初期的姓氏。由于姓氏最初的作用是部落的凝聚，并以此来识别不同的部落，因而最早的姓氏有的源于部落的名称，也有的源于部落首领的名字。同一个部落先人繁衍的后代，沿袭使用相同的姓氏，这就是氏族。人类初民在繁衍的过程中，比较早就认识到自身繁殖的质量，自觉或不自觉地意识到近亲繁殖对自身的危害，因此，姓氏除了氏族在恶劣环境中求生的需要外，也成为相同氏族之间不能通婚的标识。姓氏的产生，使人类文明向前迈进了一大步，它标志着人类从愚昧杂乱的群婚制，朝着以血缘关系为条件的婚姻制的转变。

　　由于生活环境的封闭性及社会发展的滞后性，中越壮、岱族群先民在相当长的时期是没有姓氏的，三国时期，随着汉文化的传入，包括交趾在内的中国南方土著才开始使用姓氏。起初是有名无姓，且名为单名，这种单名无姓的现象一直延续了许久，宋朝《文献通考》载："僚蛮不辨姓氏，所生男女长幼次第呼之，其丈夫称阿谟阿改，妇人阿夷阿暮之类。"[14]百越民族姓氏文化的普及经历了一个漫长的年代，据史料记载，今中越边境一带偏远地区的民众宋朝时尚未使用姓氏，《岭外代答》卷十云："僚在右江溪洞之外，俗谓之山僚，……无年甲姓名。"[15]

　　当今的民族语言中，蕴含着丰富的历史文化信息，通过民族语言去考证民族文化现象，是文化人类学研究的重要方法。相关研究表明，在壮语中，是没有"姓氏"这个词语的，目前壮语里涉及姓氏的相关词语，均为汉语借用语。在使用姓名的问题上，"历代壮族土著中的首领起到了重要催化的作用，这些土著首领在与汉族官员交往的过程中，最先受汉族文化的影响，其中也包括了汉族姓氏文化的影响。他们不仅接受了汉姓，而且为了提高他们的社会地位，还处心积虑地攀附汉族的名姓大族、功臣显宦作为自己的护身符"[16]。例如，当今壮族最大的姓氏之一——韦姓，就有不少民间传说，甚至一些地方志也有所记载。清朝年间，《浔州府志》中之《粤述》载："其土官韦姓，乃韩

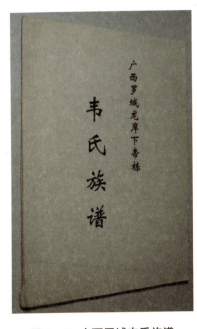

图1-11　广西罗城韦氏族谱
（吴力提供）

信子孙也,云:方吕后擒信时,舍人负其幼子求救于萧何,何泣下,乃作书嘱南越尉陀抚之。子孙……取其半因以韦为姓。"[17] 还有不少壮族的大姓,在家谱上都言明其祖上是来自浙江、山东等地,或先祖为朝廷大臣等,这些对外宣传大多是没有历史依据的,究其原因,主要是当时的族群首领出于提高本族社会地位的需要而为之。

因此,广西各地壮族大多都有自己的族源记载,或载于族谱,或于族中碑志,以下是广西宾阳韦氏宗祠的碑志刻文:

明朝,山涛公孙俊卿公后裔于宾州(今宾阳县)城外北楼创建韦氏宗祠,砖木结构,两进,立景福公为主位。清朝顺治八年(1651年)被兵毁。

图1-12 越南侬族家室中的祖先神位(陈家友摄)

清朝同治初年,俊卿公后裔将韦氏宗祠移于城外北街东岳庙左"犀牛望月地"(今址)另续建,乾山巽向,砖木结构三进,继名韦氏宗祠,续立景福公为主位,后,像卿、俦卿公苗孙联集景岱、景明、景宗、景文、景武公的苗孙,于祠后增建砖木结构及两旁厢,立山涛公为主位。民国六年(1917年)广西省边防军司令韦荣昌公(龙州县籍)率军至宾阳,适值秋大祭,临祠共庆,并捐白银2000文,在后两进中建一水楼,把前后进贯通,连成五进,前加建南大门,装潢粉饰,将"韦氏宗祠"更名为"韦氏总堂",立韦山涛公为主位,其左为韦山涛公六子,右为韦山涛公十七孙。从此,各县兄弟前来参祭进入鼎盛时期。共和国成立后,1988年始,各市、县兄弟多次捐资进行维修、续建,砌殿坛,写牌位,立始祖元哲,支祖山涛,料贞,韦厥和山涛公六子、十七孙等为主位。恢复春祭(二月初十日)秋祭(八月初十日)。每个祭期,特别是秋祭,参祭者多达二十余市、县……

图1-13 广西宁明农氏祖墓碑文(陈家友摄)

壮族的姓氏除了受汉族影响,也有不少本民族的特定文化。由于壮族历史上经历了多种神灵、图腾崇拜,后来不少族群都将崇拜物视为本族姓氏,如壮语"韦"是"水牛"的意思,韦姓蕴含着壮人古老的牛图腾崇拜;壮语称牛为"mo",壮族崇拜牛的部落将汉族音近的"莫"姓为自己的姓氏;"侬"壮语的意思为"森林","农(侬)"姓体现了壮族先民的"森林崇拜",也与后来侬智高起义有很大联系;"鸟"在壮语中念"rok"或"lokg",壮族的"骆"姓和"陆"姓与先民崇拜鸟有很大的关系;壮语中狗念"mad",古代崇拜狗的族群取近音的汉字"马""麻"为自己的姓氏;其他还有因崇拜猴子而取其古壮语音姓"凌"或姓"零";因崇拜蛇而取其古壮语姓"吴";因崇拜竹子而取"闭"姓;因崇拜稻图腾"瓯"而取姓"区"(后作"欧")。民国年间《邕宁县志》载:"有鸡村,

其人姓鸡。有定鬐村，其人均姓鸡。"[18]反映了壮族因古代图腾或居住地名而产生的族群姓氏。"蓝氏是壮族大姓之一，它可能源于壮人对水的崇拜；岑姓一说与壮族先民栖身的岩洞有关系，一说与古壮语'砧板'有关；壮族对水的崇拜也表现在对水塘、深潭的崇拜。水潭壮语念'tamp'，与覃、谭古音接近。将水'潭'去掉水旁便成'覃'姓，古覃谭同音常相混；古时壮人称村寨为'ba：n'，部分壮族以此为姓，取近音汉字作'潘'。"[19]所以，由于历史上壮族没有统一的文字，壮人的姓氏是用汉字来记录的，并且大多只是音译，与汉族姓氏的含义有很大的区别，从壮族的姓氏中可以窥见其所蕴藏的丰富民族文化内涵。

图1-14　中越跨国上、下其屯的亲戚们（沈光玉摄）

　　两千多年来，越南传统文化深受儒家思想的影响，特别是姓氏文化，处处体现了宗族的传统习俗。越南的主体民族越族原来也是没有姓氏的，后来受汉文化的影响，才使用了姓氏。而越南岱、侬族也同广西壮族一样，与汉族人的取名习俗比较相似，且姓氏大多都来自中国的《百家姓》。同样是姓氏在前，名在后，单姓双字名较多，少数为单姓单名。在岱族中，姓侬、莫、黄、蒙、磤、沈、毕、周、韦、闭、冯的较多，还有陆、龙、李、王、宁、伟、梁、甥等姓。

　　壮族取名各地都有不同的习俗，有的是小孩满月便取名，有的则是出生100天后才取名。取名是人一生中重要的事情，需要举行一定的仪式，壮族传统的习俗是要请麼公来主持仪式。首先在祖宗的神台前作法祭神，祈求神灵保佑小孩平安吉祥，健康成长。然后设宴招呼本族近亲老人和小孩的外公，在酒席上讨论取名，这时取的是乳名，壮语叫"盟埃"。传统习俗上取的是单名，然后加上家族的排字，如取名"林"后，是男孩就叫"依林"，女孩则叫"爹林"。有的地方小孩取乳名后，一直要使用到其成人结婚生子后，再取正名字。当然，如果其一辈子不结婚，那么乳名将会使用终生。停用乳名后，取成人名字就不会太隆重了，一般只是让村里的教书先生取一个，也无须举行什么仪式。一些地方家族中对族中成员的称呼有一些传统习俗，甚至还比较严格，如某人成家生子后，别人对他用"父母加子女名"的称呼。在壮语中父亲称"波"，母亲称"米"，如果他们第一个孩子取名"敏"，那么从此别人就称小孩父亲为"波敏"，而称小孩母亲为"米敏"。非常有趣的是，当他们又当了祖父母以后，别人又改用"祖父（母）加孙子（女）名"的称呼。祖父在壮语称"公"，祖母称"婆"，假如头一个孙子取名"仁"，那么祖父被称为"公仁"，祖母则称"婆仁"。

图1-15　广西那坡壮族人家小孩周岁取名仪式（农敏坚提供）

到他们有了曾孙，其称呼又发生变化，在壮族民间，曾祖父及以上的长辈统称"佐"，壮语男性称"栽"，女性称"迎"，因而所有的曾祖父叫"佐栽"，曾祖母叫"佐迎"。这种家庭成员的称呼在越南边境的岱、侬族中也有存在。

在民间取名的方式上，岱、侬族有许多传统习俗同壮族是比较接近的。越南老街省孟康县峒娄寨是一个距离中国边境只有10千米的侬族村寨，村子90%以上的人口都是侬族，由于地处边陲，交通不便，当地侬族传统文化保存得较好，很少受到外界的影响，村中有李、王、黄、侬、龙、陆等姓，都

图1-16　越南太原博物馆展示的家族记载（陈家友摄）

是从中国一侧搬迁过去的，现在已有五六代了。当地至今仍保留着一种特殊的取名方式，"在峒娄侬族的生活中总共有三个姓名，分别是小名、学名（大名）和结婚时的名字。小名是属于个人的名字，一般为单字；学名是家谱里的名字，必须按照一定的规则；结婚时还必须取一个名字"。[20]比如说，峒娄有一个黄姓的人出生时取小名叫"成"，到上学年龄的时候取了学名"学"，这时他的名字就叫"黄学成"，结婚时按家中的习俗又取了个名叫"田"，最后"黄田成"就成了他的终身名字。传统文化习俗在峒娄村保存得比较完整，不同的家族有不同的辈分取名习俗。"每个家族在取家谱名时，各有规矩，如农姓家族为'三代成宗'，其特点是在连续的三代中，每到第三代姓名中体现家谱中的字牌就从位于中间的位置转变到最末尾。

而龙姓家族采取的是'三代归宗'，其特点是三代内在名字中都固定有每个辈分的字牌，三代一个轮回，到第四代的时候又重复第一代的字牌。"[21]

受汉族宗族文化的影响，壮、岱族群许多姓氏在取名上都有按辈分字牌的习俗，辈分字牌实际上是名字中姓与名的中间字。由于这种取名上的传统习俗，很容易看出该家族的各个流传辈分，哪怕是异地而居，甚至异国相处，在不同的场合上互报姓名，大多可了解到彼此的族源关系。比如，在谅山省海燕乡同仍村黄姓的侬凡生族人有八个中间名字：斯梁、斯乐、骚、情、中、国、春、贵。各等第的中间名有：善、富、文、喜、镇、任、金、京、安、溶、德、玉等。在高平省广莺县福神乡侬安族人农姓的中间名系统包括：亭、朝、敬、天、日、月、明、光、

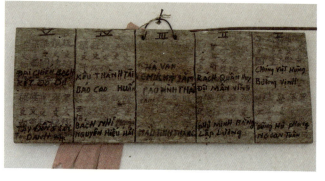

图1-17　越南那干县爱统村祠堂悬挂的越、汉文村民轮值表（陈家友摄）

盛、剩、迪、中、友、金、玉等。同个中间名的人，能够确定前辈、后辈、远近沾亲。

在取名的习俗上，越南岱、侬族同时受越族文化影响，谅山省诺干县某村土地庙的墙壁上，就挂着用越、汉文字书写的村民各户轮值供奉的安排表，户主虽姓氏有别，但中间的字派大多是相同的，上排有梁文通、梁文而、梁文国、颜文洁、赵文糖，下排有梁文音、隆文笔、农文和、翟文禄、农文代等，印证了越南侬族在取名方式中既与壮族相通又与越族相近的特点。历史上，中越边民来往密切，胞亲、姻亲在边境两边分布广泛，各种红白喜丧经常来往，走亲探友如同赶集一样随意。近年来，中越两国边民在寻宗问祖等民间活动中，经常通过家谱寻找宗族关系，有的因为年代久远家谱未能传承下来，通过查找姓名字牌的方式也能寻找到家族的族源及分布状况。

第三节　宗族体制

　　宗族是一种社会单位，是融血缘、婚缘、地缘关系为一体的社会系统。[22]宗族制度的形成经历了漫长的历史时期，以家长制为核心，以血缘关系为纽带的古代人类群体构成，是宗族社会体制形成的源头。中越壮、岱族由于特定的自然环境、经济状况和社会发展过程，其宗族制度及传统社会习俗有一定的特殊性，经历了不同历史时期的宗族组织机构形式，也形成了各具特色的传统宗族体制。

　　中越壮、岱族历来都有聚族而居的习俗，这从当地的许多古老地名上都可以反映出来，其中，带有"板"与"兰"的地名遍布于各地。在壮、岱语中，"板"与"兰"都是村庄的意思，"板农""板陆""板宁"的地名指的是农姓、陆姓、宁姓居住的村庄，"兰唐""兰叶"的地名指的是唐姓、叶姓的村子。历史上，壮、岱族地区的宗族体制在相当长的时期实行"都老制"。"都老"又称"寨老"，有的地方叫"都给"，有的地方叫"波板"，意为"村寨之父"。

图 1-18　越南高平岱族祭祀仪式（太原博物馆）

都老组织是过去壮、岱族家庭之上的社会组织，"都老"是宗族中族人对族长或头领的尊称，也是当时社会实行的一种行政职称。在中国的史籍中有不少关于都老制度的记载，《隋书·地理志》载："'诸僚铸铜为大鼓'。其'俗好相攻，多构仇怨，欲相攻则鸣此鼓，到者如云'。有鼓者号为'都老'，群情推服。"[23]广西南部壮族的都老组织主要由"都老"和"酒头"组成，其职责主要是对内凝聚族人，对外维护宗族利益。村寨一旦与别族、别村发生纠纷，都由都老代表本族与对方交涉，如发生械斗，则由其出面组织领导村民族人与对方抗衡。同时，都老的职责还包括组织制定维护社会秩序的村规民约，处理村民犯规违约之行为。村中有重要事情，都老就要出面召开长老会议，商定解决办法，或召开村民大会，对村中重要的事务做出决议，并由都老指挥实施。为了维护都老制，各村寨或宗族一般都拥有一定的"公田"（族田），这种田地也称"会田"或"亭田"，由都老分给村民或族人耕种，收取部分收成用于村里或族内的公共事项支出。同时，都老还掌管着全族的牧场、水源、荒地、山

图 1-19　广西桂南乡下老祠堂（陈家友摄）

林等公共财产，逢年过节主持族中祭祖、祭社、拜神等集体祭祀活动。一些修桥补路、拦河筑坝、植

树造林等公共建设工程，均由都老组织开展。都老一般是由村中声望极高的男性长辈担任，都老的产生是村寨的民众民主选举的，被选举者必须品行端正，办事公道，群众信任并有较强的工作能力。都老一旦不称职，往往由长老会议提出、村民会议讨论撤换。因此，担任都老的人往往德高望重，在村民、族人中威信很高，不少人甚至任职终身，受到村民、族人的尊敬与拥护。

图1-20 越南高平水永乡岱族宗亲议事的旗谋庙（陈家友摄）

越南岱、侬族的宗族制度也同壮族一样，经历了漫长的社会发展时期，由于小农经济在该地区根深蒂固，因此其宗族结构特点与壮族大同小异。过去，岱、侬族多为小家庭结构，这种小家庭一般包括男主人及其妻儿，也有三代同堂，宗族就是由若干个同血缘的家庭组成的。原始的村寨一般为一族一村，大一点的村寨有时也会数族一村。每一个宗族，往往都有自己宗族的根源可查，或有流传下来的历史传说，而大多数是拥有同样的族谱，祭拜共同的祖坟。在恶劣的生存环境与复杂的社会环境中，为了维护自身的利益，同宗同族各成员的关系往往比较密切，当遇到外部人员侵犯，族内都会一致对外，共同维护宗族及各成员的安全及利益。在平时，哪家若有红白喜事，族内各家人员都会前来相助帮忙。"宗族的带头人是族长，通常是最年长的老年人，他得到全宗族的各成员尊敬。侬族人跟京族人不一样的是有宗祠祭祀先祖，由族长担任管理人并举行祭祀，在侬族人的宗族，族长角色也很重要：解决内部的矛盾、组织协助遇到困难的各家庭、有时候常被邀请来主持丧事、喜事、各家庭划拨财产的见证者等。"[24]

图1-21 越南高平广渊县侬族家祠（陈家友摄）

"土司"原是古代中国边疆的官职，元朝开始设置，是当时朝廷在少数民族地区推行的疆治手段，土司制度通过"世有其地、世管其民、世统其兵、世袭其职"的土司特权，达到"以夷治夷，以蛮治蛮"的地方管理目的。"土司"的前身为"土官"，而"土官衙门"即土司办理公务的场所。"'土司'一词始出现于明嘉靖年间，'土司'一词出现后，在意旨上逐渐涵盖了前二者，明清之际，人们已普遍用'土司'来指称'土官''土官衙门'和'土官领地'了。"[25]在广西边疆地区的社会历史中，曾经经历了1000多年的"土司"制度。"宋王朝平侬智高起义后，派狄青部下和加封土酋为土官，成立许多土州、县、峒。这些土州县峒，社会经济、政治组织、文化制度以及民情风俗等，都与流官的州县不同，故称为土司。司者主管其事，或官署之称。"[26]

图1-22 广西靖西修复的明代土官衙门（陈家友摄）

　　受中国的影响，越南历史上也在越北等少数民族地区设置"土司"制度，治理疆域。在岱、侬族地区土司被称为"况"或"桃""广"，意为土公，其社会性质与职能同壮族地区是一样的。土司作为部族的首领统治地方，对朝廷承担一定的赋役，维持当地的社会治安。具有较为原始民主观念的都老制与具有奴隶制性质的土司制，在中越壮、岱族地区相当长的历史时期中并存，各族系的宗族活动也一直在这种社会政治背景下展开。清朝雍正年间，为了加强对疆土的统治，开始了"改土归流"的边疆体制改革，由朝廷任免的流官替代世袭的土司，由于传统势力的顽守，经过 200 多年的改革执行，土司制才完全退出历史舞台。而由于宗族内部事务管理的需要，都

图 1-23　广西靖西旧州的土司墓（陈家友摄）

老制还绵延了相当长的时期。民国时期，广西农村实行保甲制度，许多村子的族长当上了甲长，对内管理族内事务，对外履行行政职责，两位一体。"在完成官府下达的任务时多以甲长身份出现，处理民间纠纷时，又以族长的身份出现，靠个人威信，道古论今，说服当事人。现在设屯长，也是民主选举产生。屯长没有工资，只是交公购粮时可免交一部分，无任期限制。历史上族长的权力相当大，国民党时期有了甲长，族长的权力受到削弱。"[27]

图 1-24　广西那坡乡下聚集的壮民（陈家友摄）

　　在长期错综复杂的社会环境中，中越壮、岱族姓氏宗族组织在维系本族生存与发展，对内协调与处理本族的内部事务，对外防御外来侵扰，维护地方社会治安等方面，发挥了重要的作用；并以修建祠堂、修订族谱、联宗拜祖、助贤办学、扶贫济困等方式，保障了族人的生息，促进了宗族的发展。20 世纪中叶之后，由于某些社会政治原因，两地宗族组织的各种活动受到了一定的限制，后来虽然有所恢复，但宗族组织对于民众生活的影响力已大大减弱。进入 21 世纪后，中越两国的政治、经济、社会文化都发生了巨大的变化，"中国的改革开放与越南的革新开放，相继开启和推动双方边境村寨的现代化进程，这意味着以国家政权建设为主要方式、以整合基层社会为主要目标的国家建构，把处于政治版图上的边陲村寨逐渐纳为国家权力体系的末梢细胞"[28]。在中越壮、岱族地区，随着农村社会经济的发展及村民文化素质的提升，逐渐摆脱了原本依赖与仰仗宗族势力以呵护族人生存的传统社会管理模式。由于社会的稳定与地方治安工作的加强，族人通过宗族组织抵御外部的

图 1-25　越南侬族举行宗族仪式的村民（高平博物馆）

意识逐渐弱化。随着社会经济的发展，人们向往富裕、向往幸福，厌弃贫困、厌弃落后，在社会经济发展大潮中崭露头角的农村经济能人，得到了乡民的推崇，而这些经济能人经常在一些修缮祠堂、续补族谱、捐资助学、修桥补路等公益活动中挥金相助，回报乡里，在村民中威信很高。他们的文化程度不一定很高，但有经济头脑，有社会活动能力，熟悉国家政策法规，深谙地方历史与习俗，处世处

事既不违法，又维护宗族利益，往往做事干练并能说会道。他们靠的不是宗族赋予的权力，而是依靠自己在村民中的经济引领能力及长期形成的公众权威。因此，在村落、宗族事务管理上，他们拥有更多的话语权，自然而然地成为村民的核心角色，这就是新时期壮、岱族地区农村的新型"乡土领袖"。这种乡土领袖在许多社会纠纷的处理中甚至超越了基层干部的能力，特别是在处理两地边民的纠纷上，发挥了重要作用。"前几年越南高平省保乐县常春社峒布屯的两个未成年人在中国境内犯了事：他们守在中国 121 号界碑处对中国一侧的规劳屯两名去越南木峒街经商返程途中的妇女实施了抢劫，规劳屯人在中国一侧的派出所报了案，因为'涉外'而长时间停滞。双方行政村的干部碍于公职身份在边境事务诸多不便，最后还是由没有担任公职的乡土领袖陪着家属商讨具体的赔偿细节。"[29]边

图 1-26　广西那坡黑衣壮村民大会（农敏坚提供）

境地区一些双边村寨的山林纠纷及利益纠纷，虽然事件不大，但影响了边境的社会稳定，这样的案例通过正式外交途径往往不好解决，最终大多都是由双方维护领袖的从中斡旋，得以妥善解决，维护了边境地区的治安稳定。

第四节　宗法乡规

在漫长的社会发展历史时期，宗族在维护族内伦理行为，维护生产生活秩序，维护本族安全及利益的过程中，逐渐产生了各种规章性的行为准则，这就是族规。在现代社会，宗族组织还在广大乡村中普遍存在，这些宗族组织机构中的各种档案，还会以文本的方式记载下来，其中，姓氏族谱是宗族的源头及世系繁衍脉络的主要记载形式。族谱大多包含了族规、族禁、祠规、族约、族训、家范、家训等内容，而族规往往置于卷前，可见其在宗族中的重要性。族规作为约束族人行为的文本，同一般的家规比较起来，更为严格，更为规范。中越壮、岱族古时没有本族文字，因而其家规民约只是族人口头约定，代代相传。后来受汉族宗法文化的影响，不

图1-27　广西那坡记载有村规的唱本（陈家友摄）

少地方修建了族人议事、祭祀的宗族祠堂，族内的族规书写于宗祠之内，以警示本族族人，维护族内的安定，促进宗族发展。族规大多以传统的道德观念为准绳，明确规定宗族成员间的地位、权利与义务，强调男尊女卑、长幼有别。族规"严惩不孝不悌、为匪为盗、赌博酗酒、奸淫乱伦等行为。确立了'父母之命''媒妁之言'的婚姻成立条件和'同姓不婚'、限制'招赘婚'、禁止'转房婚'；确立了'应继'、'受继'的立继原则和'诸子均分'的财产继承制度。重视宗族公产的经营积累和宗族救济。要求族人重耕读，及时完粮纳税；禁择业不良，擅兴词讼等"[30]。过去的宗族规章或村规民约，大多是以规范乡民或族人的道德伦理、行为举止，以维护乡里的社会稳定为目标，也有的村规民约是针对某一方面的管理而设定的。如有些村寨地处山区，山高林密，极易发生山火，历史上都有制定护林防火规约的习俗，以期全体村民严格遵守，保障人畜财产安全。

图1-28　广西靖西一个刻有族规的碑志（吴力提供）

例如，民国时期广西靖西雷屯的乡规民约：

雷屯乡规民约

第一条，各户管好家畜，不准乱放，践踏作物。违者罚米10斤、酒10斤、肉10斤供众人聚餐；

第二条，如屯有姑娘爱风流潇洒，外出数日不归者，其父母有管教之责。不听指教者，要受

到责骂；

第三条，如有偷木材者，按所偷木材折价赔还原主。初由甲长、众人调解，不服则禀官治究。其他盗窃行为，类此处理；

图1-29 广西恭城矮寨村规民约（陈家友摄）

第四条，若有人未征得家长同意，擅自拐其子到外地为赘婿或嗣子，将追究祸根，强令召回其子，否则禀官严处；

第五条，如有拐带妇女出卖者，同第四条处理；

第六条，开垦荒地，谁开谁得。如有争端先由村内甲长调解，无效则禀官处理；

第七条，宅墓地界线不清，发生争端，先由甲长和屯内了解知情者佐证排解，如有不服，上告官府衙门处理；

第八条，凡河流所经村屯，该河段划归该村屯共有。我屯与典屯及云屯分划河段后，所得河段为我屯众人所有。每年集体大打鱼一次，获鱼按各家人头分配。入河中钓鱼，钓得多少不论。落缯所得不收。下大网捕鱼者，则将其驱逐。[31]

该乡规民约从维护公共秩序、倡导道德规范、处理家庭事务、调解邻里纠纷、划分河道管辖等方面，明确了族人商议的有关规定，并对违反行为制定了相应的惩罚措施。乡民的行为准则，约束了不端行为的发生，维护了族内以及地方社会的稳定。

越南北宁省仙游县一带为岱、侬族地区，该地区至今保留着不少19世纪末至20世纪初族规民约，这些族规民约当地称"券例"，券例涉及社会生活的各个方面，反映了当时当地的宗法思想与民风民俗。下面是内圆总下属的几个社20世纪初的券例的"弁言"（前言）。

仪卫社乙村券例弁言

夫乡之有券，犹国之有律，所以一视听，敦风俗也。我乡民风淳朴，从前先达诸公，间有随事申约，世远言湮，事无可考。近来风俗渐不如前，事无成规，各逞胸臆，弊端所由起也。辄此会合，择便照随国律，酌以人情，严立条例，连名记结，永为乡券，俾之临事有所持循，而民风庶乎粹美。[32]

仙舍社券例弁言

……里者役全民上下等承札会合，整修该治风俗簿。且夫民之有俗，犹国之有法，风俗美则事事日隆，风俗漓则事事日下，譬犹表正影端，表邪影曲，不可不拟整也。奉今贵公使大臣，与省堂大人阁下，于拟将风俗一事，常尤加意焉。凡见于札文所饰者，一字一句，无非劝诫人民敦美风俗，而乡村得及见闻者，莫不腹咏而心歌者也。兹民社会合，一一妥济，整修一簿，以敦风化之原，留为万年永照。[33]

其他社村所见的券例多为以下内容：

1. 祭祀社神（城隍庙、后神、后佛等）的仪节：春秋大祭、乡饮和下田、尝先、尝新、腊节等节庆日的人力组织、物料和费用征收，以及违规者的惩罚法则；

2. 维持社村治安的人力组织，对于服役者工作表现的赏罚；

3. 丁男"成丁"和"登老"的义务与权利，乡饮与入乡、入甲的规定，役务开始和结束（割役、

化役）的时间与仪式规定；

　　4. 社村公职人员的举任方法，各种职役内容及其权责赏罚；

　　5. 本社的公务事情。如修筑劝农、迎神道路等；

　　6. 人家四礼（冠婚丧祭）与社村公众有关的礼节规定；

　　7. 违反乡规民俗的惩罚；

　　8. 破坏公物、私物的惩罚。[34]

图 1-30　越南高平侬族的券例（陈家友摄）

中越壮、岱族历史上的族规家训，受汉族文仪的影响，主要涉及敬祖宗、敦人伦、禁犯上、重继嗣、课子弟、正闺门、勤职业、崇节俭、忍小忿、恤贫苦、睦乡邻等内容，其核心内涵是"敬宗"和"聚族"两大方面。"敬宗"指强调先人崇拜与传统文化，建立家族血缘关系的尊卑伦序；"聚族"指维护家族内部和平共处、团结兴旺，抵御外部侵扰。在过去，族规对族人具有严厉的管教与约束作用，也是家族成员进行道德教化的行为准则。由于其本身所具有的强迫性与严肃性，族人历来非常重视族规的制定，同时，在制定族规时都有严格的传统程序。族规制定通常是族长或都老召集族中有名望的长者到祠堂等议事的地方，先燃烛焚香祭拜祖宗，并向祖宗神灵禀报相关事宜，然后众人坐下商讨制定或修改族规事项。由族中教书先生草拟条款，交众人逐条议定，确认通过后，书写于纸或绢上，摆在祖宗神位前祭拜。择吉日召集全体族人，用族产收入宴请众人用餐，在宴席上族长宣读本族族规，并宣布所立族规公之于众后，族人必须严格遵守，不得违犯。各地对触犯族规者有不同的惩罚措施，轻者对其进行训斥，或关进祠堂柴房禁闭，或罚款上交族产，重者则严刑鞭打，甚至驱赶出宗族。

图 1-31　广西壮族刘氏族规（陈家友摄）

　　进入 20 世纪中叶，随着社会文明的不断进步，许多与国法政令相违背的族规乡约被废除，如今中越壮、岱族地区各地都陆续制定了一些新的村规民约，均符合和遵守所在国的政纪国法，如提倡良好的道德品行，鼓励人们辛勤劳动，维护祖宗家业，团结和睦，尊老爱幼，互爱互助等。所立触犯族规民约的惩罚措施也注意不能与当地治安管理条例相抵触。

　　例如，广西宾阳《骆氏族规》：

骆氏族规

　　国有国法，族有族规。法规乃古三纲五常之广延。

　　吾族应龙祖曾有《十诫》载于清同治四年《骆氏宗谱》，已距今七八百年；光绪二年，族人炳芳等先贤也曾有《十六议》书传于后。但年湮代远，时势更新，《十诫》和《十六议》之某些条款当不符今，有待修正。

　　吾族起周至唐，历宋及明，世代忠良，但因族众丁繁，时有少数族人作奸犯科，欺上愚祖。为清渭水，以正内黄，重振族风。本筹委会尊族之愿，立族规以下行。

一、严遵国法、乡规民约；

二、严禁懒惰，仕、农、工、商、学当以勤奋为先；

三、严守人伦之纲常，不准欺凌、虐待、打骂父母，若系过门媳妇，当责夫道之罪；

四、严格遵守为人之本，尊长、尊师、爱幼和善待人；

五、清廉处世，不起骄陷，不争强弱，不生机巧；

六、凡我族人子弟考入重点学院，或其聪明才智过人且又勤奋好学而家庭贫困失学者，所属集居点之族人，当以资相助；

七、凡我族中有鳏、寡、孤、独而实无生活能力者，所属房族皆以资、物相助；

八、凡我族人，在仕、农、工、商、学中有重大业绩者，皆合族祝贺，以壮族威；

九、以上族规，吾族老幼，当遵严守，若犯条科，不得姑息。

图1-32 广西宾阳有200多年历史的"节孝祠"（陈家友摄）

受汉族封建时期"三纲五常""三从四德"伦理道德的影响，壮、岱族地区有的地方历史上也有束缚妇女婚后行为的习俗，特别是对寡妇再婚多方限制及歧视。例如，广西宾阳清朝雍正年间所建节孝祠，虽然当时对地方社会风气的良化有一定作用，但也成为摧残妇女青春，限制妇女自由生活权利的枷锁。

随着社会文明的发展及法制的健全，宗法势力被削弱，宗族作为一种地方姓氏组织的社会功能作用逐渐弱化，人们往往以遵守政府法律法规为准则，族规渐渐流于一种形式，很少有人去关注与遵奉。

图1-33 改为应愿寺的原节孝祠大门（陈家友摄）

[1] 王文光，姜丹.从同源走向异流的越南百越系民族[J].世界民族，2008（4）：81-88.

[2] 蓝韶昱.中国壮族与越南岱族土司制度比较述略[J].广西社会主义学院学报，2009（2）：61.

[3][14] 范宏贵.同根生的民族——壮泰各族渊源与文化[M].北京：民族出版社，2007（9）：27.

[4] 吕不韦.吕氏春秋[M].北京：中华书局，2009.

[5] 刘安.淮南子[M].陈广忠注.北京：中华书局，2005：67.

[6] 李民.《汉书·贾捐之传》所见商代疆域考[J].历史研究，2006（5）：64.

[7] 冼春梅，刘付靖.秦汉时期的岭南诸越族研究[J].广东技术师范学院学报，2011，32（2）：18-22.

[8] 张岳.广西对越南的族源文化旅游开发[J].企业科技与发展，2010（6）：97.

[9] 徐莉莉. 全球化视角下多元共生的西江流域族群文化 [J]. 梧州学院学报, 2010, 20（2）: 13 -19.

[10][12][24] 卢越胜. 中越边境地区岱、壮、侬族历史社会文化比较研究 [D]. 上海: 华东师范大学, 2014.

[11] 何明智. 民歌中的文化寻根现象与文化软实力初探——以中越边境的旦歌为例 [J]. 广西社会主义学院学报, 2012, 23（1）: 74 -77.

[13] 谢永新, 刘光创. 广西壮族与越南岱族侬族的族源文化初探 [J]. 广西师范学院学报, 2014（3）: 6.

[14] 马端临. 文献通考 [M]. 北京: 中华书局, 2011.

[15] 周去非. 岭外代答校注 [M]. 杨武泉, 校注. 北京: 中华书局, 1999.

[16] 白耀天. 壮族姓名演变轨迹考略 [J]. 广西大学学报, 1994（3）: 29.

[17][19] 李锦芳. 壮族姓氏起源初探 [J]. 广西民族研究, 1990（4）: 72.

[18] 谢祖萃, 莫炳奎, 陈寿民. 邕宁县志 [M]. [出版地不详]: [出版者不详], 1937(民国二十六年).

[20][21] 王越平. 越南侬族灵魂观念与取名制度研究 [J]. 广西民族大学学报, 2014（1）: 125.

[22] 王铭铭. 社会人类学与中国研究 [M]. 北京: 生活·读书·新知三联书店, 1997.

[23] 李富强. 壮族的都老制及其蜕变 [J]. 广西民族研究, 1993（1）: 51.

[25] 黄家信. 壮族地区土司制度与改土归流研究 [M]. 合肥: 合肥工业大学出版社, 2007.

[26] 黄现璠, 黄增庆, 张一民. 壮族通史 [M]. 南宁: 广西民族出版社, 1988.

[27][31] 吴国富, 范宏贵, 谈琪. 靖西壮族社会文化的人类学考察 [J]. 广西民族学院学报（哲学社会科学版）, 1997（12）: 137-229.

[28][29] 罗柳宁. 民族·乡土领袖·边界——广西中越边境跨国民族发展新动向实证研究之一 [J]. 广西民族研究, 2012（4）: 37.

[30] 黄爱平. 广西家法族规概论 [D]. 湘潭: 湘潭大学, 2003.

[32][33] 郑阿财. 从越南北宁"祭井"论民俗中的水资源文化 [J]. 西北师大学报: 社会科学版, 2004（4）: 60-65.

[34] 朱鸿林. 20世纪初越南北宁省的村社俗例 [J]. 广西民族大学学报（哲学社会科学版）, 2007(5): 50.

第二章 壮族与岱、侬族群的生活习俗

- 语言习俗
- 饰体习俗
- 饮食习俗
- 民居建筑习俗
- 治病保健习俗

　　文化习俗对人们的社会生活产生深刻的影响，生活民俗主要是指人们在衣食住行方面的民间习俗。不同的民族，因其族群历史、传统文化、生活环境的不同，反映在日常生活中的习惯上也有很多不同，从而在生活习俗上形成自身的特点，这种由社会文化的差异所造成的行为规则的不同，会随着社会的发展及不同民族间的相互影响而逐渐产生嬗变。中越壮、岱族具有共同的族源文化基础，具有共同的生存环境，作为传统的生活习俗，一方面比较顽强地在人们一代又一代的传承中固守；另一方面，因各自生活环境的影响或制约，原有习俗中的不适宜部分，也会随着历史条件的变化而改变。

　　人类的生活习俗，主要包括人们从意识传达到情感表白的语言交流习俗，从遮身暖体到追求美化的衣着装饰习俗，从解决生存需要到追求"口福"的饮食烹饪习俗，从遮风挡雨到追求舒适的建筑住宅习俗，中越壮、岱族在长期的社会生活中，由于共同族源文化与时空变换的作用，形成了大致相同、各有特色的生活习俗。

第一节　语言习俗

　　在纷繁复杂的人类社会，"语言"是人们进行社会交往最重要的工具，而不同民族的识别，语言也是第一要素。语言是形成民族凝聚的媒介，是联结民族情感的纽带。历史上，一个民族的生存、繁衍需要种种的条件与因素来维系，而民族认同与维系的第一个特征就是民族语言。由于各民族始终处于一种动态的生存与发展之中，传统的民族文化也会随着不断变化的社会环境而产生嬗变；但是，作为一种"母语"，人们对本族语言总是存在着一种稳固或守旧的心理，即便是由本国政府倡导的其他强势民族语言，也无法完全替代原有的民族语言。因此，语言成为不同民族在族源问题探究中的重要依据，也是研究民族民俗文化关系的重要渠道。

图2-1　广西那坡念井边贸互市的中越边民（陈家友摄）

　　广西壮族与越南岱、侬族群同为古代百越民族的后裔，同属汉藏语系壮侗语族壮傣语支，有许多相同的传统文化习俗，其中最明显的就是语言。越南岱、侬诸族主要是从中国南方迁徙而来，因此，岱、侬语系的母体实际上就是壮语。在一千多年前，当今中越两国边境的广阔地带生活的都是同一族群的先民，并无界线而言。即便在分国而治之后，两国边民并不为国界所阻，在相当长的时期仍然是非常自由地往来，双边的民间生活仍然交织在一起。因此，在语言习俗上一直呈现出比较相通的状态。

　　广西靖西市与越南高平省茶岭县毗邻，靖西市有个新靖镇，国界线对面就是茶岭县的广汉村，双方的村民到了对方的村子，语言环境基本上没有什么变化。两地在语言结构上非常近似，在语音方面，壮、岱语发音声母均有30多个，主要的区别在于浊塞音，即双方在个别浊塞音的存在与否，以及某些声母腭化的问题；在韵母方面，双方均有近70个，区别也只在于个别韵母的使用不同；在声调

图2-2　越南右陇县同心乡侬族一家人（张耀军摄）

上，边境壮、侬土语都有10个调类，并且双方是分别对应的，其区别也在于个别调类的调值稍有不同；在音节结构方面，个别带喉塞复辅音的差异，致使两地语言产生区别；由于母语同源，壮语和侬语基本的常用词汇具有非常高的同一性，由于生活环境的变化，各自语言在新借词来源上是有差异的，壮语仅仅来自汉语，而侬语却有汉语、越语甚至越北其他少数民族语言的来源；语法结构是较稳定的方面，壮、侬语至今仍基本相同。在计数的表达方面，两地的基数词大同小异，最基本的序数表达几乎

相同。壮语和侬语在数量的语序方面，"当数量为'一'时，语序为'量＋名＋数'，当数量大于'一'时，语序为'数＋量＋名'；壮语和侬语两个语言陈述句的否定结构存在一定差异，这主要是个别语言否定副词不同的使用范围造成的；壮语和侬语都有比较句式，用以表示不同的人或物的属性、情状、数量等；在判断动词，壮语与侬语都有'对'与'是'的两个判断动词，其用法相同。以上壮语与侬语的语言习俗，可见其原有的共同表意来源"[1]。

不少学者对这一带的跨国语言进行过详细的社会考察与研究，得出令人惊叹的结果："岱侬语离开壮语母体的时间若以中越两国划界时为开始，已近千年。跨境历史如此悠久，在国界隔绝和不同国家主体民族影响下，一般会合

图2-3　充满汉文化氛围的岱族居室（张耀军摄）

理预期语言要出现较大差异甚至完全分化。但事实上，境内外壮语尽管存在差异，但相同相似之处是主要的。"[2]由于近现代越南一侧受本国主体民族京族的影响，而中国一侧受本国主体民族汉族的影响，加上两国的历代政府都在推行本国的主体语言，因此，双边边民在语言文化方面发生了不少的变化，但是，牢固的同源历史、毗邻的地理条件、密切的社会联系、两国政府的国家语言文字要求，依然没有给两国边民在民间交往中的语言交流造成大的障碍。

在中国，壮语是使用人口较多的大语言之一，根据《壮语方言研究》，壮语有南壮与北壮之分，两者的地理划分为："大致是沿郁江、右江走向，到平果县以后，稍往南偏移，然后沿北回归线往西，经云南的富宁、广南、砚山等地直到开远划一条界线，线以北为北部方言，线以南为南部方言。"[3]南北壮语又各分为多种土语，如"左江土语""德靖土语""砚广土语"就是南壮方言中的代表性土语。广西的邕宁南部、隆安、扶绥、上思、钦州多讲"邕南土语"，广

图2-4　广西龙州贵平村马贵益及其越南外甥（陈家友摄）

西龙州、宁明、凭祥、

崇左、大新和天等两县东部以及越南北部谅山等省多讲"左江土语"，广西的德保、靖西、那坡、天等和大新两县西部以及越南高平等省多讲"德靖土语"，云南的砚山、广南、麻栗坡、马关、文山等地的壮族，以及毗邻的越南河江省一些岱、侬族地区多讲"砚广土语"。"壮语的南部方言，与这些境外的壮侗语族语言非常接近，甚至比壮语

图2-5　中越表叔侄两人谈各自的生产谚语（乐乐摄）

南部方言和北部方言的关系还要接近一些。"[4] 李方桂的《李方桂全集：比较台语手册》认为"壮侗语族中的台语分为三个方言组，即北支方言组、中支方言组和西南支方言组。其中，中支方言组就明确包括了壮语南部方言、岱语（土语）及侬语"[5]。这些学者的研究成果论证了广西壮族与越南岱、侬族群在语言文化上的历史同源性，以及现实社会交流中的相通性。

中越边境地区大多离各自境内的中心地区比较远，在过去较长的历史时期内，交通不便，信息闭塞。而生活在边境的壮、岱族群居住地理位置相互邻近，商贸交往频繁没有太多障碍。双边边民中许多家庭彼此都存在着血缘、姻缘关系，共同处在一个相对封闭的生活环境中，因此，中越边境壮、岱族群在语言上保持着共同的语音固有特征，以及许多相同或相似的语言使用习俗。

图 2-6　与北棱村侬族村民龙云元一家交谈（张耀军摄）

中越边境壮、岱族群在语言上保持着共同的语音固有特征，首先体现在许多基本词汇发音都是相同或相似的，如汉语"水田"在中国壮族与越南岱、侬族都念汉语音"那"，"树木"都念汉语音"锅枚"，"眼睛"都念"麻卡"，"嘴"都念"拔"，"荔枝"都念"麻杰"，"老婆"都念"咩"，"新年好"差不多都念"毕某嘚"。由于语言结构的各个方面都比较接近，中越边境地区的边民都能互相通话。在日常物品计量中，"越南侬语和广西壮语的基数词完全一致，序数的表达方式也相同。壮语和侬语的量词都很丰富，在修饰名词时都可置于名词之前，和名词的搭配有明确的分工，即什么样的量词搭配什么样的名词是不能混淆的。壮语和侬语的绝大部分量词来源相同，语音形式、语法特点、修饰对象也一致，但也有少数量词指称范围出现了差异，一般是侬语的指称范围较广（搭配对象较多），壮语的比较窄"[6]。

图 2-7　越南民族博物馆展出的汉字民间传说（张耀军摄）

中越边境壮、岱族群在语言上的相同习俗还体现在亲属称谓上，亲属称谓在一个民族的语言中是最古老、最恒定的族群词汇，最能反映族群的历史及其渊源。越南岱、侬族和广西壮族同出一源，在亲属称谓方面有许多共同之处，如"岳父、岳母"和"外公、外婆"，双边都通称汉语音"公达、嘛呆"，"家公、家婆"和"爷爷、奶奶"，双边都通称"公、嘛"，"壮、岱侬语表示父母一辈的直系亲属时称谓基本相同，称谓父系母系混同，血亲和姻亲也没有差别，所以'伯父''大姑父''大姨父''大舅父'称谓都相同。"[7]

图 2-8　高平博物馆展出的侬族巫师喃经图片（陈家友摄）

"熟语"是民族语言词汇中非常精彩的现成习用简

句，其主要特征是意趣隽永的语义，和谐顺畅的语音，生动活泼的形象，生趣幽默的借喻，丰富多样的联想。熟语词汇的丰富与否，同民族历史的悠久与否及语言使用人口的多少有很大的关系。同根同源的中越边境壮、岱族群，有许多相通的传统熟语，它扎根于群众生活语言的泥土之中，在民族群体中口头流传，代代相承。通过熟语的使用习俗，可以探寻到中国壮族与越南岱、侬族语言、民族文化上的渊源关系。

壮语、岱侬语熟语的意思往往耐人寻味，有时各自借物寓意不一，但都生动地表达了话语中的潜台词。例如，在表达汉语中"挖东墙补西墙"的意思时，壮语说的是"砸鼎锅补炒菜锅"，而岱侬语说的是"撕前襟补后襟"。壮语说"蛇大洞大"，岱侬语说"水牛大屎大"，如同汉语的"家大业大"，比喻的都是收入大开支也大，各有各的难处；壮语说"猫不在家鼠翻天"，岱侬语说"猫出门鼠庆贺"，如同汉语的"山中无老虎，猴子称大王"，都是指无人管制，肆意妄为。[8]

图2-9 载有不少民间俗语的《平果嘹歌》（陈家友摄）

中越壮、岱族群的熟语也较多地使用对偶的句式，其特点是"上下句式整齐，结构匀称，音韵和谐，看起来醒目，说起来上口，听起来悦耳，易于记忆和传诵"[9]。例如，壮语与岱侬语在自夸时都说"吃盐多过你吃米，过桥多过你走路"。

中越壮、岱族群在农业生产上常有运用谚语的习俗，往往寥寥数语，就能道出丰富的农耕经验，或揭示深刻的道理。例如，农业生产中壮语的"雨水种瓜，惊蛰播豆"，岱侬语的"三月撒秧，五月种田"；壮语中的"早稻熟七成开镰，晚稻熟十成收割"，岱侬语中的"黑土适合种瓜，红土适合种田"；壮语中的"时春不种田，时夏谷萝空"，岱侬语中的"蝉叫才种田，米不够到正月"；壮语与岱侬语都有"种芋头不过清明，种姜不过谷雨"的谚语。

图2-10 广西靖西博物馆展出的山歌手稿（陈家友摄）

在生活经验方面，壮语有"一粒米九滴汗"，岱侬语有"一粒米三滴汗"；壮语有"单线搓不成绳子，独树栽不成果园"，岱侬语有"上边村下来帮，边村子回来助"；壮语有"好稻靠壮秧，好儿靠好娘"，岱侬语有"田好靠秧，儿好靠乳"；壮语有"真金不怕火，有理不怕驳"，岱侬语有"过火才知金真或假"。[10]

壮、岱语中有很多在结构、表意、修辞、喻体选择、韵律形式等方面比较接近的熟语，反映了这些族群在观念、思维、生活、劳动、风俗、宗教方面的相近性，体现了同为壮侗语系民族特有的语言文化特色。同时，由于国界的划定及政治的原因，双方彼此接触往来减少，在新的生存环境下，各自的语言也会不断发展，形成了有一定差异的语言表意个性。

在壮、岱族群的民间宗教信仰活动中，不少巫、师、道教的经书都蕴含着丰富的民间文学内容，成为民间传统语言文化的一个组成部分。

民歌是劳动民众在长期的生产、生活过程中，有感而发的民间歌曲，后经过群众广泛传唱而保留下来的民间口头文学，是一种语言与音调相结合的表达方式，它是更丰富、更精彩的民间文化，如广

西那坡黑衣壮的一首民歌：

　　　　妹是月亮哥是星，

　　　　天上无星月孤零，

　　　　哥是砣来妹是秤，

　　　　砣不配秤称不成。

　　这首极有寓意的情歌，巧妙地将男女青年的情谊比喻为星月与砣秤，表达了情侣之间密不可分、相互依靠的感情。

　　民歌具有悠久深厚的历史传统，和民众的社会生活有着最直接、最紧密的联系，长期以来，人们用口口相传的民歌演唱方式，反映自己的生活、感情、意志和理想。民歌是经过广泛的群众即兴编作，口头传唱，凝聚了世世代代劳动民众智慧的结晶，特别是在民间语言及语言表达方式方面具有鲜明的地方特色，成为地方语言文化的重要组成部分。

图 2-11　歌场上的壮族老歌手（农敏坚提供）

第二节 饰体习俗

　　饰体是人类社会特有的文化现象，也是人类与其他动物的重大区别之一。自人类与猿人分离之后，人类由于御寒等原因，逐渐地对自身的胴体加以遮饰，而类人猿还是赤身裸体，仍然保持着其原始的野性，因此，饰体实际上是人类文明进化的重要体现，它从一个侧面反映了人类社会文明进步的过程，也就是精神文明与物质文明的发展历史。人类饰体实际上具有"服"与"饰"两种作用，即实用性之"服"与审美性之"饰"的双重性质。人类的饰体的缘由一般认为有"保护""遮羞""装饰""性欲""标志"等。"保护"，反映人类在维护自身生存中，为御寒、避暑、防害的需要所加以的体外防御，人类的饰体增强了自身的保护能力；"遮羞"，人类在发展到一定时期后，由于家族成员内部不宜性交的观念形成，逐渐产生了"羞耻"的意识，因此，遮掩自身胴体特

图2-12 中越边贸市场多彩的边民服饰（陈家友摄）

别是遮掩私处，成为族群社会生活的共识；"装饰"，人类较早就产生了"美"的意识，人类为追求在同类中的优越性，开始注意使自身形貌更加华美，于是产生了衣饰或者是体饰的行为；"性欲"，这是自然界所有动物的繁殖要求，人类初民为吸引异性，以衣饰与体饰装饰自身胴体，以此来引起异性的注意，从而达到双方交配的目的，使种族不断地延续与发展；"标志"，即指一个族群区别于其他族群的饰体特征，在氏族、部落漫长的进化历史中，为了加强内部的凝聚力，从而在与外部的抗争中处于优势，于是逐渐形成了本民族独有特征的饰体习俗。因此，衣着饰体实际上是民族文化心态、生活习俗、审美情趣的整体体现。

　　中国壮族与越南岱、侬各族同属古百越民族的后裔，在黄河以南这片广袤的大地上绵延繁殖，生生不息，最后定居在今中越两国边境一带，许多比较相近的传统饰体习俗仍在这些族群中保留。

图2-13 广西百色一带壮族服饰（百色博物馆）

（一）衣饰习俗

服饰不但具有自身的自然属性，并且具有一定的文化属性，长期以来，服饰就是作为一个民族重要的标志而在社会生活中存在。宋代时，中国南方少数民族就形成了各自的服饰特点，《岭外代答》"蛮俗"中载：蛮夷人"冬编鹅毛木棉，夏缉蕉竹、麻经为衣"[11]。中越壮、岱族群传统服饰文化形态中，往往把服饰作为本民族或本地域内群体形象的特征，这些民族服饰一般都有便装与盛装之分。便装是在平时的日常生活或农耕劳作中穿着，而盛装则是集体性的民族礼服。壮、岱族群妇女均擅长纺织和刺绣，还有图案精美和色彩艳丽的织锦，以及风格别致的蜡染，这些民间织绣工艺，均被应用到各民族盛装的装饰上。盛装多在节庆仪式或赶集、歌会等民族群体性活动中穿着，过去同村青年男女去外村交友往来时，总会不约而同地统一着传统服装，这种习俗反映了中越壮、岱族群重视本族群形象的整体美，注重通过着装体现族群的识别标记与精神面貌，从而增强民族内部的凝聚力。

图 2-14　越南侬族妇女服饰（高平博物馆）

图 2-15　龙州中越边境的壮族老人（陈家友摄）

以前，壮、岱族人穿的衣服大多是自纺、自织、自缝的大襟蓝黑上衣，由于气候炎热，当地的妇女服装一般衣领都较矮，露出颈部。衣领至右腋下的衣襟以及两袖一般都绣有花边，下面穿着各地不一，多数穿宽大的裤子，有单色的也有绣花边的，一些族群喜爱着长褶裙，她们平时经常穿一种圆口的布鞋，在节庆之时多穿绣有各种图案的花鞋。男子的传统服饰上衣多是黑布对襟衣，领子是圆的，袖子较阔，上衣两襟有八九个黑布扣子，当地称为"琵琶衣"，正式的场合都将两襟的扣子扣起来，休闲之时也会将扣子打开。下身多着裤口及裤腿都较宽大的黑裤子，这种裤子很适合下田耕作。男子成年后头上一般都包头巾，较长的头巾缠在头上，上端打折，顶上开着圆孔。平时，壮、岱男子不管是干活还是赶圩（"圩"在本地念"xū"，中国南方的湘、赣、闽、粤、桂等把集市称"圩"），一般打赤脚或穿草鞋，逢年过节或走亲访友，才会穿上黑色的土布鞋。壮、岱各族分支较多，各族群都有自己传统的服饰，因而呈现出多姿多彩的着衣习俗。

图 2-16　广西蓝衣壮妇女服饰（陈家友摄）

1. 壮族服饰习俗

壮族有众多的分支，壮族各支系有各种自称20多种，如"布侬""布土""布僮""布雏""布越""布雄""布偏""布傣""布瑞""都侬"等。壮族先民服饰的多姿多彩在中国史书上早有记载，《战国策·越策（二）》载："被发文身，错臂左衽，瓯骆之民也。"[12]《旧唐书》卷185记："南平僚……男子左衽……妇人横布两幅，穿中而贯其首，名为通裙。"[13]《宋史》载："广源州蛮侬氏……俗椎髻左衽。"[14]明末清初顾炎武《小方壶斋舆地丛钞》第八帙载："斑衣壮女，着短裙，仅及膝，坐则以膝齐，跪地为礼。"

[15]民国时期刘锡蕃《岭表纪蛮》载："僮人男女，从前俱挽髻，服饰亦奇特。有斑衣者，曰'斑衣壮'；有红衣者，曰'红衣壮'；有领袖俱绣五色，上节衣仅盈尺，而下节围以布幅者，曰'花衣壮'；又有长裙细折，绣花五彩，或以唐宋铜钱系于裙边，行时其声叮当，自以为美，其状不一。"[16]广西贵港市的壮族世称"蓝衣壮"，其妇女除全身上下都着蓝色衣服外，还将蓝色方巾折叠成三角形后包裹整个头部并在下巴处打结；贺州市八步区南乡镇的壮族妇女先用白布包头，再罩黑布在外，露出白边，黑布上再缠红巾。壮族男装各地差异不大，多为以当地土布制作的对襟上装，上面缝一排布结纽扣，有六对或八对。腹部两侧缝有两个大兜，下摆左右两侧开对称裂口，往里折成宽边。由于长年在田间劳作，壮族男子裤子不长，多及膝盖或小腿，裤身较宽大，有的地方男子喜欢缠绑腿，这样干起活来带劲儿。壮族男子多数都扎头巾，有的地方冬天的时候才包黑头巾及穿布鞋，夏天时不包头巾，或赤脚或穿草鞋。在节庆或走亲戚等正式的场合，他们才会穿上自家媳妇做的布鞋，传统的男鞋有云头布底鞋，或者双钩头鸭嘴鞋，非常结实。

图 2-17　广西黑衣壮妇女服饰（陈家友摄）

广西各地的壮族支系服饰变化多数体现在女性，隆林自治县东北部的沙梨乡壮族自称"布瑞"，女子头帕为白色，两端有黑花织带及细线穗装饰，身穿黑色斜襟束腰窄袖短上衣，下穿蓝黑色、细灰白方格的短百褶裙，裙内穿黑色的唐装便裤。沙梨壮人的服饰很有特点，当地人称之为"三层楼"，主要由衣、裙、裤三层组成。上衣较短，只及腰间，此为第一层；中间的裙子长至膝盖，此为第二层；裤子较长，一般都长至脚面，此为第三层。长过脚，如此层层迭起，错落有致，成为该族群的特色服饰。"革步乡与金钟山乡一带的壮族人，老少皆着一种内外衣同时穿的'姐妹装'。这种'姐妹装'流行于南盘江流域，如西林县的马蚌等地，衣服深沉的青黑和幽幽的淡绿色，令人产生神秘肃穆之感。"[17]

地处中国边陲的那坡县与越南毗邻，境内壮族按自称划分就有12个族群，其中有自称为"布敏""布嗷"的两个族群，其族群传统文化保持得比较完好，被视为"壮族传统文化活化石"。他们把颜色主要分为5种，即红、黑、蓝、黄、白，在当地方言中，"红色称为'钿'、黑色称为'馁'、黄色称为'镶'、白色称为'尻'、蓝色称为'嬴'。在黑衣壮人的色彩分类中，颜色分为'吉

图 2-18　广西宁明壮族妇女服饰（陈家友摄）

利'与'不吉利'的两大类，红、黑、蓝（紫、绿）被视为'吉利'的一类，白色、黄色被视为'不吉利'的一类"。[18]"布敏""布嗷"人崇尚黑色，以黑为族群穿着标记，不管男女，均着一身纯黑的土布衣服，外面的人称其为"黑衣壮"。"黑衣壮妇女都喜欢穿右盖大襟和葫芦状矮脚圆领的紧身短式上衣，衣领直接连左右襟，衣襟右掩左衽在胸前相交……裤子通常是宽裤脚、大裤头，腰系黑布做的大围裙，围裙又宽又长，能系身围一圈多。围裙裙底平时垂到小腿，有时她们也将裙角打个三角形系在前腰间，似乎更干练，更可人。赶圩或走访亲友时，将围裙向上翻卷可作口袋使用，劳动时又可装一些种子或杂粮。"[19]黑衣壮生活的地方夏日炎热，冬天寒冷，因此当地妇女喜欢戴上黑

图 2-19 广西黑衣壮男子服饰（陈家友摄）

色的双角形头巾头饰，以防晒与御寒，这样的头巾及饰法很有特点，首先用白头巾沿发际将头包住，然后再用折叠好的黑布条盖在头上，再用土布做成黑头巾盖在头上。这种黑头巾质地较硬不易变形，并不怕风，而且插上去的头花、头叉、班簪等仍能露出，显得十分朴素、美观、大方。过去黑衣壮女孩子在成年前一般不会过多装饰发式，长到十五六岁后，母亲通常将其头发按成人的发式盘成发髻，插上班簪、头笼、头叉、头花等，并罩上具有族群特征的双角形头巾。

黑衣壮男子的衣裤朴实大方，上衣前盖对襟短领，裤子宽大，裤头提到腰部后左一折右一搭，然后再用裤带或布绳子

图 2-20 广西黑衣壮少女服饰（陈家友摄）

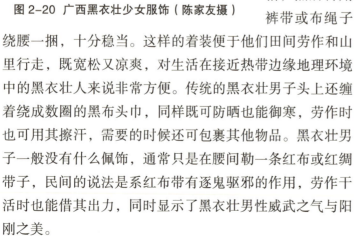

绕腰一捆，十分稳当。这样的着装便于他们田间劳作和山里行走，既宽松又凉爽，对生活在接近热带边缘地理环境中的黑衣壮人来说非常方便。传统的黑衣壮男子头上还缠着绕成数圈的黑布头巾，同样既可防晒也能御寒，劳作时也可用其擦汗，需要的时候还可包裹其他物品。黑衣壮男子一般没有什么佩饰，通常只是在腰间勒一条红布或红绸带子，民间的说法是系红布带有逐鬼驱邪的作用，劳作干活时也能借其出力，同时显示了黑衣壮男性威武之气与阳刚之美。

图 2-21 盛装的黑衣壮老妇（农敏坚提供）

　　黑衣壮为何以黑服饰为本族群的标记？当地传说古时他们的先民有个叫侬老发的部族首领，一次率领族民抵抗外敌的侵犯，身负重伤，"他随手抓了一把青绿的野生蓝靛叶搓烂，敷在伤口上，殊不知很快止住了流血，并且恢复了体力。最后，侬老带领部族击退了来犯之敌。从此，这位黑衣壮首领就把野生蓝靛当着逢凶化吉的神物来纪念，号召全部族人都穿上用蓝靛染制的黑衣着装，并且世代相传，一直保留至今"[20]。

图 2-22　现在广西蓝衣壮也有不同的上衣（陈家友摄）

　　越南学者卢越胜认为：黑衣壮以"黑"为民族服饰的标记，有其历史原因与民族审美成因。"在明清土司统治壮族时期，规定凡土民只准穿黑、蓝两色。其次，黑衣壮由来的传说也影响了黑衣壮服饰的形成和延续，黑衣壮至今仍然保留着黑色的传统，另一原因是'以黑为美'的审美观已深入人心。同时，款式大方、朴素、美观与实用性的有机的结合丰富了黑衣壮服饰文化的内涵。"[21]

　　20 世纪 80 年代以后，随着社会的进步以及多民族文化的融合，封闭的黑衣壮与外面世界的接触不断增多，其传统服饰也逐渐发生了变化，如今在集市上可以看到不少的中年黑衣壮妇女"上蓝、下黑、头巾白"的服饰嬗变，当然，更多的年轻人已摆脱"全身黑"的传统着装习俗，走进了五彩缤纷的现代服饰世界。

　　2. 岱、侬族群服饰习俗

　　越南岱、侬族均源于壮族，因此，在着装上也保持着与壮族相近的服饰习俗。与广西那坡县接壤的越南高平、河江两省的侬族，有许多不同的分支，如昭侬、安侬、归顺侬、侬凡生、侬江、侬春、侬贵、侬雷等分支。侬族妇女服装颜色主要是靛青与相似颜色，如深蓝、黑蓝、紫蓝、暗红蓝等。由于当地气候更为炎热，因此女子上衣一般更短些，全为右开高襟，直领，纽扣是往往用与衣服颜色一致的布料做成，并都钉有 5 粒。上衣前、后摆长于两侧，衣角以弧形缝边。袖子较宽大，一般及手腕以上。侬族妇女的上衣款式大致相似，但又有各族群的传统服饰文化特点。"万承侬女人的衣服长过膝盖，侬江女人的衣服长到腰带，朝侬女人的衣服长到膝盖，安侬女人

图 2-23　从田间走来的越南布傣老人（张耀军摄）

的衣服带遮羞尻子与肩膀带、护肩布，胸前戴一件围裙，上面有绣花，归顺侬女人的衣服长到尻子……侬凡生人的衣服在绲边与大襟是红蓝色，侬江人的衣服在袖口缝上不同颜色的布，侬春人的衣服在胸绳边缝上不同颜色的绿边布，多为黑色或深蓝色。关于衣服的颜色，侬凡生与侬贵人衣服的颜色主要是黑色，侬江与侬朝是淡蓝色，侬类是棕色或黑绿色。"[22]外扎腰带的习俗，在侬族妇女中也常

图 2-24　越南保乐县岱族服饰（张耀军摄）

有，不过她们腰带的布料颜色多数与衣服是相同的。侬雷族群女人的腰带是靛青色的布料，中间缝以白布，腰带的结子是系在背后的，结带很长，几乎垂过了大腿。侬族妇女多穿裤子，各地款式不一，大多裤腿又宽又短，显得精干麻利。谅山一带的侬族妇女裤腿较长，并有在腰部系长围裙的习惯。侬族妇女大多扎头巾，样式多种多样，"侬迎、侬朝、侬雷妇女用方形头巾，把头巾斜线折然后扎在头上，结子是系在脑后的，形状有点像乌鸦嘴，当地称为戴'鸦嘴巾'。侬安妇女的头巾绣花纹，头巾周边绣有各种颜色的装饰线，也有将装饰的彩缨垂挂下来。"[23]

图 2-25 越南保乐县岱族夫妇服饰（张耀军摄）

岱、侬族男子的传统服饰比较接近，裤子一般裤裆较大，裤脚也较宽，甚至长到脚踝部位，大裤腰像壮族一样拉到腰间一折一搭用带子缚住，有钱人家还在腰带上套上玉石串子，以保平安。按传统的穿戴习俗，岱、侬族男子也戴哨头。哨头由一块长靛蓝布做成，将其缠头上后对折然后卷在头顶呈人字形。岱、侬族男性服饰大体相同，一般都在服装的长、宽及颜色上有所区别。"岱、侬凡生男人与岱、侬朝男人的衣服比岱、侬贵人的要大。岱、侬凡生人及岱、侬贵人喜欢黑色，岱、侬朝人则喜欢淡蓝色。岱、侬安人以前的衣服样式跟其他岱、侬族人的不一样，男人穿衣服长到膝盖，没有在胸中间开叉而往左边开，常戴护肩布以便扛货时肩膀不被伤害与弄坏衣服。"[24] 这里所讲的侬凡生、侬朝、侬贵都是越南侬族的一些分支。

广西龙州一些地方的壮族，不管男女出门总爱挎上一个布袋，人称"布袋壮"。这种习惯在越南高平一带的岱、侬族男人也常有，赶集、走亲时常肩挎一个厚布袋，这是为了上街购物或走亲装物所用。当然，如同其他民族一样，男性在传统服饰的保留上要比女性差些，在广西那坡县念井屯边贸市场上，无论是中国或越南边民，妇女们不少还着传统服饰，而男人们的服饰大多已同汉族无异。

与广西那坡毗邻的越南保乐、班高等地的侬族，服饰与广西黑衣壮非常相似，全身上下都为黑色，当地妇女上身同样着右盖大襟和矮脚圆领上衣，但比较紧身，衣脚也较短式，衣领边喜欢绣一些花纹，胸前也经常佩戴银项链，但比黑衣壮稍短些，并加装有数个银做的小铃铛。与黑衣壮一样，这里的侬族都用白布边缝在衣脚作装饰，讲究一点的还在白边上绣些图案。穿的裤子也是宽脚宽头的大裤子，腰部经常系一条黑布大围裙。头巾头饰虽然也是黑色的，但其样式与黑衣壮有较大区别，反而同广西贺州壮族妇女有些相似，先用花纹白巾将发型缠好固定，用黑

图 2-26 在那坡边境集市的布袋壮妇女（陈家友摄）

布巾由前往后扎好，再将绣有饰边的黑布在额前往后一搭，露出里面的花巾边。

越南保乐、班高等地的侬族妇女也喜爱穿自做的翘头绣花布鞋。做绣花鞋是当地妇女必须掌握的女工，以前女孩子长到十二三岁就要跟母亲学做布鞋。做鞋的过程比较复杂，先将旧衣服或旧布料撕成布片，用米糊或玉米糊将其一层层粘在鞋样上，晾干后撕下，再用糯米糊一张张的粘上，上面用新白土布包裹，再用针纳成结实耐磨的鞋底，然后将布鞋面沿鞋底边用粗纱缝上去。姑娘们喜欢较浅色的布鞋面料，用各种颜色的绣线绣上龙、凤、狮子、绣球及其他花鸟虫草等图案；老年人多以黑色、深红等底色为主，图案有云、龙、狮、虎、麒麟等。花鞋做工较复杂，现在很少有人自做布鞋了，集市上的商铺中五花八门的女鞋可以由她们随心所欲地挑选，甚至一些时尚的女鞋在侬族也屡见不鲜了。

图 2-27　壮、岱族妇女绣花鞋（农敏坚提供）

越南岱族没有侬族那么多分支，他们经常穿靛青色衣服，妇女的上衣长至小腿肚子，袖口窄，衣缝开到腋下，钉五个纽扣，显得身材很修长。夏季岱族人常在里面穿白色短衫，因此也有附近的侬族人称他们是"白衣人"。岱族有一个分支叫"布傣"，主要生活在高平省下琅县板沟、板苛、板愿、板差、逐关、那烟、交趾、板义、两富、波武等村屯；广西壮族有一个支系也叫"布傣"，主要生活在龙州县金龙镇板池、板烟、板陋、板底等43个自然屯，这是一个具有共同历史渊源的跨国小族群。"布傣"族群的一个共同特点是穿长衣，在广西边境也叫"长衣壮"。岱人"妇女穿黑色或咖啡色的长裳，类似中国妇女穿的旗袍，但前后下摆较长，长过膝盖两三寸，内穿同样颜色的长裤，与中国自称岱的壮族妇女服装相同。侬族妇女穿的是天蓝色阴丹士林布衣服，上衣过臀部，襟边和袖口边绣有花纹，与中国自称土人或侬人的壮族妇女服饰相同"[25]。共同的族群传统文化与自然生活环境，使两地布傣族群包括服饰等不少风俗习惯都比较相同，在审美观上都以黑为美。他们纺纱织成布后，放进一个大蓝靛水缸中浸泡、浆洗，然后用一些红藤、枫树皮、椿树皮等，再加上动物血混成一种染料，一起放进锅中蒸煮，最后布料变成发着暗红光的黑色。这些布料还要经过反复捶打、浆洗，几经暴晒后表面变得光滑，色调均匀，做成的衣服穿在身上很凉爽、舒适。这里的传统服饰"衣纽扣用自制小布条搓压结实，拧成长条小布绳，左边留下小开口，右边布绳头打一个稍大而圆的绳头，用以塞进左边扣口，防止衣襟敞开皮肉暴露。在重大族群节庆及集体活动期间，壮傣男女老少统一穿上土制矮领或无领黑衣，鲜艳夺目"[26]。布傣族人崇尚

图 2-28　广西黑衣壮儿童服饰（陈家友摄）

黑色，这与他们的文化意识及审美心理有很大关系，布傣族群的传统观念中白色是不吉利的，丧葬时披麻戴孝是白色服饰，为平时日常生活中的禁忌。

位于广西龙州县西北部的水口镇，北部与越南高平省复和县驮隆口岸隔河相望，自古边贸繁忙，复和县边民多为与壮族同宗同源的岱族与侬族，两地的民众都有比较相同的着衣传统，成年女性"上衣穿蓝黑色的布衣，长至腿肚，右腋下开缝，有纽扣；下穿黑色或褐色宽裤脚长裤；头上戴头巾。男子上衣为对襟、竖领、布纽扣，裤腿肥大。干活时，男女都要系上一条长过膝盖的方围裙"

图2-29 那坡边贸集市的中越边民（陈家友摄）

[27]。如今两地成年人喜欢穿中国产的解放鞋，或者越南产的拖鞋。

3. 壮、岱族人生礼仪中的服饰习俗

人生礼仪是族群的成员在其不同的生命阶段中所举行的庆贺或纪念仪式。中越壮、岱族群服饰与民间风俗人情有很大的关系。人的一生从出生到去世的诸多礼仪中，人情往来都离不开赠礼和接受馈赠，这些礼物大多与服饰物品是分不开的。

在壮族传统社会中，服饰用品往往与人生的各种礼俗紧密联系。当壮族人家喜得孩子，按传统的习俗，外婆要送来婴儿用的背带、棉被、衣服、鞋帽。亲戚前来吃"三朝酒"或"满月酒"时，往往要馈赠婴儿用的衣帽、毛毯、鞋袜及米面和鸡或鸡蛋。"柳城、靖西等地壮族在婴儿满月那天，要让一个十二三岁的女孩穿上新衣服，用新背带背婴儿逛街。通过象征性的穿衣佩饰仪式，使婴儿得到血亲的认可，并在长辈的护佑下得到相应的身份角色。"[28]广西那坡、靖西壮族与相邻的越南保乐、河广、重庆等地，在孩子周岁时，要给其挂上外婆家送的"长生保命"银牌，称之为"锁命"。在孩子两岁会走路的时候，家人会给其戴上一个用各

图2-30 广西天娥壮族姑娘服饰（天娥博物馆）

种花布料缝成的小帽子，据说是能让孩子吉祥、平安。

以前，壮族人在人生不同的阶段服饰都会有一定的变化，人们往往从穿着发型上就能看出一个人的年龄与身份。一些地方的女孩长到一定年龄后都要换装，有的还要改变发型。"在那坡县黑衣壮中，姑娘十五六岁之前不能

图2-31 越南侬族姑娘结婚服饰（太原博物馆）

穿裙，只能穿裤子，十五六岁时要举行一个'穿裙子礼'备牲敬神祭祖之后，为女孩在裤子外套上一条裙子。这个'穿裙子礼'其实就是当地壮族女孩的'成年礼'。只有经过这一仪式之后，姑娘们才能穿上当地成年壮族妇女的正规服装：裤子外面套裙子。"[29]

自古以来，中越壮、岱族群都有以歌传情，以歌择配的风俗，青年男女的婚姻多是从歌圩开始的。年轻人在歌圩交友、恋爱过程中，除了自身的打扮外，衣饰用品往往成为男女双方传情达意的信物，从衣帽、头巾到汗衫、手帕，从绣球、裰裙到手镯、戒指，还有花背袋、腰荷包、竹帽等物，常常作为男女双方交谊与定情之物。一旦男女双方情投意合谈婚论嫁时，在定亲礼仪中少不了以服饰用品为聘礼。

图 2-32　广西靖西壮族新娘戴的凤冠（靖西博物馆）

以前广西大新一带民间有个习俗，男女双方相恋情投意合后，姑娘首次到男家，都要给未来家公家婆及家人送

图 2-33　越南谅山岱族男子的孝服（陈家友摄）

上自己缝制的布鞋。女家在收受男家上门提亲的礼物后，也要回送布鞋、毛巾、衣料等物。服饰在壮、岱族人的婚嫁仪式中具有很重要的价值与作用，婚娶迎亲时，新郎新娘、家人及婚伴男女都要身着民族传统盛装，"岭南嫁女之夕，新人盛饰庙坐，女伴亦盛饰夹辅之，迭相歌代"[30]。在送嫁礼品中，新衣、新鞋、新布料肯定是少不了的，亲朋好友馈赠的礼品中，也大多为各种服装与饰品。

自古以来，中越壮、岱族都有尊老的传统习俗，人到一定年龄后儿孙都要给其贺寿。祝寿年龄各地不一，以前人的平均寿命不高，一般年到40岁即可举行祝寿仪式，60岁以后，寿星夫妻便可穿儿女们所送的寿服、寿帽、寿鞋，儿孙们汇集在厅堂，向坐在上座的长辈寿星磕头祝寿，表示对老人一生辛勤的感恩，以及对其晚年生活的祝福。

葬丧操办在壮、岱族群中是非常重要的人生礼仪，老人过世后，不管是逝者还是家人，都有当地传统的丧事服饰。首先是给逝者穿冥服，冥服里面是白衣，外面套穿黑衣。哪怕是在冬天，也是不能穿棉衣的，民间的说法是穿了过重的衣服，亡者登天就困难了，这样会造成阴魂不散，扰乱家庭的正常生活。冥服还包括给死者扎上当地的传统头巾，脚上穿白布做的袜子和黑布鞋，武鸣、平果等地壮族要在布鞋外面再套一双草鞋。举丧时孝男孝女全部穿上白色的孝服，传统的孝服是身着白长衣，头扎白孝巾，腰缠白布带，脚穿草鞋。"越南高平等地在村中有时可以看到一些侬族妇女用白色的布条裹着辫子盘在头上，这是表示妇女的公公或其丈夫的叔叔去世了，裹上这种白布以示孝道。有的地方孝男手挂白

图 2-34　广西那坡壮族的丧服（农敏坚提供）

纱纸缠绕的'孝杖',孝女披发戴上用白纱纸糊成的孝帽。"[31] 这种丧葬习俗在中越壮、岱族群中至今保留,丧家的孝男孝女在停枢守灵、出殡下葬、守孝服丧期间都要披麻戴孝,直到丧事完毕举行脱孝仪式后,才能脱下孝服,恢复正常穿戴。

(二)体饰习俗

人类自远古时期就有装饰自己的欲望,早期的原始体饰除了衣饰之外,还有头饰、颈饰、腰饰、臂饰、胸饰及腕饰等,饰品使用的材料五花八门,有石头也有骨类,有动物牙齿也有海边贝壳等,后来,发展到在自己肢体上文、刻、刺各种各样的图案,甚至凿齿、饰齿、净面、文脸、穿鼻、穿耳、穿唇等人体装饰。

1. 佩饰

在人体各部位佩戴的饰物叫佩饰,因饰品佩戴的位置不同而名称各异,头部有发饰、耳饰、鼻饰,上身有项饰、腰饰、臂饰、手饰,下身有膝饰、足饰等。佩饰是古人衣着服饰的一个重要补充部分,它的功能除了美化人类自身以外,在远古时期,一些特殊的佩戴还具有宗教意识及权礼观念上的特别含义。在北京周口店等距今数十万年前的旧石器时代遗址,就发现人类制作和使用佩饰的遗迹,那些穿孔蛤壳、穿孔鱼骨饰、石珠、石坠、穿孔介壳、穿孔鸟骨扁珠等物品,都是中国境内出土的人类早期原始佩饰。中国南方的古越民族,也较早

图2-35 脖子上挂着犬牙的岱族汉子(陈家友摄)

使用佩饰来装饰自己,作为古越后裔的壮、岱族人,特别是妇女都有喜爱佩戴饰品的传统习俗。在众多的饰品中,银饰是最受欢迎的种类,除具有显美炫富的作用外,银饰能消灾祛病也是各地民间喜戴银器的重要原因。民间传统习俗认为,一些年幼儿童或体质衰弱者,戴上各种银器就能够迎吉纳祥,佑护平安。民间还有这样的说法,有些疑为有毒之物,只要用银针或银器一测,便可一目了然,据说银器接触了毒体后,便会变色。佩戴饰品的习俗在一些地方志上都有记载。1933年《广西各县概况》载:"(百色)女子饰品,有发箍、簪及指约、手镯等""(西林)惟女子最爱佩戴簪钗、耳环、手镯及盾牌等。富者用金质,贫者用银质。"[32]

中越边境一带银矿非常丰富,地方银器制作历史比较久远,在中越壮、岱族的贵重佩饰中,银饰品较多,头饰有银梳、银簪、银耳环,身饰有银项圈、银项链、银胸排,手饰有银戒指、银镯,脚饰有银脚环等,形成了各地丰富的佩银文化。耳饰是最普遍的佩饰,分耳环、耳柱和耳坠三种,不少地方的壮、岱族人家女婴满二三个月后,

图2-36 越南拉基族妇女佩饰(太原博物馆)

即在其耳垂处擦生姜消毒再用锥刺扎穿孔,戴上小圈的银质耳环。也有暂用红线穿孔作结,以待成年后悬挂耳环、耳坠等饰物。壮、岱族成人女子耳饰大多数是家传的,或是女子出嫁时,母亲到镇上的银铺打造的。壮、岱族妇女不像苗族(越南称赫蒙族)妇女那样喜爱戴银冠,一般只是佩戴帽子缀珠、

银泡和须穗等，或插一个银簪、银梳，因而项饰成为她们身上最令人注目的饰品。项饰主要有项链、项圈等，多为银质，有的也会同时佩挂大小不同的两种项圈，形成立体的上下两层。过去土司时期，过年过节或举行隆重仪式时，富有人家的女子总要穿戴盛装，胸前佩挂的项链和项圈有时有八九个之多。中间一般为长方形透雕的胸排，上有鸟兽花卉等图案，胸排下面沿着数根装饰的小链穗，以银链挂在脖子上。也有的打成藤的形状，多根相互缠绕在一起，上面还嵌上绿色的小珠，分外耀目。壮、岱族妇女喜爱戴手镯，有些女孩子很小时就戴上，以后终身不取下来。手镯有圆圈形、圆筒形两种，有些有钱人家为了炫富，姑娘出嫁时甚至左右手各两个，极其华丽。手镯上一般雕刻着太阳、月亮、星星以及各种动植物的图案，十分精细。也有玉石类手镯，大多从缅甸购买，据说玉石手镯还有护身作用。手指上戴戒指，特别是银戒指，因器形小价格不贵，在中越壮、岱各族中比较常见，已成为各地普遍的定情、婚约信物。民间还认为银戒洁白如月，能在夜间"照路避鬼"，旧时大户人家的女子甚至一指戴数个戒指，令同伴者羡慕不已。

　　受赫蒙、瑶等周边民族的影响，高平一带的岱、侬族妇女也有在腰部与衣脚、裤脚装上银饰品的习俗，走起路来叮当作响，太原省越北少数民族博物馆就展出了不少岱、侬族服饰的图片与实物。

图2-37　广西隆林壮族妇女的银饰（隆林博物馆）.

2. 头饰

　　用来装饰头发以及头部的各类物件，叫作头饰。发饰是妇女头饰的重要部分，能增加其仪容的俊美，因此，古人很早就重视头发的修饰。长沙马王堆出土的文物中，可以看到汉代下葬女性细致、精美的发饰。而《妆台记》《新唐书》《和凝宫词》《髻鬟品》《维摩诘像》《杜秋娘像》《八十七神仙图卷》等古籍及画卷都有历代妇女发饰的记述与描绘。头饰也是中越壮、岱族群妇女不可缺少的饰品，簪子是她们在修饰头发时最常用的装饰品，它是固发、美发的用品。簪子的材质有玉质、银质、骨质，富户人家多用玉、银簪子，贫苦人家一般用"骨头簪子"。簪子对妇女来说几乎是随身之物，往往为结婚时必有的陪嫁物，她们非常珍惜自己的出嫁簪子，许多人甚至使用一辈子。各地妇女的发式都有自己不同的特点，簪子的样式及使用也各不相同，广西百色阳坪镇的壮族妇女，逢年过节总要盛装打扮才出门，当地传统的习俗是姑娘盘髻于脑后，用银钗固定，再将织有桃花图案的黑色长帕缠绕头

图2-38　越南高栏儿童的帽饰（张耀军摄）

上。当结婚生子后则往后拨，披上黑色头巾，当地称为"封长"。广西德保、天等、靖西一带"少女戴轻巧发亮的油帽，额前的刘海垂至眉毛，长辫垂肩，年纪大的辫子卷到脑后做髻，谓之达到婚期……妇女结婚时头戴豪华的银制冠带"[33]。百色有个两琶乡，当地姑娘们多是梳辫子，或在脑后结髻，而一旦成了家，妇女就要用各种颜色（多为灰色）的土布将头发包起来："武鸣县清江乡壮族青年女子出嫁前，均留长辫子，出嫁后则前额留'刘海'。龙州一带壮族妇女则是婚前留'刘海'，婚后把头发往后梳成一个大髻；都安、大化和巴马一带的壮族妇女婚前将包头毛巾折叠成三四层，像手帕一样盖在头上，而婚后则用毛巾包头打结。"[34]

图 2-39 越南岱族妇女的头饰（张耀军摄）

越南岱、侬族也有不少的地方有扎头巾的习惯。"侬族女人的头巾包括纶巾、方形头巾或有花纹包头。戴时，把头发捆紧用头巾包起来，然后箍在头上。侬迎人、侬朝人、侬类人用方形头巾，把头巾斜线折然后扎在头上，把结子系在后面像京族与岱族女人戴鸦嘴巾一样。生玲村妇女戴靛蓝夹杂白色八角花的头巾，侬安女人戴绣花纹头巾，头巾绳边绣颜色线或有缨放下垂。"[35]由于亚热带地区日照时间长，天气炎热，戴帽子的人，在中越边境地区到处可见。以前各族群都有自己的帽子样式，这些不同的帽子款式构成了不同的族群特征。"上田、放牛、到市场或去看朋友时，岱、侬族妇女常戴帽子。传统帽子有尖棱锥型，帽檐平宽（大概30厘米）。帽子用竹篾笆编织六角形做帽架，然后用一层叶子包围帽架。帽子里面用一层捧分隔帽辫与帽檐，中间做成适合戴上头的尺寸，帽子的带子通常是细绳或一条布。"[36]在边境地区，中越壮、岱族经常喜欢戴一种简单而富有地方特色的竹笠，它是用竹篾笆编织成圆形的帽框，然后用破开

图 2-40 广西黑衣壮妇女的头饰（陈家友摄）

的篾肚（除掉竹篾表层）直接编织成圆锥形的帽顶，这种竹笠实质上是物尽其用，即竹篾绿色的表层剥掉用来编织更为精致的竹品，剩下的篾肚就用来做这种较为粗糙的竹笠，以及晒谷子用的竹席。

图 2-41 广西那坡壮族妇女的牙饰（农敏坚提供）

3. 牙饰

牙饰指用某种手段或其他材料装饰牙齿，牙饰是中国古代南方百越民族的习俗，古越人牙饰主要有凿齿、黑齿与镶齿三种。南人凿齿之俗从先秦至明清的史籍都屡有记载，先秦古籍《山海经》载："羿与凿齿战于寿华之野，羿射杀之。在昆仑虚东，羿持弓矢，凿齿持盾。一曰戈。"[37]宋代《太平寰宇记》载，邕州左右江各州"其百姓恶是雕题、凿齿、画面、文身，僚子'椎髻凿齿'"。[38]明田汝成《炎徼纪闻》卷四载，僚人"其支而尤异者，则有飞头、凿齿、鼻饮、花面、白衫、赤裈之属。今岭表左右及海外诸国在在有之"。[39]据专家考证，凿齿的古老习俗与古越人

传宗接代、生育繁衍的观念有关。远古的先民曾以凿齿作为成人的标记，中国古代汉族神话志怪小说集，西晋时期张华编撰的记述异境奇物的《博物志》载："僚妇生子既长，皆拔去上齿各一，以为身饰。"[40]说的是那时僚人家中的男孩女孩，长到一定年龄后都要凿齿，表示自己已成熟，可以与异性交往，因此，凿齿成了中国南方古越人不少族群的一种习俗，古越先民将缺齿视为一种美，形成了古越人独特的审美情趣。后来，凿齿又逐渐演变为饰齿，先是黑齿，即通过人为漂染的方式将牙齿染黑，以此为美，也以此为族群标识。南宋地理学家周去非，在其记载当时地方民俗、地理物产的《岭外代答》中记录了其目睹的岭南钦州黑齿之习："余至钦，见夫黑齿跣足，皂其衣裳者，人耳，乌睹所谓足无节，身有毛者哉？"[41]清乾隆年间重修《凤山县志·番社风俗》卷三"上淡水等八社风俗"条载："每日取草擦齿，愈黑愈固。"[42]中越壮、岱先民很早就喜食槟榔，久而久之，其齿变黄变黑，成为族人喜而为之的习俗；黑齿后来又发展为金齿，即在上门牙镶上包金，明代罗日聚撰写的记载中国西南地区及安南、占城、暹罗等东南亚各地地理环境、人文风俗的《咸宾录·南夷志》卷七，"金齿"条载："其夷人……以金裹两齿，故号金齿。"[43]如今在中越壮、岱族群中断齿习俗已经消失了，但黑齿在一些边远山区的老人中还偶然可见，金齿仍然在一些城乡的中老年人中流传，他们以齿包金为美，认为是一种拥有财富的体现，而年轻人中基本上没有镶金牙的了。

图 2-42　广西蓝衣壮妇女的金牙（陈家友摄）

4.躯饰

躯饰就是在人的躯体上装饰，主要是文身，即在人体（包括文躯干、文面、文四肢）上文出各种各样的图案，文身是古人一种特殊心理与独特的审美观念在躯体上的表现方式。同其他饰体形式比较，文身蕴含着更丰富的社会内涵，也体现了更深刻的文化意蕴。据史书记载，早在春秋战国时期，文身就深受南方古百越民族的喜爱，《庄子·逍遥游》载："而适诸越，越人断发文身。"[44]文中记载了古越先民"断发文身"的神奇风俗。《战国策·赵策》载："祝发文身，错臂左衽，瓯越之民也。"[45]文中所述为百越中之瓯越族群"文身错臂"的习俗。《汉书·地理志》载："今之苍梧、郁林、合浦、交趾、九真、南海、日南，皆粤（越）分也。其君禹后，帝少康之庶子云。封于会稽，文身断发，以避蛟龙之害。"[46]文中记载了越人在身上刺花纹，把头发截短，以求免遭各种水怪伤害的古老习俗。唐代柳宗元被贬广西时，任柳州刺史，当地少数民族文身之风极盛。一日，与刘禹锡等人登上城楼时，曾赋《登柳州城楼寄漳汀封连四州》诗一首，将越人文身之俗也写了进去："岭树重遮千里目，江流曲似九回肠。共来百越文身地，犹自音书滞一乡。"[47]明代邝露《赤

图 2-43　越南芒街集市年轻人的文身（陈家友摄）

雅》也对南方民族先民文身的各种图案形象详细进行了记载："黥面绣额，为花草、蜻蜓、蛾蝶之状。"[48]

以上古籍的记载，印证了文身习俗在古越人中历史之久远，也指出百越先民文身的原因。古越先民敬畏与崇拜各种图腾，他们把这些图腾刻文在自己身上，是祈望图腾的神灵附身，从而使自己得到保护。同时，躯饰是先民为了增加对竞争对手的威慑作用，一些人类学家认为，"文面及文身有可能是古代东亚民族所共有通用的文化，或许是早期人类为了吓唬竞争对手部落和区分部落血缘亲疏的需求"[49]。这里提到古人文身的两个重要作用就是威慑对手与族群识别。在异常复杂的生存环境中，他们为了自我保护，常在面额、肢体上文上不同的图案标识，以区别不同的氏族、部落；也有人类学家认为，文身甚至是在早年群婚情况下，有效地防止族群乱伦的一种措施，起到族群及近亲的标示与识别作用。"古代百越及其后裔民族中的一些氏族或家族，规定每个青少年达到一定的年龄阶段，都要隆重举行成年礼俗仪式，必须在身上刻画本氏族或家族传统的花纹图案作为成年阶段的标记，只有经过文身才能算是成年的人，才有公认的社会地位和政治权利，才有资格恋爱和结婚。"[50]壮、岱族先民文身在身体的各主要部位均可，远古

图2-44 越南北方文面老照片（太原博物馆）

时代以面额最为重要，这是在各种群体行为中引人注目的部位，前胸、两臂及背部其次，腿部及小腹再次。文身刻画的形象有动物类，如蛙、鳄、蛇、牛、龙、蛾、蝶、鸟、蜻蜓等；有植物类，如花、草、稻穗等；也有各种天体形象，如太阳、月亮、祥云、云雷纹等。这些图案大多与氏族崇拜的图腾有关，也有族群传统的吉祥物。文身的颜色多为青黑色，这与当地多产一种颜色附着力很强的蓝绽草有关，也体现了壮、岱族人以黛黑为美的审美观。后来图腾观念逐渐淡化了，文身演化成为一种装饰，成为一种服饰以外的体饰形式，并作为一种独特的民族传统文化被流传下来。时至今日，古老的文身习俗在中越壮、岱族群中仍比较普遍存在，当然，其文化内涵发生了很大变化。这些族群的年轻人，在文身中体现了多元的、时尚的文化元素与艺术风格。

第三节　饮食习俗

"民以食为天"，人类和其他动物一样，要维持生命，繁衍后代，第一需要就是吃东西，因此，饮食文化同人类的历史一样源远流长。世界上各民族饮食文化的差异，主要取决于生存的生活环境、气候条件、种植的物产，以及传统的风俗习惯、族群宗教信仰的影响。在以上因素的作用下，各民族在传统的食物种类，食品的加工制作，食物的吃法与嗜好等方面，必然会存在很大的差别。一般在族源与生存环境相同的族群中，饮食习惯往往是比较稳定的，日常语言中的食物词汇也是比较固定的。中越壮、岱族群保留着基本相同的饮食习惯，传承着悠久的传统饮食文化，通过相关民族饮食文化的传统习俗及其衍变的研究，往往可以透析出这些族群之间的亲缘关系及生活习性的变异。

（一）日常饮食习俗

长期以来，中越边境壮、岱族人民大多居住在自然条件比较艰难的生活环境，较落后的生产方式导致了生产力的低下，因而大多数民众的生活都处于较困难的境地，食品的相对不足使生活在这片土地的壮、岱族人一直省吃俭用过日子。一方面，粗茶淡饭成为他们日常生活的主要饮食，另一方面，因物制宜地炮制当地的食品材料，又使他们在餐桌上有不少富有地方特色的食物品种，形成了奇特的日常饮食习俗。

1. 日常饮食种类

在中越壮、岱族群中，日常生活食用的食物种类有主食、杂粮、果蔬、肉类、佐料、饮料等。

（1）主食

维持人生命的主要食物与食品就是主食，一个地方民众的主食当然主要是受当地主粮生产的制约，因此，不同区域的居民其主食也往往有所不同。中越壮、岱族群生活的地区气候炎热，气温高，雨水充足，特别适宜种植水稻，因此大米就成为该地区居民的主食。从广西百色百达遗址、贵港泊罗湾古墓遗址、隆安大龙潭遗址、平南相思洲遗址、柳州鹿谷岭遗址、崇左濑湍镇何村遗址等地出土的文物考证，这片土地上的人自新石器时期便开始栽培水稻。不少的考古专家论证，至迟在汉代，西瓯、骆越先民就确立了水稻的主粮地位。由于牛耕在农业生产中的广泛

图2-45　广西那坡壮族家庭的晚饭（陈家友摄）

推行，特别是汉族铁制农具等生产技术的传入，使得该地区的农业生产有了较大发展，形成了以水稻为主的粮食种植结构。

稻谷是水稻的果实，经加工后成为大米，若从米质来看，大米可分为籼米、粳米、糯米三类，籼米与粳米都具有米性不黏的特点，因而是产稻区百姓餐桌上的主粮品种，糯米性较黏，多食而腻，多

为节庆食用或加工为其他糯米制品。广西壮族地区最早的时候是种植糯稻和粳稻，后来才从日南郡象林县（今越南占城）引入籼稻，此种籼稻早熟，可以一年两熟。汉《异物志》载："交趾稻，夏冬又熟，农者一岁再种。"[51] 壮、岱族群千百年来传承着以大米为中心的传统饮食结构。除了焖、蒸、烫的大米饭外，还有豆饭、五色饭、竹筒饭、南瓜饭、菠萝饭等品种，也可做成白粥、肉末粥、螺蛳粥、玉米粥、

图 2-46　壮族妇女在晒谷（陈家友摄）

图 2-47　靖西旧县镇上摆卖的壮族传统糍粑（陈家友摄）

鱼虾粥等，或米粽、糍粑、米糕、米花、汤圆、米饼等丰富多样的米制食品。

除了米饭，米粉几乎成了壮、岱族地区主要的米制食品，不管是早餐还是中晚餐，城镇还是乡村的小食店都少不了各种米粉款式，如汤粉、炒粉、卷筒粉、鱼生粉、肉丝粉、螺蛳粉、榨粉、酸粉等。受越南京族的影响，岱、侬族地区各地无论吃米粉还是吃卷粉都要加入生柠檬汁，这样米粉就有了一种酸酸甜甜的口味，特别爽口，特别解腻，也特别刺激人的食欲。这种吃法也影响了广西边境的一些壮族地区。广西龙州县城的米粉店就有上百家，鸡肉米粉是当地特色饮食，除了在米粉中加进青柠檬外，还有烧鸡鸡丝粉、砂姜鸡粉、鸡杂粉、越南风味鸡肉粉等。同毗邻的越南边境地区一样，大多是极具口感的宽型米粉，当地叫"扁粉"。这种米粉的汤是用猪骨、鸡

图 2-48　中越跨国德天瀑布景点路边的米粉（陈家友摄）

骨和田螺长时间熬煮的老汤，还配有香菜、葱、青柠檬等丰富的调料。鸡肉是现煮现卖的，特别鲜嫩，各小食店都有自己秘制的调料，形成了龙州米粉的多种特色。

越南北方有一种小卷筒粉也是米制食品，流行非常广泛，"在越南岱、侬族人的地区，如谅山省、高平省、北浅省等地小卷粉很有特色，与其他的地区不相同。小卷粉一定要好米，最好是本地一带生产的，这样筋骨做出来才会白嫩、透明和润滑，卷粉还要包裹进肉、蘑菇，保证它的鲜美味。当然配料也很重要，把薄荷叶、香菜、小米辣、味精、卤汤调成蘸水汁，再调进新鲜柠檬味道也就丰富了，味道非常香"[52]。在广西那坡、靖西、龙州、凭祥一带很多早餐小店也有这种小卷粉，甚至作为一种邻国地方特色小吃推销，南宁、玉林等城市街头也出现了这种小卷粉，他们的做法跟越南高平、谅山、芒街等地基本上是相同的。

在"七分石头三分土"的壮、岱族山区，缺少水田种植水稻，许多地方不得不以玉米为主食。玉米在当地称为"包粟"，原产地

图 2-49　中越边境地区诱人的卷馅粉（吴力提供）

为美洲，明嘉靖初年由中亚传入中国西北，中越壮、岱族地区约在16世纪末就已经开始种植玉米了。玉米是耐旱作物，对土壤的要求不高，播种和管理都比较容易，其茎叶可沤肥或作燃料，因此在中越壮、岱族地区特别是山区迅速推广，逐渐成为水稻以外的重要粮食作物。壮、岱族地区食用玉米的方法多种多样，可直接煮熟剥壳皮食用，也可爆炒，或将玉米粒煮成玉米粥，有的地方将玉米磨成粉做玉米饼等。而把玉米作为家常菜原料时，则可以做出更多的美味佳肴。

（2）杂粮

除了稻米与玉米，中越壮、岱族地区还种植众多的杂粮，各种薯芋类作物也经常为壮、岱族人民所食用。薯芋类作物易于生长，管理简单，抗旱力强，富含淀粉，营养丰富，产量高且比水稻更为稳定，在稻谷失收时甚至被用来代替稻米为主粮。薯在中国许多地方叫"甘薯"，但在广西壮族地区更多称为"番薯"。东汉杨孚在其《异物志》中载："甘薯似芋，亦有巨魁，剥去皮，肌肉正白如脂肪，南人专食以当米谷。"[53]文中所载之"甘薯"，应为当地原产的薯类，而现今大面积种植的番薯，顾名思义为域外引进品种。番薯原产墨西哥，16世纪左右传到东南亚各地，明朝年间壮、岱族地区开始种植番薯。《粤西丛载》中记载："番薯皮有红、白二种，香甘可代饭。十月间，遍畦开花为小葵，粤中处处种之。"[54]番薯在当地有较高的利用价值，可放锅中煮来吃，也可在火中烤着吃。农民在收获季节都会把番薯切片晒干，放到房

图2-50 挑着玉米担的越南岱族妇女（陈家友摄）

屋顶层储藏起来，留到青黄不接时吃。有的地方把晒干的薯片打成粉，掺在大米中煮饭或煮粥吃，或者直接将粉压榨成番薯粉条，作为主食食用。番薯还是除大米以外的重要酿酒原材料，广西南方有一种"糖泡酒"，原料就是番薯。红薯的叶和藤以前只是拿来煮熟喂猪，如今中国南方与越南北方许多地方都将红薯叶视作一种蔬菜，或炒或打汤，味道极为鲜美。芋头也是壮、岱族地区一种重要的杂粮，为多年生块茎的植物，其叶有柄呈盾形，肉质球茎的根部长大后就是母芋，母芋下部分蘖成多个子芋，子芋又再生孙芋，因此其产量较高，在中越边境大部分地区普遍栽种，也是壮、岱族人特别是乡下村民重要的辅助食粮。由于芋头口感好，没有番薯的甜腻，特别在做成芋头糕、拔丝芋头、酥香芋泥卷、香芋紫薯蛋糕卷、香菇芋头、芋头扣肉等糕点和菜肴后，更是美味可口，因而受到壮、岱族地区民众的欢迎。壮、岱族地区种植粟（小米）的历史也相当悠久，粟原来是中国中原耐旱易生的旱地作物，在山多田少，经常干旱的壮、岱族地区，山地和坡地都非常适合粟的种植。粟的食法多种多样，可以直接将粟粒煮成小米粥，也可在小米中加进少量大米煮成粟粥，或将粟米碾成粉后做成粟饼等糕点。以前生活贫困，粟是老百姓充饥果腹的食物，现代人很注重养生之道，以粟米为代表的杂粮成为壮、岱族地区城镇民众餐桌上的常见食品。

图2-51 壮岱族人饥荒时的主粮番薯（陈家友摄）

除此以外，豆类、南瓜、三角麦、马铃薯等杂粮，也是壮、岱族群餐桌上的重要辅食。中越边境

图 2-52 香而不腻的芋头（陈家友摄）

地区山谷阴湿的地方或山坡密林中，还生长着一种桄榔树，属棕榈科，常绿高大乔木。此树茎较粗壮，一般树干高约 10 米，树干外包有纤鞘，羽状复叶丛生于茎端，其髓心经捣碎过滤加工后可以提取出淀粉，即桄榔粉。桄榔曾经是东南亚部分地区及中国南方部分少数民族的主粮之一，《后汉书·南蛮西南夷列传》载："牂柯地多雨潦，俗好巫鬼禁忌，寡畜生，又无蚕桑，故其郡最贫。句町县有桄榔木，可以为面，百姓资之。"[55] 广西龙州、凭祥等地的壮族，以及毗邻的越南岱、侬族，用这种淀粉制成食品来食用。一般做法是取桄榔粉若干，加适量的水拌匀，然后用勺子舀入多层的蒸托盘，放进蒸笼中蒸熟，取出晾干再切成丝。当地人把这种粉丝叫"桄榔粉"或"桄榔面"，烹制时先放进开水锅中烫熟，捞起后再加入调料，即可食用。桄榔粉细滑可口，清香凉爽，具有止渴生津的功能。后来由于农产品种的更新，岱、侬族人种植了更多产量高的农作物，使桄榔粉逐渐成为当地人日常生活的一种辅食。《本草纲目》记载："桄榔粉味甘平，无毒，作饼炙食腴美，令人不饥。补益虚羸损，腰脚乏力，久服轻身辟谷。"[56] 在现代社会，随着城镇居民保健意识的提高，具有祛湿热和滋补的功能，且食用方便，鲜美爽口，老幼皆宜的桄榔粉，成为中越两国边境地区居民的营养佳品。

图 2-53 桄榔树（陈家友摄）

饮食结构与食用习俗同各地的生活水平有很大的关系，平坝临水地带土地肥沃，雨量充沛，农作物一年可以两熟或三熟，比较富庶。这些地方平时以大米为主食，一日早中晚三餐，有时下田干活或进城赶集，下午还要加一餐，称为"晏"，这样就是每日吃四餐了。在一般的人家，早餐与中餐往往比较简单，平时多吃稀饭，农忙时节也会吃干饭，晚餐被视为一天的正餐，一般多为吃干饭，餐桌上的菜肴也会多一些。贫瘠山区及平坝穷困人家有的还是一日两餐，并以玉米和薯芋类为主要食粮。

图 2-54 越南高平集市菜市一角（张耀军摄）

（3）果蔬

中越边境壮、岱族地区气候温和宜人，植物种类非常丰富，并且生长快速，当地蔬菜与水果的种类非常多，给各族人民的生息与繁殖提供了营养丰富、美味可口的辅助食品。

蔬菜，是指可以烹饪成为食品的一类植物或菌类，是人们日常饮食中必不可少的绿色食物。中国南方少数民族很早就开始栽培蔬菜，"晋代稽含所撰的《南方草木状》书中，列举了可供包括壮族先民在内的岭南居民食用的多种植物的花叶根块，如'豆范花，其苗如芦，其叶似姜，其花作穗嫩。叶卷之而生，花微红，穗头深色，叶渐舒，花渐出。旧说此花食之，破气消痰，进酒增倍。'此外，薯㼖、茄子、雍叶、构酱、山姜花、芜菁等植物的果实、花叶在当时都常被当地人们采而食之"[57]。书中提及的这些植物的果实花叶，就是我们现在餐桌上的各种蔬菜，当然那时更多的是野生的，以后才出现人工培植的蔬菜。中越壮、岱族地区蔬菜种类繁多，根菜类的有萝卜、豆薯、甘薯、葛等，茎菜类的有莴笋、竹笋、马铃薯、莲藕、姜、芋头、荸荠等，叶菜类的有芥蓝、荠菜、莴苣、菠菜、苋菜、芹菜、大蒜、胡葱等，花菜类的有金针菜、花椰菜、紫菜薹等，果实及种子类的有南瓜、黄瓜、冬瓜、丝瓜、苦瓜、佛手瓜、番茄、辣椒、茄子、豌豆、蚕豆等。

图2-55　越南高平集市丰富的菜蔬（张耀军摄）

亚热带阳光充足，雨水充沛，是盛产水果的地理区域。中越边境地区水果的种类非常丰富，各个季节都有相应的果品成熟，如椰子、菠萝、香蕉、芒果、荔枝、龙眼、木瓜、李子、橙子、柑橘、甘蔗、阳桃、莲雾、山竹、火龙果、黄皮、柚子、红毛丹、蛇果等，其中，荔枝被称为"果中之王"，具有通神、益智、健气、美颜的作用。"荔枝原产中国，誉称'岭南果王'。据学者考证，'荔枝'一词直接来自壮语。荔枝的新壮文为'laehcei'。汉语'荔枝'一词是从壮语经汉译而得来的，由此推知，'荔枝'当是壮族先民首先种植。"[58]越南北江省陆崖县甲山乡是著名的荔枝之乡，当地的荔枝品种颗大、肉厚、核小、口感脆甜。每年七月荔枝成熟季节，越南各地及中国不少的果商都会云集此地，当地旅馆客栈人满为患。他们一车又一车地把冰藏好的荔枝拉往越南各地，以及中国的广西、广东、湖南等地，荔枝种植成为当地经济的重要支柱。各种水果颜色亮泽，味道鲜美，饱含丰富的维生素，是壮、岱族地区民众的可口食品。水果也被当地百姓拿来制作餐食的配料，如黄皮酱、柠檬汁、榄子酱等，加进水果酱料的食品味道更加诱人。越南北方各地饭桌上少不了放上几颗柠檬，用餐时用刀子切个口子，然后用手将柠檬汁挤到菜肴或粉面上，酸涩涩的，别有一番风

图2-56　越南北江省运荔枝的摩托车队（陈家友摄）

味。不少水果还是制作佳肴的好原料，如骨头炖木瓜汤、酸梅汤、菠萝炒鸡块、椰子炖排骨、柚子皮酿肉末、桂圆炖老鸡汤以及香蕉煎饼、黄皮酱煎饼等。

（4）肉类

古人曾以狩猎为生，以捕获的鸟兽果腹，后来将剩余的动物圈养起来，以待日后食用，这就是禽畜饲养的起源。古代百越先民较早就开始饲养家禽与家畜，以及捕捞、养殖水产，如今中越壮、岱族群民众日常饮食中的肉类也大多为家禽、家畜与水产。禽畜有鸡、鸭、鹅、兔、猫、狗、火鸡、鸽、鹌鹑、猪、马、牛、羊、驴、鹿等，水产有鱼、虾、螃蟹、螺蛳、龟鳖、蛇、贝类、海带、海参、海鳗、鱿鱼、墨鱼、章鱼、石花菜等。除此以外，壮、岱族地区山高林密，河流纵横，湖泊、港湾众多，各种野生动物种类丰富，有在地上跑的蛇、果子狸、

图2-57　谅山公路边山民摆卖的山鸡（陈家友摄）

图 2-58 高平集市中的鱼类摊（陈家友摄）

山猪、竹鼠等；有在天上飞的麻雀、鹧鸪、雉鸡等；水里游的野生水产更是数不胜数，这些野生动物都是壮、岱族民餐桌上的美味佳肴。

值得一提的是，历史上中越壮、岱族地区民众在日常生活中，除了食用各种动物的肉类，其心、肝、肺、肾等五脏六腑也是他们的食材，甚至一些匪夷所思的动物体内分泌物，也能做成令人垂涎欲滴的美食。

（5）佐料

"民以食为天，食以味为先"，壮、岱族群在千百年的社会生活中形成了富有特色的饮食文化，除了传统的饮食种类，各地都有自己独特的美味佳肴。这些美味的菜品除了丰富的原材料与绝妙的烹饪技术外，各种调料的使用也起到了重要的作用。盐是生命之本，是人类生存必不可少的物质，壮、岱族地区临近南海的北部湾，盐在这里很早就成为食用佐料了。糖是一种为人体提供能量的营养素，中越壮、岱族地区盛产甘蔗，当地先民很早就掌握了榨糖技术，使糖成为继盐之后重要的餐饮佐料。之后又有醋、酒和各种酱油的加入，大大丰富了烹饪食品的味道。壮、岱族人较早就在餐食中加进了姜、葱、韭、辣椒、芝麻、芫荽、柠檬、蕨菜、马齿苋、桔梗、鱼腥草、牛蒡、香椿、紫苏叶、薄荷、莼菜等植物调料，特别是那些味道比较浓烈的植物性调味品，如姜、蒜、薄荷、胡椒及黄酒等，在烹饪的过程中搭配这些不同的调味佐料，运用多种不同的烹调方式，形成了大体相同又各具特色的饮食风味。

图 2-59 别有风味的越南香菜（陈家友摄）

图 2-60 浇上鱼酱的茄子（陈家友摄）

"鱼露""鱼酱"和"虾酱"是越南众多民族餐食的佐料，而毗邻的中国壮族边民也有此食俗。其实在中国的饮食历史上，关于鱼虾类发酵食品很早就有记载，战国时期《周礼》等文献中记载的"鱼酿"，就是今天我们餐桌上的"鱼酱"。"酿"最初是古人保存肉类的一种方法，后来由于酿制品诱人的美味而成为食物的调味品。在东南亚地区，普遍以鱼露为调料，鱼露有的地方称为鱼酱油，也有的地方称为白酱油。"越南人多把大量鲜鱼塞进瓦缸，加入盐、醋、酒、糖、酱油后，把缸埋在盐堆中曝晒。一个月后，鱼肉发酵溶解，与各种调味料水乳交融，味美又蕴含鱼肉中的一切精华，极富营养价值。虾酱也是普遍使用的调味料。鱼露、鱼酱和虾酱不仅是烹调菜肴的调味料，也是佐餐下饭佳肴。"[59]

（6）饮料

中越壮、岱各族大多生活在山区，地理环境复杂，气候变化无常，使他们的农林生产颇为劳累，因而在饮食中经常加入一些饮料，以解除疲劳、刺激食欲。古时，百越地区先民较早就掌握了酿酒技术，各个族群普遍嗜好喝酒。唐朝刘恂的《岭表录异》载："别淘，漉粳米晒干，旋入药和米捣熟，即绿粉矣。热水溲而团之，形如馄饨。以指中心刺作一窍，布放簟席上，以枸杞叶攒罨之。其体候好弱，一如造曲法。既而以藤篾贯之，悬于烟火上。每酝，一年用几个饼子，圆有恒准矣。南中地暖，春冬七日熟，秋夏五日熟。既熟，贮以瓦瓮，用粪扫火烧之。"[60] 文中记载了当时百越民族酿酒的情形。酿酒在壮、岱族地区十分盛行，几乎村村都有酒坊，有的村子甚至户户酿酒，传承着较为相似的酿酒工艺及习俗。

图 2-61　广西宾阳酒坊酿的米酒（陈家友摄）

民间酿酒多以大米为原料，米酒的蒸馏过程并不复杂，广西那坡县吞岭村村民家的蒸酒就比较简单：厨房里安放一个大铁锅，内置一个空心木桶，将经过发酵的酒糟放进锅内，用木屑密封木桶边沿，另外在上面安放另一口铁锅，里面盛大半锅水，还要在锅中安置两根一进一出的导水管，导入管的作用是将锅外水池的冷水引入，导出管的作用是导出锅中烧热的水，这些水起冷却锅的作用，经加热蒸馏酒糟后，慢慢冷却后凝固成酒液，经过一根竹管将其引导到贮酒容器中。除了米酒，酒坊酿的还有玉米酒、高粱酒、木薯酒和药用黑米酒，产糖区还有一种用蔗渣酿成的糖泡酒。而更多的壮、岱族村民喜欢喝一种用糯米发酵、乙醇含量较低的甜酒，这也是他们在节庆宴席或迎接宾客时所敬上的美酒。民国年间刘锡蕃著《岭表纪蛮》中载："蛮区酒类极少，除烧酒、甜酒而外，殆无他种。然蛮民酷嗜此物，持杯在手，喜笑颜开，未饮而神先醉矣。烧酒味极平劣，甜酒尚称适口。"[61] 由于此法制作工艺简单，普通百姓家中都能制作。这种甜酒大多是连酒糟一起喝下去的，特别有风味。甜酒在壮、岱族地区民间有着一种吉祥的含义，许多民间的喜庆习俗都离不

图 2-62　中越边境地区到处可见的蒸酒锅（陈家友摄）

开甜酒，婚嫁喜事或小孩出生后，家中都要煮甜酒招待前来贺喜的亲朋好友，甜酒加红糖煮蛋更被视为产妇的滋补佳品。

广西靖西及毗邻的越南兴国、河广一带，壮、岱族人流行喝一种南瓜甜酒。南瓜甜酒的制作很有趣，首先选一个老南瓜，小心地在瓜顶上切开一个口，注意要将切开的口盖保留好，然后将里面的瓜瓤掏干净，用刀划破南瓜里的瓜肉，取适量的甜酒饼碾成粉末，用勺子均匀地涂于瓜肉的表面，盖上瓜口口盖，用布将其封住，最后埋入谷秕堆内，谷秕散发的热量使南瓜体内发酵，一个星期后南瓜甜酒就酿成了。当南瓜甜酒从谷秕堆取出，打开封口，浓郁香气弥漫，令人垂涎。

"完瓜汤"是广西、云南边境壮族民间经常熬制的一种靓汤，毗邻的越南岱、侬族不少的地方也有这个菜点，特别是在炎热夏日，"完瓜汤"在家庭餐桌或宴席上是必

图 2-63　壮族村头迎宾敬酒仪式（农敏坚提供）

不可少的。"完瓜汤"的制作方法是这样的："先准备好一个大冬瓜或大菠萝，去外皮、瓜瓤、中空，然后放入高汤、火腿肉、瘦肉末、木耳、香菇及葱、姜、青蒜、油盐等调料，置于蒸锅中，将冬瓜或菠萝蒸得熟透，再把整个冬瓜或菠萝置于大盘中，拿到酒席中央。喝汤时，先用汤勺将冬瓜或菠萝捅烂，然后将冬瓜或菠萝连同肉汤一起吃喝。其味之鲜美、营养之丰富，实为汤类之冠。"[62]

茶是摘取茶树植物叶或芽制作的饮品，

图2-64 越南高平东溪乡的茶山（陈家友摄）

中越壮、岱族植茶、制茶、饮茶的历史源远流长，形成了丰富多彩的茶文化。两地都有比较相近的用茶习俗，"采茶时节人们将采摘回来的茶烘焙干水分，贮存在密封的瓶罐中，平常需要饮用时，取一些放到茶壶中用开水冲泡即可，非常方便。……逢年过节祭祀祖先时，普遍都要用上清茶和酒，俗称'三茶五酒'。"[63]除了品尝，饮茶在当地还经常作为保健养生之用。壮、岱族除了饮用茶叶泡的茶外，一些野生植物叶也常常晒干后煮来当茶喝，味道有甘甜也有辛涩，民间大多认为是一种解暑去热的饮料。"有一种苦丁茶，比黄连还要苦，多在夏天用作解暑饮料，如遇泄泻，则用苦丁茶煮成浓汁服用，很见效。"[64]壮、岱族民众喜爱饮茶，因而敬茶就成了人们生活礼节中的重要礼俗，各种民间交往与节庆宴席都离不开敬茶。在宴席上首先要敬坐上席的长辈，然后是中年宾客，最后才是年轻亲友。壮、岱族历来有唱敬茶歌的习俗，不管是宾客到来，还是家有喜事，都要给客人敬上香茶，高唱茶歌，体现了壮、岱族人民热情好客的习俗。

2.烹饪及食品制作习俗

烹饪就是人类在膳食制作上的方式，人们在进食时总希望食物色香味俱佳，看见时有食欲，进食时有味道，食后感觉满足。中越壮、岱族群都是传统的农耕民族，食物主要来自农业生产的收获，平常多食植物性食品，以及少

图2-65 壮、岱族地区的传统蒸笼（陈家友摄）

量的动物肉类，因此家庭日常烹调方法大多比较简单，一般只是稍微加工一下，便可进食。当然，在民间大小宴席上，也有不少使用各种烹调技术制作的特色菜点。

亚热带的气候闷热，日照时间长，这样的生活环境让人极易"上火"，因此，煮是壮、岱族地区使用最广泛的主要烹饪方式。煮的方法是将食物原料及清水放炊具中煮熟，由于花费时间不多，食品营养能较好保持，且口感鲜美，所以煮食仍然在壮、岱族地区民众生活中居多。除此之外，还有炒、煎、烹、炸、炖、煨、卤、酱、熏、烤、腌、拌等烹饪手段，制作过程及原料搭配也各不相同，形成了各地有同有异的烹饪习俗。

"炙"是人类最原始的食品加工方式，自从人类初民懂得用火后，在生存中就开始用火来烧烤动植物以食用，

图2-66 烧烤是壮、岱族古老的熟食方式（吴力摄）

也就是今天人们所说的"烧烤"，即经腌制后的食料直接在火上烤熟。鱼类是中越壮、岱族地区主要的食物之一，用"炙"的烹饪方法加工鱼类等食品在该地区由来已久，《岭表录异》中记载："众鱼莫可与比。最宜为鲤。每炙，以芭蕉叶隔火，盖虑脂滴火灭耳……石矩，亦章举之类，身小而足长。入盐，干烧食，极美。"[65]壮、岱族人烧烤的食品主要是动物肉类，也有蔬菜，烧烤有明火烤和暗火烤，将肉类等食品原料直接在火中烧熟叫明火烤，将食品架在以炭、煤等为燃料的烤炉上烤熟叫暗火烤。烧烤在户内或野外都可以进行，是壮、岱族地区很有地方特色的古老烹调方式。

腌制本来是古时候保存蔬菜的一种方法，古人很早就知道食盐的防腐作用，他们为了储存食物，用盐将新鲜的菜蔬腌渍起来保存，以备日后食用。后来，蔬菜的腌制从原始的保存手段转变为独特风味蔬菜产品的加工技术，这就是"酱腌菜"。自古以来，由于环境的关系，壮族先民喜食腌制而成的各种食品，民国刘锡蕃《岭表纪蛮》载："腌菜一物，为各种蛮族最普通之食品。所腌兼有园菜及野菜两种，阴历五六七月间，蛮人外出耕作，三餐所食，惟有此品，故除炊饭外，几无举火者。"[66]能够用来制作腌菜的蔬菜种类较多，常见的有番木瓜、辣椒、姜、笋、萝卜等，也有用白菜、刀豆、头菜等可以入腌。在这些腌菜当中，味道鲜美的腌笋制作可谓历史悠久、远近驰名了。清代《白山司志》卷九载："四五月采苦笋，去壳置瓦坛中，以清水浸之，久之味变酸，其气臭甚，过者掩鼻，土人以为香。以小鱼煮之，为食中美品。其笋浸之数年者，治热病如神，土人尤为珍惜。"[67]

图2-67　熏制是壮、岱族肉类储存方式（吴力摄）

图2-68　鲊鱼虾是壮、岱族餐桌上的美食（陈家友摄）

中越壮、岱族人喜食熏肉，熏肉是利用木材不完全燃烧时产生的熏烟及其干燥、加热等作用，使肉类获得较长时间的贮藏，同时具有特殊的风味与色泽。"熏"是壮、岱族地区最具特色的肉类食品制作方式，秋冬之时，村民都要把肉类用调料浸渍一定时间，放入熏锅里，利用熏料（木屑、茶叶、甘蔗皮、砂糖等）起烟熏制。烟熏食品的特点是制品色泽光亮，并有特殊熏香味，十分可口并宜于保藏。壮、岱族地区的农户家几乎都在厨房里或室外屋檐下挂有熏肉，以备年节或家有客人到来之时食用，熏肉也是当地馈赠他人的重要礼品。当然，随着科学知识的普及，人们对熏食的不健康成分逐渐有所了解，少吃熏食的观念已逐渐被城镇民众所接受，但由于熏制食品的方便性以及其特殊的香味，至今熏肉仍在中越壮、岱族地区普遍存在。

在古代，人们为了将捕获的鱼类保存起来，用盐、酒等调料将其腌渍，使之久藏不坏，这就是"鲊"。用"鲊"

图2-69　腌菜是壮、岱族很有特色的风味菜（吴力摄）

法来加工食物在中国古籍中早有记载，宋周去非《岭外代答》中载："南人以鱼为鲊，有十年不坏者。其法以籭及盐面杂渍，盛之以瓮，瓮口周为水池，覆之以碗，封之以水，水耗则续，如是，故不透风。鲊数年生白花，似损坏。凡亲戚赠遗，悉用酒鲊，唯用老鲊为至爱。"[68] 宋范成大撰记述广西风土民俗的《桂海虞衡志》载："嘉鱼，状如小鲫鱼，多脂，味极腴美。出梧州火山，人以为鲊，饷远。""天虾，状如大飞蚁。秋社后有风雨，则群堕水中，有小翅。人候其堕，掠取之为鲊。"[69] "鲊"在古代，不但指用盐和红曲腌拌的小鱼，也泛指其他菜蔬做成的腌菜，如茄子鲊、扁豆鲊、豆角鲊等。腌菜的制作较简单，将洗干净的菜料腌好，然后装进坛中，坛口用多层布覆盖，让其慢慢发酵。腌菜久存而不变质，随时可取出食用，味道极为诱人。

图 2-70 壮、岱族地区的"火塘"（陈家友摄）

"酱"既是一种食品，也是一种食品加工方法，制酱最早出现在先秦时期的中原地区，后来传到南方各地，如今壮、岱族地区仍多用制酱的方法，将禽、畜、鱼类制成各种肉酱。壮、岱族地区民间较早就有昆虫入食，当地一种叫"蚁卵酱"的酱食品流传十分久远，唐刘恂《岭表录异》载："蚁卵酱，交广溪洞间酋长，收蚁卵令净，卤以为酱，或云以味酷似肉酱。"[70] 蚁卵酱由蚂蚁卵为原料，伴以佐料炒熟后发酵制成。蚁卵制成的酱品，口感上别具风味，是当地餐桌上的特色菜点。蚁卵酱也是一种具有一定疗效的食品药物，对治疗风湿、冠心病、腰腿疼痛等疾病很有效。另外，当地民间还有"蝉酱""蚱蜢酱"等酱菜，也是一些食疗性的保健食品。

食品烹调离不开火，在燃料方面，中越壮、岱族地区大部分乡村至今仍沿袭烧柴草的古老习俗，烧菜做饭的炊具一般是铁锅、砂锅等，燃料主要是柴草，所以上山打柴砍草仍然是家庭主要的重活之一。进入现代社会后，随着科技的发展及民众生活水平的逐步提高，食品加工手段有了很大的进步。20世纪70年代开始，在地方政府倡导与推广下，进行了一场针对数千年来农村厨房食品加工方式的革命，组织村民进行培训，为各地农村建了不少的沼气池，利用各种禽畜粪便发酵后产生的沼气来煮饭炒菜，由于沼气的使用，化废为宝，净化了人们的生活环境。毗邻的越南边民也多有模仿，边境地区农村中的沼气池到处可见。进入21世纪，不少燃气炉等现代化

图 2-71 广西靖西乡下的沼气池（吴力摄）

的厨房用具逐渐进入壮、岱族普通百姓家庭，在生活中的烹调方式发生了很大的变化，但由于燃气供给及经济承受能力的问题，目前大部分农村特别是山区的壮、岱族人仍然保持着传统的柴草煮食的习俗。

3.进食习俗
（1）日常进食习俗
历史上壮、岱族群的先民曾经长期用手抓食物进食，

图 2-72 正在"搏食"的岱族青年（陈家友摄）

谓之"搏食"，宋代乐史撰《太平寰宇记》载，钦州土人"交肱椎髻，食用手搏，水从鼻饮"。[71] 清初汪森编辑《粤西丛载》载，蛮人"食以糯米，炊饭用木盘盛之，长幼相聚浣手以搏，不用箸碗，凡待客以盘盛全牲，主人用大剪剪细，选美者数脔奉客，等分尝之。"[72] 受汉族的影响，清初时期壮、岱族人才逐渐开始使用筷子，直到今天，越南高平、河江以西的省份及广西那坡的边远山区仍有一些村落在"搏食"。

火塘分食是壮、岱族地区古时的家庭传统进食方式，即将皿器架在火堆上，放进食物煮熟，古时

图 2-73　广西那坡壮族家庭进餐（陈家友摄）

不是用碗盛装，而是用阔木叶按人数平分，席地而食。"坐少椅桌，食少盘皿""乡间宴会，多以木叶盛食"。火塘式进食如今仍然到处可见，但已从过去的分食发展为合食。

历史上中国南方少数民族曾经存在着共食或共饮的习俗，无论是家人日常进食，还是亲朋好友相聚，众人席地而坐，主客共管而饮一瓮酒。宋代"溪峒及邕钦琼廉村落间，不饮清酒，以小瓮干酝为浓糟而贮留之。每觞客，先布席于地，以糟瓮置宾主间，别设水一盂，副之以杓。开瓮，酌水入糟，插一竹管，管长二尺，中有关捩，状如小鱼，以银为之。宾主共管吸饮，管中鱼闭，则酒不升，故吸之太缓与太急，皆足以闭鱼，酒不得饮矣。主饮鱼闭，取管埋之，以授客，客复吸饮，再埋管以授主。饮将竭，再酌水搅糟，更饮至甚醨微止"。[73] 文中详细描述了蛮人主客共管而饮一瓮酒的饮食方式，非常有趣。可见当时民众关系比较随和，气氛也比较轻松，形成了一种亲密无间的饮食风俗。

"鼻饮"曾经是古代百越民族中骆越先民的一种特殊饮食方式，即通过鼻子将流质的食物吸到体内。鼻饮史料上多有记载，最早可追溯到汉朝，《汉书·贾捐之传》中载："骆越之人，父子同川而浴，相习以鼻饮，与禽兽无异，本不足郡县置也。"北齐魏收《魏书·獠传》载："獠者，盖南蛮之别种，自汉中达于邛笮川洞之间，所在皆有。……其口嚼食，并鼻饮。"宋范成大《桂海虞衡志》载："南人习鼻饮，有陶器如杯碗，旁置一小管为瓶嘴，以鼻就管吸酒浆，暑月以饮水。云水自鼻入咽，快不可言。"[74] 可见鼻饮已成为当时地方进食的一种习俗，为民间各种餐饮场合所采用。"不乃"羹是古代中国南方疆土流行的一种由多种动物肉类及配料烹调的滋补靓汤，刘恂撰《岭表录异》卷上记载了今越南北部一带鼻饮"不乃"羹的情形："交趾之人重'不乃'羹。羹以

图 2-74　广西靖西壮族的"喝泉酒"（靖西博物馆）

羊、鹿、鸡、猪肉和骨同一釜煮之，令极肥浓，漉去肉，进之葱姜，调以五味，贮以盆器，置之盘中。羹中有觜银杓，可受一升。即揖让，多自主人先举，即满斟一杓，纳觜入鼻，仰首徐顿之，饮尽传杓，如酒巡行之。"[75] 到了近现代，鼻饮的进食方式在民间逐渐消失，但鼻饮的方式一直成为不少专家学者研究的内容，有专家认为："当时壮族先民采用鼻饮的方式进食，一方面可能是认为用这种方式进食更有利于人体的吸收和消化，使这些补品或药品能更快地对人体产生作用；另一方面或许是当时人们认为某些食物太难得了，在招待客人吃饭时，用鼻饮

的方式使其更显珍贵。"[76]覃彩銮在其《"鼻饮"之俗有确证》一文中，描述了20世纪90年代应邀前往越南和平省西部山区岱族村寨考察时，目睹的岱族村民鼻饮的情形："当众客人都过把瘾后，身着盛装的岱族少女才围拢酒镡边，双膝跪下，两手托住竹管，轻轻地将管端送入鼻孔，然后闭目静气，缓缓吸气，将镡里的甜酒从鼻孔吸入，神态安然自若……"[77]岱族与壮族同为古代骆越民族之后裔，越南和平省岱族村寨至今还遗存的鼻饮风俗，使中国史籍中岭南越人及其后裔乌浒、僚鼻饮的记载得到了印证，壮、岱族先人曾经鼻饮确有其事，并不是随意杜撰的。

（2）饮食嗜好习俗

亚热带物产丰富，这里充足的动植物资源，给中越壮、岱族人的饮食提供了最直接的食物来源。由于历史的传统，遍吃大自然各种奇珍异物成了当地民众的饮食风俗。长时期的交通不便与信息闭塞，使许多人类原始古老的饮食方式在这里得到较好地保存。受自然环境、气候条件的长期影响，中越壮、岱族地区至今仍传承着喜食生食、腌食、酸辣以及食杂食异的民间饮食嗜好。

①喜食生食

图 2-75 越南高平集市的野生动物（陈家友摄）

最早的人类或居于洞穴之中，或构木为巢，靠采摘或捕获维持生存。在学会用火之前，生食自然是主要进食方式。生食鸟兽之肉即茹毛饮血。生食给人们带来了鲜活的天然食品，但不卫生的生食也在一定程度上危害人类的健康。后来先民学会了用火，人们用火制作出了更为美味的食品，但生食这一人类的原始本性从来没有被放弃，而且一直以各种方式延续至今。今天，喜食生食或半熟的动植物食品，在中越壮、岱族地区不少的地方仍然非常流行。例如，广西龙州及越南边境一带的壮、岱族，就有吃生猪血的传统习俗。在杀猪时，用盆子将猪血接住，并放进少许的食盐搅匀，使猪血变成糊状，把剁碎

图 2-76 壮、岱族地区餐桌上的猪血菜（陈家友摄）

炒熟的瘦猪肉、猪腰、猪肝，以及香菜、炸花生米、醋、酱油等佐料盛入碗中，倒入适量的生猪血糊，冲入少量凉开水，即可食用。壮、岱族地区大多山高林密，各种野生珍稀动物很多，当地人把生喝珍稀动物血视为一种奢侈，他们在猎到黄猄后，屠宰时先喝黄猄的生血，民间认为黄猄善奔跑、好蹦跳，喝了黄猄的生血能强身壮筋、滋阴补肾。

"鱼生"很早便是中国南方与越南北方大部分地区民间餐桌上的佳肴，中国明代著名的地理学家、旅行家徐霞客到了广西后，对当时僮人吃鱼生的习俗进行了这样的描写："乃取巨鱼细切为脍，置大碗中。以葱及姜与盐醋拌而食之，以为至味。余不能从，第啖肉饮酒而已。"[78]古人把生鱼片或生肉片称为"脍"，徐霞客在文中也说到自己不敢生吃鱼片的情节。关于制作、食用鱼生的民俗，广西不少地方志都有所记载，光绪《横州志》载，土人"剖活鱼细切，备辛香、蔬、醋，下箸拌食"[79]。各地制作鱼生的方法大致相同，鲜嫩肉厚的鲤鱼或草鱼是制

图 2-77 鲜美的鱼生（谢鑫摄）

作鱼生的好材料，将其去鳞去刺后，切成小薄片，拌入芝麻油、白糖、酱油、胡椒粉、食盐、味精等配料，以及姜、蒜、葱、椿芽等，还可以根据个人口味，把黄皮酱、花生末、陈醋及酱油做成味碟，蘸着来吃，非常生脆、鲜嫩、爽口。时至今日，广西玉林钟周村一直流行着霜降节吃鱼生的习惯，中国传统节气霜降含有天气渐冷、初霜出现的意思。人们很早就知道霜降这段时间养生保健的重要性，当地"一年补透透，不如补霜降"的民间谚语，就反映了根据季节进食的习俗。钟周村霜降节吃鱼生习惯的传统保留了数百年，当地人称之为"霜降鱼生节"。据考究，钟周村一带村民均为江西、福建等地迁徙过来的汉人，而其祖籍地及迁徙沿途均无吃鱼生的习俗，可见钟周村此俗应为当地壮、瑶族土著遗传。

　　吃"虾生"也是壮、岱族民久有的嗜好，刘恂撰《岭表录异》载："南人多买虾之细者，生切绰菜兰香蓼等，用浓酱醋先泼活虾，盖以生菜，以热釜覆其上；就口跑出，亦有跳出醋碟者，谓之虾生。鄙俚重之，以为异馔也。"[80]如今，在壮、岱族地区的不少酒店饭馆，"虾生"同"鱼生"一样，仍然是深受食客欢迎的传统特色菜。

　　长期以来，由于天气炎热，当地人认为生吃蔬菜，或半熟的肉类，比较爽口。"夷人食物有猪、羊、猫、犬、骡、豹、兔、鹅、鸭等，但食法与中土略异，因为他们不待烹熟，皆半生而吃。此种风俗也与今日两粤的人士相类。两粤食物，腌炒甚多，猫、犬、蛇肉称为佳品。鱼生和生菜的生食已不待论，就是一般蔬菜和鸡、鸭、牛、肉等，烹者亦以略生为主。"[81]时至今日，中越边境一带的壮、岱族人在制作地方名菜"白斩鸡"时，只是将鸡放进水锅里煮到八九成熟即止，人们认为鸡骨中略带血丝的鸡肉，味道最鲜美，营养最丰富。

　　历史上，中国南方的百越先民有食生鼠的嗜好，即抓到小老鼠后，将其用蜜饲养一段时间后生吃，谓之"食蜜唧"。唐代张鷟《朝野佥载》卷二载："岭南獠民好为蜜唧，即鼠胎未瞬，通身赤蠕者，饲之以蜜，灯之筵上，嗫嗫而行，以箸挟取啖之，唧唧作声，故曰蜜

图 2-78　越南谅山饭店的生食配菜（陈家友摄）

唧。"[82]如今此道菜在普通百姓的餐桌上几乎已绝迹，只是在一些另类的人群中，或民族特色餐馆里还保留着这个古老的菜品。

　　生吃蔬菜几乎成为中越壮、岱族广大地区民众普遍的饮食爱好。越南北方各地不管是家庭餐桌还是街市上的饮食店、酒家，都得准备大量新鲜的葱、韭、芫荽、柠檬、蕨菜、马齿苋、桔梗、鱼腥草、香椿、紫苏叶、薄荷、莼菜等，供人们在用餐时蘸着佐料生吃，而毗邻的广西边境壮族也多有此俗。南方夏日炎热，用黄瓜、萝卜、葛薯、

图 2-79　带血的白斩鸡（陈家友摄）

冬瓜配米醋、白糖、精盐等佐料凉拌，是广西边境靖西、龙州、崇左、大新一带的壮族以及境外岱、侬族地区城乡的美味小吃。这些地区夏季的餐桌上，一般都会有一道生菜叶包热糯饭、荤菜的菜品，

当地人认为此菜清热解暑，鲜嫩爽口，有助消化。

②喜食腌食

由于腌制品能保存较久，且有刺激食欲的香味，故久为中越壮、岱族人所喜食。腌菜中以腌笋为

图2-80 以酸笋为配菜的"老友面"（陈家友摄）

最，腌笋在壮、岱族地区称为酸笋，是该地区民间特别是餐馆做菜常用的原材料，与之相关的菜谱有牛肉炒酸笋、肉丁炒酸笋、鸡块炒酸笋等，南宁、崇左等地的"老友粉"更是因为以酸笋为配菜，因其味馋人而远近驰名。酸笋的制作各地都差不多，"把切成片的甜笋或苦竹笋放在坛中，注入米泔水或清水，加盖密封，待其自然发酵。放米泔水的四五天就可变酸，但不宜久存，放清水的十天半月才能变酸，不易变质，苦竹笋腌后苦味即消失，以后及时补充鲜笋，就可源源取食，长期不腐。"[83]壮、岱族地区民间不仅腌制各种园植、野生蔬菜，也腌制各种肉类。有一种

"酸肉"在当地已有相当长的历史，这是经过腌制后做成的略带酸味的腌肉。民国《同正县志》载："西部山麓诸村远隔市廛，每合数村共同宰一猪，将分得肉和糯米粉生贮坛中，阅十余日可食，不须火化，经久更佳，名曰'酸肉'。"[84]民国刘锡蕃《岭表纪蛮》亦载：蛮族"若屠牛豕，即以其骨合菜并腌，俟其腐烂，然后取食"[85]。广西那坡黑衣壮制作的酸肉别具一格，取肥瘦相宜的鲜肉，配以蒸熟的玉米粉，或炒干的糯米，用适量的盐腌一下，"搅拌均匀以后要把肉片放在篮子里，用叶子盖住一个星期，让杀出的水分流出来。玉米粉起到发酵的作用，而且做好的酸肉有一种酒酿的香味。"[86]此种酸肉制作方法在毗邻的越南一侧也有流传，不少的岱、侬族家庭都喜欢在家里腌制这种酸肉，以备年节或客人来时食用。

③喜食酸辣

生活于中国南部及越南北部的少数民族普遍嗜好酸辣之物，在中国古籍上早有记载，《黄帝内经·素问》载："南方者，天地所长养，阳之所盛处也。其地下，水土弱，雾露之所聚也。其民嗜酸而食胕。"[87]壮族民间就有"三天不吃酸，走路打弄蹡"的说法，所谓"食不离酸""不辣不成菜"。这些食俗产生的原因是壮、岱族长期多食糯米以及各种野味，口腻并不易消化。酸辣的食物味美口爽，可刺激胃口并助消化，夏可除湿冬可驱寒。因此，当地餐桌上多有各种酸肉、酸鱼、酸鸭、酸鹅等，而各地也多有酸辣味道的酸姜、酸阳桃、酸木瓜、酸萝卜、酸荞头等地方小吃。

图2-81 广西南方上好的开胃酱菜"酸糟"（陈家友摄）

"酸糟"是中越边境地区民众普遍喜爱食用的一种味酸食品，它是将煮熟的米饭经过发酵后，味道变成酸味的半流汁，实际上跟米酒差不多。这种酸糟可在同一个坛子里不断重复发酵，即有了酸糟（种）以后，不断取出食用，又不断地往坛里面加米饭，只是注意不得沾油。有的家庭酸糟坛已经养了十多年，还在享用，可谓"取之不尽，用之不竭"。"酸糟"的食法各地不一，有的打入鸡蛋做成酸

汤，有的与其他肉末、香菜、蒜泥等做成酸酱，也有的作为佐料搅拌在其他菜色之中。

广西、云南交界的壮民与毗邻的越南高平、河江等地的岱、侬族，民间有一种传统的"老扒汤"，特别有地方风味，经常被作为特色菜来招待客人。制作老扒汤的方法是："将煮饭的米汤冷却，入缸，把洗净的青菜、白菜、甘蓝或其他菜叶切成小块，拌盐，放入坛内冷水汤中，封缸贮存一二日后，缸内的米汤和菜叶经发酵变酸，成为酸汤和酸菜。用酸汤和酸菜加肥厚的火熏腊肉块或油炸腊肉块煮汤，就成老扒汤。"[88]各地的老扒汤也有不同的泡制方法，有的地方加进豆腐及其他香菜做成一种香汤，味道特别酸鲜爽口，在夏日高温之时食用，还有祛热解暑、清爽提神的功效。

④食杂食异。

"一方水土养一方人"，壮、岱族多居住在亚热带地区，河湖纵横，林草广阔，山高洞多，飞禽走兽、蛇蝎昆虫无数，野生动植物资源极为丰富。长期以来，壮、岱族群形成了敢吃和爱吃各种异物怪兽的风俗习惯，毒蛇、蜈蚣、老鼠、蝎子、蝙蝠、蚁卵、蚯蚓、蚂蚱、蜂蛹及竹节中的蠕虫等，在平原地区很少吃或不敢吃的东西，在这里却成了招待客人的美味佳肴。宋代周去非的《岭外代答》载："深广及溪峒人，不问鸟兽蛇虫，无不食之。其间异味，有好有丑。山有蟺名蛩，

图2-82　中越壮岱地区民间美食"炸蜂蛹"（陈家友摄）

竹有鼠名鼬，鸽鹳之足，腊而煮之。鲟鱼之唇，活而脔之，谓之鱼魂。此其至珍者也。至于遇蛇必捕，不问短长；遇鼠必执，不别小大；蝙蝠之可恶，蛤蚧之可畏，蝗虫之微生，悉取而燎食之。蜂房之毒，麻虫之秽，悉炒而食之。蝗虫之卵，天蟓之翼，悉鲊而食之。此与甘带嗜荐何异哉！甚者则煮羊胃，混不洁以为羹，名曰青羹，以试宾客之心。客能忍食则大喜，不食则为多猜，抑不知宾主之间，果谁猜耶？顾乃鲊莺哥而腊孔雀矣！"[89]文中详细记载了南方少数民族食杂食异的风俗，直到今天，地处边疆僻壤、远离城市的壮、岱族地区，不少地方仍然保持着进食野生动物的嗜好习俗。除了上文提及的"蜜唧""蚍醢"（蚁卵）外，还有"蜗牛脍""炸蜂蛹""焖田鼠""无头鲊""炸蜈蚣""油炸蝎子""蒸蝙蝠"等异食，在当地一些餐馆也成为招牌菜。

图2-83　中越壮、岱族地区民间美食炸蚂蚱（陈家友摄）

食鼠在壮、岱族地区由来已久，广西南部壮人有"鼠肉胜过鸡"和"一鼠当三鸡"的熟语，食鼠之风在当地有着广泛的群众基础。秋冬季节，收获之后的田野到处撒满谷粒，正是田鼠、山鼠四出活动储粮的时候，乡间少年这时往往会相约结伴到稻田田埂去捕鼠。他们往往是傍晚的时候出发，有的扛着刮子，有的背着捕鼠的小篓机，在田边的小路上安装石板按子，或下捕鼠筒子，也有的装打板、张铁夹，安装完毕即各自回家睡觉。第二天一早大伙再来收猎物，只见七八只田鼠被夹住或按压住，于是轻轻松松地把猎物装进笼子带走。"回到家里，孩子们便忙着

图2-84　中越边境民间名食芭芒鼠（陈家友摄）

处理这些山珍，或剥皮，或燎毛，开膛清洗，用竹签逐条张开穿过，一串串挂在火灶上方炕楼下，熏制干货，留做美味，整个屋子弥漫着燎毛之后散发出来的怪异的味道。"[90]鼠肉的烹调方式各地不一，越南高平等地有一款"蒜泥鼠肉"，即将处理干净的新鲜鼠肉，放入油锅中炆上数分钟后，配以蒜泥、精盐、味精、醋、酱油、葱段、姜片等佐料，拌匀后猛火烹制，此时的鼠肉鲜嫩可口、蒜味浓重，堪称酌酒美食。而民间更多的是在田头烤鼠肉，秋收季节，农人在田里抓到田鼠后，将其杀死去皮去内脏后冲洗干净，在肚内壁抹一些盐、味精、胡椒粉、姜末，然后架于燃烧的稻草中烤，不消片刻，鼠肉便烤好了。那股野香味弥漫四周，甚是诱人。中越边境的山野还有一种"竹鼠"，也叫"竹鼹""冬芒狸"或"冬毛老鼠"，此鼠以嫩竹为主要食物，所以体大肉多且鲜嫩，其营养比较丰富，如同果子狸般受人青睐。另外，"芭芒鼠"也是乡间的名珍食鼠，两地壮、岱族地区乡间的集市上，人们经常会等待着从山村用铁笼子装着肥硕的芭芒鼠过来的山民，这些芭芒鼠价格不菲。

图2-85 高蛋白的壮、岱族民间美食"炒田螺"（陈家友摄）

蜗牛是一种生活在陆地上的软体动物，它的生活范围很广，且耐严寒高温，世界各地都有人食用蜗牛。壮、岱族地区山林荒野中有一种巨型的蜗牛，当地村民都有捡回家中脍吃的习惯，谓之"蜗牛脍"。《赤雅·蜗牛脍》载："山中有蜗，壳可容升者。以米水去涎，竹刀脍之。角大如指，甘脆，去积解毒。余东粤亦食之，鲜有如其大者。"[91]清朝初年檀萃的《说蛮》也记僚人嗜食"蜗牛脍"[92]。蜗牛肉味道鲜美，口感香脆，烹制前先是将蜗牛放置于水桶中，两三天后待其排泄完毕再进行烹调，烹调的方式多样，有用开水将其烫死，取出蜗牛肉用刀切成薄片，用酱油、盐、葱、姜、八角、香椿、淀粉等腌好，置于油锅中爆炒而成。也有将蜗牛与其他佐料配菜一起放油锅中爆炒。蜗牛肉味鲜脆嫩，营养丰富，高蛋白低脂肪且不含胆固醇，是壮、岱族地区宴席上的佳品。如今野生的大蜗牛已很难寻觅，餐馆"蜗牛脍"多用人工饲养的蜗牛为原料，其味当然比野生的逊色。

壮、岱族人喜进异食，可谓别出心裁，无奇不有，一些家畜内脏的分泌物，竟然也成了不少地方乡民口中的美食，"牛肠液"就是这些家畜内脏分泌物中的一种。这种貌似令人恶心的黄绿色液体，却是壮、岱族一些地方很抢手的食料。"屠夫将牛开膛后，先用小绳把这段小肠两端小心结扎，以免肠液流出，然后掏出肠脏……这种牛肠液大都生吃，用香椿、紫苏、薄荷等香料切碎拌匀备用，再把牛百叶（重瓣胃）用开水稍稍烫一下（不能烫熟），剥除外黑膜和生牛肾脏等切成薄片，将其蘸牛肠液下酒或就饭。老人或体弱者也有把牛肠液蒸熟拌菜吃的。不谙内情的人往往认为这种肠液是牛粪汁，实际上它是牛肠中的各种分泌液。"[93]

中越壮、岱族地区民间食异的种类还有不少，"无头鲊"就是其中之一。《赤雅·无头鲊》载："山中有物，形如蚕蛹，无头蠕动。獠（僚）人得之为鲊，食之令人不寒。"[94]鲊是古代贮藏肉类的一种方法，将肉类用盐、酒等调料腌渍后掠起，可保存较长时间。当然，鲊也是古老

图2-86 越南谅山公路边的风干野味（陈家友摄）

的一种烹调方式。那么，"无头鲊"中的"无头"又是何物呢？周松芳先生在其《十年不坏岭南鲊》一文中认为，"无头"有可能就是民间传说中的"太岁"。"太岁"如今在自然界少之又少，偶有发现都会引起轰动，《赤雅》有所记载，可见古代中国南方地区的"太岁"并不少见，并经常被民间鲊而食之。

另外，中越边境地区自古以来就有食猴的习俗，民间说蒸猴肉可治家中小孩的厌食及身体消瘦，时至今日，当地集市街道上不时还可见到挑着猴肉，敲着小锣叫卖的小贩。更令人难以置信的是，过去有的地方还有生吃猴脑的习俗，当地人认为生吃猴脑更能强身健脑。还有一种异食叫"猴头鲊"。刘纬毅先生在《汉唐方志辑佚》里称："南方人以猕猴头为鲊。"[95] 即把猴头鲊来吃，印证了岭南先民"无物不入鲊"的食异风俗。

⑤喜食槟榔

槟榔，一种果形为椭圆或卵球形的槟榔树果实，生长在中国南方及东南亚一带。吃槟榔很早就是中越壮、岱族先民的嗜好，《异物志》载："槟榔若笋竹生竿，种之精硬，引茎直上，不生枝叶，其状若柱。其颠近上末五六尺间，洪洪肿起，若槐木焉，因拆裂出若黍穗，无花而为实，大如桃李，又棘针重果其下，所以卫其实也。剖其上皮，煮其胃，熟而贯之，硬如干枣。以扶留古贲灰并食，下气及宿食白虫消谷，饮啖设为口实。"[96] 清代闵叙辑《粤述》载"啖槟榔，和蒌叶蘸少灰咀之，大率与闽广同。槟榔以瓦击浸令软，蒌叶小而味薄，春夏无叶则其根，味亦香辛。食之既乏，唇红齿储，处处吐水，石上如一团鲜血，乍看骇人。"[97] 直到20世纪上半叶，壮、岱族人爱吃槟榔的习惯仍然流传甚广，"广西那坡一带的黑衣壮，民国16年（1927）以前，毗近越南的妇女，不论老幼，嚼蒌成癖，染红牙齿，嗜蒌者称，嗜蒌如嗜烟，故常随身携带。据说蒌能治牙病，至死不脱落"。[98] 越南岱、侬族过去喜食槟榔之俗甚盛，平时以嚼槟榔为荣，特别是城乡妇女，三五成群在一起总要嚼嚼槟榔。家有客至，香茶与槟榔是必敬之物，婚事礼仪也离不开被视为吉祥与美好的槟榔。

图2-87 槟榔果（陈家友摄）

随着社会审美意识的转变，以食槟榔致牙黑为美的习俗逐渐被中越大部分壮、岱族人所抛弃，现在两地的槟榔树大大减少，只有少数地区在婚嫁聘礼中仍保持着送槟榔的习俗，闲来之时村民嚼食槟榔的现象已不多见。

（二）年节饮食习俗

相同的历史渊源，使中越两国壮、岱族群拥有许多共同的传统节日，春季有春节、吃立节、春社节、花王节、下田节、清明节、三月三歌节、花炮节，夏季有牛魂节、端午节、尝新节，秋季有中元节、月神节、重阳节、庆丰节，冬季有冬至节、送灶节、年夜节等，这些节日，有的是受汉文化的影响，有的是源自古老的百越文化，在千百年的历史发展中，壮、岱族的这些年节产生了多种多样的节日传统饮食习俗。

作为农耕民族，春节是壮、岱族一年中最重要、最隆重的节日，而春节特色饮食又是两地春节习俗的重要组成部分。壮族各地流传着一句民谣："二十七宰年猪，二十八包粽子，二十九做糍粑。"民谣道出了壮族过年的食物准备。壮、岱族春节最有特色的传统食品，要数粽子了，粽子在当地也称粽粑、米粽。两地粽子的制作大致相同，但又各有内涵。广西龙州、靖西等地壮族粽粑的做法：先将上好的糯米、猪肉、猪骨头、绿豆、虾仁及多种佐料腌制好后，用新鲜粽叶将其包裹起来，粽型有三角形、正方形、长方形等，用水草捆好，然后放进锅里熬煮。而最为传统的制作是把生粽子装进大瓦坛中，用黄泥将坛盖封好，外面堆满稻谷皮，然后点火将其慢慢熬熟。若干时辰后将坛子扒出，开坛时浓香弥漫，其味十分诱人，这样熬制的粽子味道特别鲜美。粽粑做好后要先祭祀祖先，然后才能给家人享用，或馈送亲友。在广西宁明县，壮民的大户人家年三十都要制作一种特大的粽子，一个粽子光是糯米就有几十斤，熬制的锅头也是特大型的。制作时有好几个人操作，先将洗干净的芭蕉叶子垫在蒸笼底，把腌过佐料的糯米撒上，

图2-88 壮族过年的长桌宴（农敏坚提供）

在米的中间放上一条腌猪腿，还有绿豆、栗子、虾仁及其他配料，再在上面铺满糯米后覆盖上几层芭蕉叶，然后猛火蒸熬，足足两个时辰粽子才能蒸熟。做好的大粽足有一张八仙桌那么大，用大蒸笼盛着，是年三十晚宗族祭祖时用的。当祭祖结束后，由族长主持，族人在欢呼声中一起分享这个大粽子，以此凝聚族群，彰显族人的同心同德、团结和睦。毗邻的岱、侬族春节也有此种风俗，粽子也是越南岱、侬族群迎接新年的特色食品，他们做的粽子普遍比壮族的个头要大很多。"越南岱、侬族的粽子称作'地饼'，即外形呈长立方体的大粽子。这与中国壮族所做粽子相似，而越南岱、侬族一些地区则准备一些圆粽，即外形呈圆柱体的米粽，取'天圆地方'之意。"[99]两地的大年初一除了餐

图2-89 壮、岱族年节美食——粽子（吴力摄）

桌上丰盛的菜肴外，还要喝传统的糯米甜酒、吃一种不带馅的汤圆，其他小吃有粽子饼、沙糕饼、炒糯米、绿豆软糕、糍粑、米花糖等。

在春季，壮、岱族共同的节日有下田节、三月三、清明节，在这些节日中，"五色糯米饭"是当地最有特色的饮食品种。壮、岱族的五色饭，又叫花米饭，做出来的糯米饭呈黑、红、黄、紫、白5种颜色，十分鲜艳，因而得名。这种花米饭古代是单色的，在中国的古籍中早有记载，《赤雅·青精饭》载："瑶人社日，以南天烛染饭，竞

图2-90 广西武鸣壮族人家制作的巨粽（韦明妃提供）

相馈送，名曰青精饭。"[100]清代黄君钜纂修《武缘县图经》载："三月三日，取枫叶泡汁染饭为黑色，即青精饭也。"[101]这里说的青精饭即为壮族花米饭中的一种。做五色饭要选优质的新鲜糯米，淘洗干净后分别装在5个大盆里，"用可食用的野生植物汁与瓦盆中的糯米拌和，如用黄花汁或姜黄汁拌和则成黄色，用枫树叶汁拌和则呈黑色，还有紫蓝色、品红或品绿等。这些拌和不同植物汁的糯米饭蒸熟以后，便成了彩色的花糯米饭，味香可口，可称得上是壮族的风味食品。"[102]壮、岱族人在节庆期间喜食花米饭，首先是由于花米饭呈各种颜色，增添了节日的喜庆气氛，同时，花米饭还起到调味的作用，各种

图2-91 色味俱佳的五色饭（明韦妃提供）

色饭散发出不同的香味，让人胃口大开。另外，五色饭的色料有一定防腐、保鲜的作用，经着色处理后的米饭，不易坏，能保存稍长一点的时间。五色糯米饭色泽鲜艳，食用时有一种植物的清香味，还有一定的药用价值与保健作用。红兰草有生血作用，是东南亚驰名的红花油的主要制作材料；栀子有

图2-92 别具风味的竹筒饭（陈家友摄）

清热作用，民间经常在小孩发烧时将其熬煮饮服；黄花补气利尿，暑日之时经常熬些黄花茶饮服可以解暑；枫叶则味辛益肠胃，中医在治疗消化不良时经常以此入药。在壮、岱族民间，人们都把吃五色饭作为喜庆丰收、生活美满的象征，不但在节庆里吃五色饭，婴儿满月时，或者新居落成之日，主家也会蒸五色糯米饭，在喜庆活动中食用，并馈送前来贺喜的亲朋好友、远亲近邻。越南学者卢越胜在其著作中，也谈到两国壮、岱族喜食五色糯米饭的

习俗："中国壮族人和越南岱、侬族人吃五色糯米饭这一习俗沿袭久远，在节日特别是在清明节（农历三月）是有仪式性色彩的菜肴。彩色糯米饭是从用各种原料调制染成的，如黄色用黄姜而成，黑色用枫香叶晒干砸碎而成等。做糯米饭时人把糯米浸泡于上述的各原料水几个小时，然后捞出沥干水分，放入饭甑蒸熟。"[103]在越南北方的老街省勋康县，聚居着一个叫"侬因"的族群，是侬族的一个支系，他们民间流传着一个关于"七色糯米饭"来历的传说："农历七月初一是'侬因'人最隆重的节日，相传这天是侬智高的军队打到勋康县的日子，成为他们最独特的节日，为纪念这天，要特地做七色糯米饭吃。他们认为宇宙有绚丽的七种颜色，糯米饭用七色寓意与宇宙长存。"[104]当然，越南北方的岱、侬族人大多还是做五色糯米饭，他们认为吃五色饭是一种食疗，特别是春天这个季节食用特别滋补身体，特别是产妇吃了后，身体恢复较快。

除了五色饭，在春季的节日中，吃五色蛋也是中越壮、岱族的传统习俗。将新鲜的鸡蛋或其他蛋煮熟，染上五彩颜色，这就是五色蛋，节日里将五色蛋给家人亲友分享，也是一种祝福的形式。在一些民间的节日里，不少地方都流行着一种"砸彩蛋"的娱乐活动，人们在

图2-93 靖西糍粑（陈家友摄）

节庆的娱乐环节中，手拿彩蛋互相追逐，伺机碰砸心中喜爱的人手中的彩蛋，一旦砸烂，双方会开心地交换食之，然后进一步发展情谊。

在夏季，两地的传统节日主要有"牛魂节"与"端午节"。四月的牛魂节是农家犒劳耕牛的节日，"家家蒸制五色糯饭，用枇杷叶包五色糯米饭喂牛，有的在屋外摆上酒肉瓜果供品，家长牵一头老牛绕着饭桌打转，边走边唱着牛歌。"[105]五月的端午节包凉粽和做米糕是壮、岱族地区各地都有的习俗，凉粽与过年包的粽子有点相似，但个头较小，有三角形也有圆柱形。凉粽一般不放入猪肉和绿豆，大多也不用加佐料，民间的做法是在糯米中拌以适量的硼砂，蒸熟后晾干，用白糖溶成糖浆拌着吃。夏季气候炎热，吃凉粽让人感到非常爽快与舒适。

在秋季，两地的传统节日有"中秋节""重阳节""尝新节"等，做糍粑是该季节壮、岱族的又一习俗。壮族有句俗话："十月朝，糍粑粄子碌碌烧"，在广西的德保、靖西等地，每年秋收过后还要过"糍粑节"。糍粑的制作方法是先将糯米倒进清水中浸泡，再放进当地的一种木甑炊具里蒸熟，晾干后在石臼里用杵槌舂，待舂捣成羹状后，做成一个个圆圆的小糍粑。每年糍粑节的早上，往往是村子里最热闹的时候，村里到处都响起米碓拍打糍粑的声音，村民各家蒸糯米饭的时间是错开的，哪家先蒸熟了，左右邻居就会聚集过来一起帮着做。身强力壮的汉子负责轮流舂糯米饭，其他妇女负责捏成小团并压平

图 2-94　香馅叶包糍粑（陈家友摄）

图 2-95　可口的花生汤圆（吴力摄）

拍扁成糍粑状，佐料粉是由炒米、花生、芝麻、黄糖等配制的，捆好的糯米蘸上佐料粉再放进锅里蒸熟，取出晾干后糍粑就做好了，这种糍粑柔韧鲜滑、香甜可口。以前头一批糍粑做好后，必须端到土地庙祭拜土地公，再到家中神台祭拜祖宗，以此感谢神灵，并祈求来年丰收。壮族民间舞蹈"舂堂舞"就是在这种民俗活动中产生的。越南岱族、侬族也有做糍粑的习俗，"糍粑有两种，小的糍粑可供食用，大的糍粑有直径约为15至20厘米用来祭祀，这种饼没有馅，有用各种绿色、红色、黄色的颜色画在饼面上"[106]。岱、侬族做糍粑的方法与壮族差不多，其特点是在糍粑上打上各种彩色图案印记，同时拌入的佐料较多，有的同糯米饭糊拌匀后一起舂，也有的舂好糯米饭糊后把佐料馅放中间做成糍粑饼。

在冬季，古时壮、岱族都曾经有多个节日，现在留下来的主要是冬至，这也是受中国汉族的影响。广西壮族民间有"冬至大过年"的说法，可见人们对这个节气节日的重视。冬至日各地普遍有吃汤圆的习惯，广西龙州水口镇及其毗邻的越南边境地区，冬至的汤圆最有特色，传说古时当地祭天是用汤圆来祭的，汤圆就象征着天圆。"传统上汤圆里面是不放馅，用熬好的红糖浆蘸着吃，熬红糖浆时要放入生姜，这样在寒冷的冬至吃汤圆可以驱寒。"[107]此外，中越壮、岱族民间节庆的小吃还有沙糕饼、艾草叶饼、蚂蚁蛋糯米饭、炉灰饼、元麻糕、汤圆、月饼、木薯饽、芋头糕、九层糕等，体现了丰富多彩的壮、岱族节庆饮食文化。

（三）日常生活与人生礼仪饮食习俗

相同的族源关系，相同的生存环境，使中越壮、岱族群民间至今仍保留着比较接近的生活习俗与人生礼仪。在人生阶段各种礼仪中，有出生礼、成年礼、婚礼、寿礼、葬礼等，这些传统的礼仪经常要举行宴席，因此，壮、岱族的饮食习俗分为日常生活、招待宾客与人生礼仪三个方面。

1. 日常家庭饮食礼俗

受汉族传统文化的影响，敬老爱幼、上下有序、男尊女卑也成了壮、岱族日常饮食遵循的传统习俗。家人在进餐时，要让老人坐上座，哪怕是在火塘边，老人也会坐在面向门口的位置。晚辈要先给老人盛好饭端上，在一般的情况下，要老人先动筷夹菜，晚辈才能开始吃饭。家里杀了鸡或鸭，上菜时要把鸡、鸭的心和肝留给老人，因为壮人认为这些禽类的心、肝营养特别丰富，鸡的一些肥嫩的部位，如胸部和尾部，也要夹给老人。饭后给老人端茶递烟，也是不少地方的传统习俗。

壮、岱族人吃饭大多是全家人围坐火塘边，家公、家婆坐正面主位，而儿子、儿媳则在对面下位就座，其他家庭成员分坐两侧。在壮、岱族地区，舅权在民间的影响还

图 2-96　广西那坡壮族家宴（陈家友摄）

是较大的。壮人有一句俗话：“天上雷公，地下舅公。”说的就是母舅的重要社会地位，因此，平时娘家亲戚上门，舅爷总会被安排坐在最尊贵的位置。壮族民间办婚事还有一些规矩，“喝喜酒时，亲人在席上坐时，通常被安排在前厅，关系最亲年龄最长的亲戚则坐上座，即前厅最近神台香火的那个座位，以示尊敬”[108]。新郎、新娘第一次上门，岳父母、舅父母第一次来访，在壮、岱族群中都是重大的家事，都要摆设隆重的家宴接待，这也是一种传统习俗。

2. 待客饮食礼俗

壮、岱族素来好客，过去交通不便，人员往来甚少，有村外人到来，不管认识与否，都会视为好友，热情接待。《赤雅》卷上载：“人至其家，不问识否，辄具牲醴饮啖，久敬不衰。”[109]描述了中国古代南方先民热情好客，盛情款待的习俗。《粤述》也载：“（客）至，则鸡黍礼待甚殷。”[110]说的是有客人到来，主人总是杀鸡做饭，热

图 2-97　壮族交杯酒（陈家友摄）

情地接待。“空桌留客”是广西龙州县壮族一种待客风俗，“家有来客，主人即张罗酒菜，并在厅堂摆好饭桌餐具，表示已约客人吃饭，客人不能拒绝，若客人执意要走，便会扫主人面子”[111]。壮、岱族极为注重礼节，有客人到来，主人首先要敬上一碗自酿的米酒或甜酒，此时客人往往是不会拒绝的，会当即一饮而尽。在宴请客人时，也非常讲究座位的安排，宴桌上的上位一般由主人与年长的宾客就座，之后，其他人才能按序入席。上菜时，主人要先给尊客夹菜，其他的人才能动筷。“交杯酒”是宴席上敬酒最隆重、最亲热的仪式，交杯酒的方式各地有所不同，那坡中越边境山区的壮、岱族人喜欢用白瓷汤匙，两人从酒碗中各舀一匙，双方手臂交叉，互饮对方汤匙中酒，饮毕两匙相碰，极为豪爽。龙州大新一带的两国边民则喜欢用土碗或酒杯，用锡壶倒满酒后主人高唱《敬酒歌》：

锡壶装酒白连天，

酒到面前你莫嫌。

我有真心敬贵客，

敬你好比敬神仙。

唱毕，与客人举杯互挽手臂痛饮。喝完后，还要举起酒杯从头顶往后一倒，意思杯中之酒已喝光，滴酒不剩，也是"先干为敬"的一种表示。

"请年酒"是中越边境壮族村寨一种历史久远的习俗，"所谓'年酒'，就是每年的正月里，从正月初一开始，同一个村寨里，甚至是相邻近几个村寨的年龄相仿的人群，有相互请客的习惯。少的有十来个，多的能有几十个，他们一家一家地轮流请客，一般要吃到正月十五以后才结束"[112]。过去壮、岱族民间在社会交际中，喜欢互相之间称"老同"，"老同"的称谓在当地有多种含义，平时把要好的朋友甚至刚认识的人都统称为"老同"，中越边民在集市上也互称"老同"，意为"要好的朋友"。而正式的"认老同"或"结老同"实际上是结拜，男性之间结为老同，壮语称"找同"，女性之间则称"找麦"，都可译为"结老同""认老同"。"认老同"各地都有一些传统的规矩，广西大新壮族以及毗邻的越南的壮、岱族在"认老同"时，要举行隆重的喝鸡血酒的仪式，才能确立兄弟结拜关系。这种喝鸡血酒的仪式是结拜之人设案焚

图 2-98 侬族咂酒老照片（太原博物馆）

香，见证人当场将鸡杀死，然后倒提着鸡，把鸡血滴进酒碗中，结拜者在案前跪下，高举酒碗对天发誓，誓言内容大概是我等今日结交为兄弟，以后有福同享，有难同当等话语，然后将自己碗中之酒一饮而尽，自此经常来往，亲密无间。这种喝"鸡血酒"认"老同"的现象，至今仍在中越壮、岱族地区流行，成为民间一种特殊的交往形式。

3.人生礼仪饮食习俗

壮、岱族群的其他人生礼仪食俗也很丰富，从婴儿出生、男婚女嫁、贺诞祝寿到百年丧葬，都与包括食品在内的礼物分不开，也与饮食及宴席分不开。

（1）妇女生育饮食习俗

壮、岱族人妇女生育饮食方面的习俗，有不少是相同的。在孕妇妊娠期间，忌食螃蟹、海带和甲鱼，忌食薏米和马齿苋，忌食杏、杏仁、黑木耳、山楂，以及花椒、八角、桂皮、五香粉、辣椒等佐料。另外，人参本是滋补之品，但此时服用会引起孕妇气盛阴耗，怀孕反应现象会加重，也会引起高血压与水肿等症的并发；桂圆虽为补品，但性燥助阳，此时也是不能食用的，否则易动血动胎，造成不测。孩子出生后，产妇身体虚弱，需要大补，炖汤类营养丰富，易消化吸收，因此，鸡汤、肉汤是产妇滋补的

图 2-99 壮族妇女坐月子吃的红蛋（陈家友摄）.

首选，如花生炖猪腿汤、鲫鱼汤、黄花菜煨鸡汤、红糖鸡蛋汤等，可促进身体恢复及乳汁分泌。各种含铁、钙较高的食物，如红枣、红小豆等，多食有助产妇补血、祛寒，有助体内血色素的提高。小米滋阴养血，适量进食小米可抵御产后虚寒，有利于产妇体力的恢复。各类新鲜水果都可以吃，但不要吃得过多。一些食品产妇是要忌食的，如苦瓜、番茄、荠菜、海带、紫菜、田螺、西瓜、柿子等寒性食物，以及韭菜、大蒜、辣椒、胡椒等辛辣性食物。

（2）出生礼仪饮食习俗

婴儿出生是家庭的大事，"三朝""满月""出百""对岁"都要举行仪式，用猪肉、鸡肉、五色饭

图2-100　壮族人家办喜宴（农敏坚提供）

等祭拜祖先。"三朝"时，外婆家和其他亲戚要送来鸡鸭和大米食品等礼品，一些地方外婆到来后还要给村上的人发送"米花"等糕点。庆贺生子的习俗各地不一，有的十分有趣，让人称奇。"广西大新县安平一带的生子'三朝礼'颇为独特，届时外婆家要送一担糯米和二十个鸭蛋。婿家请全寨小孩来绕着房子喊：'俏（指婴儿）来啊！耕田去啊！种地去啊！……'喊完分给每个小孩一团糯米饭和一个鸭蛋。"[113]为孩子办"满月酒"时，有一道"莲米红糖甜酒羹"是少不了的，莲子寓意子孙满堂，多子多福，红糖糯米酒则是意喻生活美好。这种习俗，在中越壮、岱族地区都普遍存在。

婴儿的健康成长是每个家庭的期望，因此在其膳食上，壮、岱族民间有许多传统习惯。初生婴儿生长发育特别迅速，因此在哺乳期间添加辅食特别重要，辅食多以汁、泥、羹等为主。婴儿满四个月后，一般要喂食一些新鲜的鸡蛋黄或猪肚汤，之后逐渐熬些瘦肉稀饭，添加米糊、粥、水果汁、菜汁、鱼泥、豆腐及动物血等，使婴儿慢慢适应幼儿的正常饮食。长到6个月后，仅母乳已不能满足婴儿生长需要，这时需添加饼干、全蛋、肝泥、面条、水果泥等容易消化的食物；10个月后婴儿逐渐进入幼童的初期饮食阶段，这时可熬制稠粥、添加些碎菜及肉末类食物。如今，壮、岱族地区的年轻父母文化程度大幅度提升，许多养儿育儿的知识得到了普及，他们在婴儿的喂养中往往引经据典，不太顺从传统。而广大农村，特别是山区的老人，仍遵循着前辈传承下来的婴儿养育习俗。

（3）成家礼仪饮食习俗

成家仪式在各种人生礼仪中是最隆重的，从提亲、定亲、送礼，到迎亲、拜堂、婚宴、回门等婚嫁过程，各地都有其传统饮食习俗。越南高平岱、侬族人到女方说媒时，要备一份"纳彩礼"，当地称为"甚母"，礼品的多寡可以看出男家的经济状态。高平省保乐、通农一带民间提亲时，开始礼物不多，只是少量的槟榔、肉、酒等，当女方应允亲事，拿到姑娘"八字"并经巫师占卜推算相合后，男方此时就必须带着"问名礼"到女方家中，"通知女方男女的八字相合可以结婚。男方带礼品到女方家中举行筵席，家庭做一份祭祀告知祖先喜事……如果男女不相合，男方也通知女方与还给女方'八字'语，带若干礼物，包括一只公鸡、一筒粳米与一些现金给女方家庭。做个礼仪给女方，称'thom khoǎn'。"[114]广西靖西、那坡、大新及毗邻的越南边境一带，男女青年相识恋爱后，女方家庭就要过问双方的事情，一般都要在女方家中设宴了解男方，这就是当地传统的"考婿宴"。"考婿宴上，女方家长特邀本村一位德高望重、见多识广的前辈考问女婿各方面的知识，有农业方面的，有日常生活方面的，也有宗教历史方面的，等等。这种考问的方式一般是在自然、融洽的进餐过程中进行的。考

婚宴上准女婿的表现将直接关系到男女双方是否订婚。"[115]

嚼槟榔是中越壮、岱族人过去流传的古老习俗，在婚娶传统的提亲、订婚仪式当中，"送槟榔定亲"这种礼仪是少不了的。中国清代《白山司志》载："婚姻不用庚帖，但槟榔一盒，戒指一对送，谓之吃。"[116] 过去越南北方民间在家庭子女的恋爱婚姻中，槟榔常被视为定情之物。"在越南，男女双方在确定恋爱关系时，有'请槟榔'的习俗，如果女方接受男方所送来的槟榔，则表示男女双方的恋爱关系得到确认。"[117] 以槟榔作订婚聘礼，一来因其为当地喜食之物，二来"槟榔"与"宾郎"谐音，以槟榔为礼，来表达男家尊重女方的意思。

图 2-101 越南谅山岱族婚事的受鸡仪式（谅山博物馆）

越南谅山磐杏侬人认亲后还有一个"受鸡"仪式，实际上是男方为女方准备婚礼物品，礼物有猪肉、米酒、阉鸡、槟榔、糯米、糍粑、尖米。"这些礼物为女方家的亲戚做请酒用，至此，婚事便算定了下来。根据女方家庭的需要，男方可以随时去帮忙做活。而岱族人则待正式结婚之后，女婿才能去女方家。"[118]

过去，壮、岱族地区民间婚宴中一般是男女分开座席的，这也是由于"男女有别"观念的影响。同时，男子一般都在宴席上猜拳行令、杯觥交错，而妇女则循规蹈矩、遵守妇道，所以就不太合适男女同桌了。现在多数按宾客家庭成员入席，辈分大小也不再计较，当然，大多数宴席中还是注意让长辈坐上座。壮族婚宴上至今还保留一人一位的传统习俗，不分大小，哪怕是褪褓中的婴儿，也要留一个位置，宴席结束后，习惯上是要将酒席上的酒菜分给同桌的人带走的，这时在席的婴儿也可分得一份菜肴。过去是用干净的阔叶片包好带回家，现在大多仿照城里婚宴的做法，每桌分发一些红色的塑料袋以供打包。边境邻近的越南岱、侬民族也多有此俗，婚宴上没到位的宾客，同桌人都会留一份菜肴给他。

图 2-102 正在筹办儿子婚事的壮族大妈（陈家友摄）

（4）祝寿礼仪饮食习俗

人到了一定岁数后，家庭或家族都要给他祝寿，这是世界上许多民族的风俗习惯，壮、岱族群至今也保留着为到了一定岁数的长辈祝寿的习俗。祝寿的年龄各地传统习惯不一，一般过了50岁家人便可为其庆寿，有的地方却要60岁以后。壮、岱族群往往是61岁、71岁、81岁等过"大寿"，民间称之为"吃一"。庆寿最重要

图 2-103 黑衣壮老人的寿粮桶（陈家友摄）

的是摆寿宴，壮族一般老人年过八十，家人就会请族人或村人吃寿面、喝寿酒。传统寿宴往往在家中的厅堂举办，也有在族中的"祖屋"或"公房"举办，近年来城镇大户人家的寿宴都喜欢在酒家举办，这样让宾客感到更有体面，更有身份。中越壮、岱族寿宴的仪式一般先上寿桃、鸡蛋及茶点等，菜谱多为适合老人吃的有相应寓意的菜点。长寿面一般是在上最后几道菜时登场，此时寿宴气

图2-104 广西龙州壮族新娘回门的糍粑 （陈家友摄）

氛到了高潮，众人纷纷起座举杯，共同庆祝寿宴主人福寿双全。近年来各地多有给老寿星订送生日蛋糕，这也是一种时尚。广西南部一些壮族地区有给老人"添粮做寿"的习俗，当老人年满60岁后，生日当天子女都要特意从圩上买回一个米缸，称为"寿粮缸"，子女为其举行隆重的"装寿粮"仪式，以后每年九月九或老人生日之时，子女除了设宴为其祝寿，还要给寿粮缸添粮。人们认为重阳是享寿99岁的吉利日子，当日"添粮做寿"可以活过百岁以上，故壮族地区重阳节又称为"祝寿节"。每当老人偶有小疾，家人都会从寿粮缸中取些米出来煮吃，但不能将缸中米取尽，因为他们认为这样是不吉利的，恐怕会影响老人的寿数。有的地方的壮族老人做寿时，女儿一般要送两个大糯米糍粑，糍粑中心染成红色，称之为"寿糍"，寓意父母"与日同辉，与月同寿"。

（5）丧葬礼仪饮食习俗

饮食贯穿于人一生的始终，在人生最后的仪式——葬礼上，各民族更是有着特有的传统丧事饮食风俗。广西壮族各地丧葬习俗多样，其仪式供品及丧宴饮食也略有不同。老人去世后，大多在灵堂棺椁祭台上要供一碗大米饭，摆上茶、酒、碗筷等。众吊唁亲友除了上香外，还要添酒倒茶。民国时期广西崇左太平镇一带的壮人，"死者未入棺，孝主戒饮食，在死者之侧坐守，以防鸡犬乱跃。入棺后，即设灵位，孝主方可饮食。次日报丧成服，门前挂大批纸钱，凡族内有服人等，发白布以围头，均守服，不宴饮，不看剧，不穿绸，至于饮食，孝主斋三七期不吃荤腥"[119]。而毗邻的越南同登、纳岑等地也多有此俗，家人为过世的老人服丧时，是不能洗澡洗脸

图2-105 侬族的红白事宴 （陈家友摄）

图2-106 谅山侬族丧事供品（陈家友摄）

的。过去广西来宾等地的壮族把丧宴称为"豆腐酒"，宴席以素食为主，并必定要上一道白豆腐。"丧家哀吊客，比婚嫁宴席略逊，其在乡村间尤简单。婚嫁宴席，寻常蔬肉加鸡鱼而已。丧家吊客或至，素食，俗称为豆腐酒。"[120]至今当地还用"吃白豆腐"以示意办白事。老人过世是人生旅途的终结，亲戚朋友充满悲痛，丧事低调是人之常情。但中越壮、岱族民间视高龄老人的去世为功德圆满，驾鹤西去祖先之地，因此不少的地方把此种丧事视为"白喜事"。广西龙州一带的民间丧事中，"死者是享年80岁以上的老人，喝酒时，席间可以猜拳行令，来喝酒的

人，还抢要餐具，如碗、汤匙等，带回去给自己的子孙使用，其意使儿孙能成为长命"[121]。越南谅山省高禄县同登镇侬人的葬礼活动也很有特点，奠堂"祭祀台上摆的也是'三茶五酒'，供品有水果、饼干、啤酒、饮料、粽子、糍粑以及各种冥币等，各种陪葬的纸人、纸驴、纸马摆放在棺椁周边……亲属披麻戴孝簇拥着棺椁席地而坐，有些年轻人或儿童在孝衣里透出红色的衣服也不忌讳，反倒增加了几分亲和与温暖。整个灵堂明亮通透，哀伤中略带温馨，没有桂东南地区那种与死者阴阳相隔，生死永诀的沉重感觉"[122]。丧宴上众人是围着八仙桌而食的，孝子孝孙则是在灵堂席地而食。壮、岱族人出殡时大多有一路撒谷米或米花的风俗，在下葬时还要向坟坑撒谷米与硬币，为的是让逝者在阴间有食粮与有钱用。以前一些地方也有将镰刀等种田农具作为陪葬物，意为逝者一生辛勤耕作，让其在阴间继续种田务农，丰衣足食。

（四）饮食禁忌习俗

在漫长的社会生活中，不同的族群形成了各具特色的饮食文化。由于思想意识与生活习惯等种种原因，特别是前人留下的传统习俗，人们往往对某些食物或饮食行为有所排斥，称之为饮食禁忌。食物禁忌作为一种建立在民族、宗教、职业差别之上的人们之间联系或区别的象征或表现形式，它主要来源于宗教信仰和生活经验的总结。历史上壮族先人存在着多种神灵崇拜与图腾崇拜的古老意识，因此，对与崇拜物相联系的食物和饮食行为有禁忌的传统习俗。古代骆越与西瓯族人在长期的农耕生活中，发现根据青蛙的不同叫声可以比较准确地预测近期的天气情况，甚至当年的旱涝。因此，青蛙被视为"雷王之子"，受到古骆越、西瓯人及其后代的顶礼膜拜，平时倍加爱护，禁止捕杀，更不准食用。壮、岱族群以农耕稻作作为主要的生产方式，牛作为一种强劲的生产动力，在农耕工作中发挥了重要的作用，为人类的生存做出了重要的贡献。因此，广西南部的壮人认为牛不是一般的动物，而是造物主始祖布洛陀创造出来的，由此产生了"牛王节"及有关

图2-107 壮人祭祖（农敏坚提供）

牛崇拜的传统民俗。这种民俗在越南岱、侬族群中也很早存在，不管是相关的农事仪式，还是平时的生活、衣物饰品，都体现了这种崇拜意识。食物禁忌是图腾崇拜的重要内容，禁食牛肉也成为壮、岱族地区的饮食传统习惯。除此以外，有的地方还禁食狗肉。传说很久以前，狗是人类的好朋友，为了人类的生存，冒着自己的生命危险，从天上偷回了稻种，这样才使人类先民有了水稻可以种植，于是，当地人世代都不吃狗肉。

农历正月初一不能杀生，几乎成了壮、岱族的共同传统习俗，至今仍一直在沿袭。而年三十晚一定不要把餐桌上的东西吃光，将一定数量的剩饭剩菜留给来年，以示"年年有余"。平时的日常生活，还有各种饮食禁忌，"一些地方的壮族，吃饭时忌用筷子敲碗，否则家贫穷；部分壮乡吃饭时忌用汤拌干饭吃，生怕晒稻谷时遭雨淋；有的地方，当年第一次吃新米，要选择吉日，第一餐忌吃食油，否则蚂蚁会蛀吃作物；必须全家同一个时候吃新米，否则来年稻谷东歪西倒，参差不齐"[123]。一些地方有小孩

不能吃鸡肠的传统习俗，据说吃了，男孩子将来写字会歪歪扭扭，女孩子成人后织布、绣花不好[124]。有的地方产妇"坐月"期间，外人登门贺喜或探望，主家要拿出姜汤甜酒招待来客；产妇一般是不能外出串门的，民间的说法是"阴气太重"，如必须要去的话，也得"盛家中一碗饭，到被串门人家饮食，意为同家同族，凶兆不相克"[125]。平时在家中宴请客人，主人不能早于客人终食，不能用饭勺把锅刮出响声，以免客人误以为主人逐客。小孩子把筷子插在饭碗中也是会受到大人责备的，因为当地祭拜死人时才插筷在饭碗中。各地民间在办丧事时，丧宴也有不同的习俗，"钦人亲死，不食鱼肉，而食螃蟹车螯蚝螺之属，以其无血，谓之斋素也"[126]。说的是以前广西钦州一带，家中有人去世，丧宴上是不能吃海鲜河鲜的，原因是其身上没有血，称之为斋素。而广西桂东南一带则有在丧宴后，丧家给亲友分发柏枝、发糕、小酒煲等物的习俗，参加葬礼者是不能拒绝的，如死者是古稀耄耋者，众人都会把用过的碗碟带走，意为取"福禄"。

第四节　民居建筑习俗

　　壮、岱族长期生活在广阔的亚热带地区，这里山多林密、气候湿热、雨量充沛、生物杂生，为了适应荒山野岭、草深林密以及各种毒蛇猛兽出没的恶劣生活环境，壮、岱族生活的物质空间——民居建筑呈现出独特的风貌。一般的村寨往往依山傍水，选当阳而向，择开阔而建。以"干栏"为主的房屋建筑结构，顺天循理、不违自然，且适应多变的地形，既能避水患又能防虫害，既通风透气又居用相宜。在相对封闭的自然和文化环境下，这种非常适合繁衍生息的居住习俗，较少受到外来文化的侵蚀，其村落布局方式、建筑形制、传统工艺等方面，长期得到了较好的保存。

（一）建村建宅习俗

　　经历了数千年发展的中越壮、岱族群民居建筑，蕴含着非常丰富的民族传统文化，两地的建村建宅习俗与当地的民族信仰、历史传统、经济状况、审美观念、民间禁忌有着非常密切的关系。以前广西的壮族地区有这样一句俗语："汉族占街头，壮族占水头，瑶族占箐头，苗族占山头。"非常形象地体现强势民族占领富庶平原地，弱势民族退居贫瘠高山区的民族民居生态分布特点，也道出了壮族对族群自身生息选址的要求。

　　壮族择地建村的总体原则是靠山沿水，地势较高，村前视野开阔，村边有河流；村子的朝向也很重要，最好是向阳，一般可选背西向东，也有背北向南。壮人认为，东方是太阳升起的地方，象征生活红红火火、蒸蒸日上；向南风和日暖，人畜兴旺。村落择址要求可耕作田地离村不

图 2-108　越南高平重庆县的"干栏"群（陈家友摄）

远，村后有山林或可种植经济作物的山坡，也便于去世老人的安葬。老一辈人建村时，干栏式住宅习惯从山脚开始搭建，后人一栋靠一栋地往山坡上建造，形成梯形干栏群；也有的在村中预留一条通道，两旁干栏住房依次而上，多数村前有木头做的寨门，周边是石头砌的围墙，形成一个封闭式的村落。从别处迁来的外姓人，房子多建在村落边缘，或者散居他处山边。

　　广西靖西旧州镇曾为州治之地，起初是壮族先民居住的村屯，整个村屯坐西北望东南，村背呈群山群岭合抱之

图 2-109　越南高平边境的一个村落（陈家友摄）

势，村前一马平川，一条在阳光照耀下闪烁着点点亮光的河流绕经其间，山水如画，田园似锦，良田沃野尽收眼底。正合了风水中"水随山而行，山界水而止，山水相依相存，聚其气而施耳"。可见壮族

先民建村时对地理风水的重视。这种村落朝向的选择明显是为了背风向阳，冬暖夏凉。西侧是较为平缓的坡地，种植着大片的玉米，坡后是浓密的椿芽树林，而东北侧是山脉蜿蜒而下的地带，怪石嶙峋，树藤交织丛生，此处成了安葬先人的墓地，著名的南宋名将张天宗陵墓就坐落在此。村边有一茂密的松木林，林中建有岑王庙，是民间传说中壮族首领岑王的祭祀庙宇。

越南岱、侬族地区民居村落择址也较受中国汉族风水文化影响，与毗邻的壮族地区大同小异。那浪村是高平省重庆县的一个不大的村庄，离著名的跨国瀑布"板约大瀑布"（中国称"德天大瀑布"）不到一千米，四周是连绵起伏的丘陵，村子同样是"背山面阳"，村后的山头不高，但却是非常茂密的松林带，冬日阻挡了北方的寒风，夏日降低了烈日的暴晒；村前小溪不大，却清澈见底，终日叮咚响声不断，奔流着注进了村前满是浮莲的大水塘，正应了风水学上的"山环水抱""藏风得水"之

图2-110 靖西旧州镇风光（陈家友摄）

说。村前虽无良田千顷，却也有层层梯田，如同一幅立体的水彩画。村中的土地庙就建在隆起的小土坡上，庙旁是一棵枝繁叶茂、浓密成荫的大榕树，供村民农作季节时的祭祀，也为盛夏劳作时歇脚乘凉之地。村前右侧有一排古老的竹林，村上的老人都说那是一支毛笔，是祖上先人很早的时候就栽种的，预言本村世代都会出读书人，果然日后应验，村上不少的后生都在河内、西贡及省会读书，曾出过一个法属时期河内政府的官员，如今在各级政府供职的也不少。

壮、岱族群的村落，由于历史的原因一般为聚族而居，因此，一个村子往往同族同姓，也有些较

图2-111 越南板约大瀑布旁的小村（陈家友摄）

大的村寨是几个姓氏家族同聚而居。他们在建房造宅之时，非常注意风水朝向，"壮族深受汉族风水观念的影响，宅基的地点要由风水先生来确定其是否对应'龙脉'，朝向是否吉利，将关系到新居的建造是否顺利，更关系到一个家庭今后居住生活的安危兴衰。宅基位置和朝向不是固定的，而是由风水先生根据环境和主家人的生辰八字定"[127]。"树大分叉，人大分家"，儿孙长大后总是要分家的，壮族人在建房选址时都会考虑家庭的发展，尽可能给儿孙将来建房留下一定的空间。所以一般村寨中相邻的

家庭多为直系亲属，有的甚至形成了类似长屋的连排"干栏"建筑。在兵荒马乱的年代，生存环境严酷，先民多依赖家庭的集体力量互助合作，进行生产和生活。这种聚居方式，可以彼此关照，提高御外自卫能力，是血缘较近的家族毗邻而居的原因。另外，村民都会考虑在宅址旁留一定空间给日后建造圆形的"水柜"，以蓄积雨水为干旱季节生活和灌溉之用。

越南岱、侬族也非常重视屋宅的选址，民间就流传着这样一句谚语："好日子看祖坟，想平安靠屋地。"因此，在屋宅选址上多数先考虑生产与生活的方便，近水靠田，

图2-112 岱寨的村路（陈家友摄）

最好是屋后有成片树林，除此以外，选址还有许多传统的习俗，"选定了屋地后要确定屋向。房屋朝向根据具体的地形地物确定，并使其隐秘，避山、河、丛林及奇形怪影窥入家门。尖形山峰直窥家门是一种不祥之兆，可能会带来伤亡的灾难。像狐狸形状的丛林窥入家门将有害于家禽的安全，无物可隐的溪流是散财或失财的征兆……"[128]。因此，岱、侬族人住的房子大多比较当阳，即便是周边栽种树木或其他瓜果，也与房子保持一定的距离，使人生活在比较通透的空间。

建房选址定向决定后，开建时还有一套传统仪式。壮、岱族民间都要首先请风水先生或道公择定

图2-113 国界边岱人在建的干栏房子（陈家友摄）

动土吉日，有的地方主家和风水先生将一块土地神的石碑竖于宅基之中，按当地习俗挂好"红"，祭祀完毕众人方可动工。也有的在宅基旁立鲁班牌位，以祀建宅顺利大吉。越南高平省复和县离灵社侬族建房有这样的习俗，"房子开建之前，主人先建一个小帐篷，里面放一桌供品，包括鸡炖、糯米饭、饼、酒与香筒，然后请巫师来施法与镇符，祈祷工作顺利，不被魔鬼作祟。建房子的过程中，该帐篷将留下供祭拜"[129]。建房的季节选择很重要，天气的好坏会影响到工程的进程，因此，建房时间一般选在秋收之后天气晴朗干燥的农闲季节。

各地过去建房还有一些特别的习俗，广西天峨一带壮族建房，请木匠时不能在白天，要走夜路抄小道，还要尽量避开扛锄扛锹的人。一些地方木匠师傅建屋时，有许多传统的习俗，一般按官、劫、本、财、害、病、离、义八字尺规格，以白、黑、碧、绿、黄、青、赤、蓝、紫的九曲尺来定尺寸，沿用传统的规矩进行建房。破土动工之日，各地仪式不一，"天等、上林等县，先由师公念咒，杀一只公鸡，将鸡血洒在屋基上，然后由主家挖第一锄。马山等县在挖好基础后，用红布或红纸包上五块新砖或新料石，由主家朝房屋的坐向跪拜，亲手将砖放到基础中，摆成'全'形。也有用四块新砖摆成'口'字的，意指人丁兴旺。待主家下好奠基砖后，才砌大脚"[130]。

图2-114 广西那坡一带农村的水柜（陈家友摄）

以前，中越壮、岱族大多居住在干栏式的住宅，后来逐渐建了瓦房，不管是干栏还是瓦房，在内部结构上都十分讲究。广西那坡及越南高平保乐一带的民居住宅一般不在后厅开设后门，民间的说法是开了后门易漏气泄财，正厅中脊的高度在建房时非常重要，甚至与住宅的吉凶有很大关系；屋顶两坡泄水面并不是绝对对称的，阳面的前坡一般较高，阴面的后坡则较低，

图2-115 岱人建房正在立柱（陈家友摄）

从聚气的角度来看，比较阳面而言，阴面总是要长些。"大门作为住宅主入口，多坐北朝南，总门是指各卧室的总门，须按照单座房定好三个吉方向，总门需朝向吉方向。房门指各卧室门，卧室作为子孙生育繁衍的地方，务必要遵循朝向南、东南、东三个吉方向，便门宜开在西角。此外，大门到便门各个门不能处于同一直线上，气会因太盛而漏掉，影响主人的运气。"[131]

壮、岱族群都有一个"挂红"的传统仪式习俗，在节庆仪式或民俗活动中以"挂红"作为纳吉的标志。在房屋建造过程中的立柱、上梁、竣工时都会有"挂红"仪式，以示迎祥庆贺。壮族新宅落成准备入住是要选日子的，同汉族一样称之为"进人"，是日要大摆酒宴，招呼前来庆贺的亲朋好友，同时要举行"挂红"仪式。一般是用红布扎住特意准备的甘蔗、稻穗等农作物，摆放在厅堂，表示入住新居人寿年丰，日子过得节节高。越南岱、侬族也有在建房时挂红布祝贺新家的习俗，有的在完工前，有的在落成后。"按照当地习俗，悬挂红布日不一定是建房子完成的日子。在选好日子的下午4时到5时，女家带礼物（包括鸡、饼）与红布到主家做朝觐，然后将红布挂在正梁上。红布上用汉字写祝贺内容，有的什么都不写，像京族人在门上挂镇宅布。主持本朝觐是巫师，女家祝贺红布是约定的习俗。"[132]

壮、岱族人乔迁时往往要请道公选择良日吉时，同时举行传统的仪式。乔迁方式各地不一，岱、侬族一些地方在乔迁新居时，除了把必需的生活用品搬进新屋外，还有一个古老的习俗，"他们在厨房的灶上堆放一堆柴火，然后请4个德高望重、生产熟练和子孙满堂的老人手拿火把从4个屋角走来点燃这堆柴，同时高喊：'牢若石山，坚如磐石'。他们让火在厨房连烧3天，以增加屋里的暖气，实际上是为了尽早去掉建屋材料的湿气。但是，真正的意义是祝愿家里人生产如意"[133]。

中越壮、岱族在建村建宅方面的传统习俗，体现了这些民族悠久的历史文化，是他们在长期与恶劣的自然生存环境抗争积累下来的生活经验，当然也有传统意识形态特别是风水文化对居住习俗的影响。

图2-116　岱人建房正在上梁（高平博物馆）

（二）干栏民宅居俗

"干栏"，是热带亚热带人类初民为生存而建造的建筑物，中国南方及东南亚地区也将其称为"高栏""葛栏""阁栏"等。中国古代史书有不少关于干栏的记载，《博物志》载，僚人"依树积木，以居其上，名曰干栏"[134]。《魏书》载：土人"依树积木以居其上。"[135]后晋刘昫等撰的《旧唐书》载：南民"人并楼居，登梯而上，号为干栏"[136]。《岭外代答》载："拮栅以居，上设茅屋，下豢牛豕"[137]。元朝著名学者马端临的《文献通考》载："僚蛮不辨姓氏……依树积木以居其上，名曰杆栏，杆栏大小，随其家口之数。杆栏即夷人椰盘也，制略如楼门由侧辟，构梯以上为祭所，余则以寝焉。"[138]清徐乾学等撰的《大清一统志》载："獞与瑶异类，居室无问穷富，俱喜架楼，名曰栏。"[139]干栏式建筑历史久远，在中国的不少文化遗址考古中都多有发现，如新石器时代良渚文化等考古遗址，曾发现大量木质的建筑遗料，经专家考证，

图2-117　越南高平保乐县一带的干栏（陈家友摄）

为古代房屋建筑的基础及材料，和古老干栏式建筑的木桩、横梁以及木板，可见干栏式建筑至今已有7000多年的历史。古代百越地区先人多居住在此类建筑，为当时人们的生存环境所决定。"百越族系居住'干栏'型房屋具有久远的历史，这种房屋离地数尺，拾级入户，干爽通风，可避酷暑，避猛兽，下层还可蓄养牲口，放置农具杂物。如此居住方式对于分布在湿热的长江以南地区，过着以稻作为主要经济手段的定居生活的百越来说再适合不过了。"[140]

图2-118 广西大新硕龙镇隘江村民居（陈家友摄）

人类从原始聚落开始，就认识到居住宅所对自身的生存、繁衍非常重要，首先必须是适应自然环境的形态，能遮风挡雨、抵御寒暑、贮存食物、方便生活。因此，人类先民在营建住宅时首要考虑的是如何应对气温、日照、降雨、湿度、气流等自然因素。亚热带常年多雨，气候潮湿，不利于人类的健康，谷米瓜菜等农作物与食物也容易发霉腐烂。干栏式建筑的结构是先民经长期的生活磨炼而逐渐产生的，其屋顶为长脊短檐式，具有高出地面的底架，能较好地适应多雨地区的气候环境，有利于居住者的健康及起居生活，能较好地保存农作物和食物。直到今天，中越壮、岱族地区一带还较盛行干栏式的民居，只是建筑材料变了，造型与结构也有所改变。这种建筑经受了当地数千年来人类繁衍、生息需求的考验，适应了一代又一代人们的生活而流传下来。

相同的生活条件与气候环境，使中越壮、岱族地区的干栏式民居建筑整体结构与使用功能大致相同，但由于数百年来各族群文化不断嬗变，和受相邻民族的影响，其建造风格、功能作用及装饰特点呈现出外形无多大差别、室内各有千秋的村落民居景色。

广西南部壮族的干栏，以广西边境靖西一带的最具代

图2-119 越南保乐县那庆村麻文志家的干栏（陈家友摄）

表性，龙邦乡其龙大屯是靖西市传统干栏住房保存得非常完整的干栏民居村落，村子四面环山，为喀斯特地貌，地形形似牛蹄，因此称"牛蹄山"。村子四周树木繁茂，翠竹成荫，村中干栏房屋依势而建，层叠而上，各家围绕着住宅自成院落，村寨中各宅院有路径相通，这些路径多盘曲环绕，村上有数条宽一点的路径，然后分出众多树枝状分支的小路，呈现出一种叶脉型的结构态势，整个村子错落有致的干栏民居分布在郁郁葱葱的大自然之中。

其龙大屯的干栏式房屋基本上为三层的建筑，在屋前往往另建有晒棚。干栏底层用于关养牲畜、家禽，也堆放一些大型的农具及舂碓、磨坊等加工石具。入户楼梯传统

图2-120 越南广原县安赖村的瓦房干栏（陈家友摄）

上多设在房屋东侧，一般为7、9、11级，民间认为这是吉利的级数。自楼梯拾级而上，便登上有屋檐遮盖的走廊，走廊连接晒农作物、晾衣物及乘凉之用的晒排。房屋的大门设在走廊中间，大多人家在

大门贴有对联。这一带干栏房屋二层后面的一侧开有小门，走下楼梯可到房屋后面的院子。干栏的二层为家人居住生活空间，一般用木板铺就，中间为敞开式的堂室，是家庭活动的主要区域。历史上，壮族多为两代人一起生活的小家庭，家中儿子成家有孩子后，往往要另建房子，分出去独立生活，很少有三、四代同堂一起生活的，所以传统干栏建筑规模都不会很大。受汉族文化的影响，壮族的干栏民居布局也体现了传统的家庭思想观念。房屋内部结构一般是"厅堂在前居室于后"，厅堂主要是以祭祀祖宗神位为中心，以及男性活动为主的场地，居室布局往往体现了以男性为核心地位的观念。以厅堂神台为中轴线，男居视为"尊"的左室，女居视为"卑"的右室，即所谓的"男左女右"。

图2-121 越南谅山同登一带的瓦房建筑（陈家友摄）

干栏房子有单开间与双开间两种，一般单开间的中间开间是大门位置，厅堂中央设祖宗灵位神台以供奉祭祀，逢年过节祈求列祖列宗神灵保佑安宁。神台后空间较大，是家庭活动场所，有客人来一般都在这里接待。卧室设在中厅的两旁，当头一室一般是主人夫妻居住，子女居其他房间，干栏房屋的最后面是储物室和卫生间，上面是三开间的干栏结构。也有两开间的，这种两开间的结构没有中厅堂，祖先神龛置于左侧开间，火塘及进食则在右侧开间，卧房安排在后面。有趣的是，不管哪种结构的干栏房子，中间堂屋的地板都有几块是可以活动的，通过活动的地板，可以直接往下面丢放饲料，喂养底层的禽畜。而在住人的房间内，也有可活动的地板，为夜间方便之用。

壮人喜生火塘，今天不少的地方仍如此。建火塘过去很简单，只是立三块石头或砖头，然后在上面架上锅头就行了，现在普遍改用铁制的三脚架。火塘每天较长时间不熄，白天煮饭、做菜、熬猪食，晚上全家人围坐烤火取暖。以前火塘燃料为木柴，因而室内经常烟火缭绕，让人喘不过气来。现在不少的农户已用上电磁炉、电饭锅之类的现代炊具。

图2-122 越南广渊县卜棱村（张耀军摄）

干栏顶层是阁楼，为贮藏粮食瓜菜的仓库，空余之处也可堆放闲置物品。有些人家人口较多，也有将祖宗神台置于阁楼之上，腾出中层的空间住人。

干栏式建筑的建造有许多传统的习俗，因房子大多是悬空而建，因此不必对地面做太多的处理工作，只要放火烧荒稍做平整后即可建房。广西那坡县大多山高林密，到处生长着杉木、松树、桦木、椿树以及毛竹等建筑用材，过去本地的干栏"以椿树、杉木等为主要修建材料，柱、梁和屋架结构用粗木，围墙用木板或竹片编织，门、窗也用木、竹制作。黑衣壮地区有丰富的石材，人们因地制宜，依山取石，凿制高大的石礅，作为干栏木柱下的石础，以防止潮湿地面或虫蚁对木柱的侵蚀，达到保护立柱乃至整座建筑、延长其寿命的目的"[141]。干栏房屋的两侧山面及背面一般封泥墙，泥墙先用木条或竹片钉好框架，然后糊上用龙须草或稻草捣烂拌和的泥巴，这种泥巴很有黏性，且隔热较好，在炎热的夏季，室内也比较凉快。泥墙上开若干个用来采光、通风与排烟的窗口，有钱人家也有用砖石从地面砌封起来的，这样的房子更为牢固。房屋各部件的连接用榫卯和竹篾绑扎，屋顶为悬山式，上面盖的是茅草、杉树皮或瓦片，现在，也有不少的农户用上了石棉瓦，并在屋顶上安放明瓦，作为堂室及卧房采光之用。

干栏也是越南岱、侬族的传统民居，直到今天仍在该地区广大的农村，特别是山区普遍存在。高平省保留着传统干栏建筑的村子不计其数，广渊县安赖社卜棱村就是其中颇具民族特色的村落之一。

卜棱村位于广渊县北部的龙脊山下，这是一个坐落在山坳里的村子，住了数十户岱族人家，一条弯曲绵延的小河绕在村前流过，一片片茅草铺盖的房顶，一堆堆蘑菇状的草垛，撒布在茂密的竹林与芭蕉林之中。一簇簇熟透的荔枝和袅袅上升的炊烟给村子平添了几分生气。

卜棱村的干栏式房子，在外貌上与毗邻的广西靖西差不多，同越南南方其他民族的干栏建筑比较，有明显的差别，"因宽度面积大所以屋顶不太斜坡，房子有三到五间，

图 2-123 卜棱村的"干栏"（张耀军摄）

按宽度分割。侧面有多种桁架，普遍的是七排柱的桁架，这是越南东北区的岱族、侬族的传统结构"[142]。

卜棱村的干栏式房子同样是三层结构，底层是用于放置犁、耙等劳动工具，以及石磨、石碓等粮食加工工具。大部分村民已把猪、牛、鸡鸭等牲口禽畜，搬到附近另盖的茅舍，所以现在的干栏住宅比以前清洁干净得多。屋前仍然是加建的晒台，一般有10多平方米，而楼梯往往是搭在晒台上，也就是说必须先登上晒台才能进屋。房子多数有前后两个门，这与广西南部壮族的不太一样，前门是在晒台上进入二层的中间位置，后门也是在房子的后面，有搭梯而下的，也有顺着屋后高起的地势直接出去的。

图 2-124 卜棱村侬族村民隆云元家的神龛（张耀军摄）

与广西靖西的干栏房子比较，这里干栏房子的山墙大多是土坯的，前后墙壁有用土坯的，也有使用竹笆或木板的。中层是人居住与活动的主要区域，与壮族家庭不同的是，这里往往把供奉祖先的神龛置于进门后的左侧，有敞开式的，也有用木板隔开，成为装有门布的供室。安放神龛之处是家里最尊贵的地方，一家之主才能主持祭祀仪式，只有男孩才能靠近神龛，一般女性不能随便进入供案的房间，更不准在这里挂白蚊帐睡觉。除了祭祀祖先，侬族人还供奉五谷神位、佛道神位，以及观音菩萨、上清元帅等的神位，卜棱村侬族村民隆云元家的神龛置于三层之上，"神龛上书写汉字的泛黄红纸脱落了许多，但仍依稀可辨：'守龛千★神将——门★盘盅五谷父母天神之神位座 / 本舍香火诸位佛道群真之神位 / 南无大慈大悲灵感观世音菩萨 / 上清正一五坛五院元帅之神座 / 隆家上先三代祖逊先灵等众——守龛万★★兵'（★ 为已模糊的字迹），下面为'隆门历代宗亲之神位'。神龛楹联上联为'構堂構耕三星点'，

图 2-125 火塘是干栏的生命之源（张耀军摄）

下联为'美奂美轮日月昭'。将祖宗神位、父母神位、五谷神位、佛道神位、观音菩萨、上清元帅都置于一龛供奉……龛台下设神案，放置香炉、酒、茶、香、纸钱等祭品。现在大多数岱、侬族人都不懂

汉字了，但是他们认为汉字是老祖宗使用的文字，对着这些神秘的方块字顶礼膜拜就是对祖先的崇拜与孝敬。"[143]

卜棱村的干栏式房子一般都有两个火塘，即主火塘与副火塘。主火塘一般在堂室的中间，火塘常是长方形的木框子，用耐火材料铺放底端，中间摆放3块石头或三脚架锅。火塘的作用除了煮饭和取暖，也是接待客人的地方，不管用餐与否，人们都会围坐火塘旁边，促膝交谈，体现了侬人的和睦与温馨。副火塘则在入门的左侧后面，一般是用来煮猪食或其他禽畜饲料。卜棱村家庭的睡房安排比较传统，同其他岱、侬

图2-126 卜棱村干栏的结构（张耀军摄）

族住房一样，"在前间山墙的右边、平列于供案是主人的睡床，在主人的睡床下面是女主人的房间，继而是各子女的房间。而在山墙左边是儿媳妇的睡房，大儿媳妇的睡房接近前间，接着是各小儿媳妇的睡房。如果是新娘的睡房，在门房上插上香筒。门房前是妇女生活的地方，如缥丝、拉毛、纺织、刺绣与待客。最后接近后间的房间是放稻囤、柜橱等"[144]。

三层的阁楼仍然是用来储放稻谷及玉米、芋头、番茄等杂粮，也堆放闲置的小型农具、生活用具以及弓弩、火枪等狩猎武器。为了合理利用空间，侬族也有将神龛置于三层的阁楼之上，为家庭成员的生活腾出更多的地方，同时意寓祖宗神灵高高在上，庇荫子孙平安吉祥、幸福绵长。

中越壮、岱族地区的干栏式民居非常原生态，造型传统简朴，装饰比较素雅。在当地村民的传统意识观念中，大门是家室住宅的重要部位，民间认为它既是家人进出之处，也具有御邪挡鬼、迎祥纳吉的意义与作用。作为通风采光的窗户，也被人们认为能接纳大自然灵气，使整个房屋明亮通透。门窗是家居住房的对外形象，它

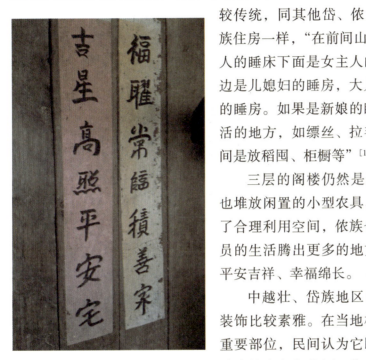

图2-127 岱人家门的汉字对联（陈家友摄）

的美丑给人的感觉是十分重要的，因此，人们对门窗的装饰往往比较重视。这里也像中国汉族地区一样，大门上贴门联，贴门神，富裕的人家，则在门檐、窗户上装饰太极、铜钱等物，以及蝙蝠、荷花等具有传统文化特征的图案。而挑手、柱脚、栏杆等部位也会进行简单的装饰，其他地方多取木材的原色。干栏式民居屋顶上盖的茅草、杉树皮或瓦片，屋身抹的泥墙，搭门楼所用的木材与竹材，都同所处自然环境的色彩十分协调，处处显示了"天地人合一"的和谐理念。

图2-128 侬人干栏的卧室（陈家友摄）

（三）村落公共建筑习俗

图2-129 广西靖西旧州大戏台（陈家友摄）

由于历史的原因，中越壮、岱族各地大多都是以宗族关系聚居的村落，在长期的生产与生活中，建了不少族群或村寨的公共建筑，如寨门、凉亭、庙宇、桥梁等。这些公共建筑有的是根据生产、生活的需要而建造，有的则是为了宗族祭祀或宗教活动而修建。许多历史悠久、具有地方文化特色的村落建筑，成为当地重要的地域标记或地方景点。中越边境多为山区，恶劣的自然环境及长期落后的农村经济，使这一地域的村落大多规模较小，往往为近亲的十余户人家聚居，因而村落中没有类似中国侗族的鼓楼、戏台等村居活动聚集中心。在平原地区或城镇近郊的大村落，有些富庶的地方也修建宗族祭祀及集体议事的祠堂，一些大一点的老村落也建有唱戏的戏台。

1. 寨门与围墙

村寨的寨门、围墙是具有防御功能的公共建筑。过去，中越壮、岱族地区大多数村落为了防匪防盗，以及防止野兽入村进寨伤害人畜，一般都在村口建有寨门，在村的周边建有用石头砌成或干打垒筑成的围墙，也有的在周边种植叶子上带刺的"勒芦"或荆棘，形成天然的屏障。寨门一般建在外来入村的主要路口，作为村落的地域分界标志，因而

图2-130 广西那坡吞力屯寨门（陈家友摄）

也成为过去抵御外侵的关口。在村民的传统意识中，寨门具有阻挡妖魔鬼怪，护村护寨的神性作用，同时，寨门也是村寨对外形象的一个重要体现。村民认为寨门关系到全村百姓的安康与兴衰，因此，寨门的选址和朝向选择极为重要。以前村里建寨门，往往要请风水地理先生测定，动工时间要选良辰吉日并举行隆重仪式。各地的寨门形式多种多样，有的大型壮观，有的较简单，一般为石头砌成的拱门式寨门，两旁或建有带枪眼的门楼，耸立于村口，以保护村寨的安宁。也有木建筑式的寨门，其造型多为凉亭式，有遮阳挡雨的屋檐，供村民歇脚乘凉。"从现存的寨门看，壮族的寨门较为简朴，多以石料构成简单的门框，门楣凿出屋檐的意向，屋脊正中雕刻宝瓶或葫芦。"[145]寨门是村民进出的地方，前人往往在此植有高大的榕树、龙眼树，以供村民歇息。不少寨门靠近溪水之处，建有水力加工坊，设水碓、水碾等设施，供村民加工粮油，因此，寨门附近往往比较热闹，成为村民闲时聚集纳凉之处。

过去寨门都建有高大牢固的木门，以抵御外来侵犯，如今社会安定，治安良好，抵御外侵的大门失去了存在的

图2-131 广西昭平一村寨寨门（陈家友摄）

必要，原有的大门或年久自毁，或被村民拆除，进村入寨的入寨路口多数已通畅无阻。寨门的遗址也只是作为村寨标志，以地域界定的作用取代了抵御外侵的作用。

2. 土地庙

土地神，又称"福德正神"，民间称"土地公"。土地神原为汉族古时的民间宗教信仰。古时，土地长出养育着天下百姓的五谷，为人们提供生存的环境，因此，人们感恩土地，崇拜与祭祀一方土地的土地神。受汉文化的影响，中越壮、岱族也供奉土地神，土地神在民间被认为是掌管当地的神灵，地方的人畜瘟疫及水旱虫灾都归其管辖，所以几乎每个村落都有土地庙，有的甚至有数个之多，各管各的地界。逢

图 2-132　广西桂平白石村的三合土围墙
（陈家友摄）

年过节或家中遇危难，村民必到土地庙祭祀，祈求吉祥平安。每年开春之时，都要在土地庙举行"春祈"，祈求土地神保佑村子老少平安、生产丰收、六畜兴旺。秋收之后，还要在土地庙举行"还愿"，酬谢土地神对百姓的恩赐与佑护。由于土地神在民间信仰的神祇中神格不高，因此乡下的土地庙一般比较小型、简陋。"广西壮族传统聚落中的土地庙多型制简单，仅为木构或砖砌的坡屋顶单间小棚，低矮狭小，只能在庙外围举行祭拜。土地庙多位于村口大树下或风水林中，有镇邪，护卫村寨的意味。"[146]有的地方只是在路旁竖起两块砖头，上面再盖一块为顶，就成了简单的土地庙，人们在地上插上焚香，就地而祭。

图 2-133　越南北浒纳伐路旁的土地庙（陈家友摄）

大的土地庙都塑有或刻有土地爷神像，小的土地庙则没有，一般都在墙正中用红纸书写"土地公之位"字样。有的地方土地庙历史久远，香火鼎盛，逐渐发展成为较大规模的庙宇，雕塑金身供四方乡民朝拜。土地崇拜又往往与树木崇拜联系在一起，大多土地庙旁都植有苍翠的大树，因此，除了祭祀，一些大村落的土地庙也成为村民纳凉、议事的地方。

在越南岱、侬族地区，土地神崇拜及土地庙的修建同广西壮族乡下的差不多，"在人们的观念中，土地神就像村寨中最受人尊敬的长者，村寨中遇有大小事情，皆可听取土地神的建议，服从其裁决。许多地区每至除夕，照例要设宴席祭祀土地神，以示对土地神的尊崇。越南地区

图 2-134　广西龙州金龙镇土地庙（陈家友摄）

岱、侬族的土地庙往往建于一棵古树下，或建于村头树木茂密之处。每年春初，或逢村寨造房、种田等重要事务，人们都携带供品到庙中祭祀，以求土地神保佑"[147]。村里或家中有大事，如建祠堂、建新家、春耕播种等，都要带供品到土地庙祈祷神灵保佑。岱、侬族除了村中有土地庙以外，一些家庭还在家中设置土地神香盘，这种香盘较简单，只有几个香盆和酒杯。土地神香盘多放在房子旁或屋后，村民逢年过节或家中遇有事情，随时准备一些供品祭祀土地神。

图 2-135 越南高平河安县土地庙（张耀军摄）

3. 桥梁

中越壮、岱族地区江河纵横，溪流遍野，作为道路交通的重要建

筑，各种各样的桥梁遍布乡间。这些桥梁多为梁桥、拱桥，也偶有索桥、浮桥。以前由于经济落后，多用石头、竹子、木头等材料修建桥梁，新砍下来的松树木质中饱含油脂，不惧水泡，人称"水浸万年松"，因此经常被人们用来做桥墩，然后架梁并在上面平铺桥面。富裕一些的村落会修建以石材为主要材料的拱桥，一些较宽的河面上，也经常可见多跨的石砌桥梁。广西靖西市有一座鹅泉古

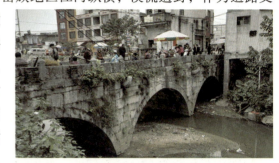

图 2-136 壮岱地区众多的乡间石拱桥（陈家友摄）

桥，位于城南 6 千米，为当地八景之一，鹅泉古桥建于清朝年间，桥约 60 米长，1.5 米宽，由 15 个石灰石砌成的石拱组成，此处山、水、桥融为一体，景色秀丽。中越壮、岱族地区还有许多造型、结构独特的桥梁，廊桥就是其中一种，为了保护石墩上的桥身，同时让往来的村民有个地方歇脚，人们在桥上建起一间桥屋，这就是廊桥。在水深面宽的河道，也偶有用木筏或竹筏连横于水上的浮桥。在水流湍急的陡岸险谷，也有架建用竹索或藤索、铁索等牵拉的索桥，这种索桥也称吊桥或悬索桥，是在两岸以若干根粗绳绞紧，将木板横铺于绳索之上，两侧有两根绳索，一来为牵固吊桥，二

图 2-137 广西靖西的鹅泉古桥（陈家友摄）

来作为行人扶栏，虽说行人走在索桥上面摇摇晃晃，但还是安全的。中国明代地理学家徐霞客亲自走过索桥后，感叹道："望之飘然，践之则屹然不动。"[148]

桥梁是重要的交通建筑，中越壮、岱族地区民间在建桥时都要举行一定的仪式，特别是大一些的桥梁，开建前要先请风水先生用罗经定好桥址，并选好动工日子。过去开工时要焚香烧金祭祀河神，桥梁落成还要举行隆重的竣桥仪式，周边百姓敲锣打鼓庆贺，请当地有名望的官吏、乡绅、长者等出席，烧香祭祀桥神河神，祈求保佑四方乡民通行平安。

图 2-138 广西大新壮寨的入寨索桥（陈家友摄）

4. 凉亭

凉亭，是一种以木、竹、石、砖等为材料，由柱子支承屋顶的单个建筑体，其造型轻巧，风格各异，主要作用是供行人休息，因此多建在路旁。凉亭很早就在中国古籍中有所记载，唐朝杜牧《醉倒》诗云："日晴空乐下仙云，俱在凉亭送使君。"[149]明朝陆采的《明珠记·由房》中载："炎威，炙损娇姿，怎如和我凉亭共戏，醉荷风碧簟相依。"[150]中越壮、岱族地区地处亚热带，日照强烈、常年气候炎热，特别是山区，坡高路陡，生活在这里的乡民，不管是挑秧担谷，还是上山打柴，肩挑背扛十分辛苦。因此，乡下多有在旷野的交叉路口或山间小径旁修建的凉亭，以供乡民歇脚。凉亭有木亭、竹亭、石亭，亭顶平面多为圆形，也有正方形或六角形。其构造由4至8根立柱榫卯接穿横木搭成亭架，上面用瓦或茅草铺盖为双斜坡亭顶。凉亭四面开敞，有两个入口，四周用木板或石板搭成坐凳，中间多摆放一石桌，供村民歇脚时对弈。凉亭过去大多是村寨中长老议事时决定修建的，也有不少地方将修建凉亭视为热心公益、积德行善之举，村中富户为了造福乡邻，往往出资建造凉亭并刻碑昭示。也有不少村民为家中老人消灾祛病，祈福长寿而修建凉亭，造福乡邻。

图 2-139　广西金龙镇壮寨的凉亭（陈家友摄）

凉亭过去是村中为数不多的公众建筑，在选址、奠基和落成之时，都有一系列的习俗仪式。在凉亭正中的横梁上常题写修建的年月、捐资捐物者姓名，以及凉亭的建造者。一些热心公益、乐善好施的人，往往还在凉亭的柱子上挂上草鞋供行人更换，或将用葵树叶子做成的扇子挂于亭柱上，供暑天行人纳凉时使用，因此，凉亭体现了乡间积德行善的良好风气。

图 2-140　越南北江公路边的凉亭（陈家友摄）

5. 祠堂

祠堂原是中国汉族人祭祀祖先或先贤的场所，建祠的习俗由来已久，是汉族的传统文化。但在唐宋之前，汉族祭拜祖先的地方只是"家祠"而非"宗祠"。"明嘉靖十五年（1536）礼部尚书夏言上《令臣民得祭始祖立家庙疏》，曰：'臣民不得祭其始祖、先祖，而庙制亦未有定制，天下之为孝子贤孙者，尚有未尽之情，……乞诏天下臣民冬至日得祭始祖。……乞诏天下臣工立家庙'。夏疏突破了朱熹在《家礼》中制定的祠堂规制，作了民间祭祖礼制改革，才有了'联宗立庙'的习俗。"[151]宗族祠堂是汉族聚落的一个重要的社会历史文化现象，在千百年的宗族社会生活中，祠堂在凝聚族群力量，维护宗族利益方面发挥着重要的作用。族人逢年过节都要在祠堂祭拜祖先，如宗亲商议宗族事务，执行族规家法，为本族子弟开设学堂，都在祠堂进行。族内子孙的婚、丧、寿、喜等仪

图 2-141　广西桂南乡下的家祠（陈家友摄）

式，也要在祠堂举行，祠堂作为家族的社交与执法场所，是家族荣耀的象征，具有特定的威严性，因此，祠堂的规模都比一般民宅大，建筑材料也比较上等，装饰往往比较讲究，大门的伟岸、堂号的显赫、楹联的讲究、厅堂的肃穆、雕饰的精致，成为宗族在一方土地上的形象体现。

　　受汉族文化影响，一些经济较富裕的地区，聚族而居的壮族也常建有家族的祠堂。祠堂一般位于村落的中心，前面大多有水塘，两旁民居的高度必须比祠堂低，以体现宗祠在族中的地位。正月初一的"年祭"是族人在宗祠集体祭祖的重要仪式，有的地方有春祭与秋祭的习俗，民国《那马县志草略》载："凡有祠堂，当春分秋分节，必召集合族，齐到祠堂，备猪羊以祭，谓之春、秋二祭。"[152]宗族通过集体祭祀活动，维系宗族成员的认同情感，增强宗族的团结和凝聚力。但在广大乡村特别是山区，由于大多是数户聚居，人烟稀少，日出而作，日落而息，与外界联系较少，且经济落后，因而村中很少建有祠堂。

图 2-142　广西昭平吴氏宗祠（陈家友摄）

　　广西马山县永州镇岜是屯农氏宗堂，是当地一个规模较大的祠堂，前为开阔的空地，稍远处有一个池塘。祠堂为三层式建筑，侧面设上下的楼梯，大门的堂匾上书写"农氏宗堂"四个行书大字，两旁在棕黑色的木板上刻有一副对联，右楹联为"祖德流芳思木本"，左楹联为"宗功浩大想水源"。传统的宗祠由三进大厅及天井、院落、厢房构成，入口第一进为门厅，中间有可打开的中门，族人平时进出都走两旁通道，只有在年节祭祀时才打开中门。中进为正厅，是宗族长老们的议事之地和族人祭祖之处。后进为上厅，是奉祀祖先神位的地方。祭祀厅上安放着列祖列宗神位的神龛，两侧柱子分别书写"水源木本承先泽，春露秋霜展孝思"之类的楹联。在地势上，一般宗祠从大门开始，逐渐升高，直至最后的后进建筑，形成了不同空间的等级，给人一种逐渐上升之感，增加宗祠的气势与威仪。

图 2-143　广西桂南一个乡村宗祠（陈家友摄）

　　越南岱、侬族聚居的大村子，有的也建有本族的祠堂，但往往规模较小，这也与地方经济发展滞后有一定的关系。"在越南，以血缘为纽带形成的宗族组织还依然存在并继续发展，血缘宗法制度在社会，尤其是在农村的发展过程中还起着重要的作用，宗族祭祀活动为有血缘关系，但是关系较远或已经不相识的家庭提供一个认识、联系、认祖归宗的平台。这就推动了家庭之间的和睦相处，并在某种程度维护了社会的稳定。"[153]岱、侬族祠堂的位置由于经济所限，在选址、规模及布局上并不讲究。凉山诺林村位于凉山至同登公路途中一侧，当地多为丘陵地带，村上现存的祠堂建于20世纪60年代，其屋架结构与当时一般民宅无异，只是规模上略大些。因靠近省

图 2-144　越南谅山祭祀先人的家仙厅堂（陈家友摄）

会城市，村民家庭经济状况较好，村里多为干打垒或砖砌的瓦房，近年来也有不少的村民盖上了两三层的法式小楼，因而村里原有的祠堂就不怎么显眼了。村民们大多在自己家中的房屋里面留一间为祭祀先人的"家仙厅堂"，这是一种祠宅合一的模式，村民的房子常由多组横屋组成，"家仙厅堂"多布置在前排中轴线正中的房间内，并且在空间上往往要大许多。

第五节　治病保健习俗

中越壮、岱族地区气候炎热多雨，植物茂盛，微生物繁殖迅速，气候湿热，常有瘴疠疟疾发生，严重危及民众的健康和生命安全。中国一些古籍多有该地区疾病流行情况的记载，《后汉书·马援传》载："出征交趾，土多瘴气。军吏经瘴疫死者十四五。"[154]《后汉书·南蛮传》曰："南州水土湿暑，加有瘴气。"[155]《隋书·地理志》云："自岭以南二十余郡，大率土地下湿，皆多瘴疠，人尤夭折。"[156]从古籍上的记载可以看到，在当时包括今越南在内的中国南方地区，瘴气成为威胁人们身体健康及生命安全的主要原因，因此，也形成了当地先民对人体发病机理的认识。

人们在长期的社会生活中，不断同疾病进行抗争，积累了预防与治疗疾病的有效方法，也发现了非常有效的治病药物。在壮、岱族地区，人们认为致病的原因主要是一种"毒气"的侵害，要治疗这种疾病，必须首先进行"正气"与"排毒"，并以此为病理基础，展开各种具有地方特色的疾病治疗方法，从而形成了民族疾病治疗体系。这种治病体系主要以草药为主，通过内服、外洗、熏蒸、敷贴、佩药等方式，以及骨刮、角疗、灸法、挑针等手段进行疾病治理。

图 2-145　靖西街头的草药摊子（陈家友摄）

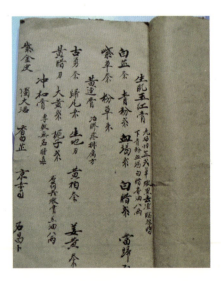

图 2-146　壮医药方手抄本（靖西博物馆）

壮医在壮语称为"依托"，"依"与"托"分别为"医药"与"本地"，直译为"土医土药"。中越壮、岱族地区都流传有"神农尝百草"的传说，普遍存在"药王"或"药师"的民间崇拜。由于特定的地理环境及气候条件，药材资源在壮、岱族地区十分丰富，光是壮医中常用的特色药材就有一千多种。在广西贵县罗泊湾汉墓出土的文物中，就有铁冬青、金银花等壮医常用药。而在中国唐代药典《新修本草》里，茯苓、钓樟根皮、蚺蛇胆、黑石脂、白花藤蛇黄、狼跋子等壮药也收录其中。在唐宋时期汇编的医方书籍中，收录了岭南不少这方面的药方，"陈家白药""甘家白药"等南方民间解毒药，也被唐代医籍《本草拾遗》收载，在一些医书中，"岭南方"出现在收录的处方分类中。明清时期，壮医壮药发展较快，李时珍《本草纲目》及民间医药医方在不少地方志都有所记载。壮医的发展促进了各地药市的形成，当时广西隆林、贵县、沂城、靖西等地，均有规模较大的药市，而边陲的凭祥、龙州、大新、镇安（今那坡）及越南高平、谅山沿边的集市上，都有大大小小的草药行。宋代文学家宋祁就写过"五药会广廛，游肩闹相驾。灵品罗贾区，仙方冒闉舍"[157]的诗句，描写了当时南方地区端午期间药市开行的盛况。

壮、岱族地区民间的医疗方法多种多样，特别是"针疗"更具特色。20世纪80年代，在广西南宁市武鸣区的马头乡，曾经挖掘了一座战国时期的古墓，其中挖掘出了两枚青铜浅刺针，经专家考证，青铜浅刺针是当地先民使用的治病针刺，可见战国时代针刺疗法已在当地流行使用。专家对现存的壮医陶针研究考证，其针形与九针之道——镵针极为相似，中国现存医书中最早的典籍《黄帝内经》载，

图2-147 广西德保乡下诊所（陈家友摄）

"故九针者，亦从南方来"，明确了针刺疗法及九针的发源地为古代瓯骆地区，而陶针至今仍在民间的壮医行医中使用。"两千多年来，壮族先民不仅具有较高的制针技术，而且从总体上看，其针刺疗法乃至医药整体水平在当时处于先进行列。壮医壮药在痧、瘴、蛊、毒、风、湿等病症的防治，以及使用毒药和解毒药、内病外治等方面，曾经达到了较高的医学水平，并初步形成了自己的理论体系。"[158]

中越壮、岱族历史上没有自己的文字，许多民间使用药物及秘方、验方，都是通过父子、师徒口耳授受的方式来传承。各地流传的一些蕴含着医诊治则与用药知识的民歌，对药方的传承也起到一定的作用。例如，在广西大新歌圩中，就有这样关于民间防治疾病的对唱。

图2-148 壮、岱族民间使用的拔火罐疗法（陈家友摄）

甲唱：
　　要想唱歌就来早，
　　抛个难题让你找，
　　昨日碰上好老同，
　　日咳夜咳如何好？
乙对唱：
　　喊声哥兄你莫急，
　　送条偏方给你知，
　　田园山边鱼腥草，
　　肺热痰稠咳嗽好。

甲又唱：

> 隔壁王嫂五十九，
> 一世辛苦又勤劳，
> 不知中了什么邪，
> 上吐下拉不得好。

乙对唱：

> 定是吃喝没留神，
> 隔夜饭菜装落肚，
> 煲食仙鹤凤尾草，
> 腹泻菌痢能治疗。

　　山歌唱出了民间不少防病治病的道理，成为健康知识传播的渠道。各地也有不少有关常见病的谚语，如"罗勒、佛手、九里香，治疗腹痛和肚胀，小茴香和水田七，胃痛服了真有益。花椒和干姜，胃寒是良方。茉莉花根和香附，跌打扭伤痛即除。……藤木通心定祛风，对枝对叶可除红，枝叶有刺能消肿，叶里藏浆拔毒功，辛香定痛驱湿寒，甘味滋补虚弱用，圆梗白花寒性药，热药梗方花色红，根黄清热退黄用，节大跌打驳骨雄，苦能解毒兼清热，咸寒降下把坚攻，味淡多为利水药，酸涩收敛涤污脓……"[159]等，在壮岱族群民间医疗相关的口述文化中，还有体现不畏艰难、救死扶伤精神的传说，如"神医三界公""爷奇斗瘟神""墨蛇与银蛇"等，是人民大众对民间医圣的崇拜及以用智慧战胜疾病的颂扬。

图2-149 民间制药工具（太原博物馆）

　　中越壮、岱族传统药物医方的保存与流传是多渠道的，各种关于医疗、药物内容的文字、词汇与俗语，也出现在各地磨、巫、道、师教的经书中，当地一些医药知识也是通过这些民间神职人

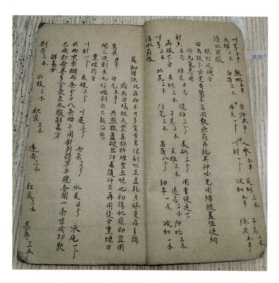

图2-150 越南过去民间的汉字药方（太原博物馆）

员传承下来的。"壮族民间的巫师、道公中的部分人掌握一定的医药知识。他们一方面为病人求神送鬼，一方面则给病人服用草药。"[160]在患病之后，一边祈祷神灵祛邪，一边服用药物治病。在壮族的麽经中，就有不少诵辞涉及疾病灾患的病理及消灾除疾的知识。"实际上，巫医不分、巫医结合是医学在早期人类社会的主要存在方式，同样也是壮族传统医学的一种生存形态。"[161]在中越壮、岱族地区，药膳是很有特色的治疗保健种类。药膳以药物、食物和调料为原料，根据地方医家精心泡制而成。药膳既能防病治病、延年益寿，又能增加食欲，饱人口福。民间的药膳往往是针对患者的症状、病因、体质，结合环境、季节、气候，合理运用传统的药膳进行食疗。药膳的许多原料都是来自当地的动植物，如鸡、蛇、猫、鳖、鼠、猴、

蝙蝠、蜈蚣、蚯蚓、蚂蚁等。越南谅山与广西大新一带有一道药膳叫"烩蚕蛹"，是一道适宜高血压病、高脂血症、脂肪肝、糖尿病、肺结核、慢性胃炎、胃下垂患者，以及小儿疳瘦，中老年人腰膝酸软等身体瘦弱者食用的药膳。老鼠是一种分布很广、数量非常多的啮齿目动物，老鼠损坏家具，糟蹋粮食，甚至传染疾病，因此引起人类的讨厌。但老鼠在中越边境地区被认为是一种有较高药用价值的动物，当地就有一道药膳叫"清补凉炖老鼠"：新鲜老鼠肉100克，土茯苓100克，牛大力100克，陈皮5克，蜜枣2枚，猪脊骨500克，食盐适量，放进锅中文火慢慢炖，两个时辰后将锅盖揭开，顿时奇香无比。壮、岱乡间医生经常用此药膳治疗淋巴结肿大，急、慢性肝炎，肝脾肿大，胃痛等症，此方对咳嗽，哮喘也有较显著功效。烹调方法对药膳功效的发挥有重要的作用，常见的是煲汤，其他的还有蒸、煮、炖、炒等烹调方法。加入适量的调料，保持药膳的原汁原味，这样才能充分发挥药膳的作用。药膳也经常用瓜果为原料，用山楂做成山楂糕，用菠萝制作菠萝盅，用苦瓜榨成苦瓜汁，

图2-151 越南高平的一个乡下诊所（陈家友摄）

都是各地流行的瓜果药膳。此外，饭中药膳也很多，如五色糯米饭、竹筒饭、八宝饭以及黄鳝粥、薏米粥、茯苓粥等，都是具有一定保健治病作用的食疗食品。

[1] 彭茹. 越南高平侬语和广西靖西壮语的初步比较 [J]. 河池学院学报，2014（8）：45.

[2][3][7][9] 吴小奕. 跨境壮语研究 [D]. 武汉：华中科技大学，2005.

[4] 梁敏，张均如；欧阳觉亚，等. 壮语方言研究 [M]. 成都：四川民族出版社，1999：49.

[5] 李方桂. 李方桂全集：比较台语手册 [M]. 北京：清华大学出版社，2011：89.

[6] 李锦芳. 壮语与越南侬语语法比较初识 [J]. 贵州民族研究，1993（4）：93.

[8] 蒲春春. 壮、岱侬语熟语比较研究 [D]. 南宁：广西民族大学，2008.

[10] 蒲春春. 跨境壮、岱—侬族熟语文化透视 [J] 百色学院学报，2011（2）：90.

[11] 温玉珍. 《岭外代答》与南宋广西民俗 [D]. 南宁：广西民族大学，2012.

[12] 左丘明. 国语·战国策 [M]. 长沙：岳麓书社，2006：45.

[13] 刘昫. 旧唐书（全16册）[M]. 北京：中华书局，2016：64.

[14] 余蔚. 宋史 [M]. 上海：上海人民出版社，2015：49.

[15] 王锡祺. 小方壶斋舆地丛钞 [M]. 上海：着易堂，（1891）清光绪十七年：45.

[16][60][65][70][75][80] 刘恂，岭表录异 [M]. 鲁迅，校勘. 广州：广东人民出版社，1983：9-15.

[17] 梁汉昌. 素雅与妍丽的交织——赏壮族传统服饰 [J]. 文化月刊，2015（8）：80-87.

[18][19] 海力波. "做"黑衣壮，认同历史与文化表征 [D]. 北京：中央民族大学，2006.

[20] 熊晓庆，李永峰．神秘的树韵——广西民间森民崇拜探秘之黑衣壮 [J]．广西林业，2014（5）：21-24.

[21][22][23][24][25] 卢越胜．中越边境地区岱—壮—侬族历史社会文化比较研究 [D]．上海：华东师范大学，2014.

[26] 黄新宇．壮傣族群文化的形态与特征及传播思考 [J]．广西社会科学，2013（3）：175-178.

[27][34] 闭翠珍．一族两国背景下民族文化发展研究 [D]．贵阳：贵州民族大学，2012.

[28] 陈丽琴．论壮族服饰与生态环境社会 [J]．科学家，2010（3）：25.

[29][30] 李富强．壮族传统服饰与人生礼仪 [J]．南宁：广西民族研究，1997（3）：67-76.

[31] 何良俊．何谓侬人？——同根兄弟，认同有别 [D]．南宁：广西民族大学，2009.

[32] 中华民国广西省政府民政厅．广西各县概况 [M]．南宁：大成印书馆，1933.

[33] 黄润柏．壮族发型和头饰演变 [J]．广西民族研究，1995（4）：103-107，111.

[35][36][52][99][103][106][114][129][132][142][144] 卢越胜．中越边境地区岱、壮、侬族历史社会文化比较研究 [D]．上海：华东师范大学，2014.

[37] 刘滴川．山海经校诠（寰宇全图版）[M]．成都：四川人民出版社，2003.

[38] 乐史．太平寰宇记 [M]．王文楚，点校．北京：中华书局，2008.

[39] 田汝成．炎徼纪闻 [M]．北京：文物出版社，1982.

[40][134] 张华．博物志 [M]．重庆：重庆出版社，2007.

[41][68][89][126] 周去非．岭外代答 [M]．北京：中华书局，1985：69.

[42] 王瑛曾．重修凤山县志 [M]．刻本．[出版地不详]：[出版者不详]，1764（清乾隆二十九年）.

[43] 罗曰褧．咸宾录 [M]．刻本．北京：北京图书馆，1591（明万历十九年）.

[44] 傅道道．庄子逍遥游思想探究 [D]．沈阳：辽宁大学，2015.

[45] 王守谦．略谈《战国策》[J]．松辽学刊（社会科学版）1991（4）：12.

[46] 周振鹤．汉书地理志汇释 [M] 合肥：安徽教育出版社，2006.

[47] 杨文榜．柳宗元及其诗歌研究 [D]．南京：南京师范大学，2007.

[48][91][94][100][109] 邝露．赤雅 [M]．上海：商务印书馆，1936.

[49][50] 林琳．论古代百越及其后裔民族的文身艺术 [J]．广西民族研究，2005（4）：141-149.

[51][53][96] 杨孚．异物志 [M]．曾钊，辑．北京：中华书局，1985.

[54][72][92] 汪森．粤西丛载 [M]．黄振中，吴中任，梁超然，校注．南宁：广西民族出版社，2007.

[55] 赵乃蓉，秦红增，黄世杰．从藏粮于山到养生食品 [J]．科学与社会，2013（4）：87.

[56] 孙树侠，高海波．本草纲目蔬果食疗速查全书 [M]．南京：江苏科学技术出版社，2014.

[57][76][77] 黄安辉．壮族饮食文化研究 [D]．桂林：广西师范大学，2005.

[58] 覃尚文，陈国清．壮族科学技术史 [M]．南宁：广西科学技术出版社，2003：41.

[59] 郑南．中国与东南亚地区的饮食文化交流史研究 [C]// 赵荣光，邵田田．健康与文明——第三届亚洲食学论坛论文集．杭州：浙江古籍出版社，2014：307-308.

[61][66][85] 刘锡蕃．岭表纪蛮 [M]．上海：上海书店出版社，1991.

[62][88] 莫俊卿．壮乡饮食文化概说 [J]．广西民族研究，1991（3）：85-89.

[63][79] 刘朴兵．壮族饮食文化习俗初探 [J]．南宁职业技术学院学报，2007（1）：1-4.

[64][83][93][113] 梁敏．从饮食文化看壮侗诸族的亲缘关系 [J]．民族研究，1989（1）：83-90.

[67] 肖霞 . 《白山司志》校注 [D]. 南宁：广西大学，2011.

[69] 万英敏 . 《桂海虞衡志》的文献学研究 [D]. 上海：华东师范大学，2005.

[71] 乐史 . 太平寰宇记·卷一百六十七 [M]. 刻本 . 金陵：金陵书局，1882（清光绪八年）.

[73][74] 覃彩鉴 . "鼻饮"之俗有确证 [J]. 广西民族研究，1995（2）：121.

[78] 徐臣攀，安鲁 . 《徐霞客游记》中的广西饮食文化研究 [J]. 安徽农业科学，2006（14）：3562-3564.

[81] 徐松石 . 粤江流域人民史 [M]. 北京：中华书局，1939：90.

[82] 王元元 . 朝野金载的史料价研究 [D]. 上海：复旦大学，2009.

[116] 王言纪，朱锦 . 白山司志 [M]. 抄本 . [出版地不详]：[出版者不详]，1830（清道光十年）.

[84] 杨北岑 . 同正县志（第十一卷）[M]. 铅印本 . 台北：成文出版社，1933.

[86][111][115] 黄安辉 . 壮族饮食文化研究 [D]. 桂林：广西师范大学，2005.

[87] 张志聪 . 集注黄帝内经 [M]. 哈尔滨：北方文艺出版社，2007.

[90] 梁福兴，陆发焕 . 壮族食异风俗及其文化生态功能转换 [J]. 玉林师范学院学报（哲学社会科学），2007（2）：36-42.

[95] 刘纬毅 . 汉唐方志辑佚 [M]. 北京：北京图书馆出版社，1997.

[97] 闵叙 . 粤述 [M]. 北京：中华书局，1985：17.

[98] 那坡县志编纂委员会 . 那坡县志 [M]. 南宁：广西人民出版社，2002：108.

[101] 黄君钜 . 武缘县图经 [M]. 南宁：广西人民出版社，2013.

[102] 曾庆南，张伟雯 . 中国少数民族风情录 [M]. 北京：中国青年出版社，1988：532.

[104] 范宏贵 . 中、越、老、泰等国壮泰族群的饮食文化 [J]. 广西民族师范学院学报，2012（3）：25-29.

[105][122] 潘其旭，覃乃昌 . 壮族百科辞典 [M]. 南宁：广西人民出版社，1993.

[107] 闭翠珍 . 一族两国背景下民族文化发展研究 [D]. 贵阳：贵州民族大学，2012.

[108] 振勇 . 金龙镇武联村板外屯的风俗习惯 [M]// 张有隽 . 边境上的族群——中越边民群体的人类学考察 . 南宁：广西民族出版社，1999：248.

[110] 闵叙 . 粤述 [M]. 清朝大学士英廉家藏本 . [出版地不详]：[出版者不详]，1663（清康熙二年）.

[112] 罗传清 . 壮乡宴客习俗分析——以南丹县壮族村寨为例 [J]. 河池学院学报，2007（6）：95-98.

[117] 陈确 . 试述越南社会民俗的特点及其成因 [J]. 东南亚研究，2006（3）：92-96.

[118][128][133] 何文舒，吕文芦，宋福旋 . 越南岱族和侬族人的一些习俗 [J]. 民族译刊，1993(2)：61-66.

[119] 吴龙辉，张景星 . 崇善县志 [M]. 南宁：广西壮族自治区档案馆，1962：25.

[120] 宾上武，翟富文 . 迁宾县志（下篇）[M] 铅印本 . 台北：成文出版社，1936：435.

[121] 龙州县地方志编纂委员会 . 龙州县志 [M]. 南宁：广西人民出版社，1993 年，第 786.

[123] 范宏贵，顾有识 . 壮族历史与文化 [M]. 南宁：广西民族出版社，1997：284.

[124] 广西壮族自治区编辑组 . 广西壮族社会历史调查（第一册）[M]. 南宁：广西民族出版社，1984：50.

[125] 南宁师范学院广西民族民间文学研究室 . 广西少数民族与汉族民俗调查（第一集）[M]. 南宁：

南宁师范学院广西民族民间文学研究室，1982：47-48.

[127] 农祥亮. 广西壮族与云南傣族"干栏"民居比较研究 [J]. 广西民族学院学报（哲学社会科学版），2005（2）：139-142.

[130] 广西地方志办公室. 居住习俗——房屋建筑与结构 [EB/OL].（2020-11-16）http://8www.gxdfz.org.cn/flbg/mzms/202011/t20201116_59493.html.

[131] 沈晓. 壮侗民族干栏建筑文化中的民族特色 [J]. 中外建筑，2013（12）：62-63.

[135] 魏收. 魏书 [M]. 台北：台湾商务印书馆股份有限公司，1937.

[136] 刘昫. 旧唐书 [M]. 刻本.[出版地不详]：岭南陈氏萚古堂，1869（同治八年）.

[137] 周去非. 岭外代答校注 [M]. 杨武泉，校注. 北京：中华书局，1999.

[138] 马端临. 文献通考 [M]. 北京：中华书局，1986.

[139] 穆彰阿，潘锡恩. 大清一统志 [M]. 上海：上海古籍出版社，2008.

[140] 李锦芳. "干栏"语源小考 [J]. 广西民族研究，1999（4）：77.

[141] 陈丽琴. 黑衣壮干栏建筑的生态研究 [J]. 广西民族师范学院学报，2011（7）：7-10.

[143] 陈家友，陈杭. 先人崇拜冥俗的同源与异流——越北岱侬地区与桂东南民间丧葬礼俗之异同 [J]. 玉林师范学院学报，2015，36（1）：7.

[145][146] 赵冶. 广西壮族传统聚落及民居研究 [D]. 广州：华南理工大学，2012.

[147] 阮庆如. 中越边境地区岱、侬、壮三族原始祭祀信仰比较 [D]. 上海：华东师范大学，2012.

[148] 徐霞客. 徐霞客游记 [M]. 沈阳：万卷出版公司，2009.

[149] 俞平伯. 唐诗鉴赏辞典 [M]. 上海：上海辞书出版社，2013.

[150] 刘冰. 明代吴兴闵氏刻本《明珠记》[J]. 图书馆学刊，2009，31（11）：2.

[151] 凌建. 顺德祠堂文化初探 [M]. 北京：科学出版社，2008.

[152] 马山县志编撰委员会办公室. 那马县志草略 [M]. 南宁：马山县志编撰委员会办公室，2011.

[153] 刘荫凉. 试述越南现代祭祖文化 [J]. 科技信息，2012（33）：10151.

[154] 范晔. 后汉书 [M]. 北京：中华书局，2012.

[155] 邹家俐. 由《后汉书·南蛮传》上的几个数据看巴部落的氏族及与群婚相适应的群体家庭 [J]. 贵州文史丛刊，2000（3）：22-24.

[156] 钱林书. 续汉书郡国志汇释 [M]. 合肥：安徽教育出版社，2007.

[157] 李富强. 人类学视野中的壮族传统文化 [M]. 南宁：广西人民出版社，1999.

[158] 罗婕. 壮族医药口碑文化概览 [J]. 中国民族医药杂志，2008（9）：62-64.

[159] 李富强. 中国壮学 [M]. 北京：民族出版社，2006:2.

[160] 王燕婷，张娇，方晓. 壮族口述医药文献整理研究 [J]. 养生保健指南：医药研究，2015(7)：2.

[161] 周祖亮，方懿林. 壮族麽教经书医药文化透视 [J]. 广西中医药大学学报，2014（4）：133-134.

第三章
壮族与岱、侬族群的
家庭及传统礼仪习俗

● 传统家庭习俗
● 传统人生礼俗

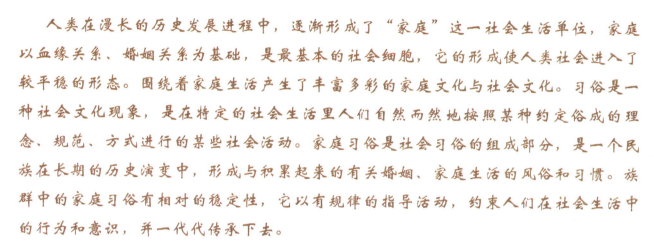
　　人类在漫长的历史发展进程中，逐渐形成了"家庭"这一社会生活单位，家庭以血缘关系、婚姻关系为基础，是最基本的社会细胞，它的形成使人类社会进入了较平稳的形态。围绕着家庭生活产生了丰富多彩的家庭文化与社会文化。习俗是一种社会文化现象，是在特定的社会生活里人们自然而然地按照某种约定俗成的理念、规范、方式进行的某些社会活动。家庭习俗是社会习俗的组成部分，是一个民族在长期的历史演变中，形成与积累起来的有关婚姻、家庭生活的风俗和习惯。族群中的家庭习俗有相对的稳定性，它以有规律的指导活动，约束人们在社会生活中的行为和意识，并一代代传承下去。

　　由于共同的族源关系以及悠久的农耕稻作历史，中越壮、岱、侬族群有着非常相似的传统家庭结构与家庭伦理观念，以及在人生各个阶段相应的礼仪。即便是在21世纪的今天，壮、岱、侬族群在家庭习俗与人生礼俗上，分别与各自所在国的主体民族存在着不少差异，稳固地保留着自己特有的族源特质，体现了中越壮、岱、侬族群的传统家庭文化特性。

第一节　传统家庭习俗

家族是一种社会网络，它由具有共同的祖先、相同的血缘或具有姻亲关系、养育关系的人群所构成。从母权制氏族公社到父权制氏族公社，人类最终形成了以男性为主的父系大家族体系。其中以夫妻关系与亲子关系为基础构成的生活共同体就是家庭。作为古代百越族群的直接后裔，因结婚生子而建立的家庭，是中越壮、岱族的主要家庭形式，这种由父母生育孩子并共同生活的家庭框架，被一代又一代地延续下来，并在家庭生活中不断重复着家族历史上形成的传统习俗。

（一）传统家庭构成

在漫长的社会发展过程中，由于生活环境、经济状况及生产资源的限制，壮族传统家庭结构往往规模较小，大多的家庭是由父母与子女两代人组成，而三代以上仍在一起共同生活的家庭不多。壮族有句俗话："树大要分权，户大要分家。"儿子成亲后，一般都要分家，让其独立去支撑新的家庭，所以壮族地区很少有四、五代同堂的大家庭。"壮族作为一个历史悠久的定居型民族，他们集中性的定居生活限制了种植范围，即耕作的水田、旱地只能在早出晚归的距离内，开垦荒地不能超出一定的活动半径，否则就只好采用分家移民另建居民点的方式来解决，所以，壮族家庭小型化的趋势是必然的。"[1]壮族传统的家庭户主是丈夫或父亲，拥有家庭组织的最大权力。壮族家庭是父系继嗣，一般只有儿子才享有家庭财产的继承权，女儿是没有继承权的。析分家庭财产各地习俗不一，一般是兄弟均分，儿辈不分长幼，也不分前妻或后妻所生，过继之子也享有同等的继承权。再婚妻妾带来的螟蛉子改为养父姓后，也享有继承

图3-1　广西平果壮人祭祖（农敏坚提供）

权。壮族家庭分家时，除父母及众兄弟必须到场外，一般还会请族长或族内长者前来作证。"先由父母抽出一部分作'养老田'，作为父母养老送终之用。父母死后，再由儿子平分。另外又抽出一些给长子，叫'长子田'。因为壮族有'长兄为父'的观念，认为长兄先当家，较诸弟最先协助父母挑起生活重担，为家庭创造财富最多，待他年老力衰之日，正是诸弟年轻力壮之时，多分一些是理所当然。除了这两份，其余由兄弟们平均分配。"[2]

越南岱、侬族的传统家庭结构跟广西壮族差不多，也是属于一种夫权小家庭，家庭成员包括夫妻和儿女，在传统的家庭观念与习俗中，男性家长除了在生产管理、生活安排、祭拜祖先方面全权处理外，对外联系、参与宗族事务管理也都是由其负责。"在家庭的成员关系方面有明显的规定：妻子要听丈夫的话，媳妇和长辈之间有严格的限制，不能并排坐在一起，不能同桌用餐，不能同坐在一张席子上，不能到公公、叔公、伯公和大伯子睡觉的地方去。"[3]兄弟成家以后同样都要分家，因此也多数是

两代或三代人组成的小家庭，其形式通常是一对夫妻、孩子及父母，还有未婚的弟弟妹妹在一起生活，也有一对夫妻跟他们未成年的孩子独立生活的小家庭，已婚兄弟及姐妹在一起生活的家庭很少。父权家长制在岱、侬族家庭中一直占据主导地位，在生产劳作与日常生活的各方面，都明显地体现出这种特征。"岱族家庭存在于父系家庭形态中，血统都是由父亲决定的，孩子一出生就跟父姓。在这样的每个家庭中，丈夫、父亲是核心人物，他们是家庭的主人，或者用岱人的话称为'家庭首领'。他们有权决定家里的一切事务，解决所有与家庭有关的问题，如组织生产劳动、生活、祭祀，以及代表家庭去参加邻里、村里或地方政府的各种活动。"[4] 在越南岱族的家庭中，其传统意识深受中国儒教文化的影响，封建礼教思想在家庭成员关系中也有所体现。岱族家庭中重男轻女的思想同样比较严重，女儿不管小时候如何得到宠爱，一旦嫁出去就是外人了，一般不能再回娘家分房子及遗产，只有儿子才能继承家庭财产。在一个家庭，男孩长大结婚后，是要分家产另组家庭的；父母年老了或者去世后，同样要划分家产。分家产一般由父亲来主持，父亲

图3-2 广西龙州金龙镇跨境家庭（沈光玉提供）

早逝的，则由伯（叔）父或族中长者主持。分家沿袭传统的家庭财产划分习俗："大多数时候，长子可以继承更多的财产，其他儿子则获得同等的财产。父母亲也执有一部分财产，可以是一块田、一头牛，或者是被岱人称为'养老物品'的一些有价值的东西。这份财产被计入即将跟父母一起生活的儿子的财产中（通常是长子）。这个儿子不仅要赡养父母，还要负责办理父母过世时的丧事及父母过世后的祭祖仪式。如果父母过世，长子就跟其他兄弟一起分父母留下的财产，这种情况下，家产将会平分到几个儿子手中。"[5] 岱族这种家庭财产继承的习惯同侬族的传统大致相同，但也略有区别。侬族家庭的儿子们长大成家后，都要另外择地建新房，独立生活，"父母一般由最小的儿子赡养，父母的房子当然也留给最小的儿子，家中的田地平均分配。女儿是要嫁人的，根据侬人的观念，女儿嫁出去以后就不再是家庭中的

图3-3 广西边境一家跨国表兄弟（沈光玉提供）

成员了（这一点从葬礼中孝女的地位可以体会到），所以不会分到房子和田地"[6]。侬族的这种传统习俗至今仍在大部分乡村保留。

（二）传统通婚习俗

在远古时期，人类集体群居，两性生活混乱，没有辈分之分，也没有亲缘之分，因此族群成员的素质非常低下，由近亲血缘组成的家庭，其后代的生理缺陷明显增大。人类很早就自觉或不自觉地意识到某些性行为对自身生存的危险性，逐渐开始对性关系加以规范和限制。起初人类对性的禁忌表现在辈分的区分上，即同辈是性关系交往的前提，不同辈分的异性是不能有性关系的。后来发展为亲缘

的区分，即同一氏族中的男女，不管辈分如何都是不能发生性关系的。为了族群的繁殖与壮大，他们必须到其他族群去择偶，这就是族外婚制。随着人类文明的不断进步，性伙伴的稳定终于形成了一夫一妻制的家庭婚姻模式。

在中越壮、岱族漫长的社会历史中，一夫一妻是族群家庭婚姻的基本形态，但在某些时期，有些地方民间的富户因子嗣或其他原因，也有娶妻后再纳妾的行为。《岭外代答·十妻》记载："钦（今广西钦州等地）之小民，皆一夫而数妻""溪峒之首，例有十妻，生子莫辨嫡庶"。[7]民国时期，壮族地区民间屡有纳妾者。壮族传统上本族同

图 3-4　边贸集市上的侬族小两口（陈家友摄）

姓是不能通婚的，本族同姓通婚为地方公德良序所不耻。按照相关法律规定，如今边境地区虽然也有不少出了五服的同姓男女结婚生子，但对此乡间还是颇多微词，不太容易接受。20 世纪 50 年代前，壮族地区的一些农村表兄妹通婚比较盛行，名曰"亲上加亲"，国家婚姻法实施后，人们的科学知识水平提高了，这种婚姻现象才得到了有效的遏制。在婚姻缔结范围方面，过去也有一些通行甚久的另类习俗，如有些地方规定只能族内通婚，有的地方除了本族外，外族通婚则排斥一些落后贫穷的民族，如与瑶族通婚会受到家族的阻挠，这也反映了壮族在婚姻问题上的一种历史偏见与民族歧视。

图 3-5　布岱族群夫妇蜡像（太原博物馆）

过去，族内通婚以广西那坡县的黑衣壮族最为典型，黑衣壮，"从古至今一直实行严格的族内婚制，即只有双方都是黑衣壮的男女才能通婚，不能与黑衣壮以外的壮族其他支系或其他民族通婚，其婚姻半径仅限于该县的黑衣壮人口中。且该习俗，对任何黑衣壮人都具有绝对的约束力，不管是在家务农还是在外工作，也不管是初婚还是再婚，都会自觉遵守，而无须任何强制措施"[8]。黑衣壮这种族内通婚的传统习俗一直维持到 20 世纪末。随着 21 世纪的到来，世人走进了那坡这片封闭的黑土地，黑衣壮神秘的面纱终于被揭开了，随着对外交流的不断发展，这里原来不与外族通婚的传统习俗逐渐被打破。

千百年来，越南岱、侬族一直是以家庭为主要模式的小农经济，日出而作，日落而息，家庭经济决定了婚姻模式基本上是一夫一妻制，"但该制度又常因重男轻女的封建思想影响而被破坏，演变成一夫一妻多妾制度。没有生下男孩的家庭，丈夫娶妾生子被认为是天经地义的事。不但如此，没生下男孩的妻子，还得主动为丈夫物色小妾以彰显其贤德"[9]。越南岱族传统婚姻也是本族同姓不能通婚，"与外姓结婚是岱族人婚姻关系

图 3-6　壮族迎亲路上（农敏坚提供）

的基本原则。有父亲一方血统关系（岱族人称为内姓）的不能结婚，除五六代以后外，即使是这样的几率也很少"[10]。1945年八月革命后，越南法律允许与五代以外的内姓结婚，但大多岱族人还是维持不跟内姓结婚的传统习俗，族群内同姓男女很少有通婚的情况。岱族过去也偶有买卖妇女的现象，那时婚姻主要是满足家庭繁育后代、传宗接代的需要，男方看中了女方，拿出一些钱和聘礼，请媒婆出面议讨娶亲的事，实际上是买女方。"1986年革新开放以来，岱族人的买卖婚姻得到根本性改变，无论是男方还是女方都有权自由选择自己的终身伴侣。父母不再压迫孩子按照自己的意愿结婚并索取高额彩礼，感情在婚姻中得到重视，男女青年可以根据自己的需求和喜好挑选自己的终身伴侣。"[11]

越南谅山省高罗县宏村是侬族聚居的村屯，村民自称"万承侬"，据说他们的先人是从广西万承州

图3-7 嫁到中国凭祥的两个侬族妇女（陈家友摄）

迁徙过去的。由于交通不便，村民大多是同附近村屯联姻，很少有从比较远的外地嫁来的媳妇，多数村民娶妻在方圆一二千米的范围内，10千米外的不多。甚至有一些地方，"村上所有的婚姻都是在侬族内通婚，没有族外的婚姻产生。之所以产生这样的现象，原因是这里的村民活动范围不大，且在心理上排斥族外婚。侬人认为即便是与他们最为相近的岱族，在风俗习惯上都存在许多差别，因此他们与岱族通婚的也很少"[12]。当然，随着经济的发展与社会的进步，越来越多的岱、侬族年轻人走出了家乡，融入了社会的各行各业，他们的婚姻状况与家庭成员来源结构也发生了根本性的变化。

（三）妇女角色传统习俗

过去，在壮族的家庭传统中，妇女承担着重要的家庭角色，但其地位却表现出一种复杂的状态。由于家庭主人都为年长的男性，妇女从夫从子，在家中基本上没有发言权。20世纪50年代前一些地方的壮族家庭夫权很严重，妇女社会地位低下，买卖婚姻盛行，有些男子因债务或其他原因可以随意把妻子卖掉，所以过去壮人把娶妻称为"奥梅"，意思是"买老婆"，而离婚则称为"哈梅"，意思是"嫁老婆"，这些土话反映了壮族把妇女作为商品来出卖的历史。长期以来，不少传统陋习束缚着妇女的行为，压制与摧残着妇女的身心。如一些地方家庭中妻子的床要比丈夫的床低，儿媳妇不能与公公同桌吃饭，不许在长辈面前说笑，不许在家中男性或外来客人面前梳头，媳妇怀孕后不得经过祖宗神位，妇女不得爬上高于神坛的阁楼，道公、巫师跳神时孕妇要远远避开，男子在房下干活时妇女不得站在凉台上，等等。

另外，历史上壮族妇女不仅承担着生儿育女、繁衍后

图3-8 越南高平和中坊的侬族妇女（陈家友摄）

代的职责，还承担着比男人更繁重的农活和家务，"男逸女劳"甚至成了壮族一些地方乡间常见的社会现象。《岭表纪蛮》中记载："凡耕耘、烹饪、纺织、贸易、养育、负担诸事，女子皆能任之。故其立家庭同为经济重要之人物，有时并能赡养男子。"[13]反映了当时壮族劳动妇女的艰辛生活。千百年来，壮族妇女在农耕生活中扮演了重要角色，她们在繁衍后代与家务劳动中所付出的辛勤，使壮族社会生活中一直存在着"尊母尚柔"的传统观念。壮族人民尊重女性还体现在对"舅权"的敬畏，当出嫁妇女受到虐待，或出现家庭纠纷，她们往往会跑回娘家投诉，这时其娘家兄弟就会出面为其做主，上门去干涉，而夫家不敢得罪舅爷，只有好酒好饭招呼，大家共同协商解决问题的办法。当外甥与家人出现纠纷时，多数也要请舅父前来参与裁决，舅权在过去夫权主导的社会环境下，成为家庭妇女维护自身利益，求得生存的一种保障。

　　过去，越南岱、侬族妇女的家庭地位也比较低下，同样没有财产继承权，只有在家中无后嗣的情况下，妇女才能继承家庭财产。岱、侬族家庭"在日常生活中，任何时候妇女的地位都要低于男性。她们很少能参与决定家庭事务，而且要遵循一些体现性别不平等的准则。比如，妇女不能坐在背对神台的地方，甚至从祖先神台前面走过都被认为是禁忌"[14]。在岱族传统社会观念中，舅权是具有比较大的权威的，许多儿媳妇与婆家的矛盾与纠纷，都得依靠娘家男性出面协调解决，但更多的家庭内部事情，还得靠男方家族去处理，所以，现在不少地方，舅权的影响在逐渐衰退。有专家认为，"在岱族社会里，父权制度已经统治很久。舅舅（母亲的哥哥或弟弟）在外甥前几乎没有什么作用可言。反之，大伯或叔叔（父亲的哥哥或弟弟）却有权利和义务抚养那些从小失去父母的侄子们"[15]。

　　目前，壮、岱族父姓继嗣仍是主流的家庭传统模式，但进入21世纪以来，父权家长性质已发生很大的变化。由于社会经济的发展以及家庭经济多元化结构的形成，尽管一家之主表面上或户籍上仍是男性，实际上不少家庭中的妇女及成年的孩子已担当了重要的角色，家庭许多重要事情他们都积极参与，甚至不少的妇女掌握着家庭经济的大权，成为家庭事务的真正决策者。当然，家庭的父姓习俗是毫不动摇的，各家族父姓续嗣的传统非常牢固，尽

图 3-9　广西那坡吞力屯杨桂金大妈（陈家友摄）

管有的妇女实际上掌握着家庭的经济大权，但在户籍登记时，只要家中男主人健在，以其为户主是天经地义的，尽管如此，现代文明毕竟已普及壮、岱族，普通妇女的家庭地位大大提升已是普遍的社会现状。

　　"入赘"是古代母系氏族遗留下来的痕迹，"入赘"壮人称为"亨然"，意思是"上门"，即结婚后男子到女家生活。一般自愿"入赘"的，多是家中兄弟众多，生活清贫甚至无力娶妻的男性。而愿意留在家里的姑娘，大多父母膝下无子，或有子尚幼，家中缺少劳力。"应招入赘的男子，结婚所需一切，均由女方准备。男子'出嫁'那天，家中一般不摆酒席，但女方却办得很隆重，所有亲朋好友，

都要前来祝贺。"[16]过去，壮族大多"入赘"者都会改名换姓，所生儿女一般也从女方之姓，这样才不会受族人的歧视与欺侮，在家庭财产的划分上也更有利些。如今入赘所生的孩子已大多随父姓，这也是社会观念的一种改变。

图 3-10 在家庭仪式中的壮族妇女（农敏坚提供）

岱、侬族男子入赘女家现象也时有出现，但并没有形成风气。岱族男子入赘有两种情况：第一，当某户人家有女无子时，"岱族人有个习俗就是要招上门女婿，即娶个女婿回来代替儿子继承家产和供奉祖先。女婿放弃自己的姓氏用妻子的姓氏，把自己视为妻子家的儿子"[17]。这时，入赘男子无论是祭祀祖宗或族谱上册，完全以女方家族继嗣的身份出现。第二，男主人年迈而儿子尚小，也有采取暂时入赘的方法，即入赘一段时间，期限一般由无子方提出，双方协商最后确定。在越南侬族，完全性的赘婿上门，"一般是两种形式，第一种形式与前述岱族人的入赘婚相似，赘婿在女方家生活居住，直到小舅子能自立为止；第二种形式是，如果女方家没有男孩招婿上门，这时女方主动提亲并承担全部结婚的费用，女婿身份类似于儿媳，赘婿本人无须更改宗姓随妻姓，但其子女全部随妻姓。因而在侬族人观念里，这样的赘婿地位是卑微的"[18]。

"寡妇再嫁"是一个延绵千年的社会问题，它承载着多少不幸妇女的伤痛与泪水。在旧社会，妇女守寡往往会遭受家族与社会的不公平对待，壮、岱族的妇女再嫁也有许多旧习，如妇女再婚要回到娘家或在别人家出门，并且要从后门出去。有些地方再婚妇女要在天黑时先挑一对空桶丢在河边，天亮前新夫家派人将其接走，新夫是不能亲自去接的。旧时民间认为家中男人先去世是妻子所克，因此，根据妇女守寡的情形，其再嫁有不同的习俗："'伞下寡'（蜜月期丧夫）者改嫁时忌梳妆打扮，半夜悄悄从后门出去，男家派一名中年妇女到村头迎接，并安排几个彪汉在半路跳出来，朝她身后打枪，大声怒斥：'不准跟他来，打死他！'以此表示驱赶该妇女前夫的鬼魂；'鸳鸯寡'（已育子女）者要半夜出门，身挂柴刀，头戴斗笠，脚穿烂鞋，由男家派来的中年妇女接到村头偏僻处搭草棚住七七四十九天后才到夫家；'断桥寡'（男人非正常死亡而守寡）者改嫁时半夜出门，住在野外，'搂树成亲'，每晚要抱大树数次，三天后才往夫家。民间认为，如此便'克夫先克树，克树不克夫'；'望门寡'（未婚守寡）者改嫁前备办三牲酒礼，先到亡未婚夫坟前祭典后才出嫁；'残花寡'（妇女中年守寡）者，改嫁时由后夫备办祭品，到亡夫家祭典亡夫后，才可接寡妇上门。"[19]

客观来说，壮、岱族社会在对待"寡妇再嫁"的态度上一般还是比较开明的，对家庭中已寡妇女的再婚，家人

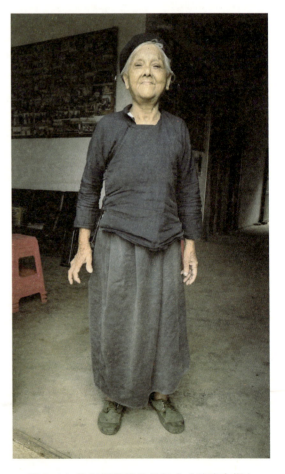

图 3-11 饱经风霜的壮族妇女（陈家友摄）

一般不会刁难或阻止。当然改嫁时如果要带走本人的嫁妆或财物，一般要经原夫家父母或兄弟的同意，有的地方还要求其新丈夫偿还部分聘礼，有些幼小的儿女经家庭协商后还能带走。20 世纪 50 年代后，随着两国政治体制的根本性变革与各自婚姻法的颁布，买卖婚姻已逐步废除，壮、岱、侬族妇女普遍享受婚姻平等的权利，人格上受到尊重，在妇女再婚的问题上自然受到社会的理解与认可。

（四）家庭关系传统习俗

家庭直系亲属之间，形成了各种的相互关系，主要有夫妻关系、父子（女）关系，以及与祖辈等

其他家庭成员之间的关系。这些关系主要体现在家庭劳作、生活的分工方面。在漫长的历史时期，中越壮、岱、侬族形成了各自家庭成员分工的传统习俗，并随着社会生活的变迁而不断衍变。

家庭关系是维系家庭成员和睦相处，共同创造美好生活的重要保障。越南岱族家庭的分工都有传统的习俗，一般按家庭成员的性别和年龄，以及身体与能力状况而定，在越南岱族，过去繁重的犁田耙地等农活及打猎等都由男性承担，而照顾孩子、做家务及田间的播种、施肥则由妇女承担。尊老爱幼是岱族家庭的传统，村子里是不容忍虐待老人的事情发生的，孩子也普遍得到家庭与家族的关

图 3-12　一群天真的侬族儿童（陈家友摄）

爱。1986 年，越南政府开展革新开放，经济体制的改革带动了家庭经济结构的转变，由于民众文化程度的不断提高，思想意识也随之提升，岱、侬族家庭中的成员关系也悄然发生了变化，妇女不再只是整天忙于农事生产及家庭事务，发家致富成为每个家庭的梦想，许多农村妇女认为，发展家庭经济已不再只是男人的事情，积极创造家庭财富也是妇女的应尽责任。越来越多的岱、侬族妇女走出家庭，到社会上寻找谋生之道，有的甚至走进了大小经济实体的管理行业，为社会做出了贡献，为家庭创造了财富。

图 3-13　广西黑衣壮老人（陈家友摄）

过去广西壮族的生活环境条件恶劣，山重岭叠，交通险阻，炎热潮湿，瘴气熏天，大多是穷乡僻壤、荒芜凋敝，艰难的生存环境造就了壮族先民艰苦卓绝、英勇顽强的性格，在史书及各地县志上都有所记载。《岭外代答》载：壮人"能辛苦，穿皮履，上下山如飞"。清《镇安府志》卷七十二曰：壮族"风俗俭朴，勤耕作。丰年未尝多食用，凡耕获，皆通力合作……"。[20] 历史上，男耕女织一直是壮族农村的家庭劳作模式，田间劳动多为男子，家务劳动及照护儿女则主要是妇女，在农忙季节，为了不误农时，大家齐心协力，分工合作。春种时节，男人犁田耙地，妇女播种插秧；秋收时节，妇女挥镰收割，男人捶禾脱粒。"壮人崇尚勤劳，鄙视懒惰，把勤劳俭朴作为族人的道德规范，民间就有这样的谚语：'钱在高崖，不劳力不来''勤不富也饱，懒不死也饿''遗产好似山洪水，勤勉才是幸福泉''游手好闲虽自在，饥寒呼号无人怜'。以简单明了的语言，说明了勤劳可以创造幸福生活，而懒惰是贫穷的根源的深刻道理。"[21] 壮人家庭比较重视对后代的培养，他们教育孩子识道理、能勤劳、讲诚信、懂孝悌，在社会生活

中倡导重义轻利的道德风尚。"插标"就是壮乡各地的一种古老习俗，"'插标'的做法很简单，谁发现路

边有可利用之物，如牛粪等，但又暂时不能捡走，就可用茅草打一草结作为记号插到牛粪上去，即便牛粪是农家宝，但也无人再去动它；如有人发现某水田边的小沟有鱼群，但暂时又没空捕捉，可在旁边的田埂上插上草标，别人也不会抢先抓鱼"[22]。越南北方的岱、侬地区也多有此俗，这种插标习俗看起来非常简单，却反映了两地旧时社会的公道良俗与纯朴民风。

图3-14 壮族家庭（农敏坚提供）

另外，20世纪50年代前，壮族家庭都普遍存在"男尊女卑""男主女从"的思想意识，壮族妇女承担着繁重的家务劳动及其他劳动。《庆远府志》曰：'河池土风，耕作力田，以及走圩市场，大率皆妇人。'《岭外代答》亦云：广西钦州'城郭圩市，负贩逐利，率妇人也'。"[23]这些家庭关系中的传统陋习，在越南岱、侬族地区一些地方也有存在，20世纪后半叶后逐渐被人们所遗弃，团结互助、勤劳致富的社会风尚在两地乡村迅速普及，夫妻共同努力创造家庭财富，成为当今该地区广大农村一种的新风尚。

（五）择偶传统习俗

人类为了繁衍后代而进行性选择，就是择偶。《诗经》是中国最古老的诗歌总集，其中有一首《关雎》："关关雎鸠，在河之洲；窈窕淑女，君子好逑。"[24]描述的就是古时青年男女的求偶行为。择偶

是人类的信息传播与思想情感沟通的过程，在美好的大自然中，各种动物都有其独特的求偶方式：天上飞翔的鸟雀，通过婉丽的啼鸣来传递择偶的信息；地上塘边的青蛙，会用呱呱的蛙鸣声向异性发出交配的请求。人类的求偶方式更是丰富多样，有的用语言来表达爱意，也有的通过唱歌来传递感情，以及用奏乐、吟诗、作画等浪漫的方式来传达对异性的爱慕。

图3-15 广西平果壮族青年男女对歌（农敏坚提供）

中越壮、岱族在长期的社会发展历史中，生活环境比较封闭，传统文化氛围比较宽松，恋爱方式及择偶习俗丰富多彩、多种多样，很有地域特色，在节日时的集会、集市上的歌会、山间田野劳作、民间各种礼仪等社会交往场合，都有择偶活动，这些社交活动及丰富多彩的择偶风俗，体现了中越壮、岱、侬族青年男女交往中的伦理观念与生活情趣。

1. 传统节日的择偶习俗

中越壮、岱、侬族地区的节日很多，展现了多姿的节日文化。这些族群共同拥有的节日就有正月的"春节"、春耕的"下田节"、踏春的"三月三"、祭祀的"清明节"、四月的"牛魂节"、五月的"端午节"、七月的"七夕节"、八月的"中秋节"等，除此以外，壮、岱、侬各族还有自己独特的民族节日，如壮族各地的"蚂蝎节""铜鼓节""莫一大王节""花王节""花街节""春情节"等，以及岱、侬族各地的"花炮会""烟花节"等。这些具有民族特色的节会，既是地方民俗活动开展的传统节日，也为青年男女谈情说爱、寻求配偶提供了机会。历史上壮、岱族能歌善舞，特别是每年春来花开之时，各地都有举行民歌集会的习俗，其中以三月初三的歌会最盛。

"三月三"最早起源于中国中原的汉族，"三月三，……指夏历三月上旬的第一个巳日，即三月三日。这是在周代我国华夏族民间禳祸祈福的节日。这一天人们要去井边、河边洗脚，这就是水滨拔楔之俗……到汉代，三月上巳，才确定为节日。每逢该日，官民都去水边洗灌，不仅民间风行，连帝王后妃也去临水除垢"[25]。汉族此俗后来传到了中国南方，其节日性质又逐渐向春来踏野、欢歌纵情的方面发展。中越边境一带的西瓯、骆越先民较早在三月三期间开展歌咏娱乐活动，"据宋代周去非写的《岭外代答》中说：'上巳日（三月三），男女聚会，各为行列，以五色结为球，歌而抛之，谓之飞驼。男女自成，则女受驼而男

图3-16　广西武鸣"三月三"的"抛绣球"民俗（韦明妃提供）

婚已定'。所谓飞驼，就是绣球。这说明壮族歌圩'三月三'与'上巳'早有渊源关系了"[26]。民国二十年广西《同正县志》（今扶绥县）记载了当地每年三月男女聚于山坡旷野之地，举行歌圩活动的情形："女则提篮持伞，或四五人，或六七人不等，……男则游行掀看，有合意或旧好者，则唱歌挑之，彼此互答。若相悦意，女投摈（槟）而男赠糕以为定情，日夕乃双双携手而归。"[27]"三月三"歌节一般持续两三天，地点多设在山坡旷野，或河岸开阔之地，用树木、竹子搭成歌棚，开展山歌对唱等娱乐活动。"三月三"期间，方圆几十里村寨的乡民，都会穿着节日盛装，撑着彩伞，带着五色糯米饭和彩蛋相拥而来。各地"三月三"歌会盛况不一，多则成千上万人，少则数百之众，乡民节日期间到歌圩去唱歌、赏歌，年轻人则通过对歌活动，以歌传情，以歌会友，以歌择偶。歌场上如果男女双方情投意合，就相约离开歌圩，到偏僻之处继续对歌，互送信物，

图3-17　广西武鸣壮族歌手（农敏坚提供）

以此定情。过去，中越边境地区经济落后，交通闭塞，文化生活匮乏，因此能歌善唱被看作是有才有智的表现，善歌者往往能得到乡民的尊敬，并在当地享有较高的声誉，更能博得异性的青睐，在青年男女交往择偶中占有优势；若不会唱歌或出口笨拙，容易惹人耻笑而被人瞧不起，甚至很难找到配偶，因此，能歌善唱也是青年男女的择偶标准。各种传统的节日，成为中越壮、岱、侬族人民展示自己艺术才华的平台，也为广大青年男女提供了社交择偶的场合。

2．集市圩场的择偶习俗

千百年来，壮、岱族地区山多平地少，以血缘群落分散居住，平时很少与外界交往，年轻人平时日出而作日落而息，几乎没有文化生活可言，青春活力受到相当大的压抑，因此，人群密集的圩市成为青年人同外界广泛接触与交流的机会。圩期一到，他们会约上三五个同族青年，前往赶圩。路上如遇外村姑娘，会想方设法上前接近，唱起深情的山歌，也是皆因风俗传统如此，此时一般对方并无恼怒之意，有婉言相拒，也有投桃报李，若有情投意合者，双方约定下次见面时间，或随即结伴野外林中幽会。在集市，大多数青年男女匆忙购完生活用品后，即在圩市东游西逛，意在寻找与接触异性，以便在交往中觅寻心仪之人。

壮族青年男女择偶的方式非常有情趣，"隔街相望"就曾经是广西靖西一带有趣的择偶风俗，以前

每到圩日，靖西附近的未婚男女青年都会身着盛装来到传统的望街，这时，街的两旁分别站着各村到来的男女青年，偌大一条街，竟然没有人喧哗吵闹，也没有歌声，"各人只顾双眸凝视，物色意中人。如果有两人相互钟情，就屡屡眉目传情。这样对望着，一段时间后，两人就达到了'熟'的程度。等到圩散了，女的走在前头，找个比较合适的隐蔽的地方站着等自己的意中人。男的在后边追赶，寻找自己的意中人，当见到她时，便疾步向前与其握手、问候、互诉爱慕之情"[28]。

图 3-18 广西宁明壮族歌圩（陈家友摄）

过去广西靖西一带这种神奇的择偶风俗，以全景式的感观认识方式促进了当地两性的交往。在生活环境相对封闭的年代，传统的集市圩期恋爱方式，成为中越壮、岱、侬族少男少女从相遇到相知，从恋爱到走向婚姻殿堂的渠道。

3. 生产劳作中的择偶习俗

农耕稻作是壮、岱族传统的主要生产方式，农业生产季节性很强，春耕春插、夏收夏种，许多农活需要争时间、抢季节。在生产力低下的年代，大多家庭仅仅依靠家庭成员是很难解决生产问题的，需寻求外面劳力的帮助。《镇安府志》中记载：壮人"凡耕作，皆通力合作，有古风"。《赤雅》亦云："有无相资，一无所吝。"[29]

壮、岱族素有互帮互助、团结协作之风尚，在进行农业生产活动中，有"陪工""轮牧""水利会""筑路会"等多种民间劳作互助形式。群体劳作的过程，也是男女青年互相认识的极好时机，不少男青年都会主动接近女青年，或边劳边聊，或歇息时以歌撩情，双方都会在交谈与对歌中同时留意观察对方的人品及技能，了解对方的家庭境况。同集市圩场的择偶方式比较，生产劳作中的择偶方式能实实在在地了解到双方的真实情况，通过这种恋爱方式为未来的婚姻带来了互信的基础，婚后的家庭关系大多是稳定和牢固的。

4. 日常生活中的择偶习俗

中越壮、岱族日常生活的择偶活动形式多样，没有固定的时间和场所，但有习惯的交友方式，比如"串村"就是过去村中小伙子夜间交朋结队到邻村择偶的一种方式。夕阳西下，夜幕降临，吃过晚饭后，同村的男青年就会约上几个同伴，到别村去找女青年对歌。此时野外明月高照、凉风习习，小河边，草地上，青年男女通过对歌，相互了解，培养感情，建立友谊。这些情歌大多都是前辈留下来的传统曲调，往往首先唱"会面歌"，然后唱"挑逗歌"及"试探歌"，当然唱"赞美歌"是少不了的。在小伙子挑逗式的山歌中，如果姑娘没有钟情，一般是笑而不答，小伙子只唱到赞美歌就知趣地收声了，然后礼貌地分别。如果姑娘有意思，便唱起"应答歌"，这时小伙子上前递上水烟，双方吸烟逗乐，继续往下唱"定情歌""相好歌"，待月落夜深，大家约定下次相会的时间，唱起"告别歌""送行歌"，分手而去。在壮、岱族青年择偶活动中，一般都是男性较为主动，善于煽情，而姑娘往往比较羞怯、矜持，处于被动的地位。但广西田林等地的壮族却有着一种叫"请歌"的女性主动交友方式，这也是当地流传已久的民间习俗。"当女青年们看见邻村的男青年经过时，姑娘们就引吭高歌：'雁过长空雁留音，人过宝地人留下，阿哥匆匆为何事，不恋好地好田林？'以此留住行人。被邀请的男青年，就用歌来应答，要不然就难以通过。对歌序曲开始后，男青年便被姑娘们请进村，继续对歌。通过对歌

彼此了解，建立感情，有的因此相爱而结合。"[30]此俗打破在恋爱择偶中女方处于被动角色的状况，充分体现了该地域壮族妇女敢于冲破传统观念的束缚，大胆追求自由与幸福生活的性格与精神。

　　优美的生活环境与多彩的生活方式，造就了中越壮、岱、侬族聪敏浪漫的性格，因此，青年男女求爱求偶的方式也多种多样，富于生活情趣。唱山歌固然是他们与异性交往的主要方式，各种"以物传情"也是他们觅友求爱的特有方式。求爱信物有日常生活使用的手帕、鞋子、扇子、斗笠、头巾，有吃的槟榔、果子、彩蛋，还有特意制作的绣球、香包等，这些多为姑娘们相聚聊天时制作而成，也有姑娘自己躲在闺房里悄悄制作。用以传情的物品倾注了女孩子憧憬未来的一片痴心，往往做工精细，造型别致，具有浓郁的民族审美特征。这些爱情信物或在青年男女娱乐活动中抛给意中人，或在密林深处缠绵之时悄然相赠，充满了少女情窦初开的情趣。

　　在"以物传情"的择偶民俗中，要数"抛绣球"的交往方式最富有民族情趣了，宋朝朱辅《溪蛮丛笑》记载："土俗节数日，野外男女分两朋，各以五色彩囊豆粟，往来抛接。"[31]《岭外代答·蛮俗》记载："交阯俗，上巳日，男女聚会，各为行列，以五色结为球，歌而抛之，谓之飞砣。"[32]可见"抛绣球"的民俗在中越边境地区由来已久。壮、岱族的"送鞋求爱"的方式，也是一种古老的择偶习俗，在青年男女的交往中，男青年总是千方百计求姑娘送他一双布鞋，这时，姑娘会根据自己对小伙子的印象，回家后认真做一双布鞋，还要在上面做一点表明自己对对方态度的标记。"男青年收到鞋子后，须仔细辨认布鞋上的

图3-19　吹"嘀嘟嗬"的壮民（吴力提供）

标记，以了解姑娘对自己的态度。如果鞋帮没完全缝合，或者鞋扣没钉好，就表明姑娘愿意与男青年来往；如果鞋帮已经缝合，鞋扣已钉死，就表明姑娘不愿与之来往。"[33]

　　壮、岱族青年男女还有一种更为纯朴的传情方式——"投泥传情"。小伙子在田间劳动或赶集途中，看到了心仪的姑娘，便会在田里或路边抓一把泥土捏成泥团，往她身上一扔，如果姑娘看不上，就会嗔怒地跑开；如女孩子也钟情对方，就会同样回扔他一团泥巴，于是两人就开始接近，由此展开恋爱交往。"抢头巾择偶"也是壮、岱、侬族青年男女交往的一种趣俗："男青年在路上看到心爱的姑娘，就去抢她的包头巾，姑娘的包头巾被抢走，如她对小伙子无意，则追回头巾；如姑娘对其有意，则双方商议约定下次会面的时间地点，并互换信物。有的经多次往来结为夫妻，也有已婚不能结为夫妻者仍往来保持友情，俗称"交情"，也叫'要风流'，但乐而不淫。"[34]此外还有"投果结友""碰蛋交友""送帕求爱"等传情方式，体现了壮、岱、侬族青年男女在恋爱求偶中的浪漫色彩。

　　中越壮、岱、侬族群拥有丰富的传统民间吹奏乐器，如"啵咧""荜多喝""稻秆笛""田螺笛"等，这些乐器丰富了当地民众的文化生活，在异性求爱中发挥了特别的作用，"以吹传情"也是壮、岱、侬族青年男女传递相爱信息的一种方式。中越边境地区盛产竹子，因此，竹乐器也成为当地传统的主要民间乐器。在夜晚"串村"时，不时可以听到耳语般的乐音，那是邻村的小伙子正在吹着传统的"荜

多喝"，他们在村中小道上"投声问路"，姑娘听到熟悉的笛声，就会出去和他幽会。相会中男女双方互相吹笛，用只有他们才听得懂的音乐语言，打情骂俏，当然，这些竹乐器也经常会被作为定情的信物馈赠对方。

"吹木叶"是壮、岱族民间流传的一种吹奏种类，即用树叶吹出动听的乐音。吹木叶简单易学，木叶随手拈来，十分方便，因此，吹木叶成为男女老少都喜爱的一种娱乐方式。可以用来吹奏的叶子有许多，如龙眼叶、竹叶、柳叶、桔树叶、冬青叶、桐叶等，摘一片新鲜的、韧性较好的叶子，用手指执着叶子的两端，轻置于唇下，收紧双唇用力送气，就能发出悠扬动听的音调来。中越壮、岱、侬族地区几乎到处都有木叶吹奏的习俗流传，吹木叶成为青年男女相交的传情方式，他们约会之时，不用言语，也无须对歌，各摘树叶一片，你来我往，轮流对吹，一切都在无言中，通过乐音来表达爱意，感受对方的情感，从而逐渐建立起恋爱关系。

图 3-20 吹木叶的壮民（恭城博物馆）

中越边境壮、岱、侬族人群体性社交活动丰富多彩，充满生活情趣，但在男女择偶交往中必须遵守一些当地约定俗成的道德规范。"先问宗族"是青年男女第一次见面都要进行的话题，这也是确保宗族间不能乱伦的古老习俗。如知道对方是同宗同族，均以兄弟姐妹相称，举止必须得体，交谈语言也要慎重，不得放浪，一般不能对歌，更不能嬉戏。如确要对歌，所唱歌词要用隐喻、比喻，不能直言爱恋之情，更切忌粗野、放肆。

第二节　传统人生礼俗

　　一个人在一生中都会经历某些重要的阶段，人生礼仪便是家庭或家族在这些阶段中为其所举行的纪念仪式，这种仪式往往是其本人生活到某个阶段，或其家庭地位发生变更，家人对其祝贺或者追忆的一种表示。人生礼仪主要由诞生礼仪、成人礼仪、婚姻礼仪、庆寿礼仪、丧葬礼仪构成。

　　诞生礼仪是新的生命诞生，家庭为其庆生的仪式；成人礼仪是一个人生理发育已成熟，能够备承担一定家庭与社会责任后，家庭或族群为其举行的仪式；婚姻礼仪是一个人已进入成家生子阶段，家庭为其所举行的组成新家庭仪式；庆寿礼仪是一个人进入老年阶段，家人对其家庭地位上升确认的一种庆贺仪式；丧葬礼仪则是生命走到了终点，家庭或家族为缅怀、纪念其所举行的仪式。

　　民间礼俗蕴含着丰富的地方文化，中越壮、岱族的人生礼仪深刻地体现了族群的生死观、社会伦理观以及乡土民俗习性。由于新的社会文化环境的影响，两地传统的人生礼俗都发生了较大的变化，一些礼俗（如成人礼俗）已逐渐淡出了民众的社会生活，庆寿礼俗虽然仍在各地普遍存在，但已经没有了原来固有的仪式程序，而传统的诞生礼俗、婚姻礼俗及丧葬礼俗始终在各地民间生活中较好地保存了下来。

（一）诞生礼俗

　　求生存、育后代是人类发展的最基本要求，"添丁发财"是壮、岱族家庭最为朴素的两大生活追求，新的生命诞生预示着家庭及家族的血缘得以继承。在人的一生中，诞生礼仪是生命的开端之礼，因此，对新生命的诞生仪式，父母和家庭都十分重视，往往会举全家之力去认真操办。在中越壮、岱族中，生礼仪大体包括三个阶段，即求子、生育及贺生之礼俗。

1.求子礼俗

　　"花为人魂"是中越壮、岱族地区历史上一直流传的传统观念，花神是当地民间信仰中的生育女神，自古以米，人们认为生活在世间的人，都受上天"花婆"的管辖，都是来自天堂花园里的花卉，人的生老病死都同这里花卉的枯荣有很大的关系。花神在各地有不同的称呼，有称"花王圣母"，也有称"送花娘娘"，或称"花婆"等。壮、岱族民间有不同关于"花婆"的传说，壮族的传说花神就是"姆洛甲"，她管理天上的花山，花婆在山上栽培了各种颜色的花卉，这些花卉实际上是即将在人世间降生的孩子的化身，红花为女孩，白花为男孩。谁家得到花婆送的红花，生的就是女孩子；而得到白花的家庭就会生男孩。人间的孩子生病了，一定是花山上的花缺水或者长虫了，因此，就要请巫师到家做法事，祈求花婆在上天为孩子的花卉浇水除虫，让孩子病除祸去，健康成长。

图 3-21 岱族的求子符 （张耀军摄）

越南北方岱、侬族关于花婆的神话传说有多种，北㵲省侬族民间认为花婆掌管着粮食种子和葫芦花，葫芦花是繁衍生命的植物，民间的人类繁殖，都得依赖花婆在天上花园里将葫芦种子育成葫芦花，赠送给民间已婚的男男女女，成千上万的男孩女孩就这样降临人间。

长期以来，壮族妇女结婚以后，特别是久婚不孕时，往往有"请花神"的习俗。在壮族地区，花婆信仰自古以来就非常盛行，清代李调元在《南越笔记》中就记载："越人祈子，必于花王圣母，有祝词云：'白花男，红花女。'故婚夕亲戚皆往送花，盖取诗'花如桃李'之义。"[35]在壮族，巫婆是人间与上天联系、沟通的媒介，孩子病了，这户人家就必须请巫婆到家里来做法事，通过祭祀、作法等仪式，向花婆禀报，祈求她为孩子的花树除虫浇水，孩子才能消灾去难，健康成长。由于壮族人都坚信孩子是花王圣母所赐的花，所以民间对花神特别信仰，在婚礼中亲戚们往往都要给新郎新娘送去鲜花，以祝愿他们早生贵子。清康熙《浔州府志》载："女巫，俗名鬼婆，谓知人疾病，及家室、坟墓休咎。或招之，魂附其体，絮絮与人语。又目男为竹，女为花。如产几子，则花几开，或曰花将萎，须灌溉，或曰花已放，宜守护。妇女辈多信之，至

图 3-22 壮族的铺路求子仪式（农敏坚提供）

有典钗环求度阨者。"[36]

相仰花神，祭拜花神，同样体现了越南岱、侬族民众对繁衍生命的渴望和祈求，作为一种传统的信仰习俗，"花神求嗣"的习俗至今还在越南北方民间普遍存在。该地区各种花神庙遍地，几乎所有的庙宇都会有花神的塑像与牌位，成为当地供奉香火最旺的民间神祇。岱、侬族人崇拜花神，认为天上的花婆把黄色与白色的花朵赐予人间，民间的家庭便有了男孩和女孩。"平时多积德行善花婆就会赐予新鲜、硕大的花朵，缺德则会得到一枝瘦弱、枯萎的花朵，甚至不会赐予花朵。因此，哪对夫妻命带孤星或命中无子的，要请法师来做法事，祈求花婆赐予孩子。"[37]高平省一带的岱族人，虔诚崇拜花神，许多待嫁的姑娘，都会在母亲的带领下前往花神庙祭祀，祈求花神日后赐花。一些如结婚多年无子的夫妇，或只生女未生男的家庭，更会以"求嗣"的仪式来祈求花神赐予，"求嗣"成为岱族民间至今仍然非常盛行的习俗。

祭祀花婆的仪式以前在壮族民间非常隆重，广西各地的地方志都多有记载，民国《来宾县志》载："次则花王圣母者，省称曰花婆。嗣艰者，祈祷尤虔。县城东楼及在厢里、格兰村、南一里、永平团、羊腿村皆立专庙奉祀。其

图 3-23 岱族有求子图案的土锦（张耀军摄）

赛会游神在每岁夏历六月六日。龙洞、鳌山亦祀花林圣母。鳌山香火最盛，其赛会游神，远乡必至。其神三像并坐，中一相貌最老，左右者次之。在右者类中妇，锦袍玉带，凤冠珠履，俨然妃嫔宫装，旁座另有七子、九子两娘娘，韶秀如三十人许，华裙露袂，群儿攀附胸腹、肩膝。一七，一九，隐寓多男之意。"[38]壮族民间传说农历二月二是花婆的神诞日，当地传统上有神诞集体祭祀仪式，其中"祈福"与"求子"为最主要的两个活动内容。时到今日，花神崇拜在各地仍然非常盛行，除了到庙宇祭祀花婆，各种"香花炉"在壮族乡村人家到处可见，成为壮族家庭妇女日常朝拜的神灵。村中祭神求花有许多习俗，"每年腊冬时节，求花活动频繁，指望来年春天可孕子女。其做法：神台上烧香祭祖，中堂放一四方桌，上方置一凳为主魔公座位，两旁放两凳；左边由魔公副手就座，右边是求花人（妇人）座位，桌、凳均铺厚棉被，求花人手提着装有五色糯饭和放有三个红色鸡蛋的篮子。主魔公念咒语片刻，即传话给副手向求花人提问，再由副手将求花人的答话转告主魔公祈求天神"[39]。壮族人求嗣的形式还有多种，"拉线求子"是广西隆安一带的习俗，这种习俗是向祖宗神灵"求花"。"求花时，夫妻二人与道公一起到祖宗坟地前烧香烧纸钱，求祖宗保佑生儿育女，随后用红黑两根棉线系在祖宗坟墓上，另一头一直拉到家中

图3-24 壮族请巫求子仪式（农敏坚提供）

的祖先神位上，夫妻二人分别用衣襟接住道公做法事时抛下的一朵花（可以是真花也可以是纸做的花，一般为白色），回到家后把花放在神位上。家中的婆婆逢年过节拜祖先或村庙时也会向神灵提出求孙子的愿望。"[40]"铺路求子"是壮族一些地方的求嗣的习俗，民间认为妇女婚后没有生育，都是阴间的鬼怪在作祟，花神往人间送花之路受到了阻碍，于是要请道公或巫婆另外"铺路"。"铺路求子"的做法是这样的：事主与巫师来到进村道路的一侧，烧香燃烛，摆上红糯饭、红糍粑、熟红蛋及鸡牲等供品。这时巫师作法通神，念咒语贴符行卜，指引求子妇人进行铺设通往神界的道路，祈求花神为其赐予命花，使其怀胎生子。有的地方则流行"搭桥求子"，"桥"在壮族的生命观中具有特殊的意义，壮族人认为人生需要过许多"桥"，生老病死都有不同的"命桥"。过去村上没有生育夫妇，或没有男丁的人家，民间认为是"香火之桥"断了，需重新"架桥"才能求来子嗣。"搭桥求子"的仪式各地大多相同，一般是在路边或家前的草坪上进行，事主请来道公或巫婆后，将两根一尺左右的木柱钉入相距五尺左右的地面，作为"命桥"的桥柱，在上面架上木条，用红布扎上两头，这就是"香火之桥"。家人在"桥"前烧香摆供，道公或巫婆一番施法后，燃放鞭炮，撒炒米花、花生和铜钱，让其他亲友与路人抢拾，传说这样能架通"命桥"，这户人家就能生男育女，人丁兴旺。此外，壮族人还有"花灯求子""送花求子"等求嗣习俗。在现代社会，人们的科学知识增长了，婚后无子大多会到省城的大医院问诊，但一些偏远的乡村人家，仍然对"花神送子"深信不疑，铺路、搭桥、送花求子等习俗还多有保留，可见传统观念在民间的根深蒂固。

越南岱、侬族的求子仪式与壮族有许多相同之处，夫妻结婚多年无子，一般都会去找巫师占卜并

施行法事。求子人家在自家祖宗神位前摆上供品，焚香后，巫师向主家祖先及花婆等神明禀报求子人的姓名、仪式举行的地点等，然后口中念念有词，舞动手中法器，召集天庭兵马举行"求嗣"仪式，入宫请求圣母赐花。"巫师先在地上放置一盆水，盆的两边各放置一盘供品（插香的米碗、一杯酒、一些冥纸）。小竹枝横跨水盆搭在水盆两边的供品盘上，用白布和蓝靛布铺在上边，象征暖桥，牵引花下人间。桥头东北向，桥尾西南向，丈夫扶桥头，妻子扶桥尾，搭好桥后，巫师送纸花过桥，妻子在桥尾接住花，然后把花插在'花婆供品'中的花婆神位上。"[41]在"求嗣"仪式中，事主要将自己孕史告诉巫师，如是曾经打过胎的，就要先过"血盆关"，打来一盆水，将几根稻草放进水中，象征罪恶的蚂蟥。在水盆的中间架一座"冥桥"，用纸剪一只公鸡和一只鸭子，那是用来叫魂和找魂的。这时巫师喃念忏文，念咒妇女的打胎罪过，请求神灵宽恕。然后事主人家把象征蚂蟥的稻草捞起，用剪刀将其剪断，之后，巫师把纸花、纸鸭、纸鸡逐一送过冥桥，这就完成了过"血盆关"的仪式；如巫师在占卜时，发现该妇女的命相克家人，这也是影响生育的重要原因，于是在求嗣前先要过"克关"，巫师在搭起的冥桥两头拉起黑线、白线各一条，然后喃念咒经，再大喝一声，挥动剪刀将黑白两条线剪断，表示双方纠缠的命线两断，今后不再相互磕绊。"克关"结束后，才进行求嗣的搭"天桥""地桥"等程序，最后巫师沿着冥桥将花婆神位移上祖先神台，自此天天祭供，直到生下孩子，并长到12岁才将花婆神位取下。

2.生育礼俗

生育，是指人类为延续种族所进行的产生后代的过程，世界上各个种族都非常重视自身的繁殖与强盛，并产生了极其丰富的生育习俗文化。生育习俗反映了当地民众的思想观念、信仰观念以及生活观念等。在广西，壮族妇女怀孕时要注意忌口，不能吃狗肉、螃蟹和辣椒，怕引动胎气。其间家人不得修理房屋和工具，孕妇的床也不能移动，恐怕对胎儿不利甚至引起流产。"添丁增口"对于壮族每个家庭来说，都是一件很重要的事。婴儿出生是壮族家庭既喜庆又忙碌的时候，以前乡下没有医院，由村里的接生婆为产妇接生，或由家中女长辈接生，这时男人及外人是不能进入产房的，哪怕是产妇的丈夫也只能待在屋外等候。婴儿呱呱坠地后，要立刻煮柚子叶水清洗婴儿，杀鸡煮蛋给产妇滋补身体。并马上在祖宗神位前烧香上供，将家族添丁喜讯禀报祖上先人，然后通知族人及产妇娘家。婴儿的胎盘是不能随便丢弃的，过去有的地方经常将其用禾草包住，待天黑之时绑到有果实的大树下面，意喻子子孙孙人丁兴旺发达。壮族喜添贵子的人家，有在家门口挂

图3-25　壮、岱族认为可驱邪纳福的柚子叶（陈家友摄）

柚子叶的习俗，柚子叶在壮族地区是一种能驱邪纳吉之物，民间在各种仪式中有煮柚子水来洁身洁物的习俗。人们在家中大门挂柚子叶贺喜，生男孩挂在右边，生女孩挂在左边。产子期间民间还有许多禁忌，如不准对外借钱借物，民间认为这个时候外借钱物意味着"流财"，孩子刚出生就"流财"是不吉利的，会影响到其日后的成长与前程。另外，不准陌生人进家门，这样会将外面的"邪气"带进来，使婴儿不得安宁。

越南岱、侬族同样非常重视新生命的诞生，也流传着不少相关的传统习俗。在妇女怀孕期间就有

许多禁忌，产妇及家人要非常小心，以免影响母子的安康。孕妇是不能打蛇的，民间说如孕妇打了蛇，新生儿的舌头就会像蛇一样，伸得长长的。孕妇也禁忌吃青蛙肉，说是吃了青蛙肉生下来的孩子哭闹多；孕妇禁忌吃龟鳖类，说是吃了龟鳖类孩子的阴部会发育不良。孕妇也禁忌走过绑牛的绳子，说这样日后孩子的嘴巴会老是张开，甚至流口水。在妻子怀孕期间，丈夫及家人也有不少禁忌，首先是不能参加丧礼，更不准抬棺材。这个时候丈夫不能当婚礼的拉纤人。另外，家庭在有妇女怀孕时不能挖地、打墙钉及搬动大型家具等，认为这样很容易使孕妇流产。以前乡村没有医疗条件，生孩子的产妇只能在自己的房间，助产全由家中或村里的已婚妇女帮忙。同样烧柚子叶或柠檬叶水给刚出生的小孩洗澡。对婴儿的胎盘特别小心留藏，他们认为保护胎儿的神灵就住在胎盘里。不同地方的侬族有不同的胎盘放置习惯。"侬安族把胎盘放在竹筒里埋在床底下（女儿）或挂在墙壁上（儿子），侬朝把胎盘放入竹筒然后秘密带到离家远处埋掉，万承侬把胎盘放在竹筒然后放在河流，他们认为这样做让婴儿凉快与好抚养，昭侬用纸包好胎盘然后放在已规定的地方。"[42]岱

图3-26　壮、岱族人的吉祥物——龙眼树叶（农敏坚提供）

族家庭孩子出生后也习惯在"栏干"的楼梯挂一枝绿叶以告知路人。如同壮族一样，生儿子就把叶子挂在右边，生女儿就挂在左边。有的侬安族家庭生了女儿，则在插于楼梯脚的柚子枝叶上绑上布条，这样路过的行人就不会进他们家了。

3. 贺生礼俗

在婴儿出生及之后的一段时期，壮、岱各族都要举行一定的礼仪活动，来庆贺这个新生命的诞生。

（1）三朝

在许多民族的传统习俗中，婴儿出生三天是一个很重要的时间，大部分家庭都要操办孩子的第一个贺生仪式。越南岱族家庭在孩子出生三天之后，都要请巫师举行一种叫"斯兰挪"的仪式，给孩子祭祀"稳婆"，"稳婆"就是壮族民间所称呼的"花婆"。这种仪式上孩子外公外婆所送的东西非常讲究，如果是头胎生儿，他们送来的是一头猪、两只鸡、一篮五色糯粑、一香筒。"稳婆供案常放在产妇房间外面或里面。在香筒里，若是儿子将剪两朵大花插入，若是女儿剪一些小花插入。祭祀稳婆由娘家人主持，稳婆供案留下祭祀，直到家庭里的幼儿长大娶亲或幼女成人出嫁才不再留下祭祀。"[43]

婴儿出生三日，也是壮族非常重视的日子，都要举行隆重的仪式，这就是壮族诞生礼俗中的"三朝"。"三朝"礼仪除了祭祀祖宗与花婆外，民间习俗主要还有亲友贺喜、户外纳祥及请"三朝酒"。"这一天，外婆家也要携鸡、蛋、衣物之类一道来庆贺。如果婴儿是头胎或男孩，'三朝酒'就隆重些。这天主人家先杀鸡祭祖，然后允许产妇抱着婴儿出门朝吉利方向行走两三分钟后回来，接着宴请亲朋好友，共庆'三朝'。"[44]壮族一些地方有这样的风俗，"婴儿的奶奶在其出生后的第三天，要带上一只鸡和几斤猪肉到亲家去，若生男孩就带公鸡，若生女孩就带母鸡。通常产妇的娘家收下亲家带来的一只鸡和几斤猪肉后，还会还礼，让亲家带回两只鸡，一只项鸡，一只线鸡。回来后家里人把线鸡杀了用以祭拜祖先，项鸡则用于产妇滋补身体，其他亲戚也赠送衣物及各种营养品"[45]过去壮族家庭办"三朝"也会请巫婆举行祭拜答谢"花婆"的仪式，现在除了一些边远的山区外，这种仪式其他地方已经很少举行了，但祭祀祖宗的仪式是不能少的。

（2）满月

"满月"是新生儿第二个重要的日子，摆"满月酒"是大多壮、岱族家庭都要进行的庆贺活动。在壮族，"满月"也称"卖月"，当天母亲是要抱着婴儿回娘家（婴儿外婆家）的，外婆要送一条自己织的背带，外公送的是竹编摇篮，还有糯米、红蛋、鸡等礼物，其他亲戚会给婴儿一个吉祥的红包。婴儿回到家后，奶奶把鸡杀了用黄姜煮成鸡汤，连同糯米饭及红蛋给家人及贺喜的邻居好友分享。办满月酒也是各地都有的习俗，在广西靖西边境一带的壮族家庭，"如果生的是男孩，办满月酒席时会在家门口悬挂'庆酒灯'，满年才取下。现在挂的灯有用电池的跑马花灯，也有传统的纸糊的跑马花灯。当地还有满月时给小孩剃光头、剃眉毛的习惯。剃胎毛时因为婴儿

图3-27 广西德保壮族小孩取名仪式（农敏坚提供）

头顶的骨骼还很软，要在头顶留一小撮胎毛加以保护"[46]。许多人家在满月时要给孩子取一个名字，以前起名时，在家中大厅里摆放一张大桌子，桌上放着一个炖熟了的大猪头，前边放着三碗大米，上面插着焚香与一张写有神灵牌位的红纸。主人先向祖先敬香，祈求保佑婴儿，然后道公面向主家神台开始念经作法，爷爷、外公、舅舅等男性长辈围坐在桌子旁边，一边喝酒一边拟议，为婴儿取名。取好名后报给神台前面的道公，道公向列祖列宗禀报后，把手中的法器"星高"往空中一抛，从下落的结果来决定祖先同意与否。起名决定后，道公把名字和婴儿出生的年月日一起写入八字命簿，此时主家鸣炮庆贺，众宾客入席就座欢宴。

岱、侬族家庭的满月仪式与壮族非常相近，满月礼当地称为"偶边"，这种仪式主要是设"坛"祭祀祖宗与稳婆圣母，祈求其保佑孩子身体健康，一生平安。这一天家人要宰鸡杀鸭，做糯米饭及米饼，宴请亲戚朋友。婴儿外婆家所送礼物及当日习俗，与广西边境的壮族比较相似，"如果是头生儿，外祖父将给外孙做个摇篮、外祖母送给外孙一个褓，褓面用花布做成。满月日，母亲背小孩子到外面一段然后回来，表示结束禁忌要住在家里。家人也开始给小孩剪头发，剪头发后要留藏已剪的头发，不能扔或随便放。并且不能全剪而要留下在顶门儿一些头发作为孩子的魂魄住的地方"[47]。在此之前，有的地方岱、侬族家庭已经给孩子取了小名，并且往往是个贱名，如"阿狗""阿猫""牛儿"等，或其他花草石头之类。不少人家在满月当天给孩子正式取名，起名一般请村中学校的教师，也有的请算命先生来起名。按祖上传下来的排辈来取小孩的名字，是大多数家族的习俗，岱、侬族有的地方在满月给孩子取"少"名，"少"名往往从各种动、植物名中取，并且越贱越好，这样能避免神灵、魔鬼的嫉妒，从而起到孩子庇护的作用。待孩子长到十四五岁后，才给他取一个"官

图3-28 小孩周岁抓周仪式（农敏坚提供）

名"。同壮族一样，取官名要请巫师到来，设供告知祖先，经过一番作法后占卦征求祖先意见。确认取名后，才将名字写在家族的八字本上。

（3）对岁

贺生的最后一个仪式是"对岁"，也就是孩子周岁时举行的庆贺活动。壮、岱族人的"对岁"仪式规模较小，当天一般都要在家中的神台焚香摆供品祭拜祖先。"对岁"仪式活动各地不一，"一些壮族人在小孩满周岁时要举行'抓周'仪式，即在正堂屋中央放一张桌子，桌子中间点一盏灯，灯周围摆好算盘、笔墨、书本、秤杆、葱花、明子等，任小孩去抓，预测小孩将来的爱好。先抓算盘会算账，先抓秤杆会做买卖，先抓书本是个书生，先抓笔会写好文章，先抓葱花、明子则聪明"[48]。此俗在中越边境的岱、侬族家庭中也多有流行，只是"抓周"的含义略有不同。广西壮族一些地方以前有在小孩周岁时送背带的习俗，隆林县一带，"壮族妇女在缝制小孩的背带时，忌遇到响雷，认为这样会使小孩生病以致死亡。如果遇到这种情况，则不论已经缝制了多少，都必须拆除择日再缝……"[49]近几十年来，由于外来文化的影响，壮、岱族家庭小孩周岁纪念日逐渐隆重起来，特别是一些经济较发达的城镇，为过周岁的孩子购买生日蛋糕，举行庆生仪式的越来越多，比较时尚的祝贺形式已替代了传统的庆生礼俗。

图3-29 侬族爷孙俩（张耀军摄）

（二）婚姻礼俗

长期以来，壮、岱族一直有自由择偶的传统习俗，青年男女在一些劳作、集市、节日、庙会、喜宴等活动中相互接触，以歌交友、以歌传情、以歌择偶，这个阶段不为家庭所约束，也无须考虑社会的态度。但是，从交往到成亲的过程并没有那么简单，首先必须将自己的恋情告诉父母，如他们没有意见，还要看男女双方的"八字"，然后由父母出面托媒人说媒聘娶。当然，包办婚姻的风气过去不少的地方都存在，男孩到了10多岁，父母便要为其物色年龄相仿的女孩为对象，然后托媒去女方家求亲，这就是所谓的"父母之命，媒妁之言"。民间传说人死后是要过奈何桥的，如生前结婚时没请媒人，死后是过不了奈河桥的。因此，壮、岱族青年男女不管是自由恋爱，还是听命于父母而结婚，都离不开媒妁之言。

壮、岱族人在提亲、定亲、待嫁、娶亲等过程中存在着大致相同、特色各异的传统婚事仪式。

1.提亲礼俗

中越壮、岱族婚姻的礼仪是较复杂繁多的，首先是提亲礼仪。壮族的风俗是男子到了婚娶年龄后，或青年男女相识有意婚嫁后，男方父母便托媒人择日到女方家提亲。壮族民间提亲有先后不同的习俗，"媒人提亲时要带一些礼物如糖、酒、猪肉、鸡之类的东西，媒人到女方家要以试探的语气询问女方家父母，姑娘有没有被提亲。在媒人获悉提亲有望之后，又要由媒人带着猪肉、鸡、糖、糯米粑粑等，到女方家索取八字单。媒人得到女方的八字单后交给男方，请占卜先生合八字，若相冲，则不能婚配，

就此了结。若合，则请媒人回话，并商定订婚时间和男方需带的彩礼"[50]。壮族八字合婚有许多传统的测算，如八字配合得当才宜婚，如双方八字命宫六冲，在性格上往往不能调和，故不宜婚配。

在提亲的过程中，媒人的角色很重要，双方的年龄、人品相貌、职业、家庭成员、经济状况等条件，媒人都要了解得非常清楚，以便充分利用双方有利条件，凭借三寸不烂之舌去撮合。有时八字不合，也有媒人千方百计寻找理由加以解释，促成婚事。甚至男方的一些生理缺陷，都被媒人用一些调侃的语言加以掩饰，一些地方男女双方婚前是不能见面的，直至洞房花烛之夜，新娘才见到新郎的真面目，因此，不少地方行将成亲的新娘在哭嫁歌中都有"骂媒"的内容。

图3-30 壮族提亲仪式（农敏坚提供）

越南岱、侬族的婚姻习俗与壮族也大体相同，大多表现为恋爱自由，婚姻父母做主。男方相中女方后，也是要托媒人上门求亲，媒人第一次登门往往较随意，只是带点简单的礼物，大家拉扯一些家常闲事后，伺机道出来意。此时女方父母一般不会当即应承，往往借故改日再复，实际上是需要一定的时间去调查了解男方的情况。当女方同意说媒后，媒人才带上较为丰富一些的礼物再次登门。说媒第一步是看"八字"，"八字"当地方言称为"禄命"，岱、侬族"禄命"主要看"五行"，"根据五行说相生相克观念以解义'八字'相不相合，如木生火、火生土、土生金、金生水、水生木，这些相生命可以定亲。而相克如木克土、火克金、土克水、水克火，这些相克命不可以定亲，即使定亲结婚夫妻后来的生活也不完美。而且如果将来的媳妇命跟将来的丈夫父母命相克，那么也不能定亲"[51]。经过求"八字"和合"八字"，如其中没有明显的不合，媒人则就男方的个人及家庭条件与女方展开沟通和斡旋，直至女方初步同意该门亲事，才共同商议下一步的定亲事宜。

图3-31 广西靖西民俗仪式展示中的媒婆（陈家友摄）

2. 定亲礼俗

传统的"定亲"就是现在所指的"订婚"，即双方同意婚事后，男方代表携礼品到女家共商结婚事宜，叫定亲。广西壮族一些地方男家会找一个家族男性长辈做代表（本地称"亲公"），一个年轻的亲戚或朋友做陪郎，以及媒人一起陪同求婚男子前往女方家，而男方父母是不能同去的。到达女方家后，亲公首先清点带来的礼品，女方将其摆在供台上供拜祖先，然后设宴共商婚约事宜，并请来族中长者、邻居、朋友一起作陪。在宴席上，求婚男子要举止文雅，言谈得体，不时给其他长辈敬烟敬酒，午餐后，女方家里一般要给男方回送一双布鞋，这样定亲仪式就结束了。

广西各地壮族的定亲仪式各有不同，"大新县安平壮族行'豆粒定亲'之礼，民间俗语称为'文钱定万货，粒豆定新娘'。媒人上门提亲时，女方家炒半碗黄豆，女方父母和媒人各抓一把吃，表示不反悔"[52]。一些地方在定亲宴席上有这样的习俗，女方把姑娘的八字用红纸包裹装入一个布袋里，并将其放于酒桌上，这时男方的媒人会指派同来的男孩悄悄把口袋背走，这表示姑娘从此有主了。"槟榔订婚"是壮族一种古俗，清代道光年间的白山土司辖地在今广西的马山县，地方志《白山司志·风俗》载："土人媒姻……行聘亦以槟榔为重。富厚家以千计，用苏木染之，每八枚包以箬叶，每二三十叶为一束，缚以红绒。"[53]壮族民间关于"婚礼送槟榔"的传说是这样的：古时，壮人生活在环境恶劣的深山荒野，人们都食槟榔以防瘴气。"有个哥哥赶赴弟弟婚礼，不幸半路中瘴气而死，弟弟伤心至极，哭坟时说如果我给你送

图3-32　壮族人家的定亲礼（农敏坚提供）

去槟榔，你就不会半路死去了。此后，人们便以槟榔作为送人之礼，有平安、长寿之意。"[54]布鞋、手镯也是壮族传统的定情、定亲信物，"鞋镯定亲"的习俗流行于广西忻城、都安、马山一带，"订婚之

图3-33　壮、岱族定亲礼都要准备槟榔（吴力摄）

日，女方打扮得漂漂亮亮，带上女伴到男方家去拜见未来的公婆、叔伯、兄嫂，并给他们每人送一双自己亲手做的布鞋，接着，当着全家人的面，送给未婚夫一双精心缝制、鞋底绣有一颗心形图案的布鞋，图案表示姑娘捧出一颗炽热的心。然后，大家一起吃'定亲饭'。饭后，男方送女方及其同伴回家，拜见未来的岳父、岳母及全家人，并当着全家人的面，把一个手镯给未婚妻戴上"[55]。

在越南岱、侬族中，提亲也是非常隆重的仪式，男方所带礼物很多，有猪肉、雄鸡、白酒、槟榔、糯米、粳米、蒌叶、糍粑等。一些地方有这样的习俗，提亲时受邀的就是正式婚礼的出席人，可见提亲仪式的隆重。岱、侬族各地也有不同的定亲风俗，"北泰省白通县青梅乡的岱族提亲时要举行一个仪式，将未来夫妇两人命运绑定。岱人将两根针、两卷线和两钱白银用写有男女双方生辰八字的红纸包起来，然后请新娘的舅舅将红纸打开，再用两根缝纫针将红纸的两个角缝在一起，表示两个人的命运从此将绑在一起，不能像以前那样没有约束了"[56]。"定亲"在越南侬族族群中有不同的名称，安侬族群叫"鸡肉日"，雷侬族叫"合命日"，当天，男家媒人及家人携带重礼到女方，礼品一般有糍粑、阉鸡、猪肉、米酒。谅山省的侬族礼品有猪肉、米酒、阉鸡、蒌叶、槟榔、糯米、糍粑及籼米。"在安侬人，礼物是一对阉鸡、6公斤肉、2瓶酒和10筒糯米。女方家用那些礼物来祭拜祖先。仪式由新娘的舅舅主持。在舅舅和男方家代表一起就餐结束后，讨论协商聘礼和日后将要举行的各种仪式的时间。"[57]定亲后，双方以亲家相称，平时经常走动，农忙时节，未来的新郎新娘都会到对方家中帮忙，但还不能住在一起。

定亲后，双方的婚事就已经定了下来，且男女双方的家族都已知晓，因此亲事一般不能轻易变卦。如因故一定要解除婚姻，也要经过一定的程序，首先是退"八字"，然后退"彩礼"，当然如男方主动退婚，女方之前收到的彩礼无须退还，如女方主动退婚，则要将提亲时男方送的礼物如数退还。

3. 定日礼俗

定亲之时，男女双方只是在确定婚事及大概婚期进行的初步商榷，习惯上定亲与婚期中间都有相

图 3-34 壮族人家"定日子"仪式（农敏坚提供）

当的时间，有时甚至需要 1～3 年。定亲之后，双方家庭都要为婚事做准备工作，其中有各种家具的制作、彩礼的准备及女家陪嫁品的准备等。"为了保持婚约，男方每年的重要节日需不间断给女方送礼，一年送 2～3 次，时间一般会选择春节和中元节（有的地方是农历七月十四，有些地方是七月十五），太原侬族则选农历四月十四。礼物不重，女方也经常会回赠一些礼物给男方，主要是为了维系关系。"[58] 随着婚期的临近，要选择结婚的吉日，这是非常重要的程序，选择结婚吉日在中越壮、岱族地区都称为"定日子"或"报日子"，习惯上是由男方去操办。男方将男女双方的"八字"请算命先生占卜选定，一般会占得两三个吉日，让男方家有一定的选择余地。男方家在其中选定吉日后，再次带上礼品来到女方家，将占卜结果及男方的选择告诉女方家长，此时女方会根据自家的实际情况提出意见。当然，只要没有重大的困难或者冲突，女方一般都会尊重男家的选择。接着双方继续商量与婚礼相关的其他问题，如女方所需聘礼及数量，送礼的日子及婚日的仪式操办等。送礼日各地还有一些不同的习惯，如聘礼中女方向男方索要多少只鸡，回赠给男方多少双鞋等传统

习俗。现代的壮、岱族乡村婚事送礼，男方还必须把女方办"送嫁酒"所需的米、肉、酒、糖果如数送来，甚至把名义为女方陪嫁，实则由男方购买的结婚物品提前送过来。

4. 待嫁习俗

壮族不少的地方有这样的习俗，女孩出嫁前夕，都要专程到外婆家，答谢外公外婆多年的抚养照料，一起吃一顿道别饭。而在待嫁期间，以前两地民间都有"哭嫁"的古老传统。壮族"哭嫁歌"亦称"伴离歌""伴嫁歌""送嫁歌""送老歌"（送姑娘去与丈夫百年偕老的意思）。壮族民间有句谚语："养女十八载，哭嫁在三朝"，指的是"定日"后，即将出嫁的姑娘就要在嫁前几天开始哭嫁，村中与新娘相好的几个未婚姑娘及亲邻妇女也来陪她唱哭嫁歌。越近婚期哭声越悲，那难舍难分的骨肉亲情，让人为之动容。哭嫁歌体现了当地伦理道德、乡俗文学与民间艺术，如百色一带的哭嫁歌《姐妹难离分》中唱道：

图 3-35 壮族出嫁女哭嫁（农敏坚提供）

油茶点灯灯花新，

今夜姐妹难离分。

明天花轿抬姐去，

在家姐妹泪淋淋。

语言与山歌旋律的近似性，使壮、岱族人的哭嫁比较接近，岱族哭嫁歌形式基本可分为三类：惜别歌、伴娘歌、劝慰歌。惜别歌是新娘哭诉父母养育之恩，哭诉兄弟姐妹之情，曲调表现了忧伤不舍的心情；伴娘歌多以伴娘吟唱为主，劝勉新娘到夫家后要孝顺、忍耐，曲调悠长轻柔；最动人的是劝慰歌，"劝慰歌是在嫁日的头天夜里，由一位德高望重的老人领头引唱，新娘以惜别歌的曲调接唱，伴娘们配唱，乡邻亲友们以劝慰形式对唱，从而形成热闹的歌堂，通宵达旦，是为哭嫁歌的高潮，动情之处，众人皆饮泣悲切"[59]。更为有趣的是，当媒人到来之时，新娘也会在哭唱中"骂媒"，以哭骂表达自己对婚姻媒妁的复杂心理，有因为对包办婚姻不满，想到自己就要结束了自由自在的姑娘时代，把这种怨恨都倾泻在媒人身上；也有对媒人撮合的婚事比较满意的，但传统习惯上却是"以骂代谢"。面对新娘哭嫁中的怨骂，媒人毫无恼怒之意，这也是当地的一种民间趣俗。

过去壮族地区姑娘出嫁前还有一个习俗，叫"吃离娘饭"，饭桌上饭菜并不十分丰盛，主要由母亲及家中妇女陪吃。饭后由女性长辈或送嫁婆给出嫁女梳妆，将原来的姑娘模样打扮成成年妇女的模样。半夜鸡叫头遍时，在堂屋前举行仪式，焚香燃纸，祷告先辈。先哭祖父母、父母，以谢多年养育之恩，表达依依惜别，谓之"开声"或"启声"。

图 3-36　壮家女待嫁（农敏坚提供）

5. 迎亲礼俗

婚礼的当天早上，男方早早祭拜了祖先，按照风水先生早已选好的时辰，到女家迎亲。迎亲队伍往往比较庞大，有八音锣鼓队，有司仪、媒人，有新郎、伴郎，还有抬嫁妆的帮手等。"迎亲对歌"是壮、岱族人流传千年的迎娶新娘习俗，因此，迎亲队伍中必须有几个能对唱山歌的高手，否则，迎娶新娘就不是那么顺利了，甚至可能落得个颜面扫地的尴尬境地。

壮岱族群以前婚嫁迎亲多为走路，鼓乐队为前导，司仪与新郎居中，其他人随后。迎亲队伍进入村子后，随即燃放鞭炮，以此方式向村民邻里报喜，也是以鞭炮声告知女方。这时女方家除了放鞭炮回应外，还会在路口摆放扁担、扫把、锄头等障碍物，并唱起《拦路歌》。男家迎亲

图 3-37　广西靖西壮族迎亲民俗展示（陈家友摄）

队必须用山歌来请求女方准予通过，女方也会以山歌继续刁难迎亲队，这是婚嫁双方的第一次对歌交锋，此时男方是不能自行搬走障碍物的，只有唱赢了山歌，或者落败后甘愿喝罚酒才能通过。在进入女方家门后，还有不少的规矩，"从门口或干栏房楼下到堂屋，媒人还要喝三次酒、给三次红包（称为三彩）。在侬族的一些地方，迎亲团进门时，女方为了考察新郎的应对能力并为其'净身'，故意设置'小陷阱'把新郎的衣服弄湿"[60]。这也是侬族在娶亲中的传统规矩，现在越南高平一带侬族有些地方还在继续沿袭。

迎亲队进入女家后，一般都是新娘的舅舅出来招待与全程陪同，先是安排新娘的弟弟或侄儿给新郎端上水盘洗脸，这时新郎是需要给红包的。迎亲队进入厅房坐定后，女方设宴招待迎亲队伍以及自

家亲友，其中"新郎席"最为丰盛，席上就座的是新郎、司仪以及新娘伯父、舅舅等长辈。此时的新

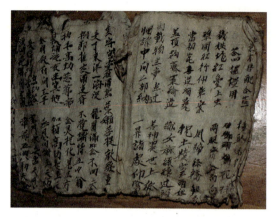

图3-38 广西那坡壮族的迎亲山歌（陈家友摄）

郎往往要保持矜持，不能贪杯贪吃，以体现一种斯文的风度。而宴席上的男方司仪在酒过三巡后即会放筷致谢，这也是提防后面女方再出难题而尽快进入下一程序。

迎亲队伍到后，新娘要在闺房最后一次梳头，换上新娘衣服。乡下还有个旧俗，替新娘梳头的必须是夫妻健在、子女双全的妇女，同时要边梳边唱古老的"梳头歌"，祈愿新娘在新的家庭夫妻和睦，早生贵子。新郎请新娘出门是迎亲仪式的重头戏，刁难新姑爷也是壮人传统的出嫁习俗。新娘由众姐妹陪同坐在闺房，房门紧闭，男方司仪唱起"叫门歌"，房里也响起了挑战的山歌，迎亲队众多山歌好手使出浑身解数，轮番上阵，与女方伴娘们展开对

歌，最终只有男方唱赢山歌了，姑娘们才愿意打开房门。此时男方迎亲队蜂拥而入，挑的挑，扛的扛，把屋内的陪嫁物品全部搬走以免节外生枝。新娘出门前还有一种传统的拜别仪式，这时，男家的司仪唱起"上轿歌"，歌中请求女家允许新娘出门。此时新娘百感交集，放声大哭，是对父母弟弟妹妹的依依不舍，也是对未来生活的彷徨不安。新娘出门不哭被认为是没良心，是不孝。"一些地方新娘出门时要脱掉鞋子，表示已经出嫁，不留脚印。新娘出门后一直到夫家都不能回头，否则以后心不在夫家，夫妻容易不和。"[61]

广西隆安县杨湾乡一带的壮族人把新郎的妹妹叫"婭妯"，在迎亲时，"婭妯"肯定是要陪同前往的。把新娘从闺房接出来后，"女方家的长者背着新娘下来，旁边有人为他们撑伞，边撑边旋转伞。后面有人紧跟着把棉花籽、糯米花等撒到新娘头上，旁边有长者唱'散花歌'，唱歌者必须是夫妻双全、有儿有女有福禄的人。现在散花歌一般都不唱了，而是用念词的方式念出来。出门上路时嫁妆先行，随行还会带一袋糯米。女方家会给'婭妯'带上两根带根带顶的甘蔗，以示新人将来的日子会像甘蔗一样节节甜"[62]。过去，村上同日有两个姑娘出嫁，那就看谁先出门谁就最吉利，这在村里叫"争头彩"。出门时，各地壮人还有不同的习俗，隆安一带的老习俗是"背新人上轿"，新娘"头上罩着一块红布或花布，由她的兄弟或堂兄弟背她出门上花轿，而从娘家到夫家整个路段，无论是远近新娘双脚不能着地，不能让她见天或淋雨。路上如正好遇上前方同样是迎亲队伍，那么两个新娘必须交换手帕或红布以图吉利；若要过河过桥，必须烧香拜河神；等等"[63]。迎亲队临近男家时，守候多时的家人马上燃起鞭炮，八音齐鸣。此时新郎的父母必须避开，据说是新人入屋时，直面家中父母是不利的。新娘一般由男家子女双全的妇女搀扶，并多数是新郎的舅妈，在鞭炮声中步入厅堂。

图3-39 那坡黑衣壮夜婚习俗（农敏坚提供）

越南岱、侬族姑娘出嫁也有许多习俗，如男方送礼时必须有一匹"干湿布"，这是一种一半染红、一半留原白色的布。女方母亲必须把新郎送来的"干湿布"裁一部分出来，等到外孙或者外孙女出生时做成一些褓裸与裤子。如果新娘早于姐姐结婚，新郎必须送妻子姐姐一块叫"挂红"的红布，表示请求姐姐让妹妹先出嫁。岱、侬族的迎亲队成员构成与壮族差不多，有趣的是他们把迎亲司仪称为"拉纤人"。"在岱、侬族的婚礼中，拉纤人是重要角色，是代表男方跟女方从结纳礼到婚礼的一切交接的人，要有好的道德，了解民族的风俗习惯与也许懂得爱情法术（人家常以为夫妻后来的生活有没有终生和谐是依靠一份拉纤人的魔术能力）。因为拉纤人至关重要，所以夫妻对拉纤人像父母似的，并也有责任与义务在日后照顾拉纤人，拉纤人去世后夫妻也要祭祀。"[64]

图 3-40 越南高平夜婚习俗（太原博物馆）

迎亲队入村后，同样燃放鞭炮通知女方，女方也会放鞭炮回应。过去岱、侬族人有唱"拦路歌"的习俗，现在已很少见了。进了女方家门，迎亲队稍坐片刻后，要先祭拜女家祖先，然后才与女方亲戚朋友一起喝"出嫁酒"。在请新娘出门时同样会遭遇"拦路盘歌"，这个时候就要看接亲人员的聪明才智与口才了。大多数女方拦路还是适可而止的，有时当双方僵持不下时，丈母娘也会出面调解，毕竟女儿的大喜之日是不能耽搁的。岱、侬族有些地方迎亲出门之前，"新娘要做'推火'仪式，双手把燃烧的火把推进火炉，然后出外间房出门外。继而伴娘、送亲团，两个小姐妹与拉纤人是最后出门的人。

图 3-41 黑衣壮在村头唱起迎亲歌（农敏坚提供）

在侬安族，送亲团走出村庄一段路，舅舅才开始跟后与带着两把香以烧香从新娘家到新郎家，是表示希望路上的神灵、魔鬼不阻碍送亲团"。[65]这种小舅子途中进入送亲团的习俗，至今在广西壮族很多地方都有保留。在迎回新娘的路上，岱族男家拉纤人必须全程为新娘撑伞，除了遮阳挡雨，民间还有新娘出嫁不能"见天"的说法。途中如遇过桥或过河，传统的习俗是新娘要叫人在岸边撒一些钱或放一块小手帕，同壮族一样，岱、侬族也要给河神"买路钱"。过去一些地方认为新进门的新娘会带来女家的家鬼和邪气，所以新娘随迎亲队伍到夫家后，男家要请师公做"驱邪"的仪式，围着新娘点拂一些柠檬水或柚子叶水，然后新娘跨过泡着柚子叶、桂叶或柏叶的水盆，才能进入家门。有些地方先前在男方"干栏"楼梯的旁边，用竹子搭成临时的梯子，给新娘单独走上，然后男家把这把临时梯子砍断，意思是让新娘一心一意嫁入家门，永远不再回头。

6.拜堂礼俗

壮族新娘迎进男家后，当即举行拜堂仪式。拜堂一般在家族的祠堂或家中的堂屋进行，祖先神位祭桌上摆满供品，点燃高香蜡烛。拜堂仪式开始时，先是请长辈坐于堂屋上方，亲戚坐于下方，其他人则在两旁围观。新郎新娘站在堂屋中间，衣袖上扎红绣球，在司仪的主持下，新郎新娘先拜天地祖宗，再拜父母长辈，最后夫妻互拜，并对前来参加婚礼的亲朋好友致谢。这时，伴郎和伴娘端来茶盘陪着新郎新娘一一向父母长辈、哥嫂亲友敬茶。最后司仪宣告婚姻礼成，此时鼓乐、鞭炮声大作，乡亲宾客纷纷祝福新郎新娘白首偕老，早生贵子，然后新郎新娘进入洞房。以前乡下还有新郎新娘"抢进洞房"的趣俗，也就是拜完堂后，小两口会抢着跑进洞房，民间的说法是谁抢先进了洞房，婚后就不会被对方欺侮。于是，新郎新娘入洞房时争先恐后的窘态，逗得宾客们忍俊不禁，哈哈大笑。

图 3-42 新娘拜夫家祖宗神位（农敏坚提供）

为了向列祖列宗拜堂禀报后代成家的喜讯。各地的婚礼仪式也各有特点，岱族一些地方把新娘迎进家时，亲戚朋友都要撒一些柚子叶或柠檬叶水在新娘脚上，他们认为这是非常吉利的。侬族把新娘接进家后，并不马上举行拜堂仪式，而是先进入新房，这时，房门口放置一盆柚子水以及几片小金属片，新娘必须迈过水盆才能走进新房，这也是一种驱邪纳吉的习俗。新房的床是早就安装好的，这时会请一位子女双全的妇女拿着铺盖放在床上，家人点燃蜡烛，由巫师对着床念几句咒语，或让拿铺盖的妇女念几句贺语，意思是让新婚夫妻同床共枕，早生贵子，永不分离，然后出去在厅堂参加拜堂仪式。新郎新娘在司仪的指引下，双双在祖宗神坛前跪下磕头，司仪将婚事禀报祖先，希望先人接受新娘为家族成员。然后新郎新娘起身叩拜父母，答谢亲朋好友。拜堂礼毕，设盛宴招呼众宾客。

7. 闹洞房趣俗

图 3-44 热闹的壮家婚礼（农敏坚提供）

岱、侬族不少地方办喜事时，仍保持着在家中的厅堂张贴汉字喜联的习俗，如"芝兰茂千载，琴瑟乐百年""欢庆此日成佳偶，且喜今朝结良缘"等。据说是因为祖宗使用的是汉字，贴汉字喜联会给婚事带来喜庆与吉祥，也是

图 3-43 越南高平保乐县乡下的汉字喜联（张耀军摄）

在中国盘古文化的民间传说中，伏羲兄妹结婚时住的是岩洞，因此后人一直把新房叫洞房。中越壮、岱族大多也曾经崇拜盘古，"闹洞房"是壮、岱族婚礼仪式中的又一高潮。

婚宴后夜幕降临，办婚庆的人家早早做了准备，首先是请族中德高望重的男长辈或子女双全的夫妻到新房，唱起贺婚的山歌，把新床铺好，挂上蚊帐，在新床的四周和中间放上 5 个红鸡蛋，寓意这对新人早生贵子，多生贵子。还要在床上撒上几把米和一些喜糖，在被褥中藏进一些红包与花生、红蛋等物。然后大家便唱起古老的"闹洞房歌"，随着司仪的一声令下，众人拥簇着新人进入洞房，争先恐后地寻找与抢夺礼品，抢到红蛋的人还要向新人祝

福。这时大人会抱一些小孩子到床上，让他们打滚取乐，意为将来新婚夫妇多生贵子。这时，青年男女闹洞房开始了，宾客都会想方设法捉弄新郎新娘，或让他们互唱山歌，或让他们表演节目，即便有些稍为出格的举动，众人也是不会在意的。最后，新郎新娘唱起"敬茶歌"，向大家敬献当地特有的糖茶，直到深夜众人才尽兴而归。

8. 婚后习俗

过去，壮、岱族婚后的夫妻关系，有非常复杂的传统文化背景，《赤雅》"丁妇"条载："娶日，其女即还母家，与邻女作处，间与其夫野合，有身乃潜告其夫，作栏以待，生子始称为妇也。"[66]此种奇异的风俗《岭表纪蛮》也有过记载："未开化之蛮族妇女，于结婚之次早，多还母家，自继续其'做后生'之生活。次年插秧之时，夫家使人迎之，至，信宿即去。以后非节日不来，来则两三日又去。直至怀孕生子，或其本人不愿再'做后生'，始与夫同居。"[67]史书上这些记载，反映了以前新婚的壮族妇女，婚后不在婆家生活，而是第二天就马上回到娘家，只有农忙或节庆时，才到夫家帮忙，住上几天，有了孩子，才真正在夫家住下来。这种习俗在当地被称为"不落夫家"，也有叫"坐娘家""走媳妇路"等。

越南北方许多少数民族过去也有此俗，"岱族、侬族的新娘子在生儿育女前仍有随意来往于夫家和娘家的'自由'，同时还能自由地与自己喜欢的小伙子唱山歌和去赶圩。只有到了生儿育女之后，才死心塌地'落户'夫家"[68]。当然，新娘"不落夫家"期间参加社交活动时，当地也有些传统规则，"要避免夫家的人看见，不然会受到夫家的干预。为了避免纠纷，是否已结婚，在某些壮族地区，在装饰上是有区别的，如龙州县一带的壮族，姑娘的头饰是有刘海儿，即额头上留有齐眼眉的短发，脑后及两侧的头发稍长过耳根，已婚女子是在脑后打髻"[69]。因此，在过去的一些社交场合，从装饰上很容易辨别妇女的已婚与否，这对维护社会的公序良俗，是有重要作用的。

图3-45　越南保乐县那床村陶阿修谈自己做后生的经历（庞健萍摄）

20世纪中叶以后，由于社会的进步及民众文化修养的提高，中越壮、岱族的婚后习俗逐渐发生了改变，"不落夫家"的旧俗虽在一些地方仍有残留，但整体上逐渐被社会所遗弃。现在壮、岱族的婚姻文化有了较大的变化，逐渐形成了新的习俗。靖西一带壮族地区婚后第二天，新娘一早就由家人带去"挑新水"，到了江边要先行烧香祭神，再把江水挑回家。然后将新水倒入锅中烧热，盛在放了新毛巾的脸盆中，端给公婆、丈夫洗脸，公婆洗脸后，会把一个红包放在脸盆边打赏儿媳。早餐后，新夫妻在家人的带领下到村中祠堂与土地庙祭拜祖先神灵。新婚第三天，两地民间都有新娘"三朝回门"的习俗，也就是回娘家。有的地方"回门"前新夫妇要在家门口合

图3-46　回娘家的岱族媳妇（太原博物馆）

种一棵芭蕉树，当地认为芭蕉树从头到根一条心，栽树用意为夫妻永结同心。"回门"时，新婚夫妇在伴郎的陪同下，带上几担谷子以及鸡、肉、酒等礼品，到女方家拜祖认亲。

岱、侬族人的"回门"习俗，同壮族差不多，也是婚礼仪式的一个重要部分。"新夫妻回看岳父母、妻子亲戚，同去的人有女婿的兄弟姐妹与女婿的父亲……到岳父家做一顿饭祭祀祖先，与请妻子的亲戚来让两边一起介绍认识。到这个时候，婚礼才是完毕。"[70]过去"不落夫家"时岱、侬族儿媳妇是要留在娘家住的，丈夫独自同家人一道返回家中。如今不一样了，办完"回门"仪式后，新娘又同新郎高高兴兴地一起回婆家。

图 3-47 越南河安县北棱村龙云元家中国亲戚送的喜镜（张耀军摄）

中越壮、岱族地区山水相连，民俗相通，历史上两地多有通婚，双边亲戚经常往来，一方有婚嫁之喜，境外的亲戚自然会接到请柬，越境送礼喝喜酒是常有的事。越南高平省河安县北棱村侬族村民龙云元，今年52岁了，他家的厅堂上至今还挂着一块父亲龙文利53年前结婚时中国亲戚送的喜镜，喜镜的斑驳陆离折射出那远去的岁月，但上面用红漆书写的汉字还依稀可见——"金荣同志结婚之喜"，"金荣"是其父龙文利的号，下面署的是一群中国亲戚的名字，他们用当时中国社会流行的方式，向越南亲戚表达了自己的衷心祝福。

（三）庆寿礼俗

庆寿礼俗是指在老人过生日时，晚辈或亲友为他祝贺所举行的仪式活动。祝寿源于古代，中国唐代以后渐盛，《诗经·豳风·七月》载："跻彼公堂，称彼兕觥，万寿无疆。"[71]《史记·项羽本纪》载："沛公奉卮酒为寿。"[72]史书多有关于祝寿的记载。古时祝寿礼仪一般在60、70、80等逢十之年举行，也有逢一之年举行，如61岁、71岁等。有的地方77岁为喜寿，88岁为米寿，是比较隆重的两次祝寿活动，一般都要设寿庆宴席来祝寿。

受汉文化的影响，中越壮、岱族民间也有给老人祝寿的习俗。以前生活环境恶劣，人们遭受天灾人祸的伤害，往往寿数不高，因而一般人年满36岁后就可以做寿，当然大多50岁后庆寿仪式才比较隆重。壮、岱族不少的地方都有这样的传统习俗，老人到了60岁，儿孙后辈除了杀鸡宰鸭为老人庆贺寿辰，还要在当天给老人添置一个"寿粮缸"，晚辈们轮流往缸里添米，直到装满为止。另外，民间还有给体弱老人"补寿"的习俗，家中有老人体弱多病，在医治无效的情况下，家人也会去问神，道公或巫婆将其生辰八字放在祭台上，做法通神。一旦神的旨意需要"补寿"，即与事主家人择定补寿吉日，并通知亲戚族人。"补寿之日，女儿便去接来道公或巫婆，并带来一个方形竹筐，叫'粮仓'，放在中堂的桌前。道公念经时，儿女及亲友们依年龄由大及小依次把自己带来的一小袋稻谷倒进'粮仓'，这些粮食留给老人日后煮食。仪式完毕，家人亲友方进食。"[73]

越南岱族人的贺寿礼也叫添粮礼，以前贺寿都要在寿日前一天与寿日当天进行，家人要举行隆重的拜寿仪式，除了祭祀祖先，还要准备一素两荤3桌供菜，供菜上置放一个"寿粮锅"，作用跟壮族的"寿粮缸"是一样的。寿锅中放一个用较硬的纸剪成的"命梯"，男女级数不一，

图 3-48 壮族民间祝寿仪式（靖西博物馆）

男为七，女为九，还要放一个象征"命根"的芭蕉树根，和一把遮阳的伞。岱族人贺寿还要做"寿饼"，用红花草浸染糯米做成米饼，分发给儿孙及前来贺寿的亲友。家人还要为老人准备一套"纳福衣"，在贺寿礼仪时穿戴。同壮族一样，贺寿的亲友要带上一小袋米，为老人添"寿粮"。寿礼过后，还要把芭蕉树根拿到屋旁栽下。

在广西靖西一带，49岁称为"福"，61岁称为"寿"，73岁称为"康"，85岁称为"宁"，属不同的"大寿年龄"。每逢这些大寿，家人就会将老人的生辰八字拿去给道公，由道公择定寿期。做寿这天，做儿子的要准备寿宴招呼前来贺寿的宾客，做女儿的还要亲手为老人做绣花布鞋，用土布为父母做衣服。"献红"是当地的一种隆重的仪式，出嫁女儿和女婿都要带一幅"红"来贺寿。亲戚及好友带来的礼物较为简单，以前多有挑寿米或寿谷来的，现在一般是封一个贺寿封包，上面多书"寿比南山、福如东海"等贺词。寿仪在厅堂举行，堂前放一张餐桌，女儿、女婿将带来的"红"幅挂在正堂的一侧，家中儿孙、外甥等围着老人祝寿，并由道公念寿经。寿宴开始后，老人坐在厅堂中间，众家人频频举杯，向老人敬酒夹菜。此种祝寿风俗在毗邻的越南高平省的下琅、河广、诺海一带民间都普遍流行，除了请道公念寿经，一些地方还有举行搭寿桥、请戏班唱戏等习俗。

中越壮、岱族民间过去有一种为老人积阴德的传统习俗，那就是修桥补路，或建造凉亭等。也就是家中长辈到一定年纪后，有一定经济实力的家人往往会以老人的名义在村里做些公益，或者族中有事之时请戏班到祠堂唱戏，或者年节的时候请村中长者欢宴，而更多的是建造一些长久性的公益建筑，如凉亭、风雨桥等。这些建筑完工后，往往会以老人的字号或相关的寓意为这个公益建筑命名，甚至竖碑刻文以志纪念。

图3-49　寿匾（河内博物馆）

此外，谅山、北江一带的岱、侬族民间仍保留着为逝去老人做"阴寿"的习俗，此俗一般是为家庭主人去世的父辈举行的，是日在外谋生的家人都要赶回来，同时邀请亲朋好友参加。做"阴寿"往往比较隆重，特别是在去世后的5年或10年，一般都要请道公来作法事，以祭祀先人，祈福后人。

（四）丧葬礼俗

中国壮族与越南岱、侬族群都是古越民族的后裔，由于生存困难及社会动荡等原因，古越民族中的一些族群离开自己的故土，辗转到了异地他乡生活与繁衍，经过千百年漫长的岁月，迁徙的族群在新的生存环境立足，并逐渐形成了许多新的民族。民族的存在都是以民俗为内在的意义与外显的活动形式，民俗往往可以跨越时空、超越国境而保存延续下去。从历史的观点来看，"受新的社会文化环境影响，各个民族原始的出生、成人、婚姻、庆寿等人生礼仪都已发生较大的变化，唯独丧葬礼俗作为最保守的

图3-50　广西凤山壮族人家为老人准备的棺材（吴力摄）

传统文化习俗，顽固地在新的生存环境里不断地坚守、绵延"[74]。

在漫长的历史时期，灵魂不灭观念与先人崇拜传统一直在中越壮、岱族中流传，面对死亡这一人生不可抗拒的自然现象，这些族群在丧葬方面大多保留着古老的习俗，"隆丧厚葬，香火永继""葬先荫后"的丧葬意识仍然是民间举丧的传统观念。

因此，一个家庭中有年事已高的老人，不管是家人或其本人，都会有意无意地进行后事准备，甚

图 3-51 壮族民间丧事的灵堂（农敏坚提供）

至一些地方年过六十的老人都有为自己"备棺"的习俗。"壮、岱族地区普遍流行土葬，而土葬最重要的是棺材。故家有老人，做子女的一般都预先准备好棺材，称为'寿木'。老人看到为自己准备的'寿木'，不但不觉得伤心，反而感到踏实。如果已到耄耋之年，子女仍未制作'寿木'，老人会一再念叨，屡屡催促。他们最担心死时没有棺材，临时凑合了事。"[75]围绕着老人的辞世，壮、岱族在治丧、安葬、服丧方面体现出大体相同、特点各异的丧葬习俗。

1. 治丧礼俗

壮、岱族丧葬的治丧礼俗，历史上一直受汉族的影响，从准备后事到下葬，要经历治丧、安葬、服丧等仪式过程，如治丧方面，包括了停丧、报丧、吊丧、做道场等环节。治丧仪礼的主导意识非常多元，有先人崇拜的主因，也有儒教孝道的渗透；有佛教超生转世的蕴含，又有道教祈佑驱邪的糅合，体现了中越壮、岱族复杂的人生观与宇宙观。

"初终停丧"是老人去世前后阶段的习俗，按壮族的传统，老人不能死在外面，认为那样会变成"野鬼"，不能与家族祖宗同列。因此，大多数老人年数大了便不愿意离开家，哪怕是重病了也不愿到医院就医，宁愿在家等死。在民间，老人在生命的最后阶段也有不同的风俗习惯。"在广西马山、平果等地，有忌人死在床上的习俗，认为死在床上会变成'负床鬼'，到哪里都要背着床。"[76]所以，弥留之际，老人总被抬到祠堂或家中厅堂，安放在一旁铺设的门板上，走过其生命的最后阶段。人去世后，壮人都有"买新水"为其洗脸、擦身的习俗，即到河边或井边挑回新的水，用柚子叶或柑橘树叶、黄皮树叶、桃树叶烧热后为其沐浴擦体，然后换上传统的民族服装。这种丧服是用带子系紧的，不能有扣子。如死者为男性，头上扎上传统的头巾，也有像汉族那样给其戴上有布疙瘩的黑色帽子；如死者是女性，则为其扎上本族群传统的头巾，不管男女死者，脚上都要穿黑色的布鞋。民间的传统说法认为，死者只有身着传统服饰，才能在阴间认祖归宗。

图 3-52 壮族民间丧事的清水仪式（农敏坚提供）

当人去世后，按照乡间习俗，遗体便被移到厅堂的中间，通常要点燃一盏"脚头灯"，烧完头一轮纸钱后，便布置灵堂。"有些壮族地区'初终停丧'习俗很奇特，在死者装殓完毕后，亲属要将其安坐在靠椅上，接受子女跪拜，然后灌上一杯酒，以作最后诀别。"[77]越南岱族与侬族也有此俗，并且更具民族特色。"不少老人的愿望是死后子孙能为自己做大超，以便让魂魄能'超度'。他们把死者扶起

来坐在靠椅上，头戴斗笠，双脚蹬靴，让道公诵经'献疏'，使死者的魂魄脱离'阎王十殿'，而后升天。"[78] 如今扶死人坐起的习俗已经没有了，更多是用一只纸扎的偶人替代逝者。

壮族丧事一般灵堂中央置一祭台，上有扎制的灵屋，其中摆放死者的遗像以及神主牌，香炉一般是竹筒，里面装满白米，以便插上香火蜡烛，祭桌上还要摆放一碗插着一双筷子的糯米饭，筷子也有用砂纸缠绕。"村上的人家办丧事，都要在自家大门和宗族祠堂大门分别插上一簇当地称'长钱'的白色纸幡，'长钱'以白砂纸剪成，其段数是根据死者阳寿的整十数，如六十岁就剪贴六段。"[79] 也有按死者传承后人的辈数分段，如最晚只有孙辈挂纸幡3截，四世同堂挂4截，五世同堂挂5截。挂幡事毕，鸣放鞭炮，以示乡邻。然后向族人或娘家报丧。

岱、侬族地区民间治丧同壮族地区比较接近，2014年7月中旬谅山省高禄县同登镇富中社甲安村岱族村民洪起浪家的丧事中，灵堂的布置与广西壮族有异有同，在这里没有拉幔帐，供桌摆放的冥物供品相差无几，只是没有扎制的灵屋，棺椁前面摆放遗像，纸做的神主牌都是用汉字书写，香炉上插着香烛，"三茶五酒"摆于桌上，供品有传统的粽子、糍粑、水果，也有时尚的啤酒、饮料、饼干，还有各种印刷精美的冥币，棺椁周边摆放各种纸人、纸驴、纸马，这也是下葬时的陪葬品。"岱族人办丧事不忌讳红色，从棺椁、供台到纸扎都是红黄为主色调，屋内原来所挂红底黄字的中文中堂与对联并没有遮盖。亲属披麻戴孝围着棺椁席地而坐，有些年轻人或儿童在孝衣里面透出红色的衣服也不忌讳，反倒增加了几分亲和与温暖。吊丧活动比较隆重，亲朋好友前往吊唁时，各家各户都会带上送葬用的扎纸，有红、黄、紫、蓝、白等彩纸做成的一丈余高的多层奠笼扎纸，还有非常华丽精致的用纸篾扎成的寿屋、纸马、纸人等，各种冥品堆满了事主的屋前屋后。吊唁者在灵堂为死者哭丧，大概也是哭诉与追思死者生前的辛劳与功德，丧家事主也同样都要给前来吊唁者发送红包，以示大吉大利。"[80]

图3-53　越南同登甲安村的岱民葬礼（陈家友摄）

吊丧是丧事操办的重要仪式，岱族民间有死者去世当日开始吊丧，也有去世次日才进行吊丧。亲朋好友前往吊唁时，都会带上各种用红、黄、紫、蓝、白等彩纸制作的高大多层奠笼扎纸，还有华丽精致的纸屋、纸马、纸人等，"奠笼扎纸上贴着中文书写的契纸，上书：'立契花枝瑶钱/大南国国都府南曹县琉璃乡民师李纪庆等造作/一座上下三层茄色完成招卖价契谅山省高禄县富中社甲安村居住即有阳孝弟女……今正魂前去阴司，永为己物随身使用，如有经过关津隘卡耶魔外鬼，无名无姓不得固问，不敢争夺者/上告天皇，下告地府……'购契中言明了奠笼的制作者、购买者，并指出这些冥物属死者专有，在阴间其他神鬼不能占用"[81]。传统吊丧大多在日落后到初更时分，吊唁者由事家亲属在大门迎接，并大声通

图3-54　岱民葬礼的冥物（陈家友摄）

报，灵堂披麻戴孝的孝子孝媳及孙辈等即放声号啕大哭。吊唁者给逝者敬上单数的焚香，年长的女性吊唁者都会在灵前"哭丧"。哭丧是中越壮、岱族的一个古老习俗，往往是根据逝者生前的为人、德

行、功绩，通过民间特有的曲调哭唱出来，丧家这时会给吊唁者一个红包，这是民间表示吉祥的"利士"。

越南岱、侬族的这些治丧礼俗，在广西边境地区的许多壮族村落都普遍流行，两地灵堂的布置，棺椁的摆放，灵台上摆放的供品，各种奠物冥品的样式与色彩，以及一些治丧习俗，都比较相似，这与越南京族地区及中国汉族地区都是不太一样的。

图3-55 用汉字书写的岱族冥物契约（陈家友摄）

在办丧期间，做道场是中越壮、岱族地区都普遍举行的仪式，并都称为"打斋"，"在父母逝世后，孝顺子孙要请师公安葬，其中就有一段是破狱解围把灵魂送上天。因此，打斋环节是葬礼中重要的一环"[82]。闭殓前往往要举行招魂的仪式，民间传统的说法认为此时死者的灵魂还在外游荡，出殡前要将其接回来，否则阴阳间都不得安宁。招魂时道公在前面手持法器敲击锣钹，随后是事主家人捧牌位、打引魂幡，招魂路上哭喊着死者的名字，十分悲戚。

中越壮、岱族地区丧葬也有不少相同的入殓习俗，如用白布裹着死者入殓，给死者执金握银，戴铜佩玉及撒铜钱或硬币

图3-56 壮族民间丧事的冥人像（农敏坚提供）

等。壮族地区"通常要往死者口中放一枚硬币，有的地方还用硬币封住双眼、双耳孔和嘴巴，或在额头上也放一枚硬币，然后用白布盖住面部。有的地方在死者手上也放钱币，或把钱币绑在死者拇指上"[83]。寓意是让死者魂魄安宁，不要生事。同样，越北岱、侬族地区民间入殓时，"他们用白纸盖住死者的脸，用几块小铁或几角纸币放入死者的嘴里，使其魂魄不得乱语和给子孙带来灾难。有这样的谚语：'嘴有铁、领有钢'，意思是迫使死者言语谨慎"[84]。

图3-57 侬族丧事的"招魂"仪式（陈家友摄）

过去壮族各地还有一些不同的入殓习俗，"大新一带往死者手中放几根鸡毛，崇左一带让死者右手握着新毛巾，左手握着糕饼。在德保，往死者嘴里放硬币后，再用红纸封贴嘴唇。在靖西，如死者牙齿完好，装殓时其子女要拔掉一颗，然后用煎成块状的鸡蛋或鸭蛋封住死者嘴巴，以禁止死者在阴间同阳间人说话。在凌云县泗城，要往死者嘴巴放一颗槟榔和一种特定的野生植物叶，或放一颗金星，右手持一把扇，身边放一个葫芦，以防死者上天堂时干

渴而喝'忘泉'，把在世的亲人全忘了"。[85]在越南岱族和侬族一些地区，装殓的习俗也不尽相同，有的地方在装殓时，用棉花塞住死者的耳朵，两手也会放一些铜钱、硬币、毛巾及装有各种用品的小布袋，有的地方在死者的身体各部位放铜钱或硬币。"有些地方死者要'头顶瓦，脚踩砖'，预示到了阴间有房可住。整理完后，还要盖上一块白布，用死者的旧衣服将空隙塞满，以免抬动时尸体移位。盖棺钉棺工作在道公的主持下，死者舅家及直系亲属围在旁边，入棺和盖棺必须有舅家人的参与监督，有些地方还要舅父或舅家人钉封棺的第一枚钉子。"[86]这些丧葬习俗，也在一定程度上反映了舅权在岱、侬族中的重要地位。

图3-58　侬族丧事出殡时的坟塔架（陈家友摄）

2. 安葬礼俗

壮、岱族安葬分"一次葬"与"二次葬"两种，"一次葬"就是将逝者一次性下葬，以后只是定期上坟扫墓，墓地永久性地维持原状；"二次葬"是指人死后举行两次安葬仪式，头一次是将遗体安放棺材里埋葬，堆成一个民间称"长墓"或"新墓"的长形的坟墓。民间的说法是过世人的灵魂还游离在世间，没有到阴间，所以家中祖宗神位上还没有他的位置，要另外给他设灵位，家族祭祖时必须在他的灵位前另外设祭。葬后三四年尸体"化净"之后，将"净骨"捡出，安放在一个专用的陶罐中，这种陶罐壮

图3-59 广西南部壮族人的出殡仪式（农敏坚提供）

语称"金罐"或"金钟"，然后在风水先生选好的新墓地重新安葬，这时的坟墓是要堆成圆形的，俗称"祖墓"或"圆墓"，这种举行两次安葬仪式的就叫"二次葬"，也叫"拾骨葬"。

"入土为安"是逝者的最后愿望，所以壮、岱族民间都非常重视，往往以最高的规格去操办。安葬的第一个程序是出殡，民间传说人死后要走漫长的黄泉之路，途中还要过奈何桥等各种险阻，因此传统出殡都是上午上路，这样才能在日落前赶到阴间，不用在路上受难。参加出殡的人员包括丧家亲属、亲戚、邻居、朋友以及巫师。装殓好的棺椁从停放的宗族祠堂或家中大厅抬出，抬棺由6个至8个年轻人负责，多为族中人或亲朋好友。广西马山一带的壮族人家出殡时的仪式比较传统，"出殡时棺材先行，送葬队伍紧随其后，在棺材前面还有两个师公扮作驱赶邪魔外道的神，为老人开路，下葬时由道公念诵经文为死者超度送行，师公也会吟唱《二十四孝》歌，引导亲属痛哭，为死者尽孝送行"[87]。越南谅山同登一带岱族的送葬别具特色，出殡前要用竹子做一种"坟搭架"，有的地方也叫"殡车"，即有遮阴篷的抬棺竹轿子，匠人用红、黄、蓝彩色纸贴在周边与篷顶上。出殡时道公为前导，手执铃铛法器边走边舞，似乎是开山劈道，驱除妖孽。两名手持火

图3-60 广西南部壮族人的下葬仪式
（农敏坚提供）

把者随后，接着是幡幛队以及吹着唢呐、敲着锣鼓的奏乐队，之后是灵柩。灵柩上覆盖着装饰有棱形图案的锦布，两侧挂着一串显赫的大红双喜汉字，这与壮族一些地方把老人亡故办成"白喜事"是一样的。灵柩后是丧主家人，其他送葬人扛着灵屋、纸人、纸马、纸驴居后，浩浩荡荡直奔墓地。

出殡路上棺椁的上面都覆盖着红色的毛毡，前头扎着一只用于引路的公鸡。壮族地区丧葬之前都由风水先生选好墓址并提前挖好墓穴，送葬队伍到达墓址后，设祭案焚香烛，即准备下葬。"下葬时，除去抬扛，直接拉着绳索将棺木平稳吊入墓穴，孝子定下龙脉向山，抬棺人移正棺材方位后，抽出绳索。孝子将祭品摆于墓穴前，祷告死者安居，然后往墓中棺材上撒下一把土，即可离开墓地……新坟完成后，于坟面遮上青松杂木枝叶，据说人的突然死亡，并未经过天地神灵白鬼允许，将其埋葬，是一种类似于'偷盗'的行为，所以要掩面遮羞，躲避鬼神，免其骚扰，只有'出七'之后，'死亡已既成事实'，才除去枯枝杂叶不需掩面。"[88]参加葬礼的人回到丧主家中，还有"挂红"仪式。"挂红"是将一段红绳或红布挂在肩上，以示吉祥。孝子"挂红"需要有人为其打伞，"挂红"后丧事到此转为喜事，门上白纸对联也全部换成红色。

图3-61 岱族的下葬仪式（太原博物馆）

越南岱、侬族人丧葬下葬同样由道公选好墓址并挖好墓穴，"灵柩到达墓地后，巫师举行丧葬'安山神礼'，只见他一手不断舞动铃铛，一手抓住一只公鸡，突然间把鸡扔进墓穴，任由它'扑哧扑哧'地飞出，民间认为这只鸡飞到谁那里并被抓住，谁就将得到亡魂的赐福"。[89]这种相同的习俗均源于古人的"鹤"崇拜，长者仙逝都称为"驾鹤西去"。今日鹤存不多，鸡鹤同类，因此，中越边境两地都同样保留着以鸡代鹤的习惯。接下来，抬棺者在棺椁上罩上"坟搭架"，道公点燃一枝香，将其插在自己的头巾边沿，嘴中念着经文，做丧葬仪式中的最后超度。然后，将草席铺在墓穴上，撒进一些谷米硬币，燃放一小挂鞭炮并丢进墓穴。这时，众人趁着硝烟弥漫，用布绳慢慢把棺椁放下墓穴，安放稳妥后将一块白布盖在棺椁上，上面放一张用汉字书写的祭符，道公及死者亲人象征性地往棺椁上撒泥土，来帮忙的村民用铁铲铲泥填满墓穴并垒好坟墓。越南广宁、北江、谅山、太原等省二次葬较盛，所以初葬的墓地及仪式都比较简单，墓地多在地头田边，但要请风水先生来定"坟向"。壮族民间送葬有一个传统的习俗，回来时不能从原路走，也不能回头看。由于是二次葬，"岱、侬族只是为新墓粗糙地做篱笆和盖顶，待三、五年后才把死人骸骨改葬于家族公墓"；[90]在越南北洴、河江、高平、老街等地，"一次葬"的比较多，因此下葬仪式规模较大，也比较隆重，安葬结束后，坟搭架、纸马、幡帐、纸人等冥品全在墓旁燃烧，说是给逝者在地下享用。最后也是要在坟墓上放上许多树枝、荆棘之类，此俗寓意既与壮族相同，也是为防野兽侵袭墓地。安葬后回村，同时不走原路，也不能回头张望。

逝者下葬后，还有一些传统风俗，"出山回来后，主人家一般门口放有一大盆用柚子枝叶煮的热水，让众人洗手，死者的家人要马上沐浴，随后可以解斋戒吃肉。午餐之后亲人马上祭新坟，每人都

在坟前吃肉、米饭。葬后当天，主家设席款待道公及亲朋。如死者是古稀耄耋者，饭后许多妇女都把碗或碟'偷'回家，意为取'福禄'"。[91]这种下葬后的风俗，在中越边境两边的壮、岱族地区都普遍存在，不同的是如今大多数祭新坟只是少数亲人前往，并且不用在坟前吃肉、吃饭。

3.服丧礼俗

服丧礼俗是指死者安葬后的各种礼仪活动，是先人崇拜传统习俗的确认与延续。千百年来，壮、岱族在逝者下葬后，还有不少的服丧礼俗，如壮族地区的丧家"在出殡后当天下午、第二天或第三天，死者家属带供品到墓地祭

图3-62　越南高平一带侬人的"一次葬"墓地（陈家友摄）

扫，叫作'圆坟'。届时象征性修整一下坟堆，并在墓顶摆上以细棍和砂纸做成的'墓标'"[92]。有的壮族地方将此称为"会家"，意思是让家人再次与刚下葬的逝者道别，这时也是要请道公举行祭奠仪式

图3-63　越南谅山一带侬人的初葬墓地（陈家友摄）

的，事后还要在坟旁折一树丫拿回家，目的是引领逝者灵魂归来。越南岱、侬族地区把安葬三天后再次到坟地祭拜的仪式叫"开坟墓门礼"，意思是祈求山神土地允许死者的灵魂进入山门。各地"开坟墓门礼"的习俗也不尽相同，多数是死者下葬两天后，亲属带冥品、香花、祭品到墓地祭拜，巫师向土地山神报告，请求准予新亡故的灵魂入宅，然后给坟墓覆土修整，并在坟墓前竖起神道碑。"越南太原省同喜县的侬族，下葬后第三天，丧家要用抬棺的竹子或木棍，外加蒲叶搭一间小屋子给坟墓遮风挡雨。此外，还要在堂屋的一侧给死者安放灵牌单独供奉三年。"[93]

壮族的丧事人家在第三天后，还要把自家做的一种三角粽子或糍粑送给参加葬礼的亲友，这种粽子是不放佐料的，糍粑也只是伴以少量黄糖，当地认为这样的粽子或糍粑具有辟邪趋吉的作用。越南的岱、侬族人也有在下葬三天后，事主在家中做粽子或糍粑，馈送参加送葬人的习俗。这种粽子或糍粑有两种，一种是有馅的，一种是无馅的，按当地的习惯，还要在糍粑上盖上象征吉祥的鲜红图案。

过去壮族民间服丧时间为三年，服丧期间有许多习

图3-64　广西南部壮族人的"断七"仪式（农敏坚提供）

俗规矩，家人在行动上有不少限制，"守孝期间，孝男孝女要穿孝服，席地而卧，禁欲，禁婚嫁，禁理发修容，不能参加婚礼、祭典等"。[94]现在服丧的时间缩短了许多，仪式也大大简化了。按壮族的民间传统，服丧期间七天一祭，这与汉族的传统习俗是一样的。其中单数的"七"比较重要，如"头七""三七""满七"，"满七"是服丧非常重要的日子，传统的习俗是"满七"后子女亲属便可"脱孝"，因此，这一天要请道公来做法事，祭奠仪式结束后要将灵屋烧掉，这就是民间所称的"化灵"，这样死者灵魂便可升天。"满七"后即可做一个正式的神主牌，摆放在家族的神台上接受后人的祭拜。按照

岱、侬地区的习俗，人死后三年内灵魂还在游荡，所以不能进入宗族祖先的行列。死者下葬后，家人就要另立一个临时的牌位，另摆案桌供家人的祭拜。祭祀日期各地略有不同，有按照"做七"的习俗，也有死后40天祭祀，有的则是以1年与3年为祭祀期。按照当地的习俗，到了这些日期子女都要隆重祭祀。不少地方满丧期为三年，届时要请道公到家中作法事，结束后就可以撤去祭祀的供案，亲属结束漫长的服丧期，恢复正常的日常生活。

"新坟不过社"是中越壮、岱族大多地方的民间习俗，即葬后次年农历二月初二，"至亲族人要单独给死者上坟培土、上供、焚纸、燃香、点烛、鸣鞭炮，但不挂绵纸白蟠。当年清明节时，新坟不参与祖坟祖先祭祀仪式。周年时，再祭一次新坟，之后每年清明节即与列祖

图3-65 岱族服丧的"断七"仪式（太原博物馆）

列宗同时上坟祭祀。但是，年节家祭时，仍然单独设置灵位供奉，不能'登高台'跟祖宗列位同祭"。[95]据壮族民间所传，新逝之人未被列祖列宗接受之时，一起祭祀是享受不到供奉的，只有"捡金"拾骨（二次葬）后，才可以将其灵位并入香炉，登上堂屋神龛与祖宗同祭。

4."捡金"礼俗

壮、岱族世居的亚热带地区，气温高且雨量充足，地下潮湿虫蚁极易繁殖，这些自然条件是不利于棺材和骨骼保存的，因此，为了保护先人的遗骸，历史

图3-67 广西南部壮族人拾骨（农敏坚提供）

图3-66 越南谅山一带侬人的家仙神位（陈家友摄）

上壮、岱族多数盛行二次葬。民间认为死者初次葬只是"寄葬"，"寄葬"期一般为三年，也有五年的，多取单数，待尸体肉化筋消后重新开墓拾骨，俗称"捡金"。民间认为只有"捡金"下葬后，才算死者最后归宿的"正寝"，其家族才能"阴安阳妥"。"捡金葬"时间有的地方选在清明节，但更多的地方选在秋高气爽的重阳季节。事先要请风水先生选择好墓地与迁葬吉日，民间认为选好的墓地、好的风水、好的日子对后代的兴旺发达有非常重要的作用。

"捡金葬"首先要准备"金坛"，也叫"金斗"，是专门盛放逝者遗骨的纺锤形陶瓷瓮，上下部略小，高约二尺，中间粗大，宽约一尺，上有瓮盖。"金坛"的质量与档次不一，有的是陶制的，瓮身烧前加了釉呈棕红色，简单朴素没有太多装饰，多为贫困人家所用；有的为瓷品，釉成金黄色，瓮身雕龙绘凤，非常精致，多为富户人家使用。"捡金"仪式一般分为拾骨、下葬两个过程。拾骨之前，家人先在坟前供祭，主持的道公一番作法后，向逝者说今日是黄道吉

日，捡骨归葬于家族的祖坟，祈请逝者安心等话语。时辰一到，家族众男丁一起动手挖墓。"掘墓时，常常会挖出一些蛇、鼠、蛙等小动物，当地人认为坟墓中出现的动物，是龙或死者的化身，为祥瑞之物，不能损伤，必须放生。"[96]当挖开泥土看见棺材后，要撑起伞遮住才可开棺。过去开棺后是由长子拾骨，后大多是请村中专门从事此项工作的"拾骨人"代劳。拾骨时"先把颅骨捧出来。其他人就把骸骨一一捡出，用稻草、碎布、砂纸、刀片等把骸骨刮净擦干，晾在竹筐或竹米筛上……全部骸骨按人体由下至上的骨骼顺序放入'金坛'内，脊椎骨用桃树枝串起来，颅骨在最上面，整副骨架呈蹲坐状，表示他自然从容地坐着，面对人间和他的子孙，祭拜时就像与后人'见面'一样。金坛坛盖内用毛笔写上死者的姓名和生卒年月日，盖上坛盖，由长子或长孙用背袋背往墓地"。[97]二次葬的墓地是永久性的墓地，对子孙后代影响很大，故非常讲究"风水"。一般寻找向阳、干爽的土坡，并请风水先生用罗经定好吉向。从旧坟到新墓的迁移，路上必须有人在前面燃香引导，并为背瓮者撑伞。墓地事先根据风水先生的旨意挖好了瓮穴，吉时一到，先点燃一串鞭炮往瓮穴中扔下，在硝烟弥漫之中将"金坛"放下，再

图3-68 靖西壮人二次葬使用的金斗（靖西博物馆）

覆一块平石以封墓穴口，最后用土堆成圆形坟丘，有钱人家也会用砖或水泥砌好整个坟墓，并在墓前立豪华的墓碑，刻上墓主的名字、身份、安葬时间及后嗣者，最后家人再次烧香上供鸣炮祭祀。

自此，壮、岱族漫长的殉葬礼仪才算圆满完成。

"拾骨葬"后的坟墓就是祖墓了，祖墓是家庭神圣的地方壮、岱族很忌讳他人损坏坟墓，那些对祖墓不敬的行为被认为是对家族的挑衅，祖墓一般不迁动，也有葬后一两年，家中发生不幸事故的，请地理先生前往测算罗经，如认为该墓地风水不好，有损后人，也会有再次迁葬的。

图3-69 岱、侬族人二次葬的永久墓地（陈家友摄）

[1][2] 李富强 . 壮族家庭制度简论 [J]. 广西民族研究，1995（2）：53.

[3] 高冰玲 . 越南的岱族 [J]. 民族译丛，1986（3）：34.

[4][5][10][11][15] 闭文侯，李彩云 . 越南岱族家庭——传统与变革 [J]. 百色学院学报，2014（1）：91-95.

[6][12] 何良俊 . 何谓侬人 [D]. 南宁：广西民族大学，2009.

[7][9][14][16][17][57][59] 江南 . 中越跨境民族婚姻家庭习惯法研究 [D]. 北京：中央民族大学，2011.

[8]何毛堂，李全伟，李玉田．黑衣壮的人类学考察[M]．南宁：广西民族出版社，1999：6.

[13][19][20][22][25][28][30][33][52][54][55]黄雁玲．壮族传统家庭伦理及其现代演变研究[D]．长沙：中南大学，2013.

[18]江南．中越跨境民族婚姻家庭习惯法研究——以壮，傣，瑶，苗等民族为重点[D]．北京：中央民族大学，2011.

[21][23]李富强．人类学视野中的壮族传统文化[M]．南宁：广西人民出版社，1999.

[24]王秀梅．诗经[M]．北京：中华书局，2015.

[26]覃桂清．"三月三"源流考[J]．民族艺术，1994（1）：59-69.

[27]刘芬芬．"三月三"节日文化研究[D]．上海：上海师范大学，2011.

[29]周宗贤．壮族的传统美俗[J]．学术论坛，1984（2）：75.

[31]朱辅．溪蛮丛笑[M]．抄本．[出版地不详]：[出版者不详]，1782（清乾隆四十七年）.

[32]周去非．岭外代答校注[M]．杨武泉，校注．北京：中华书局，1999.

[34][56][58][60][61][68]覃丽芳．中国壮族和越南侬族、岱族的传统婚姻习俗[J]．广西民族师范学院学报，2014（6）：17-22.

[35][36]彭谊．壮族花婆信仰与佛道思想的文化叠合[J]．学术论坛，2009（1）：34.

[37][41]唐小诗．越南岱依族"求嗣"仪式及其宗教文化内涵[J]．民族艺术，2006（4）：82-87.

[38]宾上武，翟富文．来宾县志[M]铅印本．台北：成文出版社，1936.

[39][40][45][46][50][62][63][91][97]蓝岚．联村壮族人生礼仪研究[D]．南宁：广西师范大学，2004.

[42][43][47][51][64][65][70]卢越胜．中越边境地区岱、壮、侬族历史社会文化比较研究[D]．上海：华东师范大学，2014.

[44][48]陈兴贵．壮族的人生礼仪及其文化内涵[J]．广西右江民族师专学报，2005（2）：17-22.

[49]廖明君．壮族自然崇拜文化[M]．南宁：广西人民出版社，2002.

[53]王言纪，朱锦．白山司志[M]．抄本．[出版地不详]：[出版者不详]，1830（清道光十年）.

[66]邝露．赤雅[M]．上海：商务印书馆，1936.

[67]谢荣征．广西壮族婚俗趣谈[J]．华夏文化，2010（1）：53-55.

[69][77][78][82][84][89][90]何文舒，吕文芦，宋福旋．越南岱族和侬族人的一些习俗[J]．民族译刊，1993（2）：61-66.

[71]刘毓庆．历代诗经著述考[M]．北京：中华书局，2008.

[72]司马迁．史记[M]．天津：天津人民出版社，2006.

[73]吴国富，范宏贵，谈琪．靖西壮族社会文化的人类学考察[J]．广西民族学院学报，1997（12）：137-229.

[74][76][79][83][85][92]覃圣敏．广西壮族的丧葬习俗[J]．广西民族研究，1989（4）：72-75.

[75][80][81]陈家友，陈杭．先人崇拜冥俗的同源与异流——越北岱侬地区与桂东南民间丧葬礼俗之异同[J]．玉林师范学院学报2015（1）：23-28.

[86][93][94]覃丽芳．中国壮族与越南岱族、侬族的传统丧葬礼仪[J]．广西民族师范学院学报，2015（2）：7-10.

[87]潘云峰．壮族丧葬文化与丧葬仪式及其社会结构因素研究[D]．南宁：广西师范大学，2013.

[88][95][96]梁福兴，陆发焕．壮族丧葬仪式结构及其文化象征意义解读[J]．玉林师范学院学报，2009（1）：34-40.

第四章
壮族与岱、侬族群的劳作习俗

- 农耕习俗
- 渔捕习俗
- 传统工艺习俗
- 传统作坊习俗

　　生产劳动是人类为了满足自身生存需要而从事的活动，生产劳动在人类进化中起到了决定性的作用。在远古时期，人类在狩猎活动过程中需要集体行动，以保证捕猎的成功，于是慢慢地产生了原始的人际交往，并逐渐促使成熟的社会关系产生。在大自然中，动物仅仅只能简单地利用外部自然界，而人则通过自己的创造性劳动，使自然界为自己的目的服务。劳作习俗是一定族群或生活在同一地域的人们在各种物质生产活动中产生和遵循的风俗习惯，这类习俗伴随着物质生产的进行，反映了人们的劳作技能、合作意识，形成约定俗成的传统习惯并一代代地流传下来。劳动生产习俗比较广泛，本章主要述释中越壮、岱、侬族群的农耕习俗、渔捕习俗、传统工艺习俗和传统作坊习俗。

第一节　农耕习俗

中越两国种植水稻的历史悠久，许多专家在考察了大量社会历史文化遗址后，论证了亚洲稻作文化圈的范围及其流布过程。渡部忠世是日本著名的人类史学者，他在《亚洲稻的起源和稻作圈的构成》一文中指出："稻米之路，从西开始是布拉马普特拉河和沿恒河的一条路线，其次是湄公河向南去的东南亚大陆的一条路线，第三是沿扬子江向东至海的一条路线。"[1]基于以上观点，中国有学者认为："第二条稻作耕作路线中包括了越南，第三条稻作耕作路线主要为中国的江南以及华南地区。从而可以推断，越南与中国一样，都是属于稻作耕作圈的国家。"[2]中越壮、岱族均源自中国南方百越族群，都是传统的农耕稻作民族，其悠久的种植水稻历史，历代史书与地方志均有大量记载。《史记·货殖列传》云："楚越之地，地广人稀，饭稻羹鱼，或火耕而水耨，果隋蠃蛤，不待贾而足，地执饶食，无饥馑之患，以故呰窳偷生，无积聚而多贫。"[3]《水经注》卷三十七载："交趾昔未有郡县之时，土地有雒田。其田随潮水上下，民垦食其田，因名为雒民。"[4]东汉马援在平定"二征起义"时，"援所过辄为郡县，治城郭，穿渠灌溉，以利其民"[5]。清康熙《广西府志》卷十一则说："土僚善耕……"；乾隆《开化府志》卷九载："黑土僚，喜种水田。"[6]中越壮、岱、侬族历来沿袭以农耕稻作为本，以稻米为主食，有共同的

图4-1　越南太原博物馆展出的农耕劳作图（陈家友摄）

生产、生活方式与习俗，因此，稻作文明是他们文化形态的共同特征，他们的许多文化现象，都可以从稻作文化中找到根源。

（一）"那"文化习俗

壮族以及岱、侬族群居住的地区遍布了带"那"字的古老而特有的地名，"那"在壮泰族群语言中是"水田"的意思，历史上百越民族的骆越、西瓯支系不断地迁徙，他们走到哪里，就会在那里留下一个个带有民族文化含义的地名。据统计，在广西境内带"那"字地名有1200多处，如那坡、那林、那卜、那殷、那勒、那垌、那当、那楠、那岭、那堪等；而在越南北方的大片区域里，也广泛地分布着带"那"或"纳""诺"（均为同义谐音）的地名，如诺海、纳干、纳岑、纳巴、纳朗、纳泰、纳杭、纳伐、纳农、纳沙等，可见地名与稻作农业有密切的关系，这就是民族人类学上所称的"那文化"，即稻文化。"那文化"紧紧围绕着稻作的萌生、发育与收获，同时也拓展到稻作农耕活动中的各种文化。

水和田是农耕稻作最基本的资源，过去生活环境条件恶劣，人们在耕作与田间管理中，必须是在自己力所能及的范围，因此，在傍水近田的坡地或山上建房而居，就成为农人生活居住的首选。为了抵御自然灾害及外来因素的侵害，同时，为了农业生产上的协作，先民往往相聚而居，从而形成了群居性的聚落。"集体性的居住生活，需要在一个地方营造可满足一个氏族集体的人们居住生活需要的住居建筑，由若干住居建筑组成的聚居点，便形成了聚落，壮傣语称村落为'板''布板''布那'或'版纳'。'布'意为人，'板'意为村落，'布板'意为人工建造和居住的房屋组成的聚落。"[7] 因此，中国壮族以及越南岱、侬族地区以"板"或"贩""曼"命名的村子比较普遍。壮族将一大片水田或田野称为"峒"（也作洞或峝），越南岱、侬语也把田地、田野称为"Dong"，至今两地还保留着不少带"峒"字的地名。"峒"

图4-2 壮、岱族地区无数带"那"的地名（陈家友摄）

除了表示田野，在唐代羁縻制度以及宋代的土司制度中，也指一种中国南方壮族地区社会组织，但随着这种制度的消失，"峒"社会组织的含义也随之消失，现"峒"只专指田地了。

（二）农耕技术运用习俗

由于环境、气候、生存方式的同一性，中越壮、岱族的农耕稻作传统习俗非常相同。数千年来，水稻一直占据当地社会生活的中心，一切生产活动都是以其为核心而展开的。在农民一年的生产工作中，水稻种植处在最重要的地位，从春耕到秋收，在耙田、犁地、播种、育秧、插秧，以及耘田、保苗、防虫、防旱涝的各个生产环节，农民都要小心细致，不能大意，稍有疏忽就会造成庄稼歉收，使全年陷入生活困境。因此，农民在时间、土地、生产资料方面优先安排好水稻生产后，才安排其他杂粮类生产。

稻作农耕技术的演变是一个随着环境的变化而不断完善的过程，在古老的百越族系稻作文化圈中，农耕技术的发展经历了

图4-3 壮、岱族地区都在使用的铁耙（张耀军摄）

漫长的过程。灌溉是水稻种植的重要生产环节，而田地的平整是水稻灌溉的首要条件。在古代，人们通过各种不同的原始方式，把水田的土壤整理得疏松平整，"牛踏田"就是其中一种方式。"牛踏田"的耕作方式是先放水将水田浸泡，待土质松软后，再把水牛赶到田里来回践踏，直至将土壤与杂草都踩成烂泥，农民再用骨耙、铁锹等农具将水田进行平整，然后在上面播种、插秧。缺乏耕牛的贫困农户，也有用人来踩踏耕田的，以期不误农时。牛踏耕作是壮、岱族先民进入农耕文明后普遍使用的一种耕作方式，

图4-4 壮、岱族地区都在使用的风谷机（张耀军摄）

清代张庆长在其《黎岐纪闻》中，对同为百越后裔的黎族踏耕方式有所记载："生黎不识耕种法，亦无外间农具，春种时用群牛践地中，践成泥，播种其上，即可有收。"[8]随着汉族先进的农业技术进入中国南方地区，当地的农业生产进入了一个崭新的时代。牛耕技术曾在农事活动中发挥了巨大的作用。

农具是人类农业生产劳动过程中不可缺少的重要物质条件，农事的及时与耽搁，收成的丰硕与歉

图4-5　壮、岱族地区的水车（张耀军摄）

收，农具的优与劣都是非常重要的因素。农耕生产有许多劳作环节，从耕田耙地到插秧灌溉，从田间管理到收割打场，都离不开农作工具。由于耕作类型与生产方式的同一性，中越壮、岱族群在农耕劳作中所使用的工具基本相同，如翻地耕耘工具有犁、耙、铁磙、牛轭等；田间管理工具有锄头、铁锹、铁铲、手耙、秧铲、秧盘、秧线架、秧耙、喷雾器等；灌溉工具有戽斗、水桶、水瓢、水车等；收获工具有镰刀、禾骆、禾叉、打谷桶、打谷机、风柜、晒席、晒谷耙、竹扫帚、柴刀、瓜剪、斧头等；运输工具有牛马车、独轮车、禾床车、扁担、箩筐、猪笼、鸡笼等；加工工具有水碾机、石磨、石碾、石臼、杵、簸箕、筛子、刨具等。中越壮、岱族群不但农耕劳作工具基本相同，而且边境两边对农具的称呼读音也非常相似，如起土、翻土、松土的翻地或整地农具"犁"，在广西龙州壮语与毗邻的越南高平达龙岱语都念"thai"，"木犁"都念"thai mai"；用于平整牛犁过的田地的农具"耙"都念"phur"；用于除草、松土或挖小坑的小型工具"锄头"，都念"ka:k"；用竹篾片编织的装载谷类的交通运输工具"谷箩"都念"ho：i"。

（三）杂粮蔬菜种植习俗

中越边境地区多为喀斯特地貌，山高林密，可用于耕种的水田较少，因此，杂粮是壮、岱族群日常生活的重要食物种类。在杂粮种植方面，壮、岱族地区多种玉米、豆子、花生、高粱、红薯、芋头等，两地种植的作物不但种类相同，其称呼也大体一致。如豆子，在汉字古音中念"du"，越南汉越词语念"daub"。壮语与岱、侬语同属壮侗语系，因而其农作物词汇很多都是相同或相似的。在杂粮种植的技术与习俗方面，壮、岱族几乎都是一致的，如玉米的种植，就有选种、整地、播种、管理、收获等环节。选种一般选晚玉米的父本和母本的杂交良种，而整地早在上一年的秋后就开始了，冬翻晒土，多犁多耙，年后新翻一次，使土壤更加细碎、疏松、平整、干净。正月中下旬播种玉米，用牛先犁开大小行并施以农家肥，然后进行点播，待玉米长出4、5片叶后进行定苗，即每穴只留一壮苗，其他弱苗全拔去，并进行小培土。半个月后再进行大培土，培土时在大行间开犁两道，使土壤疏松，将农

图4-6　挑着玉米担的侬族妇女（张耀军摄）

家肥和化肥施于玉米根部，最后用细土将肥料全部盖住。玉米生长期间，还要注意防治病虫害。农历六月份，是玉米成熟的季节，农民在田里摘下玉米棒，把玉米棒运回家中，扎成一束一束挂到屋檐底下晾干，待空闲时剥下玉米粒堆在"干栏"的顶层，也有的送到村里的磨坊将其碾成玉米粉，熬玉米粥吃。

蔬菜在人类的生存中也是很重要的营养来源，壮、岱族人种植的蔬菜种类很多，有些还是当地独有的品种。在自给自足的小农经济社会，壮、岱族农户一般很少用田地专门种植菜蔬，家里的菜园多在水田旁，或利用田埂种菜，以便于浇水。蔬菜瓜豆的种类有茄子、葫芦、姜、豌豆、萝卜、荸荠、藠头、豆薯、凉薯、指天椒、大头菜、苋菜、芥蓝、芥菜、紫苏、芹菜、丝瓜、蕹菜、蒜、冬瓜、南瓜、黄瓜、葱、豆角、马铃薯、佛手瓜、扁豆、胡萝卜等。壮、岱族农人非常懂得合理利用种植空间，也形成了一些蔬菜种植的传统习惯。在一块小小的菜地中，他们往往穿插种植各种蔬菜瓜豆，形成薯类植物在泥土下，菜类植物在地面，瓜类植物在中层，豆角一类爬上篱笆的立体化种植布局。

图4-7 挑着菜篮的侬族妇女（张耀军）

（四）稻作农谚习俗

中越壮、岱族长期在艰难困苦的生存环境中从事农耕稻作，一辈又一辈地积累与总结了丰富的农业生产经验，这在两地民间流传的农谚中，得到了较好的体现。稻作农谚在稻作农业生产上起了积极作用，特别是在预测气候方面，如关于"云"的农谚有"见到云绞云，小心被雨淋""下雨怕天亮，雨大河水涨""有雨山顶云戴帽，无雨山腰缠满云"等；关于"风"的农谚有"雨前有风雨不久，雨后无风雨不停""一日东风三日雨""下急雨天易晴，下慢雨云不开"等；关于"雷、电"的农谚有"响炸雷，雨点小，响闷雷，雨下大""近雷天无雨，远雷雨连天"等；关于"雾、露、霜"的农谚有"春日有雾天晴晴，夏日起雾雨连连""早上出门看不清，今日一定天放晴""露水起晴天，天干无雨水"等；关于其他天象的农谚有"清早西边挂彩虹，天有大雨往下冲""天旱挂虹雨淋淋，傍晚挂虹帽遮阴"等；另外，他们还从青蛙、泥鳅、公鸡、犬、蚂蚁、大蛇、蚯蚓、鱼、蜻蜓等动物的异常动静来预测雨晴，如"田里青蛙叫，晌午有雨到""泥鳅翻，有雨到，泥鳅静，天气晴""鸡群进笼晚，午夜要下雨""蚂蚁忙搬家，迟早有雨下""蜻蜓飞得低，出垌把笠带"。

图4-8 广西大新硕龙村传统农事活动的道具（陈家友摄）

在农业生产经验方面的农谚也非常丰富，如选用良种的农谚就有"种好稻好，娘好仔好""秧好谷穗大，母胖儿子壮"等；有关育秧、插秧的农谚有："种好坡满粟，秧好仓满谷""要想插好秧，就看两只脚""早春插秧水上飘，晚春插秧没了腰"等；有关施肥育苗的农谚有"一担粪便挑进田，十担谷子挑去碾"；有田间管理的农谚有"爱米勤查田，疼妻勤探丈母娘""二月清明不要慌，三月清明早下

图4-9　广西那坡壮族天气谚语的手抄本（陈家友摄）

秧""勤松土的甘蔗甜，勤施肥的芭蕉香"等。[9]丰富的农耕劳作谚语，是壮、岱族长期在生产、生活实践中，逐渐积累下来的宝贵经验，甚至成为他们世代传袭的耕作习俗，不断地流传下来，在农业生产与日常生活中发挥了重要的指导作用。

（五）农事节庆习俗

先民长期的农耕稻作生活，产生与形成了古老的农事原始信仰。壮、岱族都奉祀谷魂、田魂和牛魂，有的民族的信仰图腾甚至受到顶礼膜拜。农耕稻作的农事与四季的节气联系密切，而气候的变化及雨水的多少则影响着农业的收成。古人恐惧天灾人祸，祈盼风调雨顺，产生了与农事有关的原始信仰；农业生产的季节性与张弛性，又产生了与农耕稻作密切联系的各种节庆活动。在这些节庆中的风俗习惯，反映了人们在农业生产各个岁时中的愿望，如蛙婆节、社节、开耕节、开秧节、脱轭节、开青节、礼田节、求雨节、谷魂节、尝新节、收镰节、糍粑节等，这些农时节日或以祭祀田神的方式，拉开春耕的序幕；或以敬重耕牛的方式，沿袭古老的动物图腾崇拜遗俗；或以载歌载舞的形式，表达农作丰收的喜悦。农时节日体现了鲜明的稻作文化特征，反映了壮、岱族民间宗教信仰的内涵，展示了他们的意识形态和民族心理。

当然，随着社会的发展和农业水平的提高，随着人们思想意识及科学知识水平的提高，各种农事节日逐渐发生了演变，也逐渐趋向于现实的价值，不少传统节庆渐渐消失，有的已仅存象征性的形式。

图4-10　越南高平一带侬族的传统农事仪式（太原博物馆）

（六）农事娱乐习俗

壮、岱族的农耕文化也体现在民间艺术上，在浩如烟海的山歌中，生产劳动类山歌有农事歌、农闲歌、时令歌、节气歌、喜雨歌、苦旱歌等。在乡下，人们不管是插秧耙田，还是开镰收割；不管是放牛砍柴，还是推磨碾米，都要唱上几句山歌，山歌已经成为人们劳动生活中不可缺少的一部分。农事山歌直接抒发着壮、岱族人在劳作活动中产生的各种情感，具有

图4-11　广西靖西壮族传统农事娱乐活动（靖西博物馆）

非常鲜明的乡土文化特色，如广西德保一带传唱的壮族劳动山歌《一心就想后来甜》：

日头晒得地冒烟，

见哥勤劳妹来连；

牛甘果子含在嘴，

一心就想后来甜。

越南河江省侬族民歌《棱丢丢》中唱道：

棱丢丢，

太阳爬上山坡来，

我在耙田你插秧咧，

有心约你聊聊话，

又怕田头工夫赶不上。

棱丢丢，

……

　　此外，还有多姿多彩的劳作舞蹈，也体现了壮、岱族人的传统农耕文化。例如"扁担舞""春堂舞""春牛舞""牛头舞""铜鼓舞""蚂蚜舞""打砻舞""插秧舞""稻田舞"等，其中"打砻舞"就是中越两国边境一带很流行的一种劳作舞蹈。

　　"砻"是壮、岱族人用于稻谷脱粒的一种工具，它用粗大坚实的山木剜凿制而成，其形状很像捕鱼时乘坐的小木舟。人们在脱粒劳作中，用木杵在砻槽内舂谷，发出"嗵嗵"很有节奏的响声，妇女们都会不知不觉地随着砻声踏脚起舞，形成了富有劳作特征的舞蹈动作。后来人们在节庆娱乐活动中也会将砻作为舞蹈道具，边击边舞以娱乐，成为壮、岱族人都非常喜爱的"打砻舞"。

图4-12　"打砻舞"是壮、岱族喜爱的农事娱乐（农敏坚提供）

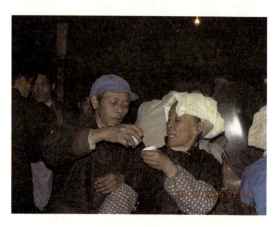

图4-13　广西尝新节（农敏坚提供）

第二节　渔捕习俗

渔捕是人类古老的一种觅食行为，是在水中捕捉水产物的生产劳动。中越壮、岱族地区位于亚热带，这里全年雨量充足，河流纵横交错，流量丰富，脉络网布，较大的河流广西有红水河、南盘江、驮娘江、左江、右江，越南北方有锦江、凭江、裘江、泸江、平而河等。此外，该地区还有星罗棋布的湖泊，以及高山密林中的山塘。这些江河湖泊分布宽阔，水温适度，水质肥沃，游浮生物丰富，有大量的天然饵料，适宜多种鱼类生长，渔业自然环境十分优越。生活在这里的壮、岱族人民在长期的渔业生产中，孕育了丰富多彩的渔捕文化，形成了大致相同、各有特点的渔业习俗。

（一）渔捕方式

在广西南部的左江、右江及越南北方的锦江、凭江等河流，水流量较大，生态环境非常优质，渔业也较为发达。在漫

图 4-14　岱族渔民捕鱼（太原博物馆）

长的河道上，生活着世世代代的壮、岱族渔民，当地人把他们称为"船上人"。"船上人"长期从事水上渔业活动，形成了多种多样的捕鱼方式，应用于不同的水域渔捕作业。人们的捕鱼方式，从原始的徒手捕、叉捕、钓捕，逐渐发展成为网捕、笼捕、鸟捕及电捕等，这些捕鱼方式都是针对不同的渔场情况而运用的，也体现了各地不同的捕捞习惯。

古代江河湖泊边的渔民最初是用手抓鱼，后来用渔叉刺鱼，这些原始的捕鱼方式往往收获甚微。中国两千多年前就开始使用渔网捕鱼，并将其传到了南方百越之地。纲举目张，渔民撒网可以有效地捕抓到一定水域空间的鱼类，大大提高了捕鱼的数量，因此，网捕又成为江河"船上人"使用最多的捕鱼方式。渔网制作及使用材料有一个漫长的发展过程，起初渔网使用粗布及苎麻作为制作原料，通过折叠捆卷的方式制作而成。这种材料制作成的渔网一经泡水后，又湿又重，极易腐烂，坚韧度差，但毕竟比手抓叉刺的方式强多了。后来改为用桐油浆过的麻绳，渔网的耐用性增强了，劳动强度减少了许

图 4-15　岱族渔民织渔网（太原博物馆）

多，也提高了捕鱼的产量，现在渔网多采用聚乙烯、尼龙等坚韧耐用的原料来制作。渔民站在船头或

竹排上，高举这种结实轻盈的渔网，撒向有游鱼迹象的水面，一下子鱼群全被罩住，此时，渔民迅速收网，将渔网拖入船舱或鱼笼，各种鱼虾蹦跳欢跃，渔民将太小的鱼儿放回水中，以利于鱼类的繁殖再生，其他的鱼类倒进鱼笼中去。撒网捕鱼使捕鱼的工作效率大大提高，至今仍是船家主要的捕鱼方式。

拉网捕鱼也是这一带江河湖泊浅水区域捕鱼的常用方法，它能在较大水域范围内围捕鱼类。各地的拉网网具大同小异，略有区别，但一般都是由网衣、网罩、钢索、浮子、沉子等组成。越南凭江、锦江的侬族渔民使用的网衣形状多为锥形，而广西左江、右江壮族渔民使用的网衣形

图4-16 越南广宁一带渔民的板罾（吴力提供）

状多为三角形，这也是各地传统的使用习惯所流传下来的。拉网是一个集体合作的捕鱼方式，在一条河道或湖泊上，有规律地安排拉网水域地段，以期达到既丰产又不影响鱼类繁殖的目的。拉网捕鱼首先是要固定拉网的大丝杆，这是由两组人操作的重活，然后由有经验的老渔翁在船上观察河中的鱼群聚游情况，发现鱼情后，指挥其他船只或竹排迅速分开，将网具慢慢放入河内，此时水中的鱼群已被围住，两只船上的人员分别拉住上下网的大围杆，另一人操作小丝杆，这是一个技术活，他必须左手抛网，右手引导沉子网，然后另一人划船绕着把网撒开入水。几只渔船待拉网拢近后，船上的渔民提起钢绳，慢慢划船收网。当船只靠拢，拉网已逐渐露出水面，此时，网中鱼儿在翻滚的浪花中跳跃，渔民们个个兴高采烈，唱起粗犷的水上山歌，用网兜把鱼捞到鱼笼里去。

住在江海上的壮、岱族船家，往往使用一种较大型的叫扳罾的渔具，扳罾是从中国内地传过来的。

图4-17 背着网兜下江的渔民（陈家友摄）

《楚辞·九歌》唱道："罾何为兮木上。"[10]唐朝徐坚《初学记》载："罾者，树四木而张网于水，车挽之上下。"[11]说的就是渔民在岸边张罾捕鱼的情形。渔民将四根长的竹子缚在一起，成交叉十字形，这就是"罾"，将渔网的四个角分别固定于竹竿的下端，另有一竹竿安在上方为"罾"的支架，用一条操作的绳索缚于另一根长的竹竿上端，这就成了"罾"的提竿。然后将罾网沉入河流入水口等鱼群多活动的水底，岸上渔民发现水中有鱼群经过，马上收缩拉绳，把罾网拉出水面，将网中之鱼用鱼兜捞起，放进浸泡在水中的鱼笼，让其存活更长的时间，然后继续下罾网。

生活在水边的乡民，也常用兜网在江边或湖泊捕鱼，这种兜网由兜柄、兜弹、兜袋组成，比普遍的鱼兜大一些，也长一些。越南凭江河道一带岱族渔民的兜弹用厚毛竹片或金属条弯成圆形状，固定兜柄。用兜网捕鱼的方法很简单，一般一个人就可以进行捞捕了，当然，这种捕鱼方式需要渔民有一定经验，对河道比较熟悉，知道哪里是水流较急的滩头，哪里是水流缓和的河湾，哪里是水草较多的河道，什么时候鱼群喜欢游近岸边，只有掌握了这些环境与鱼活动的特点，才能及时下兜，捕到更多的鱼。有时渔民也可向河边撒一些熟红薯粒或小虫、小蚯蚓等诱饵，这样也能引诱鱼靠岸。

在湖边水塘边捕捞有一种"虾篱捕虾"的方法，中越边境许多村落中都有大大小小的池塘，塘里长满了水草，非常适合鱼虾的生长，这里的乡民大多用虾篱来捕虾。"虾篱是由一个个笼子组成的，笼

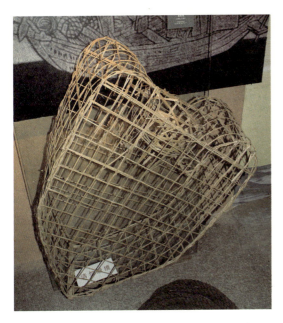

图4-18 侬族人渔具（高平博物馆）（1）

子有圆筒形状'L'型的，一长一短，叫直筒和横筒，直筒一头编有倒须，另一头开口，口上有一个帽状的笼盖，横筒一头也编有倒须，另一头与直筒相连。也有简单长方体状、圆柱体状的。放笼时在笼内放入少许酒糟或米糠，河虾从有倒须的笼口进入，就逃不出去了。一个虾篱由几十只甚至几百只笼子串联组成。"[12]虾篱安装以后，经过几个时辰，渔民就可去收虾篱了，这时，只要打开笼盖，河虾就可从笼子里倒出来。

在冬季，河边的壮、岱族人也常用"放虾草"的方式来捕虾，这也是一个很有乡间情趣的捕虾活动。前一天下午，大人就领着小孩在岸边摘来一些树叶或竹叶，然后扎成一束一束，放在江河或山塘的浅水边，这就是"放虾草"。次日清早，一家人跑到放了虾草的水边，用鱼兜或撮箕往虾草里一撮一兜，马上就能兜上很多虾。

此外，村民还有多种简单、原始的捕鱼法，如流行于越南谅山边境一带的"弯沟捕鱼"，这种方法是沿着江岸沙滩挖一条宽1尺左右的弯弯浅沟，两头与江相通，当地称为"篱笆沟"。他们用水车将江水车入沟中，这时鱼儿就会顺着流动的水流，经由水车涌进沟内，村民赶紧上前捡起水中蹦跳的鱼，湖泊水塘也可使用这种捕鱼法。"鱼笼捕鱼"在广西左江流域壮族地区也经常使用。先编好一个"倒须笼"，即竹篾编的大笼子，这种笼子很巧妙，鱼进得去就出不来，然后将其安放在上游的出水口，逆水而上产卵的鱼就会顺水钻进笼中，多的时候一笼可以捕到好几斤鱼。

中越边境的山区有些能发出清香味的植物，如青香树、蕨蕨草等，附近的村民也会将这些香树草扎成把，放在河流上游的水口中诱鱼，夏天鱼群溯水而上，喜欢钻进香把中产卵，一个时辰下来，香把里钻满了鱼，乡民就用网兜连同香把捞起来，这时可抖出许多鱼来。当然，香把可以多次使用，这样鱼卵就会留在水中自然孵化。这种捕鱼法简单易行，为壮、岱族乡民所喜用。

钓鱼，是一种人类所共有的捕鱼方法，各地的钓鱼方式多种多样，中越壮、岱族地区垂钓者用的饵大多是蚯蚓，也有用沙虫，这些都是随地都可找到的上好鱼饵。有经验的钓者往往将鱼饵往鱼钩上一勾，鱼饵就会裹在鱼钩上。"钓鱼一般是选小河平缓的河湾或湖泊水潭去钓，当地人喜欢用早晨或晚上的时间去下钓，这时水面比较平静，鱼也多数游出觅食。晚上钓鱼

图4-19 侬族人渔具（高平博物馆）（2）

是看不到的，全靠手感，有经验的钓者会根据鱼咬钓时通过钓竿给人传递的感觉，决定何时拉钩，往往准确性极高。"[13]

壮、岱族人捕捞水中鱼类还有许多方法，如"搬螃蟹""捞浑水鱼""安鱼箭"等。螃蟹喜欢躲在水中的石头下面，夏天一到，人们就会涉水把河中的石头搬开，这时可轻而易举地抓到几只螃蟹，这就叫"搬螃蟹"；大雨过后河水上涨、浑浊，水中的氧气少，这时大河的鱼会逆水游到上游的小河去，人们拿着鱼兜、虾笆、撮箕等，去捞河边草丛中的鱼，这就是"捞浑水鱼"。也有的村民在河水的浅滩处用石头砌成一个喇叭状的入水口，水只能从这里流过，并且很急，出水口处用竹编成一竹排安插好，这就叫"鱼箭"。顺水急流而下的鱼就会被冲到鱼箭上动弹不得，次日一早村民便可前往捡鱼了。

鸬鹚在中越壮、岱族地区称"鱼鹰"或"水老鸦"，是一种大型的食鱼游禽，善于潜水，身上羽毛黑色，并带有紫绿金属色光泽，潜水后羽毛会湿透，这时是飞不起来的，需要张开双翅在太阳底下晒干后才能重新起飞。鸬鹚有呈钩状的长嘴，非常锐利，很早以来，人类就懂得将鸬鹚驯化后用以捕鱼，中越边境河道上也有不少使用鸬鹚捕鱼的渔民，他们每次捕鱼常会带着一群鸬鹚上竹排，这时鸬鹚脖子上都被戴上一个脖套，其作用主要是让它捕到鱼后无法吞咽下去。鸬鹚捕鱼的场面非常热闹、有趣，每个竹排都栖着七八只鸬鹚，渔民一边划着竹排，一边观察水中的鱼情，一旦发现鱼群，先是用竹篙拍打水面，鱼被惊动后纷纷浮游起来，渔夫吹一声口哨，栖在竹排上的鸬鹚争先恐后地跃进水中，在清澈见底的水中追逐四处逃生的鱼。有时鱼太大，其他鸬鹚也会跃入一同捕捉。鸬鹚叼到鱼后，迅速浮出水面，这时，渔民将竹排划近，用竹篙将其引上来，把鸬鹚嘴中叼着的鱼丢进鱼笼内，如此反复地去捕鱼。当鱼笼装满鱼后，渔夫摘下鸬鹚的脖套，挑一些鱼笼

图 4-20 越南凭江上鸬鹚捕鱼（太原博物馆）

里的小鱼犒劳鸬鹚。鸬鹚捕鱼曾经在中越壮、岱族地区的河道上流传了千百年，在现代，生态环境在不同程度上受到了破坏，江中的鱼少了，鸬鹚捕鱼也不多见了。

（二）渔业习俗

中越壮、岱族地区大江大河上的渔民，终年生活在船上，保留着不少的传统习俗。古时，渔民惧怕暴雨风浪，也担心暗礁险滩，只有祈求上天保佑人船平安，并形成了信奉"河神""龙母"的民间信仰。不少河道的岸边都建有"河神庙"与"龙母庙"，农历初一、十五或神诞之日船家都会上岸去祭拜，祈求神灵保佑风平浪静、出行平安、老少安康。长期在江河上漂泊的"船上人"为多神信仰，走到哪拜哪的神，有的船只过险滩前，船老大与纤夫都要到河边的地方神庙烧香祭拜。"船上人"称过险滩为"骑上龙背上"，不但上滩之前要拜，下滩也要拜，生怕惹怒地方神灵或河中鬼怪。因此，壮、岱族地区江河上的船家有许多禁忌，如船民一般很忌口，同船有关的非吉利的谐音字，如"翻、沉、破、散"等，都不能说。起风时，当地人可以说

图 4-21 越南凭江边的河神庙（陈家友摄）

"翻风"了，可是船家是不能这样说的，这时他们会说"刮风了"或"有风了"；连船上的"风帆"也忌讳近音的"帆"，因此只能说成"风蓬"；餐桌上的鱼哪怕上面的鱼肉吃完了也是不能翻动的，筷子岸上人叫"箸"，而船家人只能叫"筷"；杀鸡宰鸭不能在河里直接洗刷，男人不得向水中小便；妇女上船不得自船头经过，那是船上最神圣的地方。妇女坐月子期间不准上别人的船，如不得已上了，则要送鸡肉、猪肉等物赔礼。

中越壮、岱族地区的河道上以前有许多从事航运的船家，他们成年

图4-22 越南高平石拱桥的镇水石刻（陈家友摄）

累月同风浪搏斗，练就了一身胆量，也铸就了豪放的性格。昔日在大江大河上空经久不息的水上号子声，是船只驶过汹涌的河滩时，船夫们与风浪击搏时所激发的吼叫。然而，在风平浪静的月夜，船家们也会唱起旋律动听、音韵柔美的情歌，表现出想象丰富、情感细腻的一面，如：

情妹隔船把手招，
特意让哥心在焦；
哥是河中打鱼仔，
常过滩头不怕礁。
山歌好比河中水，
只能流去不流回；
山歌不怕险滩多，
过了一程又一程。[14]

图4-23 越南红河边的拉纤人（太原博物馆）

图4-24 越南锦江上的水上人家（谅山博物馆）

"船上人"长期群居水面，居无定所，通常一家一艘船，家庭成员都住在船舱中。平时成年男子从事渔业劳动，妇女留于岸边小船屋内织麻、晒网，时常即兴哼唱一些歌谣，久而久之，便形成了丰富多彩的"水上山歌"。这些山歌抒情优美、轻松愉悦，体现了渔家质朴的性格特点与优雅的审美情操。

在年节喜庆之时，壮、岱族渔民也会在岸上跳起欢乐的民间舞蹈，这些舞蹈大多反映了渔业劳作的情节，抒发他们与风浪斗争的气概及喜获丰收的心情，渔作舞蹈动作优美，表现了渔民淳朴的感情，富有原生态的审美情趣。

图4-25 广西南部文艺舞台上的织网舞（吴力提供）

第三节　传统工艺习俗

　　中越壮、岱族群世世代代生息、劳作、繁衍在不同的生活环境，有稻浪翻滚的平川沃野，有山高谷深的大石山区，也有绵延不断的丘陵地带，不管何种生存环境，人们生产与生活过程中，需要各种各样的生产资料与生活物品，于是，社会就产生了制造这些生产、生活用品的行业，出现了许多制造行业的能工巧匠，形成了各种行业的传统工艺文化与习俗。

图4-26　壮族刺绣（农敏坚提供）

　　民间传统工艺多种多样，从材料与制作方法上划分，主要有织绣工艺、编织工艺、铁器工艺、木器工艺以及石制工艺等，在民间各种工坊生产的各种传统工艺用品，满足了人们生活、生产各方面的需要，提高了民众的生活质量，也体现了壮、岱族各有特色的创作思维与美学思想。下面仅就织绣工艺、印染工艺、刺绣工艺和传统编织工艺进行阐述。

（一）织绣工艺

　　壮、岱族群传统的织绣工艺种类各种多样，较有代表性的是纺织工艺、印染工艺和刺绣工艺。

　　古代百越先民较早就掌握了原始的纺织工艺，"在广西的新石器时代遗址中，出土有众多的陶纺轮和各种网坠，表明远古的原始人类经过长期的探索，已经懂得利用植物纤维捻成线，织网捕鱼，从而开创了最初的纺织业"[15]。

　　中越壮、岱族地区盛产麻、葛、蕉、木棉、竹子、树皮等纤维植物，生活在该地区的人们较早就利用这些植物作为纺织材料。苎麻是一种多年生的草本植物，在广西壮族地区称"白麻"，苎麻表面粗糙，背面密生交织的白色柔毛，地上茎丛生，直立，圆柱形，其茎较长，可达二三米，一般不分枝，绿色或带红色，成熟时皮层变褐色，其茎皮纤维拉力与韧性很强。中国的史书很早就有民间苎麻织布的记载，《汉书·地理志》云：岭南"男子耕农，种禾稻苎麻，女子桑蚕织绩"。[16]壮、岱族先民也很早就用苎麻为原料，织出至今仍在部分地方制衣所用的麻布。《岭外代答》称"广西触处富有苎麻，触处善织布"。[17]在中越两国出土的墓葬物品中，就有不少麻布织品。位于广西平乐县城东40千米的银山岭战国墓出土的陶器、铜器上，就发现了用细且均匀的麻料织成的麻布纤维物质。在越南

图4-27　织苎麻布的老照片（农敏坚提供）

河内民族博物馆及太原省越北少数民族博物馆，有不少岱、侬族民间苎麻织布工艺生产及各种麻织品的历史图片，可见很早的时候，生活在中越边境地区的各民族，就生产与使用了这种由苎麻织成的麻布。

过去，壮、岱族还使用其他原材料来织布。芭蕉是一种多年生草本植物，有粗大的主脉，高达三四米，两侧具有平行脉，不分枝，丛生，叶子很大，宽约40厘米，呈长椭圆形，叶表面浅绿色，叶背粉白色。用芭蕉茎纤维织"布"的生产流程如下：先将芭蕉树茎砍成截，浸泡在碱性的灰水中一段时间，待其分解胶质后，晒干取其丝在织机上织成蕉布。葛也是一种多年生草本植物，茎长1米多，缠绕于他物上，花紫红色，其茎可以编篮做绳，也可泡制成纤维后织成葛布。竹子更是中越边境地区盛产的植物，壮、岱族也有用竹子纤维织成的竹布。桑树及棉花的种植传到壮、岱族地区后，当地的纺织业发生了巨大的变化，逐渐成为当地纺织的重要原料。由于纺织材料的多种多样，当地形成了地方富有民族特色的纺织业。

图4-28　"苎麻布"的原材料（陈家友摄）

壮、岱族地区很早就出现了原始的斜织机，它的工作原理较简单，操作也很简便，直到今天，该地区的乡村还使用着工作原理与之相同的织布机，同时保留着较传统的纺纱、织布、染布、制衣等生产与工艺制作流程。

广西那坡一带的黑衣壮至今仍保持着众多具有民族特色的传统纺织习俗。这里的妇女从地里将棉花摘回家加工，从脱棉籽到做棉条，从纺纱到织布，每一道工序都保留了传统的工艺。"采棉后先晒干，去枯叶，除去棉籽。后弹松棉花，将棉花搓成拇指大小、一尺长的棉条。即用纺纱机将棉条纺成线，纺纱时用

图4-29　越南北方的织机（太原博物馆）

手捻出一段纱头，缠在纺纱机的拈杆上，左手提起棉条，做伸引动作，右手有节奏地转动轮盘，利用旋转惯性，将纤维拉长，增加拈度即可得纱。然后将纱锭绕成股放入沸水中煮，捞出晾干，再入锅中煮，加米浆使棉线结实有韧性。浆透后抖去米浆晾干，用抽线机将纱搓入纱筒，再将纱筒装入排线筒，然后从排线筒上抽纱穿过排线网装入织机，最后将纱穿于梭中，即可开织。"[18]在越南高平省保林县麻朗村的许多农户家，至今还在用传统的纱机纺纱，其纺纱工序同广西那坡黑衣壮完全一样，许多家庭都在新建的干栏房屋底层进行纺纱织布，此种干栏下层空间较大，光线也充足，里面可以摆几架纺纱机及织布机，甚至一些经过染色的织纱也掠在上面，就像一个工序齐全的小型家庭作坊。

图4-30　越南高平一带的传统织布机（高平博物馆）

壮、岱族地区传统织布机是一种全木结构的简单工具，织布机在两地都叫"雄勒"，多用松树制作，其工作原理是以直角交织两组或多组纱线通过梭子引线形成织物，其构造主要由主体、梭子、挡板、踏板、绳索、滚筒等组成。广西那坡黑衣壮的织布机一般高、长、宽分别为150厘米、175厘米、100厘米左右，可以织出用棉花、苎麻为原料的布料。这种貌似简单的织机，既可织整块单色，也可织花布、头巾等。在织布机上操作是个技术活，需手脚灵巧配合，右手牵动的梭子速度、用力都要均匀，熟练操作后才能织出布面平整的布来。如织出的是不平整的布料，加工衣服时就会起皱变形，这种布料不能制衣，只能做其他用途了。

除了织布机，壮、岱族地区民间织机还有织锦机，织锦机能在布面织出多彩的图案。传统的织布机与织锦机的构造差不多，其工作原理基本上也是相同的，都具有织造五种基本织体的相应机构。织锦机是一种竹木结构的织机，织锦中需要多种颜色的棉纱，它的开口提花机构必须做成能牵出多色线条的笼状，这种用竹条编成的笼子，民间称之为"竹笼机"，也有人戏称为"猪笼机"。竹笼织机底座机架从前端到后端呈倒梯形，顶边、底边长及全机的长度尺寸各地有异，广西宾阳一带的竹笼机是壮族典型的织锦机，这种织锦机比一般织布机要大，机架有两个杠杆式的提拉、悬挂结构，上面安装着一个为编结花本的竹笼。织花时的工序很讲究，要先编好程序，然后按顺序把

图4-31 广西宾阳壮族的织锦（陈家友摄）

图4-32 广西宾阳壮族织锦的竹笼机（陈家友摄）

竹针取下，这时拉起其中一组提花通丝，它的作用就是牵动经线，从而形成开口，让梭子顺畅地来回通过。竹笼机的竹针较多，一般有上百根，少的也有数十根，主要根据织锦图案的要求而增减。"竹笼机只用一片地综，配以踏杆，就能完成平纹地的编织。这片地综由综丝与综杆组成，每根综丝带动一根底经。综杆上连杠杆，杠杆后端连着踏杆。竹笼机地综形成梭口的过程是，在卷经轴稍前的位置有一个直径约14厘米的分经筒，使底经和面经上下分开，形成第一次梭口。踏动踏杆，因杠杆作用提起地综，底经跟随而起，变成面经。这样形成的第二次梭口很小，还需要通过一个竹筒以加大梭口，便于引纬。取出竹筒，放开踏杆，便复回原来的形态，又形成第一次梭口。"[19]

使用原始的竹笼机用棉线或丝线编织成的织锦，在广西称为"壮锦"，以前也称"土锦"或"僮锦"，壮锦很早就名扬中国南方地区，同江苏的云锦、四川的蜀锦，苏州的宋锦一道，被称为中国"四大名锦"。《岭外代答》载："邕州左、右江蛮，有织白緂，白质方纹，广幅丈缕，似中都之线罗，而佳

丽厚重，诚南方之上服也。"[20] 到了明清时期，广西壮锦的生产工艺达到了较高水平。清乾隆年间《柳州府志》载："壮锦各州县出，壮人爱彩，凡衣裙巾被之属，莫不取五色绒线以织布，为花鸟状，远视颇土巧炫丽。"[21] 绚丽多彩的壮锦成了当时市场上的紧俏商品，远销中国南方各省及东南亚一些地区。

越南岱、侬族也把织锦称为"土锦"，"在高平省的和安、河广、复和等县，是当地岱、侬族人的传统纺织业。土锦的纺织步骤与壮锦基本相似，不同之处在于花型的布局，纺织线都是已染色的线，土锦的特别之处在于协调配色、丰富花色"[22]。越南高平等地的织锦机与广西靖西、龙州的一样，也有两种类型，一种是普通的平面织锦，另一种则多了一套提花综丝。同时，两地在产品包装上也是有区别的，越南织好的锦布多数用折叠的方式收藏，而广西织好的锦布用卷布轴卷起来，外面再用塑料薄膜包装好，这样在运输中基本上能保持原织锦的整洁度。

图 4-33 岱、侬族土锦（太原博物馆）

（二）印染工艺

用蓝靛染布在中国已有两千多年历史，唐朝《新修本草》记载："菘蓝可以做靛。"[23] 染布在壮、岱族地区也是一个重要的传统工艺，这里的先民很早就掌握了染布技术，其染料主要是蓝靛。蓝靛是一种多年生草本植物，壮、岱族地区盛产，其茎常呈对分枝的形状，其叶为对生，边缘有较粗的叶齿。蓝靛干后呈黑色，有一种其味微酸的特殊草腥气。蓝靛染布过程各地都比较相同："割下蓝靛草浸泡在染缸里，待几天后茎叶溶于水中，取出残梗，滤去渣沫，将石灰浆放入蓝靛水，沉淀后即获蓝靛膏，再加入草木灰水搅拌均匀，发酵7天后即可染布。染织出来的黑布，还要经过'浆衣'（锤布）才能使黑布具有平整的线条。先在布面上'打浆'，以米浆或一种野生薯类的淀粉制稀浆，涂于布面，使之有光泽，然后锤打，清洗再锤，一般要反复多次，直至布平滑光亮为止。"[24]

图 4-35 正在染布的黑衣壮妇女（农敏坚提供）

蓝靛在越南岱、侬族中称为"马蓝"，也是染布时使用的主要染料，马蓝种植于农历二月，到六月就可收获。当地的传统染布习俗，同广西壮族各地如出一辙。"将马蓝藏盘中两日夜，然后取出绞干挤渣、净化，倒入灰水继续浸泡一日夜，将出现马蓝膏沉淀。染布时，将炉灰、马蓝膏与水混合均匀，将布浸泡其中，一两个小

图 4-34 把染好的布掠干（农敏坚提供）

时之后，捞取晒干。为了使染色均匀，染布要洗过冷水。"[25]越南岱、侬族民间至今还在用马蓝染布，虽然精美、艳丽的现代服饰已充斥了城乡商贸市场，但对传统文化不舍的情结，使许多边远地区的中老年妇女仍然愿意身着蓝靛布料做成的服饰，她们觉得这种布料比较爽快且耐穿，有的平时也穿时尚的衣饰，但在传统节庆或家中有大小事情，或有亲友来访时，总会换上传统服饰，以示隆重。

中越壮、岱族的传统印染工艺技术，在自身着装的美化方面发挥了重要作用，在漫长的社会生活中，各地富有民族文化特色的服饰及布制生活用品，无不体现了印染工艺技术在其中的应用。在河内、太原、高平等地民族博物馆的展厅中，各种色彩斑斓、造型多样的印染工艺品，反映了各地精湛的印染技术与多彩的民间装饰习俗。

图4-36 越南高平岱族干栏下的染纱（陈家友摄）

（三）刺绣工艺

刺绣是中越壮、岱族人的传统工艺，它几乎流传于两地的所有地区，中越边境一带民间很早就有在衣服上刺绣的习俗，形成了丰富的服饰刺绣文化。黑衣壮是一个传统文化保存比较完整的壮族分支，

图4-34 岱族儿童精美的刺绣挂包（陈家友摄）

多在头巾、衣领、衣襟、袖口、衣摆、鞋子上进行刺绣装饰，小孩的帽子、背带等也是刺绣装饰艺术性很高的物品，绣球、香包等传统择偶信物，更体现了黑衣壮妇女在刺绣技艺上的娴熟。在绚丽多彩的刺绣饰品中，最精美、最有特色的要数绣球了。"绣球在球心里裹进沙粒、棉团、木糠或豆壳，外用黑、黄绸布剪成花瓣形拼合，再用金线银线镶边，中间绣上各种图案，绣球下端系一束丝坠，上端系有一尺来长的彩带，以供手持抛投。重的可达100克，轻的亦有五六十克。另一种绣球是用黑绸作底色，制成12个菱形的球瓣，然后再组合成一个圆球，各瓣均匀对称，分别绣上各种玲珑小巧的图案。"[26]

在岱、侬族民间的日常生活中，刺绣的应用到处可见，除了服饰与工艺品，人们的家庭用品中枕套、铺布、靠垫、屏风、壁挂等，都会使用刺绣手段去进行装饰。其图案一般比较素雅清新、朴实无华，只有在婚礼、满月喜庆活动使用中的刺绣品，才会表现出大红大紫、富贵艳丽的色彩。其传统的刺绣技法同壮族一样，有稀针、手针、侧针、拉绣等，近年来岱、侬族受越南京族影响，在刺绣品上出现了滚针、游针、扇形针、网绣、锁丝、刮绒、戳纱、纳锦、铺绒等新的技法。岱、侬族的刺绣技法基本上与壮族是相同的，有传统的稀针、手针、侧针、拉绣等，随着社会交流的扩大，一些游针、滚针、扇形针、网绣、锁丝、刮绒、戳纱、纳锦、铺绒等比较现代的新技法也不断传入，在高平、谅山一些县城的旅游品商店里，有不少来自农村的岱、侬族妇女的手

图4-35 越南北江陆崖神庙的横幅刺绣（陈家友摄）

工刺绣工艺品，大的有家庭客厅中大气显赫的刺绣挂壁，多姿的造型图案及精密的针法令人叹为观止；小的有各种儿童生活用品，特别是那些儿童的兜肚与背带，常常采用多色镶边的绣花，并饰有"喜鹊梅花""莲生贵子""富贵吉祥"等图案。在河内与太原的民族博物馆里，就有许多岱、侬族民间刺绣品展，这些刺绣品画面纯朴、色彩绚丽、造型夸张、针法多样、工艺精致，反映了岱、侬族地区的风土人情、刺绣工艺及民族审美情趣。

（四）传统编织工艺

中越壮、岱族地区大多山高林密，各种树、竹、藤、草等植物资源丰富，将植物的枝条、叶、茎、皮等加工后，用手工进行编织是当地古老的传统工艺。当地的编织按材料分类，有竹编、藤编、草编、棕编、柳编、麻编等，编织的生活用品有席子、坐垫、靠垫、提篮、盆套、箱、吊床、盘、门帘等，生产用具有筐、笆、篓子、筐子、筛子、鸡笼、猪笼等，以及其他欣赏性的挂屏、屏风、动物造型等编织工艺品。编织是一种古老的行当，在民间到处皆有，各地都传承着自己特有的编织工艺与习俗。以下仅就竹编、藤编工艺进行阐述。

1.竹编

竹编是一种用竹子剖劈成篾片或篾丝，用来编织成各种织品的工艺。由于取材方便，人类的竹编历史非常久远，形成了各地丰富多样的竹编文化。亚热带竹子的种类较多，仅中越壮、岱族地区就有淡竹、水竹、慈竹、刚竹、毛竹等近200种，很早以来，民众用竹材编织各种生产、生活用具，创造、发展了具有地方艺术特色的竹编工艺。这些竹编工艺主要有编织工艺、车花工艺、拼花工艺、穿珠工艺、翻簧工艺等。每种工艺都有不同的制作特点：编织工艺即以竹丝、篾片为材料，编织成经纬交织的竹编品；车花工艺即用竹节为原料，将其车成不同形状和造型的竹制品；拼花工艺是用加工好的竹片为材料，拼成各种平面或立体的竹拼品；穿珠工艺的材料是竹节，将其截成小段后穿结而成的竹饰品；翻簧工艺首先是将竹片破成竹簧，然后加工成不同形状的器皿类竹制品。这些竹编品在制作的过程中，往往传承着竹编行业的操作形式，沿袭着传统作坊的劳作习俗，不仅产品具有很高的实用价值与观赏价值，也体现了各地不同的传统制作工艺。例如，流行于广西龙州及越南谅山一带的竹编大篾垫、箩筐、席垫、簸箕、鱼篓、鸭笼、鸡笼、竹篮等竹制器具，非常结实耐用，经常被批发运往各地。广西隆安一带编织的竹凉席手工精细，质地润滑，经久耐用，早在宋代就很有名气，名驰广东、广西各

图4-39　越南谅山侬族竹编工场（张耀军摄）

地，还远销东南亚各国。广西宾阳一带壮族人的男女老少，不管是在田间劳作，还是赶集走亲，都喜欢戴一顶造型奇特的竹角帽，既可遮阳，又是一种帽饰，这是当地用竹篾编织的竹制特产。在越南北方，到处都体现了竹子的传统文化内涵，很多生活用品与生产工具都是用竹篾编织而成，从洗菜的竹篮到淘米用的簸箕；从晒东西的竹筛到装稻谷用的箩筐。竹笼在越南岱、侬族人家庭中到处可见，有用竹篾编织专门用来运输家禽的椭圆体竹笼，有用竹条做

成供饲养鸡、鸽、兔及观赏鸟的长方体竹笼。"竹床和竹席是在越南广泛使用的家具，不管是在城市还是农村，人们都常常能看到竹床和竹席的影子，由于越南属于热带地区，大气炎热，雨量多，湿度大，常常发生回潮现象，而竹制品的特点就是遇回潮时从来不会受潮，而且一到炎热的夏天，人们躺在竹床竹席上就会感到非常的凉爽、惬意，所以越南人都很喜欢竹床竹席……"[27]

竹笠是越南最有代表性的竹制品，竹笠又称斗笠或笠帽，是一种遮阳挡雨的传统用具，主要制作材料为竹篾和棕榈叶或竹叶。传统竹笠制作过程是这样的：首先选用比较成熟的竹子，用砍刀劈成圆形的小竹条，作为圆锥形笠架，然后放在柴火房的厨架上熏一段时间，以防虫蛀，还可以使其更坚韧。斗笠架一般做成十多层、每层半径锐减，用丝线将其固定起来。然后将选出的比较完整的棕榈叶或竹叶分层叠上，用针线在每一圈骨架上缝起固定，再涂上一层斗笠专用油使其光滑，起到不渗水的作用，晒一两天时间即可使用。竹笠是越南京族的传统帽饰，受其影响，岱、侬族不少地方使用也比较普遍，甚至在广西边境许多互市的圩市中，赶圩的中越边民都戴这种竹笠，成为独特的一道边贸风景线。与京族不同的是，京族竹笠上的叶子一般都要漂成白色，而岱、侬族更多的是保留棕榈叶或竹叶的天然颜色。

壮、岱族过去长期生活在交通不便的多山地区，其运载货物主要靠肩挑背负，因此，编织简单、功能多样、体轻易搬的竹编品就成了这里的承载用具。在广西那坡县，"背篓是黑衣壮人必不可少的生产和生活用具。所用竹子篾破得较厚、较粗，有的编织较为密实，有的则留有空隙，以装不同的东西。这种竹背篓扎实牢固，外形美观大方，既可用于一定的农活，也可用于赶集和串亲访友。箩筐是用竹篾编制的筐式盛器，多方底圆口，有的编织成网状，主要装玉米等颗粒较粗的农作物，有的则用细竹编织，很密实，主要装谷子及大米用"[28]。在生活中还有许多精美的竹制品，如竹制的饭盒，这是民间在各种节日或喜宴上用于装五色饭、香蒸肉的器具，也往往作为送客的礼品，这种竹饭盒多为圆形，也有四方形，其做工精致，编织细密，有盖子，有提手。壮、岱族这些竹编用具用途不一，其取材方便，制作简易，实用、经济、美观，体现了壮、岱族人善于就地取材，运用自然的生态观念，融入了民族审美物化意识的工艺制作习俗。

图4-40 戴斗笠的侬族妇女（陈家友摄）

图4-41 越南高平市场的竹具（陈家友摄）

2.藤编

中越边境地区阳光终年充足，热带、亚热带季风气候以及降水的丰沛，使各种野生植物茂盛生长。在山高林密的自然环境里，盛产一种质地坚韧、身条极长的藤本植物——藤条。藤条具有极强的生命力，在复杂的山体上能依附其他物体向上生长，有的攀岩爬石而上，有的缠树绕壁而长。藤条的质地非常结实，有很强的韧性与弹性，经处理后表面色泽柔和，手感光润平滑，并不易热传导，因此藤织

品冬暖夏凉，在民间编织中是一种非常好的天然材料。壮、岱族民间很早就掌握了以藤条茎秆的表皮和芯为原料，编织各种实用美观的藤织品的传统工艺。

广西德保一带冈峦起伏，山高林密，古树野藤遍布，当地壮族利用野生藤条编织各种手工艺品，已有非常悠久的历史，是地方重要的社会经济产业之一。据地方志记载，在明代，当地壮族人已有藤具生产，因其工艺制作精良、远近驰名，经常被作为地方贡品进贡朝廷。直至今日，德保一带仍分布有大大小小数十个藤编作坊，其产品远销全国各地。当地藤编所用材料有大黄藤、鸡藤、牛皮藤、小圆藤等，这些生长在深山老林中的山藤具有质地柔韧、拉力强、弹性好等特性。藤具生产制作比较复杂，野藤采回来后，要剪除上面的杂枝，用刀刮去表皮，经水冲洗后用硫黄浸泡，待漂白后，晾干即成编织的藤条原料。这种藤条编织出来的藤制品，美观大方、色泽自然、结实耐用，且通风凉爽、环保性强，具有独特的民

图 4-42 桂南藤编工场（陈东摄）

族艺术风格。藤家具制品有藤椅、藤沙发、藤床、藤茶几、藤凳、藤书架等，还有藤篮、藤箱、藤窗饰等其他藤工艺品。

在越南北方，由于藤编材料丰富，所以几乎各地都有农户在编织藤具，特别是谅山同登一带，许多乡村的岱、侬族人用藤条编制藤席、藤椅、藤箱等日常用具，工艺精巧，品种多样，经久耐用。有不少藤织作坊历史悠久，从打藤、拣藤、洗藤到晒藤、拗藤、刨藤，从削藤、漂白、染色到编织、上油漆，各种工序都有自己传统的制作工艺与行业习俗。越南北方常年天气闷热，凉席是每家每户必备的生活用品，而以藤条编织的藤席，同竹席相比，一样凉快却无冰肤之感，更适合幼童及年长者使用。对于住宅中的桌、椅、沙发、凳、床、柜、茶几、箱、屏风等家具，许多家庭都愿意选择藤制品。家室中的藤编家具以粗大的藤条为骨架，以藤皮、藤芯编织而成，它比皮制、布艺家具更耐磨、耐脏，平时只需用干布擦去灰尘即可，无须刻意保养。以野鹿藤编织的挂帘，是当地藤制品中的精品，上有各种美轮美奂的花鸟虫鱼图案，构图雅致、工艺精细，在色彩上不追求艳丽富

图 4-43 精美的藤编（陈家友摄）

贵，多以山藤的浅黄原色为主，图案衬以白色、咖啡色、棕色或象牙色，色调谐和，显得柔和典雅，超凡脱俗，富有天然情趣。许多出口的室内藤织品有极高的艺术价值，古朴与时尚兼之，高雅与世俗共有，能适应不同的居室环境文化要求，同登一带生产的藤制品除了满足本地民众生活所需，还远销中国、东南亚乃至欧洲多国，在国际市场很受欢迎。

第四节　传统作坊习俗

　　作坊，是人们制造、加工产品的场所，各地称呼不一，也有称"作场""作房"或"坊"等。自人类进入文明社会后，生活、劳动离不开生产各种物品的作坊，这些作坊有酒坊、油坊、磨坊、豆腐坊、制衣坊、陶瓷坊、打铁坊等。作坊在古代有官府与民间两类：官府作坊规模宏大，工匠众多；民间作坊往往比较简陋，工匠较少，制作工具较简单，有的甚至就是家庭作坊。传统作坊往往以作坊主为主，或者聘请老师傅，领着数个帮工或者学徒，按照生产工序进行简单的分工，进行产品加工、生产。

图4-44　越南高平乡下的水力米碓（高平博物馆）

　　中越壮、岱族地区的民间作坊无数，为当地民众的生产与生活提供了各种工具与用品，满足了社会生活各方面的物质需求，也创造了丰富的民间工艺文化，传承着各行业传统的工坊习俗。

（一）酿酒作坊习俗

　　中越壮、岱族群先民酿酒、饮酒历史非常久远，中国史书上有不少记载。《吕氏春秋》中载："越王之栖于会稽也，有酒投江，民饮其流，而战气百倍。"[29]中国南方古越人很早就掌握了利用植物的花果与块根来酿造"猿酒"的技术，唐朝李肇《唐国史补》载："博罗蛮村有桂，以桂花酿，曰桂酒。"[30]《旧唐书·南蛮西南蛮传》载壮族先民："俗以椰树花为酒，其树生花，长三尺余，大如人膊，割之，取汁以成酒，味甘，饮之亦醉。"[31]时至今日，中越壮、岱族地区的酒坊还在酿造以花果为主要原料的酒类，如桂花酒、菠萝酒、木瓜酒、木薯酒、金橘酒、红兰酒等，成为当地丰富的酒文化中颇具特色的美酒品种。

　　随着农耕技术的进步，稻作生产有了很大的发展，谷物又成为人们酿酒的上好原料。谷物中有非常丰富的淀粉，很早以来，古人就掌握了淀粉经过糖化和酒化过程后酿成酒的技术。中越壮、岱族先民爱酒也善于酿酒，在漫长的社会生活中，各种酒坊产生了各具特色的酿酒工艺与习俗。在今天，壮、岱族地区乡村的酒坊基本上仍保留着古老的酿酒工序。广西那坡、靖西及毗邻的越南班高、保乐一带的酒坊，就一直沿用着老祖宗传下来的蒸馏法酿酒方式，传统的酒坊一般有如下设备：酒糟锅、蒸馏锅、冷却锅，排酒液的酒管，装酒的酒缸，以及凉酒糟的竹席等，蒸酒的工艺也都是老祖宗流传下来的。靖西市化桐镇贺屯民间蒸酒过程是这样的：取糯

图4-45　广西那坡乡下酒坊（陈家友摄）

米若干斤，洗净后放进饭甑中蒸熟，饭甑是一种干蒸的炊具，蒸出来的酒饭能自然散开为佳，然后把

图4-46　越南高平乡下家庭酒坊（陈家友摄）

蒸好的酒饭倒在竹席上铺开晾干，降级常温后，拌入大、小两种酒饼，"把拌好酒饼的酒饭装入坛内发酵一个星期左右（酷暑时间会短点，冬天就要多几天了），接着把烧到40℃的清水按3∶1的比例倒入发酵了的酒饭锅中，盖上锅盖，只留一个小孔插入通气管，气管的另一头接蒸馏锅，锅底通孔接酒管、酒管接酒缸。蒸馏锅上安置一个装冷水的冷却锅。各连接处均用湿糠或湿布密封，使之不漏气。加热到一定温度，酒糟沸腾，蒸气从气管通至蒸馏锅，遇冷却凝结成酒，从酒管流入酒缸"[32]。

在中越边境一带的岱、侬族地区，各地还有不少具有地方特色的酒类，其中有一种"哑酒"，有的地方称"杂酒"，是用大米或玉米、高粱等杂粮为主要发酵原料，加入各种地方盛产的野花野果进行酿制。越南岱、侬族民间还有不少特色酿酒，同样在稻米或杂粮为原料的发酵物中，加入各种当地特产的山花野果一起酿制，同样也叫"哑酒"或"杂酒"。

图4-47　广西宾阳镇的酒坊（陈家友摄）

"哑酒的酿制大致要经过前后两个发酵过程，前发酵是熟饭拌酒曲后保持温热迅速发酵，边糖化边酒化，但生成的酒还很嫩，还必须贮于瓮罐中进行数月、数年不等的后发酵，使酒中的各种微量成分不断分化、合成，而最终达到酒的熟化和醇厚。"[33]哑酒口感比较特别，有酸味也有辣味，苦中带甜，含有人体必需的多种微量元素，以及氨基酸、蛋白质等，经常饮用有护肝健脾，防治高血压等功效。越南不少的地方都有哑酒作坊，这些酒坊在酿酒中

"以糯米、小麦、薏米、小米、青稞、大麦或玉米等五谷为原料，上锅蒸熟，然后用制好的酒曲搅拌均匀，将其倒在簸箕里，晾晒一下，略喷水分，凉至微温，放入刻有花纹的大酒瓮或坛中，用香蕉叶或尼龙封严瓮或坛扣，放到屋角里或埋于地底下待用，留的时间越久酒越香"[34]。

此外，在中越壮、岱族地区，还有蛤蚧酒、鸡杂酒、田七酒、墨米酒、蚂蚁酒、蛇胆酒等具有地方特色与各种功效的酒类，成为当地民众治病强身的保健品。

在壮、岱族地区的酒坊酿酒中，还有许多行业的规矩，成为地方酒坊的传统习俗。酿酒离不开好水，平时每个酒坊都有自己取水的固定水源，同时严格保护水源水质的干净。新年伊始，酒坊老板都要带着家人到河边或井边祭拜河神、井神，为的是祈求掌管水源的神灵保佑新的一年水洁泉旺，让自己的酒坊酿出更好的美酒。酒坊还有这样的传统规矩：每当开挖新酒窖之时，都要到附近的土地庙祭拜土地神，也有的在自家酒窖旁上供祭祀。在正式酿酒前必须举行隆重的仪式，焚香祭拜酒神。在农村中，酿酒是比较重大的事，主持酿酒仪式者大多是村中德高望重的长辈，或是家中有地位的人物。从前的酒坊有许多传统的禁忌，如一般女人是不能进入酒坊的，在酒坊不能说"酸"，如非说不可也只能说

图4-48　越南高平乡下酒坊写有汉字的酒坛（高平博物馆）

"醋"，因为酒一变酸就得全部倒掉。酒坊的酒酿好后，头一杯首先要敬酒神、敬祖宗，第二杯要敬族中和家中长者，然后晚辈才能开怀痛饮。

（二）榨油作坊习俗

食油，是人类餐饮中最重要的调味品，在烹调时添加食油，能增进食物的色、香、味，为人们丰富的美食提供必不可少的合成物质。食油分植物油和动物油两类，植物油的主要原料是花生、豆类、菜籽，也有芝麻、米糠、玉米等，这些原料经压制后成为油液，动物油则由猪肉、牛肉、羊肉、鸡肉等熬制而成。中越壮、岱族地区食用植物油较多，由于山坡较多，比较适合种植较耐旱的花生，因此，该地区民众较多食用花生油，当地的油坊也多为花生油坊。

图4-49 靖西旧州博物馆展出的榨油图（陈家友摄）

20世纪90年代之前，壮、岱族地区主要是传统的木榨花生油坊，两地油坊的压制方法是一样的。木榨花生油共有六七道工序，比较繁杂。第一道工序为碎粒，即将花生米粉碎，以前是用石磨，后来用上了粉碎机；第二道工序为蒸豆，将碾碎的花生放入蒸笼里猛火高温蒸上两个小时；第三道工序为做豆饼，花生在蒸笼里取出后，晾冷做成圆形花生豆饼，用竹片将其箍紧定型；第四道工序为装榨，豆饼做好后装进木榨，大油坊的榨油木榨一般长5米，用整根老龙眼树干做成，非常坚硬；第五道工序为压榨，用几个直径为30多厘米的木圆筒及数十根方形硬木，将用竹箍箍紧的花生饼压紧，榨油师傅轮流挥动20多斤重的大木槌，将每根木楔砸楔入方形硬木中去，在方硬木巨大的压力下，花生油便一滴一滴被榨出来；第六道工序为复榨，头遍花生饼中的油分尚未榨干，故重新敲碎后再次放入热锅蒸，按照以上工序再榨第二遍。传统木榨花生油是一种费力费时的重体力活，干活的都是身强力壮的青壮年人，每榨一榨油，工人们都会汗流浃背，经过这么多道工序榨出的花生油味道特别香醇。

20世纪90年代之后，壮、岱族地区城乡的油坊逐渐改为电动榨油机，效率提高了很多，过去传统的木榨从早到晚1天能榨花生不到200千克，而一台电动榨油机同样的时间可加工花生差不多1000千克，机榨油大大减轻了人们的劳动强度，出油率也略有提高，但口感及浓香程度不如传统的木榨油。

传统的木榨油坊目前大多已销声匿迹了，各地只有为数不多的一两个油坊在顽强地固守，一方面乡民们都说传统木榨油更香更有味，另一方面一些老油坊师傅舍不得丢弃老祖宗留下来的手艺。如今只有在越南太原越北民族博

图4-50 越南北方的油坊（太原博物馆）

物馆及广西靖西旧州壮族文化博物馆等民俗文化展厅中，人们才能了解到这种古老的榨油工艺。

（三）铁器工坊习俗

铁器工坊俗称"打铁铺"，是加工、生产铁器的作坊。过去中越边境地区城乡遍布大大小小的打铁铺，为周边的村民加工生产农具、生活用具及铁器配件等。村里的铁坊一般规模不大，往往只是一间旧房子，甚至只是用砖头和石棉瓦临时搭建起来的工棚。打铁的火炉需要烧煤，其他燃料都无法替代，工棚由于长期受煤熏，到处都被熏成了煤灰色，显得十分灰暗。烘炉是打铁铺重要的设施，这个大火炉一般置于铁坊的中间，架在一旁的木制风箱是传统烘炉的配套设施，炉火一点，拉动风箱，炉膛很快就窜出通红的火焰。铁匠把需锻打的铁材钳进炉中，待烧得通红后，将其钳到专用的大铁墩上锻打，一时间火星四溅、满室通红。为了趁热打铁，传统的打铁由两个人合作，一主一辅，师傅一般左手握铁钳，右手握小锤，不断翻动铁料，用特定的击打节奏指挥抢大锤的徒弟锻打。也有三人合作的，即增加一个抢大锤的，

图4-51 越南北江公路旁的铁坊（张耀军摄）

这样锻打速度就快了许多。打铁是个很累的体力活，加上在高温的环境中，铁匠们每捶打一次就会满头大汗。一般捶打十多下铁件温度就会降下来，这样就得放进火炉里继续烧，如此经过多轮的锻打，一块方铁才能打成各种形状的铁器。有的打铁坊为了及时锻打，用三个人轮流锤打，这样速度就快很多了。以前，在中越壮、岱族人的乡村，不时都会传来"叮叮当当"的声音，有节奏的打铁声成为乡间悦耳动听的音乐。铁器打制定型后，还要进行最后一道工序——"抛钢"，"抛钢"在民间叫"淬火"。淬火是打铁师傅的拿手绝活，特别是一些刀、斧、锄之类的铁器，其刃锋利与否，取决于打铁师傅对淬火技术的掌握。淬火多采用普通的凉水冷却，锻好的铁件趁热有节制地放入水内，有经验的师傅见到"哧啦"一声热气腾起后，迅速将铁件钳起。有些铁匠还会进行二次淬火，在普通水里淬火之后，重新加温再次放盐水里淬火，这样可以增加其坚硬度及光泽度。以前壮、岱族地区乡间的大小铁具都是在铁坊打的，因此，打铁师傅自然也会得到村民的格外尊敬。

越南高平省保乐县嘎里村侬族村民农福山家的铁坊，是数十年前他爷爷为村民打农具时留下来的行当，算上如今刚开始抢大锤的他儿子，已是第四代。铁坊设在自家干栏房屋的底层，四面通透明亮，里面的工具、材料、铁器

图4-52 越南谅山侬族的家庭铁坊（张耀军摄）

摆放得井井有条，不像其他铁坊那样凌乱。这一带的铁坊多为三人锻打，三人档的打铁方式相对来说锻打频率会快些，但配合更需默契。农福山也是夫妻俩加上儿子配合搭档。儿子今年才16岁，但帮助家人干活也有快两年了，早些年只是放学后在家中帮帮活，今年初中毕业后打算不再读书了，跟着父母继续打铁的营生。如同其他村子的铁坊一样，他们都在屋子中间的柱子上立有行业的神位，说是神位，也就是在上面贴了一张红纸，再下方挂一个小香炉，连农富山也说不清楚拜的是哪个神祇，只是早晚烧烧香，祭拜神灵保佑作坊平安兴旺。

广西那坡一带铁坊的产品，主要是村民使用的农具，如犁、耙、铁锹、镰刀、研刀、柴刀、锄头

等，不少刀都具有当地常用的各种功能。"研刀俗称大刀，主要用于砍伐小竹和小树，或砍断树枝、竹梢。大刀刀身长而厚实，刀钩短，刀钩主要用于劈竹篾。弯头柴刀是砍柴的专用刀，呈弯月状装在木柄上，刀口锋利，钢火好，刀身薄，刀钩长，便于拉割细树干和草柴……"[35] 那坡当地的铁坊会根据农户的不同要求，加工出符合他们农作要求的工具，如锄头就有两种；一种叫"板锄"，多在较坚硬的地里翻土、锄草等劳作中使用；另一种叫"铲锄"，多在土质松软的作物地上劳作使用。当地翻地常用铁锹，装有直柄，特别适合种植经济作物中的翻地与取土。铁犁是水田种稻必不可少的大型农具，由耕牛拖动翻地。铁耙是将土壤粉碎及平整的工具，有用牛拖的也有用人拉的。这些铁制农具在乡间的铁坊打造后，往往摆在铁坊门前或带到集市上销售。

图 4-53 越南北江公路旁铁坊展出的刀具 （张耀军摄）

越南高平保乐县坳坡村的铁具生产远近驰名，不少铁坊历史久远，刀具是这里生产的名产品，钢水非常好，锋利无比，大量远销太原、谅山、北泮、河江等地，近年又打进了河内市场。坳坡村铁坊就在通往高平的公路边，平时就在路旁开设产品展销点，由于交通便利，人来车往，南来北往的路人不时停下来观看购买，刀具销售较火。

（四）陶瓷作坊习俗

陶瓷是陶器和瓷器的总称，是人类日常生活中使用最多的器具种类。据专家考古考证，早在8000年前的新石器时代，人类就开始生产陶器，1987年在河北省徐水南庄头古文化遗址中发掘的许多陶器，经放射性碳素测定为制造于9700多年前。"在广西桂林、合浦等地，也发现了距今3000~7000年的陶器碎片。在越南，至今出土的陶器多数发现于北部邻近中国的边疆地区。"[36] 可见，中越边境地区都拥有悠久的陶瓷文化历史，当地先民较早就开始使用陶瓷用品。陶瓷制品在人们的日常生活中大量使用，日用陶瓷有餐具、炊具、茶具、盛具、浴具等，观赏性的工艺陶瓷有陶瓷花具、陶瓷雕塑、园林陶瓷、陈设陶瓷等。建筑陶瓷有砖、瓦、面砖、外墙砖等。过去，由于经济落后及交通不便，壮、岱族大多都使用本地生产的陶瓷器具，因此各种陶瓷作坊在当地都有比较悠久的烧制历史，不少窑至今仍保留着古老的陶瓷制作方法与传统习俗。

陶瓷生产分为做坯与烧坯两个部分，也就是说陶瓷作坊必须有坯房与窑炉两种工作场地。陶坯制作是以泥为材料，所以，揉泥是陶瓷坯制作的材料准备工序，也是陶瓷工人必须掌握的一门技术。揉泥是为了使泥质变得更实更密，最终要求揉好的泥料切开后里面没有气泡，泥质结构

图 4-54 越南太原博物馆展出的陶窑图片 （张耀军摄）

上发生变化，达到可以塑造各种各样器坯的柔韧性和可塑性。

壮、岱族地区民间传统的陶瓷制坯方法基本相同，工序大致如下："拉坯"是根据制作陶瓷物品的

图4-55　越南高平博物馆展出的陶器（张耀军摄）

要求，利用拉坯机（俗称辘轳车）的旋转，双手在坯泥上不断捏造，逐渐拉成各种器具的造型；"印坯"是将加工好的可塑坯料放进模型中不断挤压，使可塑坯料延展印成一定形状的成型粗坯；"利坯"是等到粗坯晾得半干时，放到辘轳上面，用各种修整刀具进行加工，使其厚薄均匀，表面光洁；"挖足"是坯具的基本形状定型后，挖空、平整、打磨底部；"施釉"是陶瓷坯体成型后，在其表面上釉浆，即完成陶瓷产品基调的铺设；"画坯"是画师根据创意给制成的陶瓷坯画上各种各样的图案。

陶器的装饰大多以泥质本身效果来表现肌理，这就是"素陶"，而瓷器坯上则多用色料彩绘，是质地更加细腻的器具。

将做好的陶瓷土坯送进窑炉烧制，这在行业上称为"满窑"。过去中越边境的窑炉大多为土窑，形状一般为长圆形，高宽大概3米多，窑深约近10米。窑炉上罩有窑棚，烟囱高度在七八米左右。瓷坯装匣入窑十分重要，窑炉内坯器分散而有序地分层排列，每层器坯之间都留有能让火苗进的空隙。装窑时要视釉层的厚薄来确定器坯在炉内的放置位置，合理利用火势，以适合器坯的不同火候要求。封窑时炉口留有一孔，烧窑师傅从孔中观测炉中燃烧火候，检测窑内温度，以及坯件烧制的成熟情况。坯件烧制成熟后即可停火，停火后一般还要熏闷一天一夜后才可开窑。

图4-56　广西靖西乡下的陶工（靖西博物馆）

现在中越边境大型的陶瓷窑已经比较现代化了，钦州坭兴陶是广西的名陶，与江苏紫砂陶、云南建水陶、四川荣昌陶齐名，同为中国"四大名陶"，已有2000多年的历史。坭兴陶使用的泥料是钦江两岸的紫红泥土，经过封闭存放、日照、雨淋、溶解、氧化、碎土、制坯、窑烧等复杂制作工序，其产品艺术价值极高，现在坭兴陶的陶窑已全部使用电窑，

图4-57　越南河内博物馆展出的陶三星（张耀军摄）

并使用了较为先进的制陶工艺。一般根据炉腔的空间，计算好陶坯的数量及其安放位置。在两个较近陶坯的接触部位，要撒上一些铝粉，以防黏结。然后，陶坯即可送入窑中。"安装陶坯时，坯板要保持平衡，坯体要严格处在同一水平面。装好之后，遵循'横缝要对，竖缝要通，外紧中空，上密下稀'的原则检验陶坯的安放位置是否合量，不合理的要马上调整。检验之后，即可将炉车慢慢推入炉腔，关闭窑门，通电烧制。电窑通断电都为自动控制，一般通电时间是从第一天的10时到第二天的8时，断电后须到第三天8时后才可出窑。"[37]

过去，各工坊都有自己所尊奉的行业神，这也是古老的民间信仰。在壮、岱族地区千百年的陶瓷生产岁月中，产生了各地具有地方特色的陶瓷作坊习俗，也形成了行业的信仰崇拜。陶瓷行业所崇奉的行业神有土神、瓷祖神、窑神等，这些神明有自然神也有人神。在陶瓷作坊中，土质优劣是陶瓷行业生产的关键，因此，掌管地方的土地神就成了原始陶瓷作坊的神灵。一些有名的陶瓷作坊及其采泥基地往往流传有土神指点的传说，大凡作坊挖掘坯泥之前，作坊员工都要摆上酒菜祭拜土神，祈求土神赐以更多优质的坯泥。瓷祖神是陶瓷行业的守护神，窑神则是保佑陶瓷窑炉火兴旺、瓷器优质的神灵。中越壮、岱族地区陶瓷作坊的崇拜神祇不一，但逢年过节或点火烧窑之前都要祭拜祖师神，祈求工坊吉利、烧窑平安、多出精品。

在陶瓷生产的各个过程都有一定的禁忌，在采泥场地不能随意便溺，否则是对土神极大的不敬；在装窑的过程中，不能说"塌""崩"等字眼；烧窑时，与"熄""裂""生"等语言及其谐音都不能讲。过去在装窑及点火时，妇女是不能靠近的，如今随着现代文明的普及，不少的妇女已成为熟练的装窑师傅。

图4-58　越南太原博物馆展出的彩陶（张耀军摄）

（五）木器作坊习俗

木工，是社会上一种很重要、很普遍的手工业种类，也是人类很古老的一种工艺，生产劳动中的各种工具，家庭生活中的各种用具，房屋、楼馆、桥梁等建筑，车、船、轿等交通工具，都离不开木工的建造与制作。《周礼·考工记》载："凡攻木之工七……攻木之工：轮、舆、弓、庐、匠、车、梓。"[38]古时的车轮全是木制的，"轮"就是指当时的车轮制造。制作车轮的木工称"轮人"；"舆"指的是车厢，所以"舆人"就是指制造车厢的工人；"弓"在古代既是指弓箭的弓，也是指弓箭制造者；"庐"在古时指的是戟类兵器的把柄，也指兵器制造人；"匠"是指具有某一专业技能的人，在这里指的是建造皇宫城郭的工人；"车"指有轮子的交通工具，也指制造车辆

图4-59　靖西旧州的木工坊（陈家友摄）

及各种农具的工匠；"梓"原指制造各种器具的木工，或制造各种饮器及箭靶的匠人。"攻木之工"反映了木工在古代社会生产、生活、娱乐、军事等方面的作用。

同为百越后裔的壮、岱诸族，千百年来，木工这一行业一直同当地的社会生活密不可分，许多乡村的木工作坊都有其悠久的历史与传统习俗，并一代代传承下来。木工作坊也有自己的行业崇拜，壮、岱族地区许多木工作坊都像汉族那样尊鲁班为始祖，在作坊里都设有神位祭拜鲁班。一些大型的木工工程开工前，如建房立大樑、架桥下

图4-60　靖西博物馆展出的糖榨（陈家友摄）

桩等，都要祭拜祖师爷。据说过去广西靖西有的地方在建造房屋封顶之日，必须请有名望的木工师傅来举行镇邪纳吉的仪式，先是主家焚香上供祭拜天地祖宗，然后工匠拿着木工工具站在屋脊之上，望着新屋朝向的远方，高喊大吉大利之话，祈求神灵保佑建房工程顺利，完工后主家平安吉祥、世代富贵。

广西那坡壮族的老村落，如城厢龙华村的吞力屯、弄文屯，龙合乡果桃村的马独屯，共和村的达文屯，现在还保存着不少民间木器作坊，作坊主往往是远近有名的老木匠。那坡及越南边境一带的生态环境同一，这里盛产的楠木、栋木、杉木、松木、桦木、樟木等都是木工制作常用的木材。各种木制品多样，如犁、耙、耧、水车、风谷机、谷桶等农具，织布机、纺纱机、出麻机等织布工具，蒸笼、锅盖、长凳、木椅、水桶、木臼、舂棒、木槌等生活用具，各种木制用具彰显了民间匠人的聪明睿智与精巧工艺。在那坡，过去有一种叫"脚踏舂"的工具是黑衣壮

图4-61　壮、岱族地区都在用的脚踏水车（太原博物馆）

用来加工大米的，"在一根长约300厘米直径20厘米的硬木一端凿孔安舂捶，一端削成踏板穿插在圆木轴中，圆木轴安在固定的两根杆中，脚踏舂杆一下一下地舂，脚踏比手砸要省力，并提高了功效"。[39] 这种"脚踏舂"在毗邻的越南一侧乡村也在使用。

在木工作坊众多生产与加工的木器中，"龙骨车"是一种制作复杂的重要木制农具。龙骨车原是中国古代汉族一种名为"翻车"的提水机械，《后汉书·张让传》记载，东汉末年毕岚制造翻车："又作翻车渴乌，施于桥西，用洒南北郊路，以省百姓洒道之费。"[40] 后经三国马钧改良，成为一种农业灌溉的提水工具。随着汉族农业技术的不断传播，这种木制的水车也传到了中国南方及亚洲其他国家。龙骨车既要提水量大，又要轻松省力，这涉及水车木榫、环带、车厢、轳辘等关键部件的制作技术。因此，壮、岱族地区的木器工坊，往往将制造龙骨车作为自己作坊技术水平的体现，这种用木榫连接或环带以戽水的提水工具，历史上曾经是壮、岱族地区农田灌溉的主要工具。

过去壮、岱族地区木匠，大多使用传统的木工工具，如斧、锯、钻、刨、铲、锉、凿、锤、铣等，以及墨斗、直尺、圆规、吊砣、滑轮等辅助工具。这些传统木工工具发挥着自身独特的功能与作用。"刨"是木工的重要工具，分常用刨和专用刨两类，可根据木材的大小长短以及制作特殊工艺选择各种不同规格的工刨。从事木工行业是个重体力活，过去伐木时，经常需要几个工人轮流抡起斧头砍伐，当伐下粗大的树木后，用大型的双人锯根据需要将其截断。这种截木方式是一个工匠在上方，另一在下方，各执大锯的锯把，你拉我送，互相配合，有树脂扑鼻的香味，也有到处飞舞的锯末，有的大树需要几个时辰方能截断，这时工匠早已汗流浃背、腰酸背痛了。

如今民间木工作坊的工具基本上已更新换代，用上了台锯、电刨、电木铣、雕刻机等电动工具，在产品的制作工效及质量方面都提高了很多，也使工人从繁重的工作中解放出来。

图4-62 越南侬族木匠（太原博物馆）

中越边境地区山高林密，广阔的原始森林盛产紫檀、沉香木、黄花梨、檀香木、酸枝木等名贵木材，20世纪末，中越边境地区兴起了红木家具制造业，现已有大大小小数百家红木家具制造厂遍布两国边境地区。这些厂家选用广西及东南亚优质的木材，创新艺术构思，发挥能工巧匠的聪明才智，采用先进的制作工艺，精心雕琢成各种造型奇特、质地优良、富有地方特色的各类红木家具，并畅销国际市场。红木家具生产已成为中越两国边境地区重要的经济支柱，促进了当地经济建设的发展。

[1] 渡部忠世，欧阳忆耘，熊海堂.亚洲稻的起源和稻作圈的构成 [J].农业考古，1988（2）：283–293.

[2] 周婧.试从歌谣俗语略论越南稻作文化 [D].南宁：广西民族大学，2012（5）：5.

[3] 司马迁.史记（全四册）[M].哈尔滨：北方文艺出版社，2007.

[4] 陈桥驿.水经注校释 [M].杭州：杭州大学出版社，1999：43.

[5] 范晔.后汉书·马援传 [M].北京：中华书局，1965：836.

[6][7] 覃彩赛.壮族称村落为"板"的由来及其含义考释 [J].广西民族研究，1998（1）：57.

[8] 管彦波.稻作农耕技术的演进 [J].古今农业，2004（3）：24.

[9] 韦达.壮族谚语与人生经验 [J].广西社会科学，2003（9）：177–179.

[10] 屈原.楚辞·九歌 [M].香港：商务印书馆（香港）有限公司，2004.

[11] 徐坚.初学记 [M].北京：中华书局，1980.

[12] 黄儒明.广西渔业生态资源与可持续发展 [J].中国科技信息，2006（16）：72–73.

[13] 余汉桂.民国时期的广西渔业 [J].古今农业，1990（2）：136–141.

[14] 农冬梅.山歌能把山海震——大新民间山歌集 [M].崇左：大新县文化体育局，2014.

[15] 李富强.人类学视野中的壮族传统文化 [M].南宁：广西人民出版社，1999.

[16] 陈其泰，赵永春.班固评传 [M].南京：南京大学出版社，2002：47.

[17][20] 周去非.岭外代答校注 [M].杨武泉，校注.北京：中华书局，1999.

[18][24][26][28][35][39] 陈丽琴.黑衣壮传统工艺及其传承调查 [J].广西师范学院学报，2010（1）:32.

[19] 杨源，贺琛.中国西部民族文化通志 服饰卷 [M].昆明：云南人民出版社，2014.

[21] 彭谊.壮锦美学探析 [J].柳州师专学报，2011（4）:17.

[22][25] 卢越胜.中越边境地区岱、壮、侬族历史社会文化比较研究 [D].上海：华东师范大学，2014.

[23] 苏敬.新修本草 [M].尚志钧，辑校.合肥：安徽科学技术出版社，1981.

[27] 梁远.越南竹文化研究 [J].东南亚纵横，2010（7）:46.

[29] 张双棣，张万彬，殷国光，等.吕氏春秋 [M].北京：中华书局，2016.

[30][33] 黄祖宾.壮族酿酒史与酿酒技术 [J].广西民族学院学报，1999（2）:53.

[31] 刘昫.旧唐书 [M].北京：中华书局，1975.

[32] 吴国富，范宏贵，谈琪，等 . 靖西壮族社会文化的人类学考察 [J]. 广西民族学院学报，1997
（12）：137-229.

[34] 覃肖华 . 浅析越南西原少数民族的咂酒文化 [J]. 吉林广播电视大学学报，2014（5）：96.

[36] 朱孝岳，胡潮明 . 越南陶瓷 [J]. 上海工艺美术，2005（1）：68-71.

[37] 曾令发 . 钦州坭兴陶制作工艺及保护 [J]. 广西民族大学学报（自然科学版），2009（3）：38.

[38] 陶海鹰 . 论《梓人传》的设计思想 [J]. 南京艺术学院学报（美术与设计版），2011（5）：28.

[40] 方立松 . 中国传统水车研究 [D]. 南京：南京农业大学，2010.

第五章
壮族与岱、侬族群的
年节习俗

传统节日是一个民族历史文化长期积淀的结晶，是民族文化的重要载体，它凝聚着民族悠久的传统思想和观念。各民族在世世代代的社会生活中，形成了约定俗成的风俗活动内容。这些节日活动是以年为周期来进行的，不同的节令时日会开展不同的民俗活动，形成了一个贯穿全年的节日文化体系。

中越壮、岱、侬族群历史上都是农耕民族，一直传承着丰富多彩的传统岁时节日，其中，有的源于先民的原始崇拜信仰，有的源于对历史人物的纪念，也有的源于生产实践和农事节气。这些年节习俗记载着壮、岱族对自然和自身发展的认识过程，他们的民族精神、民族感情、文化血脉和思想精华都在这些年节习俗中凝结与表现出来。各种丰富多彩的节日活动，处处体现了族群繁衍生息的特征，从人类学的观点来看，中越壮、岱、侬族的传统岁时节日具有非常珍贵的社会历史文化价值。

第一节　春节民俗

春节，是中国汉族古代农耕文明的一个季节节日，农民经过了一年春播、夏种、秋收的农耕劳作后，为了报答众神赐给的丰收，在冬末春始之时举行各种仪式，以祭神酬神，这就是"腊祭"。受汉文化的影响，亚洲有不少的国家、地区和民族都有过春节的习俗。像汉族一样，壮族的春节活动在腊月二十三"送灶"之后就开始了，此时，各家各户都会外出赶集购置年货，更多的村民是在家中制作肉粽、糍粑、米花糖、年糕、糯米饼等过年食品。年前那些日子，从早到晚，村前寨后到处都传来沉重的春米声与清脆的敲饼声，弥漫着村中小巷扑鼻而来的油香，村民脸上洋溢着欢乐的笑容，到处充满了喜迎新春的气氛。除夕这天，更是户户贴春联，家家宰鸡鸭，外出的村民都会赶回来全家欢聚，喜庆团圆。壮族人也有大年三十吃"压年饭"的习俗，并且年夜

图 5-1　越南春节风俗年画（河内民族博物馆）

饭的饭菜不能全部吃完，留着一些意味着"年年有余，来年富足"。同汉族一样，壮族大多都有"守岁"的传统习俗，三十晚入夜，富裕人家通宵灯火辉煌，贫困人家也燃亮油灯，壮族人多是围着火塘守岁，人们唱起古老的歌谣，等待着子时的到来，此时，村寨外面反倒平静了下来。子时一到，鞭炮齐鸣，村子顿时沸腾起来，到处都弥漫着刺鼻的硝烟，人们争先恐后走出户外，尽情享受着新年到来的喜悦。这时，老人们按照古老的习俗，"烧香点烛，在神台上供满了猪肉、整鸡、粽子、汤圆、酒等礼品，孩子们则燃放鞭炮。穷苦人家资少只好在院子里燃起大火，垒上砍来的新竹，烧后竹节充气爆炸，发出噼噼啪

图 5-2　春节穿上新衣的岱族姑娘（太原博物馆）

啪的响声，用以驱邪……人们在这不绝于耳的响声中，暂时忘却过去一年的奔波劳碌，和神一起沐浴在节日的气氛里。"[1] 除夕夜，岱族人会邀请很多的亲朋好友到家玩耍，家里的妇女在一旁做爆米花、炒米糖、糕干等过年小吃。新年零点一到，大家互相恭喜祝福，小孩们一般都要在除夕夜里与家人不眠守岁。

新年伊始，中越壮、岱族妇女都有在初一清晨到村外"汲新水"的习俗。当天空刚露出晨曦，田野四周还是一片沉寂的时候，在村边的小河旁，在山间的泉水边，到处响起农妇村姑们铃铛般的笑声，她们都是挑着水桶来"汲新水"的，这是沿袭了千百年的传统习俗。她们在河旁泉边插好燃着的香，向水神祈祷，一边烧纸钱一边唱"讨水歌"，然后就去汲"新水"。她们为全家挑回新水，还会在河边

捡上几块小石头，回到家放进猪圈、牛栏，

图5-3　春节身着盛装的黑衣壮老妇（陈家友摄）

意寓六畜兴旺。壮、岱族还有用新水煮"新年茶"的习俗，在锅中倒满新水，然后放进红糖、竹叶、葱花、生姜等，烧泡一个时辰便成了"新年茶"。据说喝了新年茶，老人身体健康、延年益寿；小孩子聪明伶俐、茁壮成长；年轻人身强力壮、吉祥如意。有些地方的农妇村姑一早到河边后，先俯下身来喝几口清凉的"伶俐水"，她们认为初一的河水能使人聪明伶俐，然后把水挑回去给家人洗脸、做饭。不少地方的姑娘们在"汲新水"的同时，还会跑到别人家的菜园"偷青"，一般是葱蒜之类，寓意是今年自己更聪明，更伶俐。而被偷的人家不但不生气，还认为自家

的东西被别人抢着要是非常吉利的兆头。

越南岱、侬族人过春节与壮族大多相同，但还有一些具有本民族特色的风俗习惯，"求禄"就是其中之一。"求禄"有两种形式：一种是把野外的新鲜植物带回家，大年初一，岱、侬族人要到寺庙祭祖，回来时，在沿途采摘一些鲜嫩的树枝带回家，并插到家中神台上，这就是"采禄"，也就是采集大地福禄的意思；另一种"求禄"是从外面带一些新鲜水果回来，先放在神台上祭祀，然后拿到户外分发给家人和邻居，这个习俗民间称为"散福"。此外，岱、侬族过大年也有将新砍下的甘蔗连叶摆放在供台旁的风俗，"与中国壮族民俗中放置甘蔗祈求一年的生活从头甜到尾的寓意不同，岱、侬族放置的甘蔗是作为照顾祖先从阴间返回阳间的拐杖。同时岱、侬族也有给小孩'压岁钱'的习俗，甚至是同辈之间也会互相派送红包，以示互相祝福"[2]。

贺年，是壮、岱族群春节的传统习俗。大年初一早上，晚辈要到长辈屋里拜年请安，长辈则给他们分发红包。在户外，不论亲友乡邻，不管相识与否，大家见面都

图5-4　广西武鸣壮族春节的巨粽（韦明妃提供）

会互道"新年好""恭喜发财"等吉祥的话语。春节期间，壮族人家天天都要做丰盛的菜肴，而且家中火膛的火是不能熄灭的，火旺象征着家旺，意寓着子孙绵延。大年初一，岱、侬族人还有一种特别的习俗叫"冲年"，或者叫"冲地"，意思是大年初一到家里来拜年的第一个人，"被称作'冲年喜'之人，许多家庭年前都会托一个忠厚善良、有福分的人来'冲年喜'，以求新年的大吉大利、万事如意"[3]。岱、侬族人春节期间还有一些传统禁忌，如上街见面不能说背时的话，以免给一年带来倒运；新年期间"不能打骂孩子，忌发脾气，以免全年都要心情不好，整

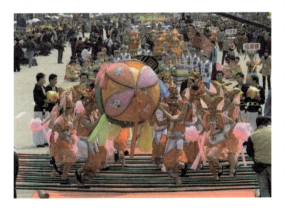

图5-5　广西武鸣壮族欢度春节（韦明妃提供）

天愁眉苦脸；家里的米缸、油缸都要盛满，否则一年都会缺衣少食，生活拮据；年初三天内不能倒垃圾，以免将财神爷一起'倒'掉了"[4]。

图5-6 越南北㳽岱族人家春联的横批（张耀军摄）

同汉族一样，粽子也是中越边境地区春节的特色美食，岱、侬族不少的地方把粽子称作"地饼"，并有"粽子迎新"的传统习俗。春节吃的粽子有两种：一种为长立方体，一种为圆柱体，取"天圆地方"之意，这与广西边境壮族做粽子的寓意是一样的。岱族地区的民谣中有一句"肥肉腌荞红对联，蕃杆炮仗绿年粽"，唱的就是岱族传统的年货种类。受越南京族的影响，岱、侬族人过年

特别喜爱用鲜花来点缀节日的气氛，岱、侬族家庭"有三样装饰品是必不可少的：桃花、金橘盆景和'五果盆'……桃花象征健康长寿，'五果盆'是用于供奉祖宗的。一般有番荔枝、椰子、木瓜、水榕果、芒果五种。在越南语里，番荔枝音同'求'，椰子同'余'，木瓜同'足'，水榕果同'充'，芒果同'用'，这五种水果蕴含了人们对未来生活的希望"[5]。

图5-7 越南北㳽岱族人家的春联（张耀军摄）

壮、岱族春节期间的传统文娱活动非常丰富，除了聚众而歌外，还有"抢花炮""斗鸡""斗画眉""舞春牛""舞狮"等活动。"斗鸡"的娱乐习俗非常久远，实际上是人们利用公鸡好斗的性格，挑唆其互相争斗借以取乐的一种游戏。在各种斗鸡场上，经过饲养与训练的斗鸡只只勇猛非常，斗鸡时斗鸡逐个轮番上阵，直斗得难解难分、扣人心弦，引得观众连连叫好、大呼过瘾。越南北方的斗鸡节各地时间不一，一般从农历正月到四月都可举行，春节期间就更热闹了。斗鸡一般在各村庙前的空地举行，民间认为自己的斗鸡取胜了，会带来全年的好运气。斗鸡一般是经过训练的，所以斗场上往往非常精彩。[6]

"斗画眉"在壮族中也非常流行，各地都有一些不同的斗鸟规则，多数是在比赛开始时，将装着画眉的两只鸟笼放到赛场中央，鸟笼门对门打开后，双边的鸟冲出来，或抓在一起，或用嘴互啄，或在笼中扑开翅膀抢占有利位置，选准攻击对方的好位置，你来我往，打斗相当激烈，直到一方落荒逃跑，才算决出输赢。过去，玩画眉鸟在越南岱、侬族地区很盛行，在各种庙会及年节民间都会举行斗鸟活动。谅山各地玩画眉曾经成为一种社会风气，时至今日，"金莲社区同凛村和芒姜社区每年都举办斗鸟比赛，二十世纪七十年代时，芒姜社区就已成立专门培训斗鸟大会，有时候也把画眉鸟带到中国参赛，并得到过很高的奖励"[7]。

图5-8 壮族舞春牛（靖西博物馆）

"舞春牛"是中越壮、岱族春节的一个娱乐活动，往往会吸引众多的村民特别是儿童前来观看。"舞春牛"首先要做好道具，牛头架子是用竹片编织成的，然后用草纸糊成牛五官和牛角，涂上各种近

似的颜色，也有画上一些具有民族文化特征的图案。牛身是用一大块布做成的，有黑色，也有棕灰色，牛尾则是用麻绳染黑做成。"春牛"要由两个表演者共同操作，一人在前撑牛头来舞动，一人钻进牛身布底下拱背及摆动尾巴，"舞春牛"中另一个角色是农夫，农夫手扶着犁架做各种耕作的动作。春牛队敲锣打鼓给各家各户贺年表演，唱着喜庆的"春牛歌"，给乡民带来了节日的欢乐，送上了新春的祝福。

图 5-9 岱人春节舞狮（高平博物馆）

在大年初一，壮、岱族民间都有一些传统的禁忌，首先是禁止扫地，哪怕家里鞭炮碎屑和瓜果皮核满地皆是，也是不能打扫的，甚至连扫把都不许摸。另外，禁见鲜血，他们认为大年初一见血是不吉利的，故忌讳杀生，大年初一要吃的鸡鸭禽肉都是除夕时准备好的。禁止骂人讲粗话，认为骂人讲粗话嘴巴会生疮，哪怕遇到非常恼火的事也只能忍住。禁止磨米舂谷，认为磨子辛苦了一年，也是需要歇一天的。碓子磨子震动大，年初一磨米舂谷会使水坝或房屋倒塌。这一天也不会在屋外晾晒衣服，说是大年初一是天神出游日，晾晒衣服会使人间晦气污染神路。大年初一一般也是禁止借债催债的，一些地方认为，春节期间借债或被人催债是很不吉利的，一年的财路都不会畅通。

春节期间，中越壮、岱族还有许多传统的风俗。"从初二起，亲朋开始来往拜年。特别是已经出嫁的女儿，要带几斤肉等礼品，和丈夫、孩子回到娘家拜年。"[8]有出嫁女的人家初二是最热闹的，从小一起长大的姐妹绝对不会放过这个聚会的时机，叽叽喳喳地倾诉在婆家的苦乐，共叙儿时感情。孩子们也正好趁机与老表们到野外田头玩耍，他们认为春节是一年中最开心的日子。初二回娘家一般要住两三天，当天回家会被人认为是失礼。当然，也有些地区在第一个尊贵客人冲完年喜后，全家大年初一就到岳父母家拜年。

图 5-10 春节黑衣壮击鼓闹春（陈家友摄）

壮、岱族有非常悠久的铜鼓文化，历史上"打铜鼓"是不少地方的春节盛俗，他们认为铜鼓是保村护寨的神物，"打铜鼓"能给村民带来吉祥，带来幸福。一些地方在敲击铜鼓时，为了增加其共鸣，还要在铜鼓旁安放一个小木桶，由两个人配合演奏，其中一人手持大小不同的两根木棒，按照一定的节奏敲击鼓面，发出"咚隆咚隆、咚隆咚隆"的声音；而另一个人将小木桶对准铜鼓空腔面，随着铜鼓的节奏，一拉一推，利用铜鼓声的反射共鸣，发出"咚隆、咚隆"的响声。在广西田林县利周村一带，年初二晚上不但打铜鼓，还唱铜鼓歌，跳铜鼓舞。铜鼓歌一般传有唱本，也有即兴编词，往往是一人领唱众人和。在广西东兰县隘洞及长乐一带，春节期间还有赛铜

图 5-11 岱人春节奏乐娱乐（高平博物馆）

鼓的习俗，村民们把铜鼓抬上河堤高处，隔河赛鼓。双方各派三个青年人轮流敲打，鼓声不得中断。双方你来我往，直斗得难分难解，甚至只有到一方的铜鼓因发热或有裂痕而鼓声喑哑了，才决出输赢。越南岱、侬族民间也散落着很多铜鼓，每到节庆，"打铜鼓"也成为不少地方的民俗活动，特别是春节期间，在祭祀仪式上，在节庆民间娱乐活动中，铜鼓都是很重要的角色。边境地区岱、侬族人的铜鼓乐与铜鼓舞，展示了族人古老的传统文化，在当今的现实生活中同样具有珍贵的文化与艺术价值。

壮族地区春节还有许多集体娱乐方式，"打春堂"就是其中一种。春节期间，人们走近壮家村寨，远远就听到了村子里传来"噼噼啪啪"的敲击声，这是村民们正在"打春堂"，传说"打春堂"是唐朝就开始并流行至今的当地传统民俗。"男女青年们，在一个 2 米长、0.8 米宽的木槽周围（脱粒用的春槽），两两相对，按一定的节拍，在锣鼓声的伴奏下，一面敲击槽弦，一面转身跳跃，做出插秧、分水、收割和春米的舞蹈动作，预祝丰年。他们跳一阵，笑一阵，敲一阵，紧张而又热烈。"[9]而这种春米的民间舞蹈在越南岱、侬族人中也都有流传，过去人们都以这种娱乐方式欢度春节，在太原省的越南北方少数民族博物馆展列的图片中，就有不少岱、侬族人节庆跳春米舞的资料。

图 5-12 广西靖西壮族元宵节民俗（陈家友摄）

元宵节是农历春节的最后一天，壮、岱族各地都有丰富多彩的民俗活动，当日早晨，成千上万的

图 5-13 广西桂南元宵节游神（陈家友摄）

村民都会涌向各个圩镇，逛街市，购特产，品风味，看热闹。各路舞狮队和民间表演队敲锣打鼓，扛着旗幡，过田垌、绕村道，浩浩荡荡地云集到圩镇中心。活动一开始，狮舞队就舞起来，鞭炮、锣鼓、山歌、笑声响成一片，整个圩镇变成了一片欢乐的海洋。舞狮队、采茶队、舞马队分路到各家各户和店铺门前表演，为主人送上祝福和吉祥。最引人注目的是"鞭炮攻狮头"舞狮队所到之处，主人早已备好整箩整袋的鞭炮，由数人点燃抛放，只见舞狮上蹿下跳，到处狂舞，直令围观的村民看得如痴如醉，喝彩不止。

第二节　侬峒节民俗

中越边境地区流传着不少地方性的节庆，侬峒节就是广西龙州与越南高平一带壮、岱族一个历史悠久的传统节庆。

侬峒节产生于古代当地骆越先民的洞居时期，相传有一年天大旱，河流干涸、土地龟裂，这一带眼看就要水稻枯萎、颗粒无收，乡民心急如焚，不知如何是好。这时，有一位住在金龙镇神龙洞附近的妇女叫将千金，平时关心乡里百姓的疾苦，经常为地方做一些积德的善举。她听说神龙洞神灵能解除旱情，拯救百姓，于是一个人奋不顾身地爬到山上，在洞前焚香跪拜，祈求神灵降雨。一直跪了三天，将千金饥渴难忍，昏迷过去，"恍惚中看见一位老翁飘然而至，留下桃椿、葫芦和两根长胡须并对她说：以老朽万年之桃椿、千年之葫芦、百年之胡须做个'鼎'，弹着它，口念心语，一切会如愿以偿。将千金醒来，果真见到三件宝物，

图 5-14　壮人侬峒节祭天（李绍伟提供）

照老翁所说做了个'鼎'，边弹边念求天下雨，结果一场罕见的暴风雨哗哗哗地下了起来。大雨过后，山上干枯的树木长出嫩叶，野果挂满树梢，地里长出成熟的庄稼……人们得救了"[10]。将千金遇神的消息传开后，四方乡民都来求她弹"鼎"祈福禳灾，每年春节期间，远近百姓都会汇聚到神龙洞举行祭拜天神的活动。后来，祈福活动规模越来越大，人们将祭神的地点搬到山下，各地逐渐形成了传统的侬峒节。

每年侬峒节都要举行传统的祭祀活动，时间一般在正月初八至十五，各地略有不同。节前一天，各家各户就忙着宰猪杀鸡，准备祭祀天神的供品，节日一清早，各家各户陆续将供品拿到传统的祭祀场地摆放，一般是在村子土地庙前开阔的空地，并焚香燃烛，吉时一到，主持法事的法师即开始祭祀，中越两地的壮、岱族民都将其称为"求务"，"务"是当地人对天神的称呼，求务即求天神。从事求务的天师、天婆被称为"布祥"，"布祥"使用的祭祀法器主要是"鼎叮"，是一个用葫芦壳、木柄及丝弦做成的弹拨器，20 世纪 80 年代，在文化部（现为文化和旅游部）组织的民族民间乐器挖掘调查活动中，

图 5-15　越南重庆县侬族侬峒节（沈光玉提供）

这种壮族"求务"的法器"鼎叮"被命名为"天琴"。而越南北江省陆岸县沿边乡村也将求务作法时的喃唱称为"天曲"，巫师称为"天翁"，巫婆称为"天婆"，天曲礼仪是天翁和天婆派遣阴兵队从"地芒"（地界）到"天芒"（天界）献上供品的过程，侬峒节求务的目的就是祈求人畜平安、五谷丰登。天曲歌词取自法经和民间诗歌，曲调也是源自当地民歌。"鼎叮"发出来的优美声音与天曲的曲调悠扬巧妙

结合起来，让人们沉浸在幻想的世界里，天曲祈神成为越南北部岱、侬民族侬峒节的重要仪式。

进入 21 世纪以来，中越两国边境地区经常联屯举办侬峒节，其中，广西龙州金龙镇横罗村举办的侬峒节最为隆重。横罗村处于中越两国边境 7 个村屯的中心，历史上这几个村屯每年春节期间都会集中在横罗村共同举办侬峒节活动，这是一个颇具特色的节日跨境传统习俗。正月初八一大早，两国边民就三五成群地从四面八方赶来，他们把带来的祭祀品一排排摆在小竹桌上，有各种三牲供品和沙糕、粽粑、糍粑等年货，以及五谷瓜果，中越两国的"布祥"身着法衣，头戴法帽，弹着"鼎"琴，脚摇铜铃，虔诚地弹唱经书。求务仪式上众边民以村屯为单位，分别在供桌前下跪许愿，祈求天神保佑村屯平安、村民吉祥、五谷丰登、六畜兴旺。此外，还会举行舞龙、舞狮、舞花凤、歌舞、抛绣球、斗鸡、拔河和球类等文体活动，

图 5-16　壮族姑娘侬峒节捣制糍粑（李绍伟提供）

中越侬峒节历史悠久、传统习俗极具地方特色，每年

图 5-17　侬峒节的侬族天婆（太原博物馆）

侬峒节都吸引了两国边民以及无数的国际游客，成为中越两国边境地区比较相同的民俗活动，两国边境的"布祥"们也经常被对方邀请主持当地的求务仪式，加强了边境地区民俗文化活动的交流。两国这一原始宗教仪式以及独特祭祀方式的传统习俗，为各国宗教、民族、民俗方面的研究专家学者提供了考察、研究的活态仪式内容。

第三节　下田节民俗

"一年之计在于春"，中越壮、岱族历史上以农为本，对春天的农事季节非常重视，他们认为春耕的准备工作做得好坏，直接影响着全年的收成。因此，春节过后举行的开春农事仪式，往往非常隆重，下田节就是中越壮、岱族开春农事活动的一个古老的传统节日。

过了正月元宵节，越南岱、侬族就开始准备春耕工作了，谷种的翻晒，农具的修理、农家肥的沤制，以及耕牛的野外放牧，都在有计划地进行。当春耕开始之日，各村都要举行隆重的"下田会"，"初春之际，岱侬族、侬族要做开耕仪式，组织下田垌会（下田会）。在这个仪式中，人们恭请远近各方天上地下的神灵前来鉴证和帮助。岱侬族、侬族还有祀奉农神即保护农业神灵的习俗，许多地方的农

图 5-18　越南岱族下田节（太原博物馆）

神与河神、水神相近甚至相同"[11]。众村民来到祭拜神灵的田地上，举行开春首犁仪式。下田会活动由村主任或村中长老主持，村民在田中央竖立一个象征田神的物品，摆上供品后由村民们祭拜。祭祀完毕，主持人扶犁驱牛，象征性地在田上犁两行，村民呼声四起，鞭炮鸣响，有的跳起古老的下田舞。活动结束，村民们才回到自己的耕田，开始春耕工作。

下田节也是广西壮族一个古老的传统农事节日，以前比较隆重，整个下田祭农神的仪式同越南岱、侬族差不多，节日当天不少的人家都会做"五色饭"，村民以此来迎接春耕农事的到来。他们给耕牛喂食鸡蛋、五色饭及米酒等，

图 5-19　越南高平侬族下田节（太原博物馆）

好让耕牛在春耕中保持旺盛的体力。过去，都是村子集体举行"下田"仪式，有的地方甚至要请师公主持祭农神仪式，在田头焚香燃烛，摆上供品，供品多用熟鸡蛋及"五色饭"。然后由师公主持祭祀农神，念诵的是祈神保佑村寨风调雨顺、农作丰收等方面的内容，然后用刀将村民们上供的鸡蛋逐个切成两半，分给众人吃，这时，祭神仪式结束，接下来是开犁活动，也是由村主任或德高望重的长者驱牛扶犁，开犁象征着一年农事顺利的稻田泥行，各家各户扛犁赶牛绕田走一圈，进行各自的农事活动。

图 5-20　广西龙州壮族下田节 开犁（吴力摄）

如今，这种集体性的下田节仪式在大多数地方已消失，但各村的老农们对传统的农事仪式念念不忘，往往在准备春耕之时，都会自己背着铁犁，独自赶着耕牛，到田里开犁几行，以此来坚守老祖宗留下来的传统习俗。

图 5-21 广西德保壮族下田节 仪式（吴力摄）

第四节　三月三民俗

寒冬过后，便是风和日丽的春天，在这个季节，中国古代有几个传统的节日，三月三就是其中一

图 5-22　三月三壮人扫墓（农敏坚提供）

个。三月三也叫"上巳节"，时间是农历三月初三左右，它原为祭祀先人的节日，后来人们都在这个时间外出踏青。受汉族的影响，中越壮、岱族人也多数在这段时间扫墓，扫墓在壮、岱族地区也叫"拜山"。三月间大部分地方天气转暖，草木萌发，春意盎然，此时家家户户家门前都会挂上柳枝或枫叶，人们带上五色饭、三牲、糖饼、瓜果及香烛、纸幡到祖先坟上扫墓，祭祀先人，以表达怀念之情。到墓地后，先给祖坟割草、填土，摆上供品，点燃三束香祭祖，然后焚烧纸钱。此时山野间不时传来的鞭炮声打破了往日的平静，山林野草间白色的招魂幡在坟头竹竿上飘动，显得十分肃穆悲凉。祭拜结束后，人们往往在

墓前把带来的饭与祖先共进。在回家的路上，以前有"拦鬼"的习俗，将几根绿树枝用小石块压住放在路中间，据说是能拦住外面的恶鬼，这样家里才会平安无事，小孩才会健康成长。"同中国壮族一样，岱、侬族的清明节也有扫墓、踏青和吃乌黑精米饭的习俗。人们带着铁锹、鲜花、香、水果、纸钱等，焚香烧纸纪念先人，修理祖先的坟墓。"[12]当然，越南北方有的地方风俗却不一样，"三月初三到初五，由于拜祭祖先的民俗活动在春节时期已经举行过，因此在这一天人们并不一定要去扫墓，而多数情况是外出踏青，感受新一年的开始"[13]。

清明前后，春暖花开，此时尚未到春耕大忙季节，是人们外出踏青的大好时光，中越壮、岱族地区都有在三月三外出娱乐的传统习俗，他们放风筝、荡秋千、做游戏，有的地方还在村外的山坳草坪架起风车，村民们举行传统的脚蹬风车比赛，谁转得快，转得久，谁就获胜。

图 5-23　三月三的五色饭（农敏坚提供）

三月三还是壮、岱族的传统歌节，又称"三月三歌节"或"三月歌圩"。以前，中越边境的边民每年都有数次定期举行的民歌集会，其中以三月三最为隆重。这一天，家家户户都要做用红兰草、黄饭花、枫叶、紫蕃藤与糯米做成的五色糯米饭，把熟鸡蛋染成彩色蛋，馈送亲友欢度节日。歌会一般都在大村寨举行，传统的歌坡用竹子和彩布搭成歌棚，每次歌会都持续两三天。头天一早，方圆几十里的乡民都会云集而来，小规模的有一二千人，大的可达数万人之多。以前在歌节对歌的，大多为未婚

男女青年，他们以歌会友，以歌道情，其他年龄的乡民都会来旁观助兴。歌会上歌声此起彼伏，观众掌声不断，旁边摊贩云集，买卖贸易活跃，许多男女青年通过对歌找到了情投意合的对象，并互赠信物以为定情。到了现代，民歌普遍受到社会的冷遇，壮、岱族的年轻人娱乐方式多样，唱山歌少了，因而，现在各地的三月三山歌台上，中、老年人普遍成了歌坛上的主角。

图 5-24　壮族人三月歌坡（陈家友摄）

在三月三歌圩上，还有"抢花炮""抛绣球""碰彩蛋"等比赛与娱乐活动。"抢花炮"是中国南方少数民族一个古老的竞技娱乐活动，在越南北方多个民族中也流行。"抢花炮"源于民间传统的"求子"风俗，古代的百越民族为了族群兴旺，往往在百花盛开的春天举行求嗣的民间宗教仪式，在仪式中有以抢夺象征后嗣的花炮为目标的竞技活动，据说谁抢到花炮谁家就会得贵子。"抛绣球"是壮、岱族一种古老的交友娱乐形式，绣球是姑娘们精心制作的一种民间工艺品，呈圆球形，由十二块象征十二个月的彩色花瓣连接成，并绣有不同季节的花卉，球上连着一条下坠丝穗和装饰珠子的绸带。当姑娘在三月三活动中看中某个小伙子时，就把绣球抛给他，作为定情信物。

图 5-25　广西平果壮族嘹歌歌本（农敏坚提供）

"抛绣球"同样是不少地方一种传统的特色赛事，在赛场中树立一杆高木，上面固定有一铁环，比赛双方视通过铁环抛给对方绣球的多少定输赢；越南北部把抛绣球称为"抛剩球"，这里的少数民族也过"三月三"，他们在歌节也开展抛剩球的比赛活动，"这种游戏人数不限，男女站在两边，中间插一根又直又高的竹子，顶上挂一个半径约二十厘米的圆圈。圆圈的做法很讲究，一边是金色，代表月亮；一边是红色，代表太阳。据说这个圈象征着女子的处女膜，剩球打破了之后就是生殖、传承血统的意思"[14]。同壮族的绣球一样，越北的剩球也是用布制作的，多色多边拼成的圆形，里面用稻谷或棉花种子填充，也有的加放一些旧布料，球的尾部有一条约60厘米的飘带，方便手持抛球，也便于定向。"抛剩球"游戏开始后，裁判员将两个剩球扔向男女双边参赛队员，这时便开始你抢我夺，谁最先抢到剩球谁今年就有好运气。接下来是男女扔剩球，剩球在当地被称为"交缘

图 5-26　"三月三"壮族人抛绣球（明妃提供）

物"，这时大家手上都持有剩球，小伙子发现自己喜欢的女孩子，就将剩球抛去，如果女孩有意即把球接住，并将自己的剩球抛给对方，这就意味着两人有心交往了。也有的地方在小湖边抛剩球，男女围在湖的四周，互相抛球，不时就会有人掉进水中，衣服都湿透了，引得大家开怀大笑，乐不可支。

"碰彩蛋"是壮族青年互相取乐求欢的传统民俗，碰彩蛋有"碰碰碰，碰出好运气"的意思，同时

有碰蛋定情之意。彩蛋是煮熟后染上各种颜色的鸡蛋，在歌圩中，小伙子手握彩蛋去追逐心仪的姑娘，并极力去砸她手中的彩蛋。此时，如姑娘不愿意与他交往，则赶紧躲开，或捂紧彩蛋不让砸碰；如果姑娘有意，就故意让小伙子碰上彩蛋，于是两人就跑到一旁，一起共吃被碰裂的彩蛋，以此为定情，之后继续以各种方式发展两人的关系。"碰彩蛋"民俗在越南边民中也曾经风行一时，随着时代的发展，现已不多见了。

2014 年广西壮族自治区人民政府把三月三定为壮族民歌节的公假日，从此广西各地在这个法定的节日里开展丰富多彩的民俗游艺活动，边境地区的壮族民众还热情邀请越南岱、侬族同胞过来欢度节日，为加强双边民间交往，维护边境地区的和平、安定发挥了重要作用。

图 5-27 广西凤山壮族三月三歌会上的民众（陈家友摄）

图 5-28 在歌节上击鼓的侬族老人（太原博物馆）

第五节　牛魂节民俗

　　壮族与越南岱、侬族都是以农耕为主要生产方式的稻作民族，有共同的族源关系，在长期的历史时期中形成了丰富的稻作文化及民俗活动，牛魂节就是其中一个具有稻作文化特征的重要节日。

　　牛魂节两地称呼不一，有称"牛王节""天牛节"，亦有称"脱轭节""敬牛节"或"牛王诞"，牛魂节各地时间不一，多数为每年的四月初八。关于牛王节，各地都有不同的传说，广西壮族部分地区流行着这样的故事，在古代，有一年一个地方发生牛瘟，很多耕牛患疾死去，当地农人集体祭拜神灵，乞求上天保佑农人赖以生存的耕牛。这时，天宫派了牛王降临人间，驱疫禳灾，农人的耕牛得到了保护。为了纪念牛王的功绩，人们将农历四月初八这一天定为牛王节，通过节日活动，犒劳耕牛，宣传爱护耕牛的思想观念。

　　"牛魂节"实际上起源于古越族群先民的农耕文化与

图5-29　越南岱族的脱轭节图片（太原博物馆）

牛图腾崇拜，在远古时期，古越人生活在条件恶劣的自然环境中，耕牛使人类摆脱了沉重的耕作劳苦，获得了较好的耕作收成，因此，在古越人的意识中，牛是天上的神物，不是一般的凡间牲口，故视其为族群的崇拜图腾。

　　壮、岱族人十分珍惜与爱护耕牛，民间传说四月初八日是牛王的诞日，此时，春耕、插秧基本结束，耕牛经历了近一个月的耕作之劳，已经非常疲惫，人们为了犒劳辛苦了一春的耕牛，便以这一天为牛魂节。牛魂节当日，农人和耕牛是不下田干活的，人们宰鸡杀鸭，还要蒸一种用枫叶水泡糯米的乌饭，在牛栏的外面摆放一个小供桌，摆上乌饭及其他供品，焚香燃烛，唱着古老的牛歌祭祀牛

图5-30　壮族的传统习俗——牛王诞、扫牛棚（吴力提供）

神。祭毕，要先捏一团糯米蒸饭给牛吃，然后家人才能围坐在一起吃乌饭。

　　饭后，人们牵着牛到野外去溜达，在绿草丰茂的田边让牛慢慢地吃个饱，然后把牛拉到河边，小孩子轻轻地为牛刷背，用蓖梳清除牛虱，用茶油涂抹伤口。这一天绝对不能打牛，据说倘若打了牛，牛魂被惊走，就不能犁耙耕作，这样是要耽误农事的。同时，要清扫牛栏，并在四周撒上石灰，重新放上新鲜的草料。也有人家用盐水淋湿草料后给牛喂食，或者把几个鸡蛋打到甜酒或杂粮酒中，用竹筒喂灌耕牛。通过精心的护理，使耕牛尽快在紧张的春耕后恢复体力，保持健壮的体格。

第六节　端午节民俗

五月初五为端午节，其来源本来是古代越人祭蛟龙的节日，因此，中越两国的壮、岱族群很早就过端午节了，只是后来受汉族的影响，改为说是纪念屈原的节日，其实在壮、岱族中，民间基本上没有纪念屈原的意识。壮、岱族地区也有的地方在端午节举行龙舟竞渡，更多的是作为一个祈祥纳吉的节日。端午当天家家户户都要将艾草、枫叶或茅草插在门口，以示驱邪逐疫，并在屋里熏白醋液，烧柚子皮，让空气中散发着刺鼻的气味，以此驱邪、驱蚊、清爽空气。有的地方还把雄黄酒倒在房子周围，以防虫蛇进屋。这一天多数人家还要包粽子。壮族端午的粽子大多做成三角形的，不是很厚，内馅与做法各不相同，"有的用植物藤叶和糯米一起磨浆，滤干后包干糕粽，有的掺豆粒，有的米泡碱水，有的夹绿豆馅或肉馅，各有风味"[15]。有的地方包药粽，在糯米中加入姜片、大败叶等中草药，据说能健脾益体。越南岱、侬族端午节也很隆重，"这天，煮'黄小米糖'，煮'鸭粥'。在小孩子的手腕、腿腕和颈脖缠五色丝线，在小孩子的头、颈、胸、脐擦雄黄酒来杀虫驱瘟。大人喝雄黄酒，女孩子这一天穿耳孔。打扫屋

图 5-31　端午节驱邪纳吉的艾草（吴力提供）

内外，洒石灰水或雄黄酒。正午采草药，药效高，晒干备用，洗草药药水浴。将五色糯饭、三角粽抛江中，为龙舟助威"[16]。

　　壮族的一些地方农历五月初五为药王节，亦称药师节。现在壮族地区较大村寨都立有药王庙，传说药王是壮医药神，他发现药草可以给人治病，爬遍壮山挖采草药，为民治病解除疾患，还向壮民传授种药、采药、治病的知识，让民众能自己防治疾病。这一天，有些地方的村民会相约上山采药，采回乌桕、田基黄、葫芦茶、元宝草等草药，据说用这些草药煮水洗澡，可使皮肤光洁，不生疥疮，并且当日之草药更有特效。广西靖西市这一天在圩场开设药市，各种山药与草药买卖交易相当繁忙。而毗邻的越南岱、侬族人也有此俗，只是规模略为小些，不少人当日会越境到广西一侧的圩市购买草药，他们认为这样更省钱，更划算。

图 5-32　卖草药的岱族妇女（陈家友摄）

第七节　中元节民俗

　　中元节是中国古老的一个节日，有"鬼节""施孤""七月半"等俗称，佛教称"盂兰盆节"，也流行于受汉文化影响的亚洲诸国。中元节在中国南北朝梁武帝时已出现，至宋代在民间已普遍流行。唐朝以来就有不少描述中元节的诗篇，如唐李商隐的《中元作》、殷尧藩的《中元观法事步虚》、李郢的《中元夜》，北宋范仲淹的《中元夜百花洲作》，南宋朱熹的《中元雨中呈子晋》，明边贡的《中元见月》，清朱曰藩的《中元日斋中作》等。在中国汉族风俗传说中，这天晚上祖先的灵魂都要归家，阎罗王也把阴间的阴魂放出来觅食，因此，各家各户都要摆上供品焚香燃烛供奉祖宗神灵，也有到野外烧纸钱祭阴间亡灵。"中元节前几天，市面上就有卖明器的，卖时鲜瓜果的，卖油饼馅饼乳饼丰糕的，色彩斑斓，叫卖声不绝于耳。还有在水面上放灯的习俗，意为招水中孤鬼来享祭。儿童们玩着纸扎的荷花灯，大的有七八尺，引人注目。

图5-33　中元节烧纸钱的壮族老人（农敏坚提供）

到城外去祭墓的，络绎不绝，较之清明节尤胜。"[17]

　　受汉族文化影响，中越壮、岱族也有过中元节的习俗，当天家家户户都会杀猪宰鸭，做糍粑祭祀祖先。广西边境一带的壮族有"笋水祭祖"的习俗，每年七月，从初七开始，壮族人把鲜笋放进锅里熬煮，然后将笋水摆放在祭桌祭祀祖先，直到十六日节日结束，这段时间，每天先祭祖后，家人才能上桌吃饭。十四日是中元节正日，各村开始大祭，一般是各户的家祭，供品有三牲、米粉、发糕、糍粑、糯饭等。祭拜完毕，还要焚烧蓝、白、紫色纸剪成的鬼衣和纸钱。一些地方对燃烧的灰烬还要认真处理，"用芭蕉叶、海芋叶或荷叶包好灰烬，等到十六日最后一次烧完，一起包成两大包，由一位老人头戴竹帽，用竹棍挑往河边，放在水面任其沉浮。有的人家还

图5-34　中元节祭野鬼游魂（吴力摄）

烧纸船、纸马和纸屋，让祖先满载而归"[18]。

　　越南岱、侬族称中元节为"赦亡日"，也称"鬼节"，同广西壮族一样，中元节的性质及习俗也是受汉族文化的影响，"每年农历七月中，越南人焚香烧衣，用粥祭奠从地府出来的饿鬼，以化解其怨气，不致贻害人间"[19]。不同的是，侬族一般是七月十四过节，而岱族则多在七月十五过节。是日，人们都要放下手中的农活，各家各户都准备祭祀祖先与神灵的供品，很多家庭都在家门口挂上避邪驱

鬼的艾叶，这天晚上，是不允许孩子到野外去玩的。

图5-35　中元节祭祀的侬族人（太原博物馆）

　　壮、岱族中元节有许多相同的习俗，除了祭祖，还要布施野外亡灵。壮族传统观念同汉族一样，认为阎罗王在中元节当天令钟馗放赦，打开十八层地狱，大赦大鬼小鬼、孤魂游魂。人们为免受鬼魂干扰，做好大批纸衣，摆好牲礼果品米饭，到野外敬祀孤魂野鬼。越南岱、侬族将在野外祭魂祀鬼叫"赦亡灵"，为了家宅的安宁，给路边野外非正常死亡的亡灵布施。岱、侬族的祭祀有传统的习俗，"每家每户有两个祭拜点，一个放在祭台祭拜祖先，一个放在院子里或家里的角落，这一天的仪式必须在太阳落山之前完成。布施亡灵祭祀时，须摆放供品、香、纸衣服、明器、米糕、鸭头、粉等物，一边倒酒一边给这些无家可归的孤魂野鬼祈祷，祈祷他们不再孤单飘零，也别到自家来纠缠，最后焚烧祷告，诵读焚烧祭文"[20]。

　　另外，壮族各家各户祭祀时都以鸭肉为主祭供品，所以壮族有的地方把中元节称为"鸭子节"，在民间有这样的传说：在通往阴间的路上有一条河，河上架有一座桥，这就是"奈何桥"，因为中元节当日要过河的亡灵太多，桥上往往十分拥挤，于是阎罗王就命令鸭子去载那些亡灵游到对岸，

图5-36　中元节"赶鬼出门"仪式（农敏坚提供）

因此，民间在中元节当天主要以鸭子为祭祀品。中元节祭品不用鸡，传说是因为鸡觅食时总是东啄西耙，它的爪子会把子孙送给祖宗的钱物刨出来。越南岱、侬族中元节也是用鸭子祭祖，民间有句俗语："正月不吃鸭肉，七月不吃鸡肉"，说的就是中元节祭祀用的是鸭肉，其传说也与壮族的差不多。另外，中元节期间，边境一带的壮、岱族人家"都做一种叫作'艾'的糍粑。其做法是：把糯米磨成浆，装到布袋里让它滴干水，然后和糖搅拌，做成小块，里面用花生、芝麻、冬瓜糖等做馅，用芭蕉叶包起来，放到锅里蒸熟，柔软香甜，十分可口"[21]。

图5-37　中越边境两地中元节的习俗——鸭子祭祀（农敏坚提供）

第八节　中秋节民俗

中秋节，俗称月节、月夕、拜月节，是中国及亚洲许多国家的传统节日。"中秋"一词，最早见于周朝的史典，《周礼》中即有"中秋献良裘""中秋夜迎寒"的记载，古代帝王祭月的节期为农历八月十五，时日恰逢孟月、仲月、季月三秋中仲月之半，故名"中秋节"，到了唐朝初年，中秋节才成为了固定的节日。《新唐书·卷十五志第五·礼乐五》载："开元十九年，始置太公尚父庙，以留侯张良配。中春、中秋上戊祭之，牲、乐之制如文。"[22] 因在中秋之夜，人们往往仰望夜空玉盘般的朗朗明月，思亲思故乡之情油然而生，盼望能回到家乡与家人

图 5-38　壮族南部地区传统的月饼（吴力摄）

亲友团聚，所以，民间有称中秋节为"团圆节"或"女儿节"。关于中秋节的起源，说法不一，大致有以下三种：其一，源于古人对月神的崇拜；其二，源于古人月下歌舞觅偶的习俗；其三，源于古人秋日祭拜土地神的习俗。在中国，有"嫦娥奔月""吴刚伐桂"及"玉兔捣药"等关于月亮与中秋的传说，体现了古人善良、美好的愿望，以及向往自由美满生活的憧憬。

中秋节在中越壮、岱族群中也是比较重要的节日，在壮族地区，许多村屯都像汉族一样摆上丰盛的晚宴全家团圆过节，晚上在庭院设祭台焚香祭拜月亮。"壮族祭月时点'朝天香'，在柚子或南瓜上，遍插十几支点燃的香，再将柚子、南瓜插在几丈高的竹竿上，竹竿高高地竖在屋前庭院或场坪。祭月仪式由妇女主持。合家围坐'朝天香'下，吃月饼，吃带壳、带皮的水果、花生、芋头，削皮、剥皮、剥壳而食，称'脱灾食'，丢弃皮壳，将灾殃脱去。"[23] 受汉文化的影响，壮、岱族过中秋节都有做月饼、吃月饼的习俗。过去生活贫困，那时的月饼实际上就是现在的米饼，中间是夹有馅的。其做法是先将米

图 5-39　越南民族博物馆馆藏中秋风俗画（张耀军摄）

碾成粉，加糖用水搅拌后做成一个个粉团，在粉团中放进各种馅料，用饼模压成饼样，上面有"福""吉""寿"等汉字及各种图案，然后放进蒸笼里蒸上一个时辰，取出晾干后即可食用。而山区的村民大多还是做各种糍粑，或者小粽子过节。现在生活水平提高了，不说平原地区的村屯，就是山区的村民，也会在节前赶圩购回各种食品公司生产的月饼，其味道更加鲜美。孩子们在这天晚上是最开心的，他们在村子里的草地上做游戏，用剥下来的柚子皮制作鬼脸壳，装扮成各种角色，在房前屋后互相追逐，尽情嬉戏。有时也跑到别人家拿供台上的供品吃，那是不会受人责怪的。是夜，村上的男女青年往往相约到野外唱情歌，互诉爱慕之情。"偷青"是壮族中

秋节另一有趣的习俗，皎洁的月光下，村上的年轻人三五成群猫着身子悄悄走在田埂上，他们在别人家的地里掐一把豆荚，摘一把菜叶放进篮子里，然后带回一个伙伴家煮来吃，这就是所谓的"偷青"，据说吃了"偷青"可以明目，可以伶俐。中秋之夜田野里不时传来姑娘小伙的笑声，皎洁月光下的大地充满了村野乐趣。

广西靖西孟麻、弄乃、渠怀一带的壮乡，过去在欢度中秋节时，有一种独特的传统民俗活动叫"请月姑"。

图 5-40　越南民族博物馆藏的中秋老照片（陈家友摄）

"请月姑"民俗活动一般都要连续请三天，十五是头晚，傍晚过后，人们就陆续来到活动场地，姑娘大多穿上节日的盛装，大家在晒坪上围坐成一个大圈，中间摆着一个放满水果及月饼等供品的供桌。月上树梢，"请月姑"活动开始，主持人整装上前，虔诚地点燃供桌上的三支蜡烛，将幽香徐徐而上的香柱插在大柚子上，然后用一丈高的竹竿捆绑在桌子旁，上面飘着彩带，意指月姑下凡就从这里经过。这时，"一个姑娘便扮演月姑，这个姑娘的衣装不同别的姑娘，她的更鲜艳、漂亮。她席地而坐，两手中指压住自己闭上了的双眼，用大拇指捂住双耳，并不断地旋转头部，

这表示攀登月宫的走路过程，这时唱山歌便开始了。往往是先由一个姑娘领唱，然后众人同歌，唱上路歌，唱下凡歌、相聚歌，最后唱告别歌。唱到下凡歌时，月姑开始对答唱歌，青年男女便借着月姑做媒介，也开始对起山歌来，通过对歌来相互试探，促进了解。这样月姑便在中间，三方对唱直至深夜，才唱告别歌送'月姑'上天"[24]。这样的仪式连续三个晚上，村民邀请月姑下凡的一系列活动，表达了人们对月神的崇拜，也表达了人们憧憬幸福生活的心愿。

图 5-41　壮族中秋的请月姑（吴力提供）

越南岱、侬族以前将农历八月十五称中秋节，现在有的地方同越族一样称"团圆节"，许多外出打工的人都要赶回家过节，那些在娘家的已婚妇女，也必须赶回夫家，同家人一道团圆。这天人们都早早洗浴，一入夜，在干栏凉台祭桌上摆放月饼、香茶、瓜果、毛豆枝、鸡冠花等，烧香点烛，祭拜月神，然后全家一起分享供品，欣赏月色，共庆团圆。这时孩子们提着纸做的花灯，到河边去放，让自己美好的心愿随着花灯飘向远方。他们也会吹着竹子做的口笛，开展各种游戏，尽情嬉闹。一些大的村落还会在月光下举行灯会，唱起古老的山歌，到处呈现一派安宁、祥和的节日气氛。

图 5-42　越南中秋也是儿童节日（河内博物馆）

美好皎洁的中秋之夜，给人太多太多的遐想，越南岱、侬族也有关于月亮与中秋的传说，其中就有这样一个传说：古时有个小伙子名叫阿桂，有一天他上山打柴，得到神人的指点，找到一棵能让人起死回生的神树，神人告

诉阿桂好好护理神树，浇灌时要用清水，如用污水神树就会飞走。阿桂把神树挖回家种在园子，并用树叶为村民治病。有一天阿桂外出，他妻子内急时在神树下小便，"于是神树慢慢地连根拔起，向天上飞去。当阿桂回来时，神树已经飞过了人头，阿桂急忙跳起，用手抱住树根往下拽，想将其拽回地面，可想不到树飞起的力量太强，阿桂不仅没有将树拽回地面，反而被树拖着一起飞上了月宫。后来人们将这棵能让人起死回生的神树称为榕树。每年农历八月十五日月亮最圆最亮的时候，才能清楚地看到月宫里阿桂坐在榕树下的形象"[25]。

中越壮、岱族的中秋节习俗，深深地烙印着古代女性崇拜和朴素的宇宙观痕迹，在现代社会，中秋节也融入了许多现实的文化内涵。对儿童的关爱在越南的中秋节逐渐增加，甚至成为本土的儿童节。而广西壮族的中秋节则在原有女性崇拜节俗文化的基础上，通过节日期间女性多种形式的交往活动，达到了人们情感上的进一步融洽与和谐，使传统节俗更具现实意义和时代气息。

[1][8][15][18] 梁庭望. 壮族岁时习俗述略 [J]. 广西民族研究，1987（2）：107–113.

[2][3][16] 卢越胜. 中越边境地区岱、壮、侬族历史社会文化比较研究 [D]. 上海：华东师范大学，2014.

[4][12] 钟珂. 中国传统风俗在越南的遗存和嬗变 [J]. 东南亚纵横，2008（8）：65–68.

[5] 释慧还. 论中越春节文化的外在表现与内在性质 [D]. 南京：南京师范大学，2015.

[6][7][14] 武氏雪. 越南传统庙会民间游戏的文化探析 [D]. 上海：华东科技大学，2012.

[9] 陈支越. 试论黑衣壮传统体育文化的生态性特征 [J]. 体育科技文献通报，2012（3）：36–38.

[10] 农林，农瑞群，严造新. 侬峒节世界上独一无二的农耕文化展示 [J]. 中国民族，2015（6）：8.

[11] 黄友平，黄闭，陆冬梅. 越南岱依族、侬族的宗教信仰 [J]. 东南亚纵横，2003（10）：46–48.

[13] 秦艳峰，王超. 传承与发展：中越清明节探析 [J]. 经济研究导刊，2015（8）：253–254.

[17] 宋涛. 最新21世纪生活百科手册 酒经 [M]. 北京：北京燕山出版社，2008.

[19][20] 覃肖华. 我国广西壮族与越南岱、侬族中元节文化习俗的比较 [J]. 开封教育学院学报，2015（12）：16.

[21][24] 吴国富，范宏贵，谈琪等. 靖西壮族社会文化的人类学考察 [J]. 广西民族学院学报，1997（12）：168.

[22] 董建春. 中秋文化探究 [D]. 北京：中央民族大学，2007.

[23] 过伟. 中越节日民俗之比较研究 [J]. 文化视野，2007（11）：109–114.

[25] 徐智敏. 越南民间传统节日习俗初探 [J]. 法制与经济，2011（1）：136.

第六章
壮族与岱、侬族群的
娱乐习俗

- 歌俗
- 舞俗
- 乐俗
- 戏俗

娱乐习俗是人们在生产和生活过程中，为了缓解劳累、放松身心而聚众作乐的一种民俗文化，是人们在一定的物质条件下的一种心情释放活动。民间娱乐往往与各种民俗活动紧密融合在一起，是民俗活动中的组成部分，因此也往往具有族群意义和地方个性。民间娱乐习俗同地方民俗活动一样有较强的时间性或季节性，许多娱乐活动同年节、季节和地方集市结合在一起，每年、每季或每月都按照同样的时间，同样的方式重复进行，成为地方传统文化的一种象征。中越壮、岱族地区历史上民族文化相通，民间习俗相同，在长期的社会生活中，他们创造了许多与生产、生活相适应，体现族群审美与娱乐情趣的活动形式，其中包括了民间音乐、民间舞蹈、民间戏剧、民间曲艺等种类。这些多种多样的娱乐习俗形式，根植于本民族传统的生产方式、生活方式以及社会结构的土壤之中，丰富了人们的文化生活，提高了人们的审美素质，开启了人们的智慧，满足了人们的精神享受。

第一节　歌俗

　　民歌，即在民间广泛传唱的歌谣。古往今来，民歌是民族文化中最生动、最活跃、最具有民族特征的一部分。在古代，一个民族传统文化的传承与延续，主要是通过这个族群的成员在一代接一代的口耳相传与反复追忆中得以实现，民歌作为一种世代流传的口述文化形式，在传承民族文化中发挥了重要的作用。人类往往在不同的生存背景、文化环境、宗教信仰与民族观念的影响下，以不同的民歌形式表现他们的生产、生活、情感与审美情趣。民歌或再现捕获猎物时的欢快，或表达生产劳作中的祈盼，或祈祷万物神灵的保佑，或宣泄异性交往的情感。它从语言与音乐的角度艺术地再现了民族的历史与传奇，真实地反映了族群的生活原貌，细致记录了他们曾经的精神追求。在中越壮、岱族地区，人们在各种民间礼俗活动中，用歌声表达人生各个阶段的丰富情感与精神寄托，"母亲给新生儿唱摇篮曲，儿童少年唱童谣，青年人唱交缘歌，结婚时唱婚礼歌，唱盖新房歌，标志着一个新的家庭诞生，最后是葬礼歌，送别死者到永恒的地方"[1]。

图6-1　广西平果壮族侬峒歌圩盛景　（农敏坚提供）

（一）两地歌俗的历史记载

　　中越壮、岱族群均为中国古代百越民族的直接后裔，古越人在漫长的社会生活中，不断用歌声来表达自己的思想与感情，西汉刘向在《说苑·善说》篇中记录了春秋战国时期古越族人的一首《越人歌》：

> 滥兮抃草滥予，
> 昌枑泽予？
> 昌州州堪。
> 州焉乎秦胥胥，
> 缦予乎昭澶秦逾渗。
> 惿随河湖。

　　这是借用汉字来记录的古越音，不少民族学者认为《越人歌》在语言、语法结构和基本词汇等方面，都与现代壮侗语有着密切的关联。歌中古越语的歌体、韵律、修辞方面都与现代壮侗语大致相通，通过壮侗语的意译，我们了解到《越人歌》讲述的是鄂君子晳泛舟时听赏越人船夫歌唱的情景：

> 今晚是怎样的晚上啊河中漫游，
> 今天是什么日子啊与王子同舟。
> 深蒙错爱啊不以我鄙陋为耻，

心绪纷乱不止啊能结识王子。

山上有树木啊树木有丫枝，

心中喜欢你啊你却不知此事。[2]

有关古越族人的歌俗在史书中记载甚多，《太平寰宇记》载："每月中旬，年少女儿吹笙相召月下，以相调弄号，日夜以为娱，二更后匹偶两相许，随处相合，至晓始散。"又载："谷熟时，里闰同取戊日为腊，男女盛服，推髻徒跣，聚会作歌。"[3]明邝露《赤雅》载："峒女于春秋时，布花果笙箫于名山，五丝刺同心结，百纽鸳鸯囊，选峒中之好者，伴峒官之女，名曰天姬队。余则三三五五，采芳拾翠于山椒水湄，歌唱乐。男亦三五群，歌而赴之。相得则唱和竟日，解衣结带，相赠以去。春歌正月初一，三月初三，秋歌中秋节。曰浪花歌。"[4]文中的"浪花歌"，即为明清时期起至今壮族地

图6-2 越南侬族男女青年春日对歌（越南高平博物馆）

区仍在通用的"风流歌"之别称。清赵翼《檐曝杂记》卷三记载：粤西土民"每春月趁墟唱歌，男女各坐一边，其歌皆男女相悦之词。其不合者，亦有歌拒之，如你爱我，我不爱你这类。若两相悦，辄携手就酒棚，并坐而饮，彼此各赠物以定情，订期相会。甚有酒后即潜入山洞中相昵者，其视野田露草之事，非异事也"[5]。今日壮族"三月初三"歌圩及赠物定情之风俗即源于此。中国南方许多地方志也记载了乡民聚众会歌的习俗。1920年《桂平县志》载："袁旧志云：三四十年前，犹有所谓浪场者。每岁正月，于村之庙宇附近地段空阔之处，男女聚

图6-3 广西那坡壮族青年唱山歌（农敏坚提供）

会，攒簇成堆，歌唱互答，或以环钏、巾悦、槟榔之物相遗，谓之认同年。"[6]同年《上思县志》载："每年春间，值各乡村歌圩期，青年男女，结队联群，趋之若鹜，或聚合于山岗旷野，或集于村边，彼此唱山歌为乐，其歌类多男女相谑之词。"[7]民国二十四（1935年）年《龙州县志》也载："四月间，乡村男女指地为场，赛歌为戏，名曰'歌圩'。"[8]1940年《柳城县志》载："民间盛行唱欢，工作稍暇，则男女互相唱和以取乐。遇有婚嫁，亲友亦尝登门娶歌通宵。"[9]民国时期的《广西边防纪要》记载："沿边一带风俗，最含有人生意义的，则为歌圩。歌圩在春忙前的农暇时候举行，其日子各地各不相同，今日为甲地歌圩，明日为乙地歌圩，以轮尽各村为止。歌圩日，附近各村青年男女，各着新衣服到达集圩地点，彼此午宴，尽情畅饮，互赠糕饼，迫至夕阳将下，则三五成群，并肩同到野外路旁，或村头树下，引吭高歌，彼唱此和，其乐融融，待天黑后，始各尽兴返家。"[10]

图6-4 广西三江富禄乡歌圩（陈家友摄）

越南的史书与地方志也有不少关于岱、侬族聚众会歌的记载，《大南一统志》载："岁省三月至七

月竞为歌唱，酬酢往来。"[11] "竞"即为"竞"，就是比赛的意思，史料描述了该地区每年三月至七月举行竞赛对歌的活动盛况，以及乡民聚会相互敬酒的场面。过去，中越壮、岱族都有一个传统农耕节日下田垌，岱语"下田"称"LongTong"，"下田垌仪式过后，许多地方便组织春季坡会。在这个集会日，青年男女不管成家与否都集中在特定地方，对歌、调情、自由恋爱"。[12]越南河内社会科学出版社出版的《越南北方少数民族》也记载了岱、侬族群歌圩活动的情景。岱族"每逢庙会、赶集、节日，男女青年聚集一起，组织对歌，互表爱慕之情，许多夫妇就是在这种场合中结识的……侬族男女相遇时，不

图6-5　广西大新壮族女歌手（陈家友摄）

受环境、时间的约束，总是以纯朴、愉快的歌声相互问候致意"[13]。拉基族与山由族同属岱、侬族群，此书也有关于此两个民族喜爱唱山歌的描述。拉基族"节日期间，青年男女唱山歌"；山由族民歌丰富多彩，其中"生歌"更具地方特色，"'生歌'是一种最有吸引力、能丰富生活的形式。它的内容不仅有男女间挑逗的对歌，还表现了劳动人民的思想、感情、愿望、憧憬，所以它不仅能使青年男女，而且也能使老人和儿童陶醉"[14]。时至20世纪中叶，岱、侬族仍然保持着聚众而歌的习俗，甚至在平时的一些公共场合，也会随意对歌。20世纪70年代"谅山地区的铁路沿线一带还可见到，侬族青年男女在站台上、车厢里对唱，而毫无羞涩之意"[15]。可以看出，越南岱、侬族群众喜爱唱歌，即兴性唱歌的风俗与广西壮族相同。

（二）两地会歌的称谓习俗

中国南方历代史书、地方志、文人笔记和诗作，对古越族后裔聚众会歌的民俗，有不同的称谓，有的地方称"赶季""唱欢""歌坡"；有的地方称"唱和""歌和"，有的地方称"跳月圩""男女歌答"；也有的地方称"浪花歌""墟会""歌圩"等。壮族的歌圩称谓可谓最为准确地表达了南方民族聚众会歌的含义，"圩"在本地念"xū"，中国南方的湘、赣、闽、粤、桂等把集市称"圩"，"歌圩"也就是大家都来唱歌的集市。"歌圩"一词最早可上溯到清代道光年间黎申产的《丽江竹枝词》：

图6-6　广西龙州壮族歌圩盛况（龙州博物馆）

> 岁岁歌圩四月中，
> 聚观白叟与黄童，
> 陇娘衣服平脐短，
> 唱彻壶关酒面红。[16]

广西各地壮语对歌圩有不同的民间称谓，举办的时间也各不相同。大新、龙州金龙一带的壮族布侬、布岱支系把歌圩叫"侬峒"，而壮族布泰支系则称为"弗西"；左江流域一带的壮族叫"航单"；右江流域的称呼比较多，有称"和峒""和篷"，也有称"窝峒"或"窝敢"；田阳县称"很敢"或"欢敢"；德保县称"航端"；平果、田东等地称"嘹歌"。各地民间歌圩的壮语名称虽然不一，但均带有"出岩洞相会""到坡上去相会""坡场上会歌"或"山歌圩市"的意思，表明了歌圩的聚众性及集市性。

越南岱、侬族群对歌圩的称呼与中国壮族基本相同，"这个族群的音乐来源于一个共同的音乐文化根，可能产生在形成民族之前。从歌曲名称可以看到他们有一个共同的词根……例如'诗'（thi）这个词，东西岱—侬族叫 Sli。'诗'（Thu）一词，东区岱—侬族也叫 Slu，是借自汉语（注：实为壮语）"[17]。越南高平省下琅县与中国龙州金龙镇山水相连，这一带的岱族同样称歌圩为"侬峒"，发声及含义都是一样的，均指民众聚会成圩市咏唱山歌的意思。越南高平省下琅县与中国龙州县水口毗邻，两地都把歌圩称为"龙通"。越南河江省北部苗域、隆波等地的侬族称歌圩为"龙洞"，这与遥相呼应的广西那坡县壮族的歌圩称谓是一致的。

在中越壮、岱族群中，存在着非常丰富的多声部民歌，在越南北方，"特别是在东区的岱人地区有一种二重唱叫'伦岸'（luon，Ngan）。东区侬人支系万承侬叫'诗博'（511boe），安侬支系叫'河陆'（Halu），雷侬支系叫'河咧'（Haleu）。这种二重唱的特点是两人（两男或两女）先是同音唱，然后分成二声部相隔一个大二度（big second），在尾句转回尾音的结束旋律"[18]。多声部民歌在广西壮族地区非常常见，100多种歌腔分布于各地，壮族多

图 6-7 靖西壮族歌手二声部对唱（陈家友摄）

声部民歌有"欢""比""西"等称呼，马山县古零镇、加方乡、古寨乡一带称"欢哈"，其中常唱的有"蛮欢""卜列欢""加方欢""结欢"等形式。壮族多声部民歌大多为两个声部，采用的是两个旋律时合时分的支声式。德保二声部民歌很有特点，往往高声部只是一人唱，而低声部却有数人唱。各地经常看到男女各两人的二声部对唱，这也是歌圩上结伴而歌传统习俗的表现。中越壮、岱族人多声部民歌的旋律优美，声部协和，音色柔和。广西南方百色、平果、隆安、扶绥、崇左等地，以及越南高平、谅山、太原等地也有三声部民歌，一般三声部民歌中的两个声部具有独立音调，三声部以陪衬和声的作用出现，很有地方特色。

图 6-8 大新广场壮族对歌（陈家友摄）

（三）两地会歌的传统风俗

经过了数千年的岁月流逝，古越后人在不断开拓自己民族文明的过程中，也不断地创造、丰富和发展自己的民歌，形成了各民族鲜明的歌圩特点。歌圩又可分为节日性

图 6-9 广西宁明花山壮族歌节（陈家友摄）

和圩市性两种，刘锡蕃在《岭表纪蛮》中记载："墟会有节会、常会两种，节会即以岁节之日行之，常

会则不拘节期，凡农隙之日，每值墟期，即会歌聚饮于此。"[19]节日歌节，就是以山歌文化习俗为中心，并岁岁相袭的稳定性民族节日，节日歌节是壮族与岱、侬族群音乐文化的共同特征之一。古越族群以农耕为本，因而农事节令成为当地歌节活动的时间制约，歌节一般都在农闲期间进行，这样就不会耽误农耕。如春节过年的时段，春耕大忙前的时段与秋收后的时段。明代邝露记录中国南方民族风物的《赤雅》这样描述歌圩的时间："春歌正月初一、三月初三，秋歌中秋节。"[20]歌会多选人居密集、交通方便的地方举行，其活动场地一般在视野开阔、风景优美的草坪、山坳或河岸。歌期一般为一天至三天，广西崇左、龙州一带壮族的

图 6-10 广西武鸣壮族盘歌（韦明妃提供）

歌圩第一天叫"头坡"，第二天叫"复坡"。届时，方圆数十里的村民都会穿着民族盛装赶赴圩场，主办地附近村庄的各家各户均打扫庭除，布置圩场，备办酒菜及最有特色的五色糯米饭，迎接亲朋好友及各地歌客。歌圩的主要内容是酬唱山歌，往往以村落为组合，其中每村必有三两个领军人物，个个知识丰富、才思敏捷、出口成歌。歌者一般即兴发挥，随编随唱，你来我答。起唱时一般先唱"见面歌"和"迎客歌"，双方客气礼貌地用歌招呼、寒暄，表示一番谦让之意，同时也是在试探对方的虚实。随着对对方情况的掌握，山歌语言逐渐犀利起来，直至对方败下阵来。山歌对唱自然更多的是"风流歌"，小伙子发现有中意的姑娘，就唱起挑逗性的"求歌"或"请歌"，女方如无此意，即报以"谢歌"或以笑谢绝，如也对其中意，则报以"答歌"。例如：

图 6-11 龙州岱族大妈唱姑娘时的情歌（陈家友摄）

> 男：三月初三出圩街，见妹不约自己来。
> 女：早早吃饭等天光，三月初三妹早来。
> 男：今天出圩人很多，可惜哥哥没有鞋。
> 女：春天遍地是鲜花，蜜蜂爱花不爱叶。

这时好戏就开始了，双方即展开"盘歌"，"盘歌"即带有盘问性质的对歌。男方语言狡黠步步紧逼，女方泰然自若从容应对，双方你来我往，互相盘问。山歌的内容从天文地理、历史典故，到生活百科、花鸟虫鱼，斗智斗勇之中不忘挑逗煽情，几番回合下来，双方心领神会，便会以山歌邀对方退出歌场，相约到野外再唱。在野外的对唱中，双方情到深处，已成肺腑之交，就唱起"定情歌"，并常赠以手帕、绣球、花扇等物，唱起"赠物歌"来定情。壮、岱族人在歌会上以歌交友并不限于年轻人，到处可见中老年人的身影，广西那坡就有山歌唱道："老人也有十七八，父母也有风流时。"由于地方唱歌成风，父母对成年的孩子在歌圩、田野、村头唱山歌一般是不反对的，因此，"在壮族社会中，男女通常在十二三岁起就须学会唱几首山歌，到十七八岁时，必须学会唱情歌"。[21]在每年约定俗成的歌会中，除了唱山歌，还有抛绣球（飞𦄼）、碰彩蛋、抢花炮、博扇、抛帕、丢糠包、丢粽包、送笆篓、

还竹篮等娱乐活动，成为当地多彩的民间节日。中越壮、岱族的歌圩有日圩与夜圩之分，龙州县日圩以水口、金龙、上金、武德、逐卜等乡镇的歌圩最为出名，夜圩以八角、下冻、龙州、霞秀等乡镇为代表。夜晚的歌圩更有情趣，入夜后姑娘们都会相约聚集在好友家里，倚门翘首等待，小伙子沐浴更衣后，带着手电，举着火把，三五成群地串门寻找姑娘对歌。黑暗中小伙子会打亮手电筒，往姑娘们的脸上照来照去，姑娘们急用香帕或花扇遮脸，也用手电筒向小伙子回射，双方互相逗着、笑着，然后开始对歌，整个村寨都沉浸在歌声与欢乐之中。

由于有着相同的地域，相同的文化，越南岱、侬民族的歌圩习俗与广西边境壮族基本相同，节日歌期也多在春季进行。垌朱歌圩是越南高平省下琅县古老的传统歌圩，以前是每年元宵节举办，分"日歌"和"夜歌"，白天在野外山坡聚众欢歌，晚上村头屋里相约对唱。垌朱歌圩与比邻的龙州金龙歌圩是错开的，让双边的村民都能有时间参与对方的歌节。而下琅县另一著名的高堂歌圩节，时间是从农历三月十五开始，连续三天，届时人们从四面八方蜂拥而至，或以村结伴，或相约好友，组成无数对歌群体，你唱我和的山歌声与雷鸣般的喝彩声此起彼伏，其壮观的场面远远胜于农贸集市。同广西壮族歌圩一样，抛绣球、碰彩蛋、抢花炮、唱彩调、斗鸡、斗画眉等活动在歌会期间也盛行，一些庙会游艺也很有特色，形成了更为丰富的歌会文化。

图6-12 侬族妇女田间唱起挑秧歌（谅山博物馆）

越南北方地区有许多庙宇，每年都举行隆重的庙会，最有代表性的是谅山省同登县庙会，以及高平省和安县光荣乡板银村的奇庙会。两地庙会都是在农历正月初十举行，盛大的庙会集祭祀、歌圩、商贸为一体，颇具地方特色，成为当地最为隆重的民间节日与歌节，吸引了无数的国内外游客。毗邻的广西边民，当天许多人过境赶庙会、唱山歌。同壮族的山歌擂台一样，岱、侬族人在每年的山歌会中都有赛歌活动，赛歌会由专门的组织机构负责，奖品由地方富户提供，在山歌比赛中获奖，也是歌手们梦寐以求的祈望，获奖者会成为村寨的荣耀与村民热捧的对象。

除了每年固定的节日性歌圩，壮族与岱、侬族群平时都有许多非固定的歌会，存在于当地乡村乡民的生产劳动、农贸圩市及婚嫁礼俗之中。

图6-13 广西平果壮族田头唱嘹歌（农敏坚提供）

1. 劳作歌俗

古越人在农耕劳作中喜爱咏歌，史料中很早就有记载。《岭外代答》中载："广西诸郡，人多能合乐城郊村落，祭祖婚嫁喜葬，无不为乐，虽耕田，亦口乐相之。"[22] 这块土地上的祖祖辈辈在劳动生产中，往往将艰苦的劳作与丰富的情感，融于充满诗性的民间山歌中，这就是劳作山歌产生的缘由。劳动歌会是在各种农事节庆或劳作场合中众人因劳而歌的盛会，春耕插秧、秋稻收割、砍伐柴草等农事季节都会即兴而歌。在中越边境一带，不管是壮族或岱、侬各族，每年到插秧季节，田间到处都会响起此起彼伏的对歌声，特别是田地较多的大户人家，经常会请来数十名女子帮忙插秧，此时做其他农活的小伙子就会相约结伴前来对歌。田间洋溢歌声与欢乐，劳者解除了疲劳，工效也相应得以提高。其他男女共同参与的群体性劳动，也经常会有即兴对歌，有时夜间女孩聚在干栏屋里纺纱做针线，男青年就会成群而来，以歌取悦，以歌传情，唱歌相恋。这种情形在越南岱、侬诸族中均普遍存在，"各族民间音乐体现在各类型音乐互相规定的关系中，在各种生产活动和人们的生活中。各类型的音乐常是产生于和紧密联系于人们的具体活动……包括与生活劳动有关和常在生产劳动时表演的音乐类型。如放牛娃唱的歌，男女舂米时唱的歌，舂偏米时唱的歌，都很使人喜爱"[23]。

　　2. 圩市歌俗

　　圩市是中国南方少数民族农副产品及生活用品交换的场所，它的聚众性与交流性也成为歌圩存在

图6-14　广西崇左圩场上的对歌（新荣提供）

的载体。早在南朝宋，沈怀远的《南越志》曾载："越之市为圩，多在村场，先期招集各商，或歌舞以来之，荆南岭南皆然。"清代镇安知府（府治在今广西德保县）赵翼，把德保、靖西等地壮族赶圩市对唱山歌的情景描述得淋漓尽致："粤西土民，每春月趁墟唱歌，男女各坐一边，其歌皆男女相悦之词。其不合者，亦有歌拒之，如'你爱我，我不爱你'这类若两相悦，辄携手就酒棚，并坐而饮，彼此各赠物以定情，订期相会。"[24]雍正《广西通志》也对此有所记载："趁圩之日，男女歌答，惟壮人为然。""凡逢圩市，壮侗语各民族青年男女必盛装而至，不为商贾，专为随场歌恋。壮族初、常隔街相望以试探，尔后结队歌唱相恋，入夜忘归。"民国《上思县志·社会》："六月六日，俗称六月六节，农人概停田工，谓忌人迹入田，农人皆赶圩作乐。"[25]

　　清初年间，赵翼曾担任镇安府知府，他在任时，极为关心乡民疾苦，经常下去察访民情，写下了大量描述边地风俗的诗文，《镇安土风》中的《土歌》唱道：

　　　春三二月墟场好，蛮女红妆趁墟嬲，
　　　长裙阔袖结束新，不睹弓鞋三寸小。
　　　谁家年少来唱歌，不必与侬是中表，
　　　但看郎面似桃花，郎唱侬酬歌不了。
　　　……[26]

图6-15　歌圩上的民众（陈家友摄）

　　越南岱族歌圩也是依附当地的集市而形成的，主要是方便村民特别是青年男女趁圩时对歌，作为一种娱乐活动。对歌的地点一般不固定，多为大家在集市上购买商品后，三五成群走向街边的河边、树林、山坡小径尽兴对唱。"而侬族则是相遇时不受环境、时间的约束，可随时随地对唱。在春季集市、赶路途中，甚至平常的庙会、集市，他们也可以大大方方地组织演唱，夜晚也同样如此。"[27]以前，越南岱、侬族的年轻人平时在赶圩之前，都要随身带着一些对歌时必需的小礼品，或手帕，或烟

袋，以期在圩市散场之后，结伴相邀咏歌之时，作为结识或定情之物。在圩场对歌中，也有爱好山歌的中、老年人，他们当中有的甚至是当地早有名气的老歌手，赶圩唱歌，并非寻欢调情，而是要寻找唱山歌的对手。往往他们发现某地有高手前来赶圩时，总要相约对歌，几番你来我往，直至决出雌雄为快。时至今日，随着时代的变迁，越南侬、岱族传统的歌圩已经不多见了，但圩场外、河流边不时还会见到三三两两的对歌者，共同的执着爱好，使他们总会经常相聚会歌，甚至经常跨境到中国的龙州、靖西等地的集市歌圩参加对歌活动。

3. 婚嫁歌俗

广西壮族及越南岱、侬诸族均有以歌做媒，自由择偶的"对歌成婚"习俗。《岭外代答》载："交趾俗，上巳日，男女聚会，各为行列，以五色结为球，歌而抛之，谓之飞驰。男女目成，则女受驰而男婚已定。"[28] 描写了今中越边境一带的少数民族对山歌、抛绣球、定婚配的习俗。明代王济《君子堂日询手镜》载："土俗婚嫁有期，女家于附近村请能歌男妇一二十人或三四十者，至期同男界轿至，众集女门，女登轿，夹而歌之，互相应答，欢笑而行，声闻数里……若僻远村落，则新妇徒行，歌者如附郭，其俗尤不可观。"[29] 对此奇俗清代史书有更多记载，诸匡鼎《瑶僮传》载：壮"女及笄，于春时，三五为伴，于山椒水湄歌唱为乐，少男群歌，和之竟日。视女歌意所答而一人留，彼此相赠遗，男遗女以扁担一

图6-16 壮族人婚礼上唱迎亲歌（农敏坚提供）

条，镌歌数字仅如绳，间以金彩作鸟卉于上，沐以漆，使不落。盖妇人女子力作所必需也。女赠郎以绣囊锦带诸物，女所自制者，约为夫妇，各告其父母，乃请媒以槟榔定之"。[30] 与壮族同宗同源的岱、侬族民也保留着婚恋中以歌传情的习俗，越南的相关论著也有关于北方少数民族在男女恋爱婚姻歌俗的描述。岱、侬族群民间存在着丰富多彩的山歌文化，"在各类民歌中，最丰富、普遍、最有吸引力的要数'伦'，可以说它类似越族的对歌、调情曲，是青年男女间互相吐露爱情的歌唱形式。通过这些歌曲，青年男女开始结识，并借故事、景物、日常生活来表达自己的心愿，希望得到对方的爱情。"[31] 在人的一生中，婚礼是岱、侬族人最重要的礼仪，自古至今，在男婚女嫁的礼俗中，都有对唱山歌助兴的风俗，由于婚礼中的山歌贺喜活动的重要意义，婚事主家经常要请当地有名的歌手前来助兴，并以此为荣。宋时广西靖西与越南交界的一带称"交趾"，在靖西壮话中称讲越南语为"讲交"，靖西当地人到越南亲戚家喝喜酒，常用"央"语（靖西土话）与"讲交"的越南岱、侬族人对唱山歌，并无语言及听觉上的障碍。不少嫁到靖西来的越南妇女，在圩场上用娘家的山歌与当地的民众对唱，也非常融洽，其形式、结构、曲调及演唱与当地山歌相差无几。

在迎亲、婚宴、入洞房中以歌闹场，更是壮、岱族历史悠久的习俗，体现了当地独特的地方文化。男方到女家迎亲的过程中，女方姐妹总要在进村的路口、家中的大门以及新娘闺房设歌盘话考问新郎和迎亲队伍，因此，男家

图6-17 迎亲路上唱起拦路歌（农敏坚提供）

迎亲队伍总是选出精兵强将，以防对歌败阵接不到新娘。明代王济曾任广西横县判官，为官期间关注郡内山川出产，民情土俗，离职后追记其事，辑成《君子堂日询手镜》，对当地"僚""瑶"等族的社会生活、风俗习惯等多有详述，其中描写了当地土人"唱歌贺婚"的风俗情景："土俗婚嫁有期，女家于近村请能歌男妇一二十人或三四十者，至期同男舁轿至，众集女门，女登轿，夹而歌之，互相应答，欢笑而行，声闻数里……若僻远村落，则新妇徒行，歌者如附郭，其俗尤有不可观。"[32]接亲队伍一到，主家响起了震耳欲聋的鞭炮声，敬茶、敬烟、敬酒，忙着接待宾客。这时，主人唱起"礼俗歌"：

> 明火烧茶出青烟，
> 茶到面前你莫嫌，
> 今天好事成双对，
> 好事成双结团圆。

这时，宾客中的歌手也以歌答谢：

> 恭喜啊恭喜，
> 恭喜你造新房娶媳妇，
> 恭喜你扫屋堂迎嘉宾。
> 今年贤媳接到家，
> 明年金竹出金笋
> ……

在婚宴上，主家的"敬酒歌"更是使婚礼充满了喜庆气氛，他们用山歌谢亲家、谢媒人、谢宾客：

> 敬了茶完把酒来，
> 筛杯淡酒上高台，
> 今日食杯成双酒，
> 日种桃花夜望开。[33]

众人觥筹交错，互相祝福，交杯而饮。当晚的"闹洞房"更是把婚礼推向了高潮，女方伴娘们同男方亲朋相互对歌，打闹逗趣，也有因此又联上情侣的。伴娘们整夜陪新娘，应答对歌，直至次日才离去。

越南岱、侬族在婚礼中对歌闹洞房的传统习俗也非常悠久，时至今日，不少的地方仍在盛行，布标族是越南岱、侬诸族中的一个民族，《越南北方少数民族》一书描述了布标族婚礼上男女对歌的盛况："男女两家选出最善唱的歌手进行对歌……连续唱上三四个小时，最后女家才开门把男家请进屋……当晚人们唱歌、玩耍通宵达旦。"[34]这同广西各地壮族的婚俗是一模一样的。当然，如今越南北方许多地方岱、侬族与京族已经杂居，其民间的传统婚礼仪式也受到了影响，婚礼歌俗发生了很大的变化，在北宁省的民间婚礼中，宾客一边咀嚼当地象征着和谐美满的槟榔果，一边观赏新郎新娘演唱着传统的《请茶请槟榔》向长辈请安，还有特邀前来助兴的民间演出团体歌手演唱越南的流行歌曲，一些老年人

图6-18 在婚礼上唱山歌的壮族妇女（农敏坚提供）

还会演唱其他传统的民歌。最后新人向长辈们（舅舅、伯伯等）发表即席感想，接着下台来敬茶感谢各位现场的宾客。[35]

（四）两地会歌的共同文化母题

由于中越边境诸族都在同一地域环境生活，在密切的交流与融合中互相影响和渗透，双方的山歌必然存在许多共性现象，在表现内容方面有很大的相似性，体现了壮、岱族系民族文化一脉相承的亲缘关系。

1. 歌仙母题

刘三姐是中国南方壮侗语诸民族家喻户晓的"歌仙""歌神""歌圣"，关于刘三姐及其歌才、歌艺的传说，千百年来广传岭南大地的村寨乡野，许多风物民俗都留下了刘三姐的印痕。壮族先民相传他们的山歌为刘三姐所作，喜歌善唱的壮民认为山歌是一种特殊的语言符号，能够帮助他们拥有山歌的人应该非仙即神，因此被神化了的历史人物成了后人崇拜的偶像。在越南岱、侬族群中，有一个民族叫"高栏"，是数百年前从广西迁徙到越南北方的，高栏人中还保留着许多中国壮族的文化，如壮族歌仙刘三姐的形象在高栏族中也有很大的影响，在越南出版的《高栏民歌》中，也出现了不少夸奖赞美刘三姐的词句。

图6-19 广西柳州刘三姐塑像（吴力提供）

> 刘三姐心满智慧，
> 几人学得刘三姐？
> 歌唱一曲颂三姐，
> 几十夜歌唱不完……

高栏人在平时的生活中，也会经常在山歌里唱到关于刘三姐的内容。乡民在迎亲婚娶、新居落成等仪式中，也常借刘三姐来恭贺主家。

> 贺房就先贺主人，
> 大房子东西都光亮，
> 几处巢窝几只凤，
> 几匹马来几条龙。
>
> 未祝主人先请客，
> 请诗主刘三许个定
> 请诗主刘三来作证，
> 刘三几岁会作诗
> ……

图6-20　越南高栏人（太原博物馆）

高栏族先民从中国迁徙越南，已经历了数百年的岁月，其子孙仍在传唱刘三姐，可见其民族传统文化是如此的根深蒂固。当然，随着生活环境的改变，一些传统文化形象也在发生变化。越南广宁省沿海居住着部分高栏人，当地大多数村子都环山临海，渔捞成为当地高栏人的主要生产方式。随着生存环境的变化，在他们民间的山歌中，刘三姐不再是祖上流传下来的那个采茶插秧、口唱山歌的农家姑娘，而是一个唱着渔歌，"出海从从容容，抬脚上船奋腕划船"的渔家女子，体现了浓郁的地域文化色彩。[36]

2. 神话母题

神话传说，是人类民间文学一个奇异的种类，它融合了丰富的现实主义与浪漫主义色彩，寄托了历代人民大众的精神向往与理想追求，成为民族民间文化最为通俗、最为精彩的部分。中国汉族历史上流传着许多美好的神话故事及感人的民间传说，对后人的伦理道德及后世的文学艺术都有深远的影响。这些神话传说也很早由中原大地向南方少数民族地区延伸传播，如四大神话传说"梁山伯与祝英台""牛郎织女""白蛇传""孟姜女"在壮族地区就产生了很大的影响，凄美感人的爱情故事与当地的民族文化交流融合，成为这些地区家喻户晓的民间文学，并在以山歌传唱为主的民间口头文化传播中不断传承。越南岱、侬诸族的民族文化中也保存着从中国汉族和壮族地区传来的神话母题，在平时的歌会活动中，经常出现以这些传说为内容的山歌对唱，如高栏族山歌唱道：

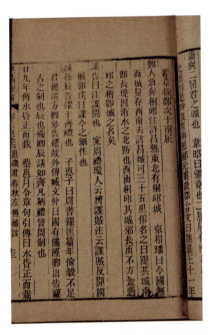

图6-21　用汉字抄写的民间传说（越南高平博物馆）

唱歌唱进三月时，
山伯村开满英台花，
三月人人爱家乡，
烧香焚纸来道深远
……[37]

侬族山歌唱道：
李子圆圆像宝珠，
但说山伯计谋恩，
当初妹我曾有嘱，
学罢即赴相聚处，
咱俩姻缘本应缔，

天缘周陈双结拜，

何料马氏娶英台，

山伯有如无盐菜。[38]

人们通过梁山伯祝英台生死相恋的主题意境，表达了高栏、侬族致死不渝、始终如一的爱情观念。青年男女在互诉衷肠时，也会借用牛郎织女来诉说自己的柔情：

纸上画鱼猫难吃，

石狗守门只能看，

你已嫁入富人家，

北斗七星侍候你。

……

我像匹独自被关的马，

一心爱你却六神无主，

只怕像牛郎和织女，

银河阻隔不能接近。[39]

由于时空的变化，中越壮、岱族群山歌神话母题会发生多种变异，如中国梁祝神话最后是以化蝶为美好结局，而越南岱、侬诸族则根据当地神话习惯，将其改变为化作"竹生人"的动人结果。

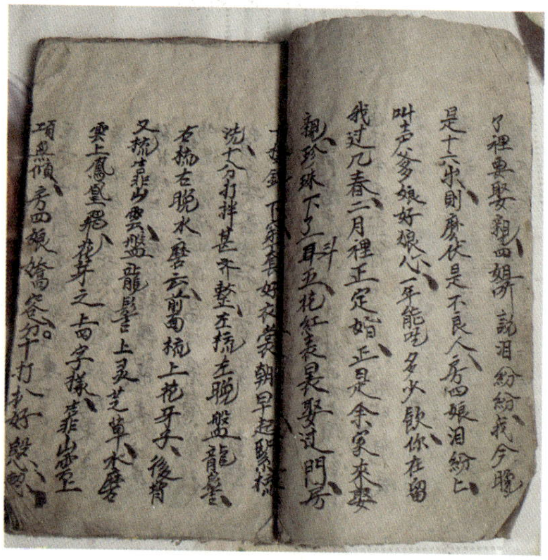

图6-22 越南民间传说汉字手抄本（陈家友摄）

3. 神明母题

古时候，生产力非常落后，人们处在愚昧无知的年代，对许多生老病死、天灾人祸的现象无法解释，以为是有一种超自然的神明在主宰世界，于是出现了对各种神明的崇拜和信仰。广西壮族与越南岱、侬诸族有着共同的族源文化，虽然后来生活在不同的国度，新的生存环境对迁徙族群的生产、生活方面产生了深刻影响，但传统的民间信仰却是非常根深蒂固的，这种共同神明的母题在彼此的山歌文化中经常被予以应用。

依智高是北宋中期广西广源州（今广西靖西市安德镇）少数民族首领，在中越壮、岱族群地区都被当地民众世代尊崇为民族英雄，他为了维护本民族的生存及利益，率领壮族民众在今中越边境一带开展抗争统治者与入侵者的活动，在今广西南方及越南北方，还有不计其数的依智高神庙，流传着甚多颂扬与纪念依智高的传说故事。岱、侬族人把依智高尊崇为民族神与农神，在无数供奉的神庙中，和安县永光社板银村的依智高庙最有历史，也规模较大。依智高庙香火较盛，每年正月初一到初十，前来祭拜的侬、岱族群众络绎不绝。侬、岱族群众平时村中家里有大小事情，都会到祠庙祭祀。谅山省侬族的一个分支万承

图6-23 越南高平市永光社侬智高庙正殿
（张耀军摄）

侬，还把侬智高视为祖先，他们认为侬智高至今还没有逝去，现在还活在天上保佑着他的族民，这一带每年都要举行隆重的祭拜仪式来纪念侬智高。"越南民族在祭祀侬智高时，有两个重要的仪式和风俗，其一是祭司撒谷，众人捡拾回家作为谷魂；其二是'打禄'，即象征性的打摘祠庙边的大榕树叶。这两个仪式风俗寄托了越南人民对生命的美好向往。"[40] 在这些风俗活动中，人们都要唱古老的民歌，赞颂这位英雄祖先，并祈求其保佑子孙吉祥安康。

伏波将军马援，也是中越壮、岱族群供奉的一个共同神明，两地不少的乡村都建有伏波庙。建武十六年（40 年），交趾郡雒将之女征侧、征贰聚众造反，占据六十余城自立为王。建武十七年（41 年），光武帝拜马援为伏波将军，统领一万多精兵，挥师直取交趾，经一年多浴血奋战，扫除叛军余党残部。马援所到之处废止苛政，完善城郭，兴修水利，抚境安民，因此深得民心，为地方百姓所敬仰，被奉为神明。宋后交趾脱离中国，历代越南王朝要逐渐摆脱中国的影响，原来许多供奉马援的伏波庙改为其化身的白马寺，但伏波将军在民间仍然有较大影响。中越壮、岱族群歌圩对歌时，乡民们据经引典时都会唱到侬智高、伏波将军及其他民间保护神的传说，表达了他们对民族神明的崇敬，体现了他们渴望吉祥、安宁、风调雨顺的美好愿望。

图 6-24 越南陆崖县台天寺中的伏波像
（陈家友摄）

第二节　舞俗

　　舞蹈，可以说是人类天生本能的一种思想与艺术表达形式。远古时期，人类的语言表达还不发达，更多的是要通过自己的肢体姿态来表达思想与情感，可以说，原始舞蹈是一种人类共有的先于语言的协调人群行为的表达方式。经过了漫长的发展，人类才逐渐从生产劳动及社会生活中孕育与发展了民间舞蹈艺术。中国较早就有关于民间舞蹈的记载，战国时期的《尚书》载："击石拊石，百兽率舞。"[41]反映了古人击打石刀、石斧等劳动工具，模仿各种野兽而舞的情形。秦朝《吕氏春秋》也有这样记载："昔葛天氏之乐，三人操牛尾，投足以歌八阙。"[42]表现了古代舞者拿着牛的尾巴，踏着脚边舞边唱的劳动场面。"巫"在汉字甲骨文中，是表示一个人张开双手，执牛尾以舞降神的象形字。壮族与岱、侬族群均源自古百越民族，古越先民在漫长的生产劳作、宗教行为与社会生活中，逐渐形成了多姿多彩的民族民间舞蹈，并在长期的地方传统民俗活动中，以相对稳定的形式一代又一代流传下来，在社会生活、生产及民众精神文化中，发挥着它特有的功能。壮、

图6-25 黑衣壮青年在跳吉祥舞（农敏坚提供）

岱族群民间舞蹈多为村民自娱自乐的形式，从种类上主要有"拟兽舞""劳作舞""礼仪舞"与"宗教舞"，这些传统民间舞蹈以当地的民俗活动为依托，展示了非常丰富的地域文化与民间艺术特色。

（一）拟兽舞俗

　　远古的时候，先民猎获猎物后，经常点起篝火欢歌狂舞庆贺收获，他们为了表现捕猎时的情景，往往披上剥下的兽皮，在各种敲击节奏声中模仿猛兽的形态，宣泄胜利的欢乐，远古的拟兽舞表现了先民的收获喜悦。如今，中越壮、岱族地区仍然保留着众多的拟兽（鸟）舞蹈，有"蛙舞""犀舞""鹤舞""熊舞"，也有"牛舞""马舞""虎舞""猴舞""羊角舞""鹿舞""斑鸠舞""蛇舞"等，这些拟兽（鸟）舞有的源自古越民族信奉的动物图腾，有的则是与人类生产劳作关系密切的动物艺术模仿。以下仅介绍蛙舞，牛舞，禽、兽舞。

图6-26 宁明花山崖上的蚂蚓舞造型（陈家友摄）

　　1.蛙舞

　　蛙舞是中越边境地区壮、岱族群代表性的拟兽舞。古越民族有非常悠久的动物图腾崇拜历史，其中蛙是壮、岱族群先民影响较大的崇拜图腾。古越人进入原始农业时代之后，农民的农事活动，完全

受大自然的制约，靠天吃饭使他们非常注意天气变化对农作物生长的影响。在长期的农耕生产中，他们发现青蛙的某些活动规律与气候的变化有着非常密切的关系，在春季，大地复苏，青蛙在田野鸣叫

图6-27　壮族蚂蜗舞（莫明提供）

发出不同的音调，初夏，青蛙在河中上水、下水、产卵、变蝌蚪，这些活动迹象，使农人能够推测出近期的天气变化，甚至发现旱灾或者水灾的先兆。青蛙对气候的预知能力，使人们认为青蛙是从上天来到人间的精灵，并且对其通天的灵性顶礼膜拜。壮语把青蛙称为"蚂蜗"，在壮族的民间传说中，雷公是天上能够呼风唤雨，并且主宰人间旱涝的神灵，而蚂蜗是雷公的儿子，它有通天灵性，在它身上能获得各种气象与旱涝的信息，壮族人认为，爱护与信奉蚂蜗，就是对雷神、天神的崇拜。因此，壮族大部分地区民间都有"蚂蜗节"，节日期间各地纷纷举行各种活动祭祀蚂蜗。

蟾蜍与青蛙同类，越南各族较早将与农业生产具有密切关系的蟾蜍、蟒蛇、雏鸟等视为祥瑞之物，《大越史记全书》（本记·卷二）记载："甲申三年（公元1044年）春，正月，发府库器械，颁授驻军。癸卯、帝亲征占城，以开皇王为留守，是日，有司以所祀山神少牢，得蟾大如柚子献之。"[43]据文中所述，可见当时视大蟾为神明的社会风俗。

很早以来，中越边境地区壮、岱族群就盛行师公教，在各种法事活动中，师公头戴面具身穿道服，在各种打击乐器的伴奏下，手舞足蹈地进行施法活动。师公在舞动中多有两手平伸，屈肘上举，两脚叉开，屈膝微蹲等典型的蛙舞动作，这也是蛙崇拜的一种信仰遗传。生活在中越边境的壮、岱族群，民间都有跳蛙舞的娱乐风俗，比较有代表性的舞蹈动作都是双腿打开，屈膝深蹲，上身挺直，双手向两旁展开，屈臂直立朝上，在男性舞蹈步伐上其动律与节奏很有特色，一般都为"两跳、一停、五点步"，采用蹦跳跃进的姿态，灵活而富有弹性，蛙舞实际上是壮族先民在古老的青蛙图腾崇拜仪式中，逐渐演变与发展起来的一种民俗娱乐动作。广西左江流域是古越族先民聚居的地区，宁明、龙州、崇左等地的江边石崖上，

图6-28　宁明花山壁画（陈家友摄）

保留有众多的古越先民崖画，特别是在宁明的明江，江上游船百米开外可看到崖壁陡峭的花山崖画，崖壁上无数的人物图像造型，活灵活现，栩栩如生，其基本造型多是蛙形姿态。崖画表现与反映了古越先民在祭祀"蛙神"活动中模仿青蛙动作，集体跳蚂蜗舞的情景。

2.牛舞

古代百越民族曾经有过多种图腾崇拜，由于农耕社会的发展，牛图腾崇拜历史最久，流行最广，至今仍影响着后人的信仰意识。中越边境壮、岱族群都有传统的"牛节""敬牛节""脱轭节"等敬牛节日，在这些节日中，表

图6-29　广西大新壮族春牛舞（农敏坚提供）

现牛崇拜的民间舞蹈特别多。在春节期间表演的春牛舞，是两地乡民喜闻乐见的一种民间舞蹈，反映了农人以牛唱春，期望风调雨顺、五谷丰登的农事内容。春牛的角色有单人演，多为双人合演，两人钻进春牛道具，前者舞牛头，后者舞牛尾，另一角色农夫在锣鼓声中牵"牛"边唱边舞，除了形象地表现耕牛犁田耙地等劳作动作外，还表演牛出栏、上路、擦痒、摆尾等笨拙动作，农夫以各种生产劳动及民间趣事为唱词，加上与"牛"风趣诙谐的"对话"，往往引起观众的哄堂大笑。中越边境壮、岱族群春耕前都有"下田节"，村民们在村中长者牵着耕牛下田之时，跳起欢快的春牛舞，在喜悦的气氛中拉开春耕的序幕。

3. 禽、兽舞

古越人有崇鸟的习俗，在中越边境的壮、岱各族至今保留着众多的"拟鸟舞"，如"凤凰舞""鹤舞""斑鸠舞""彩马彩凤舞"等。广西龙州县金龙镇是一个壮族传统文化保存得比较好的乡镇，镇上多为壮族分支布傣人，与越南高平省下琅县的"布岱"是跨国而居的同一族群，"越南高平、宣光……诸县均有傣人，特别是下琅县的傣人，在民族名称和精神形态上与金龙峒傣人是相同的……他们有共同的文化特点，如婚姻、节日、饮食、文娱和住宅等，历史上属于同一个民族共同体"[44]。该地区边境两地都流传着一种民间舞花凤舞，凤凰是古代骆越地区先人崇拜的一种吉祥鸟，许多民歌都有把凤凰意喻美好的歌词，不少民间的织锦与刺绣都有凤凰的图案。花凤舞是当地年节喜庆而跳的一种民间舞蹈，它以一种用竹篾与彩纸做成的凤凰模型为道具，表演者舞着凤凰道具，根据鸟的飞翔、跳跃、嬉戏的动作进行表演，其他手持彩扇的舞者则在周边助舞，

图6-30 越南侬族的虎王舞（谅山博物馆）

表演较为舒展、自由、欢腾，具有娱乐性和观赏性。中越边境地区的土地神诞、侬峒节，以及婚嫁、新居、寿庆等民间喜庆活动，经常请花凤队前来表演。广西龙州金龙镇与越南高平下琅县每年都举行隆重的歌节，两地各村各屯的边民都会相约结伴到对方歌圩参加对歌活动，观看花凤舞表演，甚至过去两国地方政府都有过相关的文化交流。据龙州县金龙镇花凤舞艺术传承人马汉伟介绍，"老一辈的花凤队名扬四方，声传国外，曾于1895年5月应越南官

图6-31 越南侬族的兽舞（谅山博物馆）

方邀请，跨境到越南的下琅县城和高平省府等地舞凤拜年，得到越方官民的欢迎和厚待，并深受当时驻越南法国领事的赞赏"[45]。

另外，中越壮、岱族群民间过去还有狮、虎、猴、鹤、蛇等拟兽舞，大多是远古时期从先民遗传下来的猎获娱乐舞蹈，越南太原、高平，广西靖西、大新等地方民族文化博物馆都陈列着不少相关旳图片与道具。

图6-32 壮族民间丹凤舞（莫明提供）

（二）劳作舞俗

劳作舞是人们在农耕劳作或林牧劳作中产生的各种民间舞蹈，中越边境的壮、岱族群流传着众多的传统劳作舞，有春种秋收的"播种舞""插秧舞""收割舞""打谷舞"，有田间管理的"戽斗舞""扁担舞"，有粮食加工的"打砻舞""打糍粑舞"，有渔捕的"捞虾舞""捕鱼舞"，有表现经济活动的"采茶舞""拉木舞"等，这些散发着泥土芬芳的民间舞蹈，多为自娱性群舞群乐的集体参与形式，体现了质朴无华、清新无尽的民族风貌。一些有代表性的劳作舞成为民间传统舞蹈的精品，一代一代地流传下来。下面重点介绍扁担舞、采茶舞、捞虾舞。

1.扁担舞

图6-33 广西百色壮族的打砻舞（农敏坚提供）

扁担舞原为"打砻舞"，也叫"春堂舞"，壮语称"特朗"，是流行于中越边境地区壮、岱族群的传统民间舞蹈，《岭表录异》记载了南方民族这一舞蹈表演的情形："广南有春堂，以浑木杵为槽，两边约十杵，男女间立，以春稻粮食。敲磕槽舷，皆有遍拍，槽声若鼓，闻于数里，虽思妇之巧弄秋砧，不能比其浏亮也。"[46]宋《岭外代答》载："静江民间获禾，取禾心连穗收之，谓之清冷禾。屋角为大木槽，将食时，取禾春于槽中，其声如僧寺之木鱼，女伴以意运杵成音韵，名曰春堂。每旦及日反则春堂之声，四闻可听。"[47]打砻舞是一种在壮、岱族地区流传甚广的民间舞蹈，平时在村前的晒谷场或草坪上，村民们都会即兴进行表演，而每年春节期间更为热闹，年轻人都会搬出笨重的大木槽，手持木杵表演一番。"后来，春堂舞所使用的木臼、木杵太重，不便舞弄搬动，逐步改用扁担敲击板凳，从而形成了今天的扁担舞。"[48]扁担舞表演者人数可多可少，但都要求是双数。表演时表演者围着一条长木槽或板凳，手持扁担相向而立，众人口呼号子，相互对击，或四人交叉对击，节奏轻重、强弱、快慢错落有致，声音清脆响亮，震撼人心。众人在击打中不断移动舞步，一边舞动一边唱着劳动的号子，还有模仿戽

图6-34 壮族民间春堂舞（农敏坚提供）

水、收割、打谷、春米等农活的舞蹈动作，舞姿轻盈明朗，情绪热情奔放，围观者呼喊起哄，场面热闹欢快。

2.采茶舞

图6-35 壮族民间采茶舞（农敏坚提供）

茶是一种比较适宜于丘陵、山地种植的经济作物，在远古时代，百越先民们就已经懂得利用茶叶，最初是直接采摘野生鲜茶叶作药用，以后逐渐改为饮用，并从野生茶树采摘发展为人工引种栽培。中越边境地区河流纵横，山地、丘陵、谷地、平原交错，温和的气候，长时的日照，充足的光热，充沛的雨量，较长的无霜期，为茶树的种植提供了优良的自然环境。壮、岱族群饮茶之风极盛，茶树

栽培及茶叶生产在当地成为重要的经济支柱。在茶山劳动中产生的采茶舞是中越边境地区历史悠久的一种民间舞蹈，采茶舞表演人物不等，多为女性，以彩扇、彩带为道具，表演开荒、点茶、摘茶、炒茶、送茶等工序，边舞边唱，既有传统的唱本歌词，也有表演时的即兴发挥，内容多为四时茶业农事，也有表现青年男女的爱情生活以及民间的生活趣事。采茶舞在中越壮、岱族群民间文化生活中有重要的地位，各种民间节庆、庙会游神及宗族活动时都会有采茶舞表演，载歌载舞的表演形式与喜气洋洋的欢庆气氛深受乡民的喜爱。

3. 捞虾舞

捞虾舞是流行于中越边境地区的一种民间舞蹈，广西德保、那坡及毗邻的越南河江、高平一带广泛流行。这种富有生活情趣的民间舞有表演情节，也有借舞抒情，反映了春暖花开时节青年男女在河边捞虾捉鱼、互相嬉戏打闹的风趣画面。表演者在各种捕捞场景中翩翩起舞，在不断变化的舞蹈队形中唱起欢乐的渔歌，唱词多是谈情说爱，或唱喜获鱼虾丰收，以各种朴实的舞蹈动作表演表现了农人在劳动中的情节与真挚感情，场面热烈、生趣，也有的地方加入了老渔翁的角色，幽默风趣，逗人发笑，充满了乡村民众浓浓的生活气息。

图6-36 岱族民间"摸虾舞"（太原博物馆）

（三）礼仪舞俗

礼仪舞是指人们在各种民俗活动以及社交活动时所跳的舞蹈。中越壮、岱族在年湮代远的岁月中，形成了众多的民间生活、礼仪习俗，在这些礼俗的仪式中，有的用歌声来颂唱仪式过程，也有的用肢体舞动来表现仪式气氛。民间礼仪舞蹈反映了丰富的地方民俗文化，也体现了多彩的民族审美情趣。

1. 铜鼓舞

在中国南方地区以及东南亚多个国家，有一种古老的仪式礼器，这就是铜鼓。铜鼓的社会功能在久远的历史时期不断发生变化，它曾经是神力的象征，在它威震四方的巨响下，人们纷纷跪地下拜，诚恐诚惶地等待神灵的到来；它也曾经是权力的象征，在肃穆威严的鼓声中，人们纷纷俯首帖耳，忐忑不安地听命头领的摆布；铜鼓后来又被视为吉祥之物，人们用其敲击各种多样的节奏，以娱神娱人，增添节日生活的兴奋气氛。中越边境的壮、岱族群使用铜鼓有悠久的历史，并有多种功能作用，在民俗活动中主要用于击乐表演与舞蹈伴奏，此类舞蹈形式称为"铜鼓舞"。《南蛮西南夷列传》载："……聚则击铜鼓，吹大角，歌舞以为乐。"[49]明代《蜀中风俗记》载："马湖之夷，岁暮百十为群，击铜鼓歌舞，饮酒穷昼夜以为乐。"[50]描述了这种颇具特色的铜鼓舞。古时该地区诸民族生活贫困，缺医少药，族中有人染疾，"病不知医，尚跳鬼，数人为群，击鼓鸣征，跳舞呼号"（《黎歧纪闻》《宋史·蛮夷列传》）[51]。由于历史原因，中越边境的壮、

图6-37 越南宣光一带的铜鼓舞（太原博物馆）

岱族群在铜鼓使用场合与表演风格上仍有许多接近之处。铜鼓舞一般在年节时候或村寨族人举行仪式时表演，多数是以数面铜鼓为中心，人数不等，身着民族服饰的男女青年围绕铜鼓起舞。也有将

铜鼓架于高处，鼓手有节奏地击鼓，有时沉着徐缓，有时跳跃急速，舞者的舞步由鼓点的节奏而变化，队形时为半圆，时为横排，有交叉对跳，也有方形对称。舞者步履矫健有力，舞姿粗犷古朴，动作夸张豪放，情绪饱满激昂。铜鼓舞进入高潮之时，鼓者、舞者及观众经常爆发出兴奋的呐喊声，极为震撼，粗犷、豪放的性格情怀在激动人心的舞蹈表演中表现得淋漓尽致。

越南也是世界上出土铜鼓较多的国家之一，越南学者在研究北方出土的铜鼓时，认为"越南是这类铜鼓数量最多、分布最密的地区，越南北部是铜鼓的故乡"[52]。岱、侬族不少的村落都收藏着数量众多的铜鼓，至今仍保持着在年节仪式上跳铜鼓舞的习俗，同登等地的庙会上往往离不开铜鼓舞的表演。在河内越南民族学博物馆与太原省越南北部少数民族博物馆中，可以看到许多绚丽多姿的铜鼓舞图片及视频，画面表现了岱、侬各族民间节庆举行铜鼓祭祀的隆重场面，铜鼓敲击的方式及铜鼓舞舞动的队形变化与广西边境壮族地区的铜鼓舞非常相似。

图6-38　壮族铜鼓舞（韦明提供）

2. 绣球舞

中越壮、岱族群的民间舞蹈大多是在当地传统民俗活动中发展的，因此，这些民间舞往往带有民俗化的特征。古越人很早以来就有抛绣球寻找伴侣的习俗，这个习俗起源于古人狩猎捕获后互相甩投捕器"飞砣"作乐的行为，这种投掷活动慢慢发展成一种娱乐方式。人们用制作精美的绣花布囊替代飞砣，在旷野草地上互相抛接，你来我往，寻欢取乐。后来，充满情趣的布囊抛掷又演变成春暖花开时，年轻人互相传递的情感表达方式。宋人朱辅在《溪蛮丛笑》中记载："土俗岁极日，野外男女分两朋，各以五色彩囊、豆粟往来抛接，名'飞砣'。"[53]五色彩囊飞砣便是后来的绣球了。《岭外代答》中也有记述："男女目成，则女爱而男婚已定。"[54]绣

图6-39　壮族民间绣球舞（农敏坚提供）

球舞因这个民俗活动之而生，它是一种将风俗艺术化了的舞蹈形式，通过手舞足蹈的动作和姿态来表达爱情。今日，抛绣球仍在中越边境壮、岱族群地区广泛流传，其中尤以广西靖西及越南高平等地最为著名。

除此以外，两地还存在诸多的民俗舞蹈，进村入寨有迎客舞，喜庆欢宴有敬酒舞，嬉戏游乐有板鞋舞，赶花街中有花巾舞，多姿多彩的民间礼仪舞蹈充满了浓郁的民族情趣与生活气息。

（四）宗教舞俗

舞蹈最早与宗教有非常密切的关系，古代称能以舞通神的人为"巫"，古老的汉字"巫"就是两个

人相对翩翩起舞的形象，郭沫若先生从古代甲骨文中考证，认为"巫"与"舞"同源。在古代巫觋祭祀活动中，巫师总要手舞足蹈地表现人神交流的状态，这就是"巫舞"。古代宗教活动离不开舞，而原始的舞蹈总是包含着"巫"的成分。中越壮、岱族群历史上曾经有过漫长的原始宗教发展过程，越南岱、侬族"村民以地方神为其精神依托，每年度的初春或收获季节，或逢自古规定下来的日子，村民都举行集会，具有民族特色和地方特色的表演穿插在组织的宗教仪式当中"[55]。民间宗教职业者总是以各种肢体律动为媒介，表现宗教祭祀仪式中人与神的沟通。中越边境地区过去在长期的宗教祭祀活动中产生了巫舞、师公舞、道公舞、丧葬舞等宗教性舞蹈，这些原始的宗教性舞蹈对壮、岱族群各种民间舞蹈产

图 6-40　壮族民间道场舞（农敏坚提供）

生了较大的影响，在一些传统民间舞的舞蹈动作与舞形变化中，都可以看到宗教舞的表现要素，这种现象在中越壮、岱族地区古老壁画、岩画上的舞者形象，都可以体现出来。

1. 师公舞

师公是中越壮、岱族群民间从事请神、驱鬼灾等宗教仪式的神职人员，师公舞是在这片古老土地上广泛流行的一种宗教性舞蹈。两地民间的师公舞尽管形式多样，但许多主要特征是非常相似的，边境地区互请对方师公前来做法是常有的事情，民间信仰意识已经超越了国境与政治的界线。例如，广西的宁明与越南的谅山等地师公舞皆以蜂鼓、锣、钹为主要伴奏乐器，师公身穿法袍、头戴法冠、面戴诸神面具、手持器械或法器，在鼓乐的伴奏中喃唱而舞。其舞步"以三步为规，五方定向为基本动律，按照程式化的图形调度，流行三步呈、踩三胎、行三里、进三步、退三步、掂三步跳、弓三步跳、麒麟步、点步或转体蹲拜式，并按东、南、西、北、中等五个方位行参拜、跪拜动作，通过膝部的上下颤抖，内外迅速吸腿、跨腿，旋身自转，跳'品'字形步等"。[56] 各地师公舞有单人舞、双人舞，根据法事仪式的需要，也有四人乃至十人的群舞，其内涵深邃，动作神秘粗犷，风格原始古朴。

2. 道公舞

道公是中越壮、岱族群民间从事超度逝者亡灵、驱鬼辟邪、架桥引渡、穿针求嗣等宗教活动的神职人员，道公舞是道公在作法时跳的一种舞蹈，在中越边境地区甚为流行。这类舞蹈种类很多，仪式不同名称各异，"请神舞"是道公在作法时的与神共舞"开坛舞""破狱舞"则是道公超度亡灵时跳的舞蹈，"招魂舞"是为病人赎魂的舞，"穿花舞"是为妇女求子时的舞蹈，"送解舞"则是为人禳灾解犯时的舞蹈。道公一般不戴面具，身着长袍式道服、道冠，手持驱邪逐鬼的短剑，踏着鼓乐的敲击节奏而起舞。道公舞以喃唱为主，或抑或扬的喃唱声和大小锣钹凄厉的撞刮声，营造了冥冥阴间的恐惧与阴森气氛。道公舞内容多与敬神驱鬼、禳灾祈福有关，舞蹈动作较为简单，手势多为合掌参拜式，舞步以 3 步为基数，踩点式进行起舞施法，时进时退，时转时蹲，在各种体态律动中颤动各

图 6-41　壮族民间道公舞（农敏坚提供）

个部位，群体道公舞以"八"字为基本队形，不时变换为螺旋形、双圈形，并不时交替穿插，风格粗犷古朴，刚劲稳健。

3. 巫舞

巫婆是中越边境壮、岱族群民间人神沟通的宗教神职人员。过去两地的乡民都认为生活不顺利或

图 6-42　越南岱族民间"巫舞"的造型（太原博物馆）

发生意外，肯定是本人或家人冒犯得罪了神灵，在这种情况下只有请巫婆或道公作法祭神，才能化解与消除灾难。因此，过去几乎每个村子都有巫婆与道公两种角色，共同承担着为村民作法求神，化解各种灾难的义务。巫婆在施法过程中总要以肢体舞动来表现神灵附体的感应，因此产生了各种离奇、深奥、匪夷所思以至令人生畏的舞动体态，这就是"巫舞"。巫舞在广西靖西其龙村及越南边境一带都叫"生弄"或"慨弄"，巫婆在"生弄"时是需要手拿法器的，大多使用的是一种法印，即刻有"左千千神将，右万万吏兵"的木块法器。"生弄"时边摇法器边唱舞，以各种作法步伐的变幻、不同的手势和口诀的交替，以神鬼附身的颤抖动律，以摇法铃、变换彩扇、口喷法水等来展示各种拙朴的舞态，表现神灵附体及人神交流的施法程序。

越南北方农村有一种巫婆从事宗教活动时跳的"灵舞"，这是岱、侬族以及京族地区都流行的一种古代巫舞。跳神的巫婆越语称为"童婆"，因此灵舞越语称为"灵童"，这与广西柳州一带壮族把巫婆称为"灵童婆"是一样的。因此，灵舞同汉语中的"跳神"是同义的，可以说越南的灵舞与中国古代百越民族的傩舞有着某种渊源。在越南北方的一些城乡，经常可以在大榕树下的古庙里看到神婆们跳灵舞，这些古庙供奉着各种神灵泥塑，神台前烛光明亮，"充满了灰蓝色的沉香烟雾，令人有如置身于云雾之中，产生'飘飘欲仙'之感。面对神台，七八位跳神婆分两行正襟危坐着。她们头盖大绸巾，随着咒文抑扬的节拍，不停地旋转摇晃着脑袋，到了一定时候，然后突然大喝一声，把头巾一撩，对着神起舞。当舞告一段落，神婆们便自称从天而降，是某神的化身，并主动接受求神者的祈求。赐物往往是'神'随手从神台上取下的一只香蕉或一只粽粑。而获赐者则往往如获至宝，连连拜谢"[57]。

图 6-43　越南宣光省民间坐舞造型（太原博物馆）

4. 丧葬舞

中越壮、岱族群自古以来非常重视逝者的丧葬，传承着一整套传统的丧仪礼俗，"娱尸"就是其中一种古老的丧葬习俗，即在丧事举办时跳"丧葬舞"，不少地方至今仍保持着这种隆重而奇特的葬仪。丧葬舞冥俗在中国的史书上早有记载，李思聪、钱古训的《百夷传》就描述了黑土僚（壮族）"送

葬，女婿吹芦笙跳舞尸前"[58]。壮、岱族民间传统观念认为，老人去世是功德圆满、西去归祖，所以，在其葬礼上不能以悲办丧，而应为"红丧事"。广西那坡黑衣壮老人的葬礼上，不少送葬者将红彩抹在脸上，在鼓乐声中跳起丧葬舞。而龙州县金龙乡壮族村寨老人去世入殓前流行一种"擂鼓舞"，"四名身着黑色民族孝服的舞者，在一字排开的四面大鼓前，手持鼓槌，时而急剧擂鼓，时而跳跃点鼓，动作刚健有力，鼓点丰富多变。主要动作有'顺拐单击鼓'、'交叉单击鼓'、'双击鼓'等。舞时有八名乐手伴奏，其中'啵咧'（形似唢呐的民族乐器）手二人吹奏"[59]。葬礼在葬丧曲调中显得平静、祥和，没有半点哀伤。此种习俗在越南岱、侬族中也很常见，但丧葬舞多数是在出殡前一晚，巫师敲击着法锣法钹，率逝者亲友绕灵枢棺木而舞，人们用这种表现形式缅怀死者生前的功绩，祈祝家族的平安与吉祥。

图 6-44 越南岱族的丧葬舞（谅山博物馆）

图 6-45 越南侬族丧事音舞（太原博物馆）

第三节　乐俗

　　这里的"乐"是指器乐，即用各种乐器演奏的音乐。百越民族较早就懂得使用当地的竹、木、石、土材料制作各种乐器，并通过演奏抒发与表达自己的思想感情。作为百越民族的直接后裔，中越边境地区壮、岱族群的传统器乐文化非常丰富，奇特的乡土乐器、古朴的沿袭乐俗、浓郁的古风乐曲，无不体现了古代百越民族音乐文化的遗风。在千百年的历史发展中，民间器乐在风俗节日、民间喜庆活动中都发挥着重要的作用，它反映了社会民众的思想情感和审美趣味，丰富了人们的文化生活，成为壮、岱诸族具有鲜明文化特征的民间音乐艺术种类。

（一）铜鼓乐俗

　　铜鼓是中国南方及东南亚部分地区一种古代文化器物，早在公元前七世纪就有铜鼓在这一带出现，距今已有 2600 年。铜鼓在这些地区与民族中广泛使用和传播，渗入各时期社会生活的各个方面，形成了诸民族各具特色的铜鼓文化，铜鼓乐俗就是这些民族长期传承的以击打铜鼓表达乐意的习俗。

　　关于铜鼓的文献记载最早见于《后汉书·马援传》："援好骑，善别名马，于交趾得骆越铜鼓，乃铸为马式，还上之。"[60] 晋代裴渊《广州记》记载："狸獠铸铜为鼓，鼓惟高大者为贵，面阔丈余。初成，悬于庭，剋晨置酒，招致同类，来者盈门。豪富子女以金银为大钗，执以叩鼓，叩竟，留遗主人也。"[61]《魏书》卷三百六十九的《獠传》说："（獠）铸铜为器，大口宽腹，名曰铜爨。"[62] 史书印证了铜鼓早在中国的汉代，就已在南方诸民族中流布的史实。

图 6-46　越南河内博物馆陈列的出土铜鼓（张耀军摄）

　　关于铜鼓的构造，南宋地理学家周去非在《岭外代答》中有详尽描述："广西土中铜鼓，耕者屡得之，其制正圆，而平其面，曲其腰，状若烘篮，又类宣座。面有五蟾，分踞其上。蟾皆累蹲，一大一小相负也……铜鼓大者阔七尺，小者三尺，所在神祠佛寺皆有之，州县用以为更点。"[63] 文中描写了当地农民在耕种的田地中挖出铜鼓的情景，对铜鼓的造型及装饰进行了详细描述，也叙述了一般神祠佛寺都安放有铜鼓，以及州府县衙使用铜鼓打更报时的史实。

　　古时铜鼓一般全为铜铸，铜鼓大小不一，大多面宽约 50 厘米，高约 30 厘米，也有因不同场合的使用需要而制作的更大型的铜锣，如广西北流出土的一面铜鼓，高 67.5 厘米、面径 166 厘米、重 300 千克。是现今世界最大的出土铜鼓。各地收藏的铜鼓有多种类型，鼓面大多有太阳纹、雷纹、青蛙、飞鹭，鼓身多有羽人舞姿、龙舟竞渡等装饰。太阳神崇拜曾经遍布百越民族，因此铜鼓鼓面正中必然铸有太阳，这反映了古越人非常重视农作物光照作用的农耕意识。在铜鼓鼓体上的农耕文化元素还有

回旋形构造的"雷纹"与圆形花纹的"云纹",这是古人在农业耕种中对求雨的反映。铜鼓鼓面一般铸有数只青蛙,这是古越先民青蛙崇拜习俗的反映。鼓身还有优美动人的羽人舞蹈,生动地描绘了古越民族女性的舞姿,以及越人舟渡的形象。

　　越南将铜鼓称为"Drum",是铜鼓敲击时发出的响声的象声词。越南铜鼓的造型多种多样,北部岱、侬族地区出土的铜鼓是越南最古老的铜鼓,鼓面中央圆形的发光体在壮族称为太阳神,而越南学者却称为星光纹,它表现的是无数星星发出的光芒,这体现了两国古人观察天象历法视角的不同,即太阳历和太阴历。越南学者认为"青蛙也是东南亚居民认为可以呼唤下雨的动物。铜鼓上经常刻画青蛙,也有祭祀青蛙的"[64]。铜鼓上两只青蛙叠在一起的造型,表示青蛙正在交配,象征着生命的繁殖与兴旺。鼓面鼓身由羽人舞蹈、圆顶干栏、飞檐干栏、晒台、舂米舞等图案组成,也有持矛、吹笙、渡船、翔鹭、栖鸟等造型。不少的鼓内足部处镌刻汉字,注明产地及重量,有的也刻有铸造年份。

图6-47　壮族民间的铜鼓乐　(刘星云摄)

图6-48　越南侬族铜锣乐(太原博物馆)

　　由铜釜进化演变成敲击发声的铜鼓起,就奠定了其乐器属性。铜鼓作为乐器的社会功能在中国史书上都有记载,称之为"蛮夷乐器"。《岭表录异》载"蛮夷之乐有铜鼓焉"[65]。《新唐书·南蛮列传》记载:东谢蛮"击铜鼓,吹大角,歌舞以为欢"。[66]历代诗、词家对南方少数民族敲击铜鼓为乐,载歌载舞赛神的情景,也曾有不少生动的描绘,唐代温庭筠在《河渎神·铜鼓赛神来》中咏道:"铜鼓赛神来,满庭幡盖徘徊。水村江浦过风雷,楚山如画烟开。"五代词人孙光宪在一首《菩萨蛮》中写道:"木棉花映丛祠小,越禽声里春光晓。铜鼓与蛮歌,南人祈赛多。客帆风正急,茜袖偎墙立。报浦几回头,烟波无限愁。"[67]诗词描述了在春风明媚的大好景色中,南国少数民族乘着船只敲击铜鼓,伴随阵阵鼓声,唱着粗犷的歌声,跳着优美的舞蹈,举行赛神活动的壮观场面。

　　古越人用铜鼓作为娱神的礼器,是因为他们认为浑厚而铿锵的铜鼓声具有灵气,通过它能帮助人类同上天神鬼对话。而之后的漫长岁月中,人们在铜鼓乐中获得了听觉上的享受,娱神的铜鼓逐渐衍变为娱人的乐器,宗教礼器的社会功能向世俗转化,并一直沿袭至今。广西壮族各地铜鼓乐俗非常丰富,凡年节庆典都会击响铜鼓,和乐而歌、闻鼓起舞。东兰、凤山、巴马一带壮民的铜鼓乐非常有特色,正月初一至元宵,乡民们都会将铜鼓置放在村寨固定的场地,或祠堂前的地坪,或开阔的山坡。表演多由四面铜鼓组成,按音高排列吊置在专用的铜鼓木架上,由村中长者鸣锣指挥,四个演奏者右手持槌敲击鼓心,奏出

图6-49　壮族民间的铜鼓乐(百色博物馆)

各种不同的节奏，左手则持金属片按半拍的律动敲击鼓腰，发出清脆的声音。铜鼓乐有一套传统的曲牌，分别是"开场""春耕""夏种""秋收""冬贮""迎春"。天峨县的铜鼓乐则要在四面铜鼓中加进一面皮鼓作为合奏的指挥者，皮鼓乐手持鼓棍交替敲击鼓心、鼓边，或两棍互击，指挥铜鼓队的节奏、速度与力度变化。以前也有在悬挂铜鼓的下面置一水桶（缸），盛水过半，在敲鼓时不停地摇动，让鼓腔发出的音波冲向晃动着的水，产生共鸣回声的特殊效果，使音色更加滋润清纯，倍觉悦耳。[68]此外，广西铜鼓乐还有其他多种演奏形式，如与锣鼓、吹打乐结合，或与歌舞合璧，都分别体现了各具特色的演奏风俗。

越南铜鼓文化源远流长、丰富多彩，蕴含丰富物质和文化内容的古代铜鼓是越南地区早期文化的代表器物。铜鼓是"两千年来已消失的一种文化保存至今的、活生生的残留部分"。[69]铜鼓在越南文化发展史上具有极其重要的意义，而且至今在各地农村仍可见其踪迹。越南岱、侬诸族民间使用铜鼓，也多在节庆、婚嫁、建房、丧葬仪式上。据河内越南民族学博物馆少数民族民俗风情图片资料与视频展示显示，越南北方不少地方的岱、侬族，大年三十晚都会将铜鼓拿出悬挂于建在村中的亭棚，供村民敲打，让更多的人得以娱乐。春节期间，人们每天吃过早饭，即涌向亭棚，观看在那里举行各种铜鼓演奏表演，周边的村民都会赶来围观，凑趣取乐，到处充满节日的热闹气氛。高平省邻近中国边境的岱族与侬族盖新房时，也打铜鼓。这一带的房屋与相邻的广西壮族地区一样，都是杆栏式建筑，村民们建新房，当新房立排架时，也就是说要将木架立于新房的柱基上，当地的传统习俗是要将铜鼓悬于梁上一边燃放鞭炮一边敲打，直到房子的整个木架安放完毕。当地认为悬挂的铜鼓越多，越能显示出房主的富有与地位。在婚嫁仪式上，铜鼓被作为重要的打击乐器悬挂于男方家门前，在新娘子过门的前一天，敲打铜鼓唱起山歌，通宵达旦。婚礼上铜鼓也

图6-50 壮族小铜鼓演奏（广西艺术学院展馆）

和其他吹奏乐器一道，演奏欢庆的曲牌，直到婚宴结束宾客离去。以前当地也有在丧葬时使用铜鼓的习俗，举行祭奠仪式，设灵堂请道公到场吊唁，使用铜鼓鸣击开道，祈求逝者灵魂安息。此时铜鼓声低沉缓慢，压抑肃穆，更增添了现场悲戚哀愁的气氛。

（二）天琴乐俗

天琴是流行于壮、岱族群民间"做天"仪式中天师使用的法器，也是一种民间弹拨类弦鸣乐器，在广西龙州、宁明、凭祥、防城一带流行甚广，其中以壮族布偏、布傣等族群的天琴最具代表。越南一侧主要流行于谅山、高平、河江、老街等岱、侬、泰族聚居地。因发音清脆悦耳，中越两地都称其为"鼎叮"（Dingding）、"鼎"或者"星"。"天"神是中越边境的壮、岱族群普遍崇拜的神灵，当地人称"then"，汉译"天"。"做天"是民间祭祀"天"的仪式。"天婆""天师"是"做天"法事活动的执仪者，"鼎叮"是他们与鬼神沟通的法器，宁明壮人把仙婆"做天"法事使用的天琴称"诸本"。20世纪70年代中国在全国范围内普查民族乐器，有关专家到了广西龙州县金龙镇板池屯，在民间考察中

发现了行将失传的"鼎叮",由于"鼎叮"是在民间信仰法事活动"做天"中使用的法器,因而将其命名为"天琴",从此,天琴以壮族民族乐器成员的身份,载入《中国民族乐器大全》。越南音乐学者也把"鼎叮"视为本国北部重要的民间乐器,其社会功能及民间流布,地方电视台多其演奏的节目播出。在河内越南民族学博物馆及太原省越南北部少数民族博物馆都有专门介绍。

由于历史上中越壮、岱族群都没有文字记载,无从寻找历史资料,天琴的来历只是保留在各地的传说之中,并在民间以口口相传的方式传世。直到刘锡蕃的《岭表纪蛮》才有记载:"……又有一种女巫,多散布于边防各县,名曰'鬼婆'。匏为乐器,状如胡琴,其名曰'鼎'。以铁或铜为链,手持而掷,使其有声,其名曰'马'。凡病患之家延其作法,则手弹其所谓'鼎'者,而口唱鄙俚之词,杂以安南之音。置中间则掷铁链,谓之'行马'。"[70]《宁明县志》记载:"……行巫术者多是妇女,男子极少,其作法各有异同。……巫婆,据说其术传自越南,挎包作乐器,状如胡琴,其名鼎:以铁或铜为链,其名曰马,作法时,手弹乐器,口唱巫词,间掷铜或铁链,发出锵锵响声,谓之行马,以此驱鬼压邪。"[71]

广西壮族关于天琴来历的传说各地不一,有的地方相传为壮族祖先"妈勒"在艰难寻找太阳路上,遇老神仙指点制作而成;有的地方相传为一对逃婚男女路遇神仙,获

图6-51 龙州壮族天琴传承人李绍伟天师（陈家友摄）

仙人相送而流传下来;有的地方相传为古时有一对男女上山打柴,受岩洞叮叮滴水声启发制作而成。龙州金龙镇布傣人则有古时天旱求雨,得仙人授意制作"鼎"并授以降雨歌谣,迎来甘雨的传说,"这个'鼎'以及'鼎'的唱词后来均受到了人们的崇拜,并且成了布傣人祭天仪式专用的神器和神曲。"[72]

越南岱、侬族关于天琴的传说是这样的:古时有个小伙子叫川衿,因家贫三十未娶妻,成天发愁。

图6-52 壮族天琴演奏（李绍伟提供）

有一天到溪流里打水,听到"叮叮"的流水声,他的心境突然明朗起来。他想如能天天听到"叮叮"声音就可解愁了。于是他用桑树木做成手纺车,纺出拉不断的蚕丝作琴弦,用葫芦壳制作琴筒,用栎树做琴杆、琴头,做成了一把天琴。[73]川衿经常为村民百姓弹这种"叮叮",村子里到处都充满琴声与笑声,后来川衿也收获了爱情,与一位善良的姑娘结婚生子,过上了幸福的生活。

中越两地的天琴一般都由琴头、琴轴、琴杆、琴筒（葫芦筒或竹筒）、琴弦、琴码等组成。广西壮族各地的天琴造型与结构也略有差异,布偏的天琴一般长约120厘米,分上中下三节,上节是琴头,中节和下节是琴杆。好一点的天琴琴头雕成凤形、太阳或月亮形,侧面雕有龙纹。琴杆多为木制,大多为两弦,轴座左右各

置一木制弦轴。琴筒所用材料多为葫芦壳，也有用麻竹制作，筒口面板为笋壳，一般为截面的圆形，少数也做成截面的葫芦型。布傣的天琴除了直杆式以外，还有拆装式的类型，拆装式的天琴通常要分为五节，每节均赋予特殊的含义，分别代表金、木、水、火、土五行，也代表东、西、南、北、中五个方位。[74]壮族天琴有两弦也有三弦，三弦天琴流行于凭祥、宁明一带，而二弦天琴则多流行于防城、龙州等地。二弦天琴定弦为四度，也有五度，奇怪的是有的地方天琴内弦为高音，外弦为低音，与传统的定弦反其道而行之，产生了一种特殊的演奏效果。三弦天琴的特点是内、外弦互为八度，中弦为低音弦的上四度或上五度。近年来，壮族天琴经地方艺人研究改造，由双弦、三弦改良成了适合现代舞台表演的四弦琴。

中越边境两边的天琴在结构与形制上基本一致，如越南泰族天琴为双弦，与广西龙州、防城等地天琴相同，而岱、侬族天琴与凭祥、宁明地区的天琴一样，均为三弦琴。琴身全长比壮族的略为短些，一般约105厘米。琴头正窄侧宽，也有不同的装饰。琴杆也稍细些，琴枕一般较

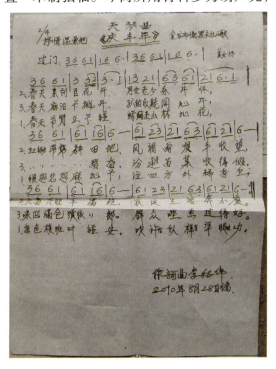

图6-53 李绍伟天师的天琴曲（陈家友摄）

低，琴头、琴杆用三节木料相接而成，琴筒与椰胡有些相似，琴底安装有一块金属座以挂琴弦。[75]由于天琴是当地流传千百年的一种民间信仰法器，后来才逐渐衍化为娱人的民间乐器，大多尚处于一种较原始的状态，因此在制作上没有固定标准，只有大概的乐器形制。其定弦音高也因地而异，各地有不同的简单曲牌，演奏者多即兴演奏各自习惯的旋律型，配合法事活动中的喃唱，因此在音律上有一定的差别。天琴的定调也不一致，大多是根据法师的嗓音定调。天琴定弦除了传统的四、五度外，还有其他定弦方式，如越南谅山省纳岑县一带的岱族天婆，她们在演奏天琴时两根弦就是同度定弦，以外弦作为旋律弦，内弦则作为调式根音的和声弦，别具特色。岱族和壮族的天琴弹唱都有很多相似点，如在广西龙州，"金龙镇壮族天琴弹奏的姿势有坐姿和站姿两种，不过以坐姿为主。坐姿弹唱时将琴筒置于右腿外侧，琴杆

图6-54 侬族天琴演奏（太原博物馆）

左斜在胸前，双脚前伸，佩戴铜铃或铜串环的右脚置于左脚之上。站姿弹奏时琴筒置于右腹前，或栓系背带挎于体侧。越北岱族和侬族天琴弹奏的姿势也有坐姿和站姿两种，两者无所谓主次，均常见。其坐姿和站姿的要求与金龙镇壮族差不多"。在弹奏的技法方面"右手常常以拇指、中指和无名指构成三点按住琴筒面板两侧，弹奏时只是用食指指尖弹、挑琴弦，用力较小，很少用全抡的手法，发出的音量比较柔弱、纤细，音色柔和、暗淡、优美，在弹奏过程中也没有加入脚摇铃铛打节拍的活泼欢快的动作，整个表演显得纯朴、简洁、含蓄"[76]。

天琴作为一种古老的弹拨乐器，在中越边境一些壮、岱族群中是取悦天神的重要工具，在过去相

当漫长的岁月中，伴随着人生的每一个重要的阶段，天琴及天琴的仪式与人们的生老病死紧密相连，成为当地民间生活中不可缺少的礼器。天琴在"做天"仪式中一般有"弹天"和"唱天"两种形式，"弹天"指的是用天琴独奏，在"做天"活动开始后，为了营造肃穆、神秘的道场气氛，道公往往会用天琴独奏一段很长的音乐，这时在场的人员都会安静下来，虔诚畏惧的心情油然而生。不同的法事会弹不同的音乐。"唱天"是用天琴伴奏的歌唱。广西龙州一带的布岱"唱天"分"独天"和"对天"两种，执仪者自弹自唱或一人演唱，另一人伴奏称为"独天"，两人用天琴伴奏对唱称为"对天"。越南谅山纳岑县一带的岱族"唱天"都是单人进行，每个地方都有本地的天师或天婆，互不来往。"唱天"以祭祀方面的内容为主，中间也穿插有根据"做天"对象涉及的家庭生活、伦理道德等内容。[77]长期以来，中越边境流行"做天"的地区都视天琴为人神沟通的神器，赋予了天琴神的力量，对天琴往往深感畏惧，敬而远之。近代随着民间娱乐活动的活跃，天琴逐渐走入普通百姓的生活，在一些节庆活动与青年男女对歌中，也有使用天琴伴奏，天琴逐步发展成一种既娱神又娱人的民间乐器。

20世纪下半叶，中越两国的艺术家高度重视本国民族传统音乐文化的挖掘、研究、传承与发展，分别对本国少数民族的天琴进行了研究改良，使之成为可以适应现代民族音乐展演的新型民族乐器，并在许多民族音乐会及民族旅游景点中演奏。在2004年第十一届CCTV青年歌手电视大奖赛上，龙州的"天琴女子弹唱组合"将代表作《唱天谣》搬上了比赛现场，此后多次在中央电视台及广西等地方电视台播出，得到了广大观众的好评。越南岱族、侬族、泰族不少民间都流传着天琴弹唱，现在主要有三种形式：其一，原汁原味的传统天琴弹唱；其二，简单改良的天琴弹唱；其三，声控装置的天琴弹唱。"新的天琴弹唱，糅合了一些现代艺术表演手法，比较活泼，使古老的天琴艺术焕发了春青。2006年4月，在

图6-55 龙州壮族女子天琴弹唱组合（李绍伟提供）

谅山省举行的天琴艺术表演—研讨大会，有12个省和越南文化部的专业人员参加，可见天琴艺术在越北少数民族演唱艺术中的重要地位。"[78]谅山、高平、北宁等地方电视台也经常播放民间艺术家演奏天琴的视频，当地文化部门比较重视民族音乐的传播，在广西南宁举办的国际民歌节中，有时也可以看到越南天琴艺术家的弹唱表演。

（三）啵咧乐俗

啵咧，壮、岱族民族民间吹管乐器，形貌似唢呐，多呈黑褐色、棕色，用荔枝木或桑木挖空制作，由管身、管头、哨嘴、喇叭构成，取其吹奏音响象声而称。啵咧全长为30厘米到40厘米之间，音色比唢呐柔和甜美，舒适怡人，在越南北方的老街、莱州、高平、谅山及广西的龙州、靖西、大新、宁明等地都有流传，深受壮、岱族人的喜爱。关于啵咧的传说，各地不一，广西龙州一带的传说：古时有一少年名叫李节，父亲早逝，母子二人养牛为生。"一天，李节在河边放牛，老母牛突然临产，因难产而哞叫不停，满地打滚，李节急忙回家告诉母亲。母亲说：'我生养你的时候也是和母牛一样痛

图6-56 壮族啵咧（陈家友摄）

苦万分的，你应该想办法，解除母牛的痛苦，让小牛平安降世。'李节听完母亲的话，又急忙到母牛身边。怎么解除母牛的痛苦呢？他急中生智，顺手砍了一节河边的竹子，削了一节细的，挖上几个孔，对着母牛吹起来。他一边吹一边跳，吹啊、跳啊，委婉动听的声音和着风趣的舞姿使母牛减轻了痛苦，小牛顺利地降生了。以后啵咧这种乐器就流传开了。"[79]龙州民间啵咧演奏有不少传统曲牌，如《雷舞曲》《铜钱曲》《花凤舞曲》《悲调》等，啵咧与当地民众的生活息息相关，许多民俗活动及民间红白喜事都离不开啵咧。不少民间艺术表演都有啵咧演奏。龙州一带有一种宗教活动中的"坊"仪式，就是法师念着古壮语的经咒，吹着古老的啵咧，唱着《坊歌》作法的法事，"坊公操作法器，念唱法经，被认为是人神交流的中介，《坊歌》在赞颂、供奉诸神方面有特殊的作用，被认为是人神交流的语言，鼓和啵咧承担着安魂与通鬼神职能，既作乐器也作法器"[80]。"坊"仪式承载了许多龙州当地传统民俗文化内涵，如"古壮字"文化、布傣族群宗教文化以及孝道文化。

图 6-57　侬族啵咧（陈家友摄）

越南高平与广西龙州相邻，特别是高平下琅县与龙州金龙镇更是山水相连。啵咧当地岱侬语也念"PiLe"，和龙州金龙布傣的称呼完全一样。啵咧的演奏风格各地不一，凉山省高禄县的岱、侬族主要在祭祖、祭神、婚嫁、年节时吹奏啵咧。"啵咧在岱族风俗习惯中有庄严、神圣的意义。啵咧还可以使用在很多节日，下田、送军、送旗等等。"[81]而在高平省的下琅县一带，啵咧的用途多样化，它一方面是师公在举行宗教仪式吹奏的法器，在供奉诸神时被认为是人与神灵交流的语言。另一方面又是人们日常中除语言、歌声以外的另一个信息传递工具，人们经常用啵咧模拟语言进行交流，姑娘小伙子谈恋爱时也用啵咧美妙的乐音来说悄悄话，以此传达感情。

（四）竹乐乐俗

中越壮、岱族地区处于亚洲东南部，具有相近的地质地貌、气候条件和植被，不管是山区还是平原，到处都是茂密的竹林，竹子旺盛的繁殖能力使这些地区自古以来都有"竹崇拜"的习俗。竹子作为一种制作材料被广泛地运用于人们的生产生活中，如扁担、竹箩、泥箕等工具，桌椅、竹床等用品。竹子也为乐器的制作提供了丰富的物质条件，人们在长期的农林劳作中制作了各种各样的竹乐器，这些竹乐器取材方便、制作简单、音韵多彩、奏法多样、演奏容易，成为壮、岱族民间娱乐活动中情趣丰富的乐器种类，在世世代代的百姓生活中发挥着独特而重要的作用。

图 6-58　越南乐器商店中的竹乐器（张耀军摄）

1. 喃哆喝与笙篮箩

喃哆喝与笙篮箩是流行于中越壮、岱族地区广大农村的一对古老民间乐器，其中尤以广西防城及越南广宁一带的偏远地区更为盛行。平时男人多吹喃哆喝，女人则喜欢吹笙篮箩。

喃哆喝与笙篮箩均是单簧的竹制乐器，不同的是前者横吹，后者竖吹。这两种乐器"相传源于'笙球'（一种孩童玩的禾秆笛）。喃哆喝构造较为简单，分管身和卷筒（喇叭口）两部分。管身用篓竹制作，一端有竹节封闭；近节端削薄，开一簧片，靠另一端削出一段平面，开两个音孔。卷筒用簕古叶或冬叶卷制，状如喇叭，也有近牛角状

图 6-59 桂南舞台上的喃哆喝（继日提供）

的……笙篮箩是女人吹的乐器（竖吹），较前者小，长约 36 厘米，筷子粗细，无卷筒。笙篮箩多开一个中孔，作色彩颤音用"[82]。喃哆喝与笙篮箩都是草根乐器，制作简单，平时上山放牧、砍柴都可砍一根竹子制作，并随意吹奏，甚至有的地方男女青年通过吹奏的"乐语"来相互倾诉恋情。年节及婚嫁时也多有吹奏取乐，秋收季节更会到处响起悠扬的喃哆喝声。

2. 竹筒琴

图 6-60 岱族竹筒琴（太原博物馆）

竹筒琴是中越壮、岱族古老的竹制打击弦鸣乐器，有的地方称"竹铜鼓"。明代王圻《三才图会·器用三卷》载："竹铜鼓，截大竹为之，长可三四尺，即剡其体为两弦，欲鼓之，则以柱支其弦，叩作铜鼓之声。"[83] 竹筒琴用一节长约 50 厘米的较粗毛竹筒制作，琴筒一端或两端留节，在竹筒中间剡起竹皮细丝数条为琴弦，用竹篾将其箍紧，以使不易剥离筒体。两弦的中段嵌入一小块木板条为"桥"，以便击奏时引起共振。"桥"下竹筒上开有一个圆形小音孔，顶端还开有一个椭圆形按音孔。竹筒琴演奏的方式各地略有不同，越南北方少数民族竹筒琴演奏的姿势很有特点，"有竹节的一端顶在腹部，斜切面顶在树桩上，右手持竹条击低音片和右侧琴身，辅以左手拨四根弦弹奏简单的旋律，用于独奏自娱"[84]。而广西边境地区壮族竹筒琴的演奏多为节奏性地拍击，主要用于群众歌舞时的伴奏。

3. 竹笛

中越边界壮、岱族地区民间的竹制乐器还有竹笛，竹笛是世界上许多民族都拥有的一种古老乐器，由于其乐声悠扬、制作简单、携带方便，成为中越壮、岱各族男女老少皆宜的乐器，也是青年男女交往活动中少不了的娱乐器具。竹笛在壮语称为"奴"，外人称之为"壮笛"；岱、侬族也称其为"奴"，但由于竹笛是一个越南全境几乎都有的竹乐器，因而现在大多按越语称为"哨嚷"。壮、岱族竹笛是没有笛膜孔的，因此，其音色特点更为突出。竹

图 6-61 广西隆林壮人吹奏双管笛（农敏坚提供）

笛在中越边境地区到处可见，在春光明媚的三月三歌节，在月明星稀的夜色竹林，在景色优美的泉边溪旁，在火塘明亮的干栏屋中，无处不响起悠扬舒展的竹韵笛声，勾画出一幅幅恬静的乡间水墨。乐声吹奏出农人的喜悦，也传递着窈窈的情意。每当夜幕降临，三五成群的小伙子就会结伴到别的村寨去串门结友，他们吹响竹笛，唱起情歌，以悠悠乐声去打动姑娘的心扉，在愉悦的气氛中物色意中人，这时竹笛成了小伙子与姑娘定情的信物。

（五）合奏乐俗

两地民间的乐俗，更多地表现为活跃在广大乡村年节喜庆、婚丧嫁娶以及迎神庙会中的乡间乐队。广西壮族地区农村的乡间乐队称为"壮族八音"，以唢呐为主奏乐器，另加竹笛、马骨胡、二胡、二

图 6-62 广西隆林壮族八音（农敏坚提供）

弦、小鼓、小锣等共 8 件乐器组成，有的地方又称"八仙鼓"。作为民间民俗活动助兴的一种吹打乐，"壮族八音"的曲牌很多，曲式结构单纯，旋律篇幅不长，多为不断反复演奏。曲调常用五音阶宫调式、徵调式、羽调式，以及部分的商调式，地方特色突出，民族风格鲜明。"壮族八音"流行于中越边境的广大壮族地区，每个村寨几乎都组织有八音班，他们常常串村走寨，为乡村百姓喜庆日子助兴，深受广大群众喜爱。

在越南北方岱、侬各族传统的民间乐器中，经常组合成乐队进行演奏，同时还与民间舞蹈结合在一起，形成乐舞同步的娱乐方式。民间乐队在乡村百姓日常生活及各种民俗活动中发挥重要作用，农村举办婚嫁、祝寿、乔迁、迎宾等喜庆活动时都请民间乐队吹奏，甚至在一些葬丧仪式上也奏乐。"岱人的丧葬合奏乐有一把二胡（eua），两件双簧管乐器（pile），两个母鼓（coong luong）"[85]，岱、侬族群有的地方丧葬奏乐也使用铜鼓，沉重的铜鼓声表达着人们对逝者的尊重与追忆。现在也有的乡村乐队加进了外来的乐器，如"独弦琴、十六弦筝、二胡、月琴、三弦、横笛、唢呐、海螺、锣（包括 30 个为一套的锣）、木鱼、铃、德啷琴（又名竹琴）以及大鼓、小鼓等"[86]。这种由当地艺术家有创意的乐队编制组合，突出了乡土味，又融进了现代音乐元素，成为体现当今地方民族新特色的文化代表。

图 6-63 壮族民间铜锣乐器合奏（百色博物馆）

<h1 style="text-align:center">第四节　戏俗</h1>

　　戏剧是人类艺术文化的一个种类，古代的祭祀性歌舞是戏剧艺术的产生源头。在周代，宫廷的仪式性歌舞已有模仿性的戏剧因素，到了唐代，已发展成对人物的模拟及有较完整的故事情节的小型歌舞戏，但在民间，原始的戏剧仍然是各种祭祀活动及庙会中的表演形式，具有浓重的祭祀性，只是在后来的发展中，迎合仪式活动的需要，逐渐融进了一些吸引观众的情节，使这种原始的祭祀表演形式最终分离出来，成为一种民间戏剧艺术。中越壮、岱族地区的民间戏剧多样，常见的有傩戏、木偶戏及说唱曲艺等。下面就傩戏和傀偏戏进行阐述。

（一）傩戏

　　中越壮、岱族地区最早的戏剧是傩戏，古越人的傩戏有着悠久的历史，源于原始社会先民图腾崇拜的傩祭，起初只是族群祭祀时巫师的手舞足蹈，后来形成了一种固定的用以驱鬼逐疫的祭祀仪式，并且逐渐融入一些有观赏性质的动作，先秦时期就有既娱神又娱人的巫歌傩舞。中国南方的西瓯、骆越地区的傩戏，起初主要是各原生宗教法事道场中为驱邪纳吉、祈求平安的肢体舞蹈，明末清初时期，地方傩舞蓬勃发展，吸取了民间戏曲形式的艺术表现，加入了一些情节，逐渐发展成为一种戏剧样式，这就是傩戏。傩戏在广西壮族地区主要是师公戏，关于广西师公、师公戏各地县志与古人的著述中都有所记载，《岭外代答》载：在广西，北宋年间"桂林傩队自承平时名闻京师。曰：'静江诸军傩。'而所在坊巷村落，又自有'百姓傩'。严身之具甚饰，进退言语，咸有可观。视中州装队仗似优也。推其所以然，盖桂人善制戏面，佳者，一直万钱，他州贵之如

图6-64　河内博物馆展出的岱族傩面具（张耀军摄）

此，宜其闻矣。"[87] 清嘉庆七年（1802年）《临桂县志》载："今乡人傩，率于十月，用巫者为之跳神，其神数十辈，以令公（指李靖）为最贵，戴假面，著衣甲，婆婆而舞，枪仵而歌，为迎送神祠，具有楚祠之遗。"同治十三年（1874年）《苍梧县志》载："十月，……城乡神祠，建醮作戏剧，杂以巫讴，略与古傩礼相仿。"[88]

　　师公戏作为一种广泛流传于广西农村地区的民间戏剧，在广西戏剧史上具有重要地位，直至今天，在壮族聚居的一些地区仍然流传着师公戏。据专家考证，广西上林大明山是古骆越文化的发祥地，这里的师公宗教活动异常活跃，因此，师公戏在当地非常盛行，地方志早有记载。康熙乙酉年（1705年）《上林县志》载："或遇疾病，不服医药，辄延鬼师歌舞祈祷，谓之跳鬼。"[89] 由此可见，上林200多年前就盛行师公教，在师公（巫师）跳神的基础上发展起来的师公戏，也有超过100多年的历史。这个民间艺术的发展过程，体现了从师公教到师公舞，最后发展为师公戏的演变过程。由于现代社会文化

的发展，师公戏逐渐脱离宗教，由请神驱鬼和消灾祈福变为自娱娱人，形成了原生戏剧的雏形，演出的内容也转向表现人物传奇。通过对古典小说、历史故事及民间传说的改编，演出脚本逐渐趋专业性，形成了将独特的肢体表演、传统的巫调唱腔，以及富于节奏的方言道白相结合的艺术特征。另外，"上林壮族师公戏的另一个特点，就是以木制面具代替化妆。所戴面具多是诸神形象，酬什么神戴什么面具，如玉女娘、土地公、土地婆、特兴、特凸、猴神、雷神、农婆等，大都是驱鬼镇妖之神"。[90]

图6-65 广西壮族师公戏（农敏坚摄）

过去，师公戏所唱所跳大多配合祭祀、酬神而演出，主要为地方宗教中的神话传说题材，如《北帝》《雷王》《莫一大王》《花婆》《甘王》《四值公曹》等。随着师公戏的世俗化，一些在当地广泛流传的民间故事，如《银伦太子》《白马姑娘》《达架》《百鸟衣》等，都被改编为师公戏演出。后来一些家庭伦理、婚恋嫁娶、生老病死等民间俗事，也成为师公戏的演出内容。师公戏采用方言土语演唱，大量通俗的、富有生活特色的本地语言，以及广大民众耳熟能详的熟语在其中比比皆是，如"以为你是沉香木，谁知原是水流柴"等，浓郁的乡间泥土气息扑面而来，成为当地最具代表性的民间艺术种类。

壮族师公戏还有不少的传统习俗，如师公都要把自己投拜的师傅称为"父亲"，师傅过世后，都要在自家堂屋祖先神龛的右边安设师傅神位，年到节引，或每月初一、十五，都要烧香祭拜。师公戏开台前都要祭戏神，师公班的戏神祭拜，既有对祖师爷的敬奉，也有祈求神灵护佑戏场平安，避免灾祸降临之意。

越南北方岱、侬族民间长期信奉麽、巫、天、道等原始宗教，其发展过程与广西壮族基本一致，特别是边境一带的地区，伴随着民间宗教祭祀活动而产生的巫舞，后来也发展为有故事情节表演的傩戏，在当地民众的文化生活中发挥着宣传民间宗教教义、传播民族民间文化的作用。

图6-66 广西靖西的木偶造型（陈家友摄）

太原省民族博物馆以丰富多彩的视频、图片、实物资料，真实地还原了该地区过去及当前仍存在的民间原始宗教活动，其中也有不少傩戏表演的情景，充分展示了岱、侬族群民间宗教与乡土艺术融合的社会文化。近些年由于网络媒体发展迅速，村民收看电视节目非常方便，因此，傩戏班也很少有演出活动，只是在一些传统的民间节日中才受邀演出经典的傩戏剧目。

（二）傀儡戏

傀儡戏，是借木偶等傀儡形象进行表演的一种民间戏剧类型，它最早是在宗教仪式过程由神职人员以木偶为神灵化身而进行的象征性表演。在中国的许多文化遗址出土文物中，都有傀儡戏道具的重要发现。最早的傀儡偶文物，是1980年在山东省莱西岱墅西汉墓穴遗址中，出土的殉葬"俑"。关于傀儡戏的起源，有学者认为起于古人丧葬仪式中的表演，在丧礼中有驱除邪煞的重要功能。《旧唐书·音乐志》记载：傀儡"本丧家乐，汉末始用之于嘉会"。[91]可见傀儡戏原为民间丧葬仪式之一，后来

才逐渐出现在其他欢宴酒会场合中。东汉应劭《风俗通》载："时京师宾婚嘉会，皆作魁儡，酒酣之后，续以挽歌。"[92] 说明了最晚在春秋战国时代，已出现了木偶戏的表演，尽管如此，傀儡在过去漫长的历史时期中，一直与地方的宗教活动如影随形，联系非常密切。至今，木偶戏同其他剧种的表演特征区别在于其仍然存在着一定的神巫色彩。

图 6-67 龙州壮族木偶唱本（陈家友摄）

广西靖西、德保、那坡、大新一带，有一种提线木偶戏在民间非常流行，在演戏中操纵木偶者多以"呀哈嗨"为每句唱词的衬腔，因此在当地也称"呀哈嗨"戏。该地区明朝之前为地方土司世袭的领地，明代中后期，朝廷为了加强对西南少数民族聚居地区的统治，实行了"改土归流"，废除了土司制，实行朝廷派任官员，加快了中原汉族文化进入边陲少数民族地区的步伐，其中，不乏各种民间艺术形式，靖西的木偶戏原型也是从那时开始传入的。明末清初，"流官进入归顺（靖西）后，随员曾带入汉族的提线木偶戏。当地壮族民间艺人受到启发，结合当地壮族群众中流传的说唱调——'末伦'来唱木偶戏，深受群众喜爱，很快得到发展。木偶的制作，用竹节制成，或以木头雕成人的形状，无手脚，头颈可活动，套上古装长袖成臂，垂裙当脚，用绳牵住，提拉可做出手脚动作。木偶一般有拳头大小，高 30 厘米左右。演木偶戏时，由演者一个人边提拉线边用壮话说唱"。[93]

图 6-68 靖西壮族提线木偶（靖西博物馆）

靖西化峒镇的提线木偶在当地是比较出名的，从一些现有木偶戏班保存的木偶、剧本来看，戏班的历史甚至可追溯到 200 多年前，有非常高的历史、艺术研究价值。这一带木偶戏班的传统剧目非常丰富，有当地的民间故事，但更多的是取材于传统的传说。化峒镇的木偶戏最初时仅仅是使用当地的"末伦"调来借偶说唱，甚至没有固定的剧本，木偶操纵者根据自己的记忆和表演风格随编随唱，用"呀哈嗨"的衬词烘托气氛，并贯穿于整个表演过程。这种木偶戏有的只是简单的锣鼓伴奏，有的使用了壮族传统乐队，以壮族乐器马骨胡为木偶戏的主奏乐器，外加二胡、三弦、箫及小鼓、木鱼等。"随着木偶戏的进一步发展，唱腔唱词逐渐融入当地壮族民歌的调式和诗韵格律，在'末伦'的基础上形成《平板》《采花调》《叹调》等曲调，属板腔体和联曲体相结合的唱腔调式。唱词也出现腰脚韵（第一句的末音与第二句中间一字押韵，又与第二句的末字押韵，如此循环），造句结构严谨，别具一格。"[94]

越南高平一带有一个侬族的分支叫"归顺侬"，意指其祖上是从中国广西归顺（今靖西）迁徙过来的，受祖宗故土遗传文化的影响，这个族群一些地方也有木偶戏，许多戏班也保留了古老的唱本，但经过长时期的文化变异，其木偶操作结构大多不采用拉线，而是以一根主杆支撑整个木偶，两根辅杆操作双臂的活动，与广西桂东南的杖头木偶十分相似。木偶造型也更加简单，有的甚至只用竹节刻制

成人的形状，或以竹篾编成，再涂上油彩，描上五官，然后套上头饰与衣服。其唱腔唱词也融入不少当地侬族民歌的音调与诗韵格律，非常动听。两地的木偶表演也有一些传统的习俗，如木偶戏台的搭建一般必须面向土地庙，这样为的是方便土地神看戏，以求得到神灵的庇护。"每次演出前，戏师总是在自己的座凳及乐器锣上面贴上咒符，以此避免表演过程中可能出现内急、锣被敲烂等现象；木偶戏演出时，戏师总在后台设老郎祖师牌位并香火供奉，于开演前夕到牌位前跪拜，以求保佑；平日里，戏师若要出远门，总会烧上一炷香，恳请祖师老郎替自己看管好'孩子'（木偶戏子）；木偶戏师与道公、巫婆相遇时，总是被道公和巫婆尊为老师，且受拜颂之礼；戏师去世时，须将一偶人与之陪葬。"[95]

图 6-69　岱族木偶戏师傅（太原博物馆）

20世纪中叶，中越两国都曾经历了动荡，许多民间文化艺术遭受摧残，两地的木偶戏也难逃其劫，20世纪末，各种民间艺术才逐渐恢复，但已今非昔比，当前木偶戏班寥寥无几，从业的艺人都是上了年纪的老者，加上如今网络通信发达，民众精神文化有了更多的选择，木偶戏的观众队伍大大萎缩，青年无人学艺，木偶戏处于后继无人的状态。每次演出多为老年人及小孩观看，戏班入不敷出，难以为继，尽管地方政府均采取了不少的扶持政策，然而"青山留不住，毕竟东流去"。两地民间的木偶戏只能在惨淡的经营中走向未来。

[1][17][18][22][38] 苏玉清，范宏贵 . 越南操岱泰语各族的音乐 [J]. 民族艺术，1996（1）：206-210.

[2] 马祖熙，姜亮夫，夏传才，等 . 先秦诗鉴赏辞典 [M]. 上海：上海辞书出版社，1997：961.

[3] 乐史 . 太平寰宇记 [M]. 北京：中华书局，2013.

[4][20] 邝露 . 赤雅（卷一）[M]. 北京：中华书局，1995.

[5] 赵翼，姚元之 . 檐曝杂记 竹叶亭杂记 [M]. 北京：中华书局，1982.

[6] 桂平县志编纂委员会 . 桂平县志 [M]. 南宁：广西人民出版社，1991.

[7] 黄大受 . 上思县志 [M]. 南宁：南宁达时印务局，1915.

[8] 叶茂茎 . 龙州县志 [M]. 崇左：龙州县政府，1936.

[9] 何其英，谢嗣农 . 柳城县志 [M]. 铅印本 . 台北：成文出版社，1940.

[10][13][14][15][25][29][31] 赵明龙 . 中越壮、岱族群歌圩民俗文化及其保护与开发 [J]. 广西师范学院学报，2011（7）：12 -18.

[11]高春育.大南一统志[M].顺化：阮朝国史馆，1909（越南阮朝维新三年）.

[12][55]黄友平，黄闭，陆冬梅.越南岱依族、侬族的宗教信仰[J].东南亚纵横，2003（10）：46-51.

[16][23]戈梅娜.浅谈壮族传统社会"倚歌择偶"习俗[J].文山学院学报，2014（5）：26.

[19][70]刘锡蕃.岭表纪蛮[M].北京：商务印书馆，1934.

[21]陈丽琴.民俗视野中的广西那坡壮族民歌[J].广西民族研究，2011（3）：83-88.

[24][26]陆晓芹.歌唱传统的田野研究[J].民族艺术，2007（2）：49-57.

[27][34]越南社会科学委员会民族学研究所.越南北方少数民族[M].范宏贵，孟维仁，徐泉英，等，译.南宁：广西民族学院民族研究所，1986.

[28][47][54][63]周去非.岭外代答校注[M].杨武泉，校注.北京：中华书局，1999.

[30]刘小林.广西少数民族婚姻习俗的文化透视[J].广西师范大学学报（哲学社会科学版），2004（1）：157.

[32]王济.君子堂日询手镜[M].北京：中华书局，2004.

[33]朱宁虹.探游神秘风情[M].北京：军事谊文出版社，2007.

[35]陈盼.越南北部音乐田野考察综述[J].歌海，2013（9）：11.

[36]吴盛枝.越南高栏民歌与壮族文化的传承认同[J].河池学院学报，2007（2）：90.

[37][39]方鹏.高栏民歌[M].河内：河内文化出版社，1981.

[40]黄玲.中越跨境民族神话叙事及其文化功能[J].北京：百色学院学报，2011（5）：74.

[41]曾运乾.尚书正读[M].北京：中华书局，2015.

[42]张双棣，张万彬，殷国光，等.吕氏春秋[M].北京：中华书局，2016.

[43]陈荆和.大越史记全书[M].东京：东京大学东洋文化研究所东洋学文献刊行委员会，1984：233.

[44]广西壮族自治区编辑组，《中国少数民族社会历史调查资料丛刊》修订编辑委员会.广西壮族社会历史调查（七）[M].北京：民族出版社，2009.

[45]杨畅.广西龙州花凤舞研究[D].南宁：广西民族大学，2013.

[46][65]商璧，潘博.岭表录异校补[M].南宁：广西民族出版社，1988.

[48]张利群，黄小明.论壮族舞蹈的文化蕴涵[J].民族艺术，1996（3）：149-157.

[49]刘昫.旧唐书[M].北京：中华书局，1975.

[50]曹学佺.蜀中广记[M].杨世文，校点.上海：上海古籍出版社，2020.

[51]钱以垲.岭海见闻.黎岐纪闻[M].广州：广东高等教育出版社，1992.

[52]蒋廷瑜.铜鼓研究一世纪[J].民族研究，2000（1）：25.

[53]朱辅.溪蛮丛笑[M].抄本.[出版地不详]：[出版者不详]，1782（清乾隆四十七年）.

[56]覃彩銮.壮族舞蹈文化研究[J].民族艺术，1997（3）：123-136.

[57]罗长山.越南几种传统艺术形式[J].民族艺术，1992（9）：94-95.

[58]钱古训.百夷传校注[M].江应梁，校注.昆明：云南人民出版社，1980.

[59]纪兰慰.南方少数民族的丧葬习俗与丧葬舞蹈[J].中央民族大学学报，1997（3）：17-23.

[60]范晔.后汉书[M].李贤，注.北京：中华书局，2012.

[61]裴渊.广州记[M]//周广.广东考古辑要.刻本.[出版地不详]：还读书屋，1893（清光绪十九年）.

[62] 魏收 . 魏书（全 8 册）[M]. 北京：中华书局，1974.

[64] 文新，阮灵，黄兴，等 . 雄王时代 [M]. 梁红奋，梁志明，译校 . 昆明：云南省历史研究所，1981：169.

[66] 欧阳修，宋祁 . 新唐书 [M]. 上海：中华书局，1975.

[67] 周汝昌，缪钺，叶嘉莹，等 . 唐宋词鉴赏辞典（唐·五代·北宋卷）[M]. 上海：上海辞书出版社，1988.

[68] 苏沙宁 . 壮族铜鼓及其音乐艺术的历史与现状思考 [J]. 艺术探索，1997（12）：200-207.

[69] 罗伯特·海涅·革尔登 . 后印度最古金属鼓的来历及意义 [M]// 中国古代铜鼓研究会，广西壮族自治区博物馆，云南省博物馆 . 铜鼓资料选译（五）. 南宁：中国古代铜鼓研究会，1983.

[71] 宁明县志编纂委员会 . 宁明县志 [M]. 北京：中央民族学院出版社，1988：679.

[72] 何明智，黄柳菱 . 桂越边境壮族天琴和祭天仪式探析 [J]. 贺州学院学报，2012（12）：35.

[73][75] 李亚楠，胡馨怡 . 越南天琴探微 [J]. 大众文艺，2009（5）：189.

[74] 黄新宇 . 从天琴形制的三个发展阶段看族群文化传播 [J]. 四川民族学院学报，2012（12）：22.

[76] 黎珏辰 . 龙州天琴艺术与越北天琴艺术之内在关系考察 [J]. 经济与社会发展，2012（2）:103.

[77] 韦福安 . 布傣天琴原生文化的跨国界传承认同 [J]. 广西社会科学，2013（6）:151.

[78] 杨然 . 略论越南北方少数民族文化 [J]. 东南亚纵横，2007（12）：48.

[79] 李平 . 壮族的骄子 [J]. 音乐艺术，1987（10）：133.

[80] 黄新宇，雷日朗 . 广西龙州布傣啵咧艺术的社会功能 [J]. 广西民族师范学院学报，2011（5）:36.

[81] 雷日朗 . 广西龙州县金龙镇壮族啵咧艺术研究 [D]. 南宁：广西民族大学，2011.

[82] 廖锦雷 . 壮族民间乐器喃哆喝 [J]. 人民音乐，1986（3）：23.

[83] 柯琳 . 贵州少数民族乐器 100 种 [M]. 北京：中国文联出版公司，1995.

[84] 高嫚 . 中国南方少数民族竹制乐器与越南各民族竹制乐器比较研究 [J]. 广西艺术学院，2012.

[85][86] 苏玉清，范宏贵 . 越南操岱泰语各族的音乐 [J]. 民族艺术，1996（1）：206-210.

[87][88] 丁世博，陈丽梅 . 从传统剧目看傩与师公戏的渊源关系 [J]. 民族艺术，1992（4）：35.

[89][90] 罗红流 . 民俗视野中的上林壮族师公戏 [D]. 南宁：广西民族大学，2010（5）：16.

[91] 刘昫 . 旧唐书 [M]. 刻本 .[出版地不详]：岭南陈氏葄古堂，1869（同治八年）.

[92] 应劭 . 风俗通义 [M]. 无锡州学刻本 . 无锡：[出版者不详]，1305（元大德九年）.

[93][94] 吴国富，范宏贵，谈琪，等 . 靖西壮族社会文化的人类学考察 [J]. 广西民族学院学报，1997（12）：137-229.

[95] 黄鹏，凌春辉 . 壮族提线木偶戏的民俗特征 [J]. 经济与社会发展，2006（5）：165.

第七章
壮族与岱、侬族群的
生活美化习俗

- 剪画习俗
- 年画艺术
- 锦画艺术
- 石雕习俗
- 壁画壁雕习俗

　　民间生活美化习俗，是指人们在长期的社会发展中，用各种乡土造型艺术美化自己生活的习俗。它直接产生于民间，把民众对生活的美好愿望通过装饰、美化环境而表达出来，民间这些生活美化的习俗，也反映了地方的传统宗教信仰、沿袭的意识形态，以及特有的审美情操，这些生活美化习俗一代又一代在民间传承，也在不断地创新与发展，促使具有地方特色的族群审美文化的形成。

　　在中越壮、岱、侬族长期的社会生活中，产生了各种各样的民间美术形式，这些直接来源于群众当中的艺术形式，与民俗活动关系极为密切，如在民间的年节庆典、迎神庙会、婚丧嫁娶、生子祝寿、农事活动中，各种年画、剪纸、花灯、扎纸、符道、神像、服饰、泥塑、石雕、竹艺、藤艺等，这些民间艺术作品取材于日常生活中的竹、藤、木、布、石、纸、泥等，其构思奇特、巧妙，制作技巧令人叹为现止，表达了鲜明的民族艺术特点与地域文化特征，体现了壮、岱、侬族各地的审美情趣意识。

第一节　剪画习俗

剪画俗称剪纸，是用剪刀将纸剪成窗花、门笺、墙花、顶棚花、灯花等各种各样图案的一种民间艺术形式。剪纸在民间有比较悠久的历史，它同各地乡村节日的民间风俗有着密切关系，由于剪纸艺术的造型具有非常浓郁的装饰性与乡土性，因此，人们在逢年过节或婚嫁祝寿等喜庆活动时，都喜欢在家中墙壁、大门、灯笼、家具或礼品上，贴上用彩纸剪成的各种图案，使环境增添更为欢乐喜庆的气氛。中越壮、岱、侬族群各地民间都有非常丰富的剪纸艺术，其形式多样，寓意很广，多为如意吉祥、迎神避邪、多子多福、人寿年丰等内容，剪纸艺术美化了民间生活环境，体现了民族传统文化与地方审美情趣。

图7-1　街头壮族剪纸艺人（陈家友摄）

剪纸艺术主要是根据所要刻画或表现的形象，通过在纸上镂空与剪刻，使其极为生动地呈现在纸上。中越壮、岱、侬族地区民间剪纸技法十分丰富，当地民众在自己的生活实践中，创造了多彩的剪纸艺术，特别是剪刻、镂空等主要技法更具地方特色。红色是剪纸最常用的纸色，也有褐、黑、黄、白等颜色，其形象有人物、动物、植物、山水、天体、建筑等现实的形象，也有天宫、地狱、神鬼、龙、凤、麒麟等虚构的形象。其装饰风格原始、古朴，多以写实纹饰为主，也偶有抽象纹饰。由于剪纸制作的工具比较简单，所用的材料价格低廉，同时在制作技术上简便并易于掌握，极易在民间百姓中传播，因而，这一古老的艺术形式深受中越壮、岱、侬族地区历代民众的喜爱。

图7-2　靖西壮族老妇在剪纸（陈家友摄）

剪纸长期流行于民间，是地方民间文化的物化表现，它综合了当地社会生产、生活习俗、意识形态、宗教信仰等诸多因素，形成了一种具有地方人文与审美内涵的艺术种类。中越边境壮、岱族民间剪纸的艺术风格比较接近，简练、拙朴、具象是其主要艺术特点。剪纸多为家中墙壁、门窗、房柱、镜子、灯和灯笼上的装饰，或民间婚嫁贴于婚庆用物品上的图案。主要有荷花、木棉、兰花、芍药等花草纹样，还有蝶、鸡、鸭、马、牛、羊、鸳鸯、蝙蝠等动物纹样，以及山、水、火、云等自然景象纹样。剪纸通过寓意、谐音、象征等表现手法，将人、物等自然形态进行提炼、概括，使其构成装饰性很强烈的图案，去美化生活环境。在中越边境，壮、岱族民众在服装、织锦、背带、花帽、花鞋等生活用品中，都有剪纸特色的饰品，体现了传统的地方特色，充满了浓郁的生活情调。

古代百越民族及其后裔大多为多神信仰，在长期的社会生活中，不少地方民间宗教活动还使用一

种特殊的剪纸作为法符。广西边陲靖西市，是壮族聚居之地，民族传统文化非常丰富，民间传统巫术活动至今仍在盛行。在巫师的法事活动中，往往使用各种剪纸作为法符，这种法符的形式与寓意是多种多样的，有消灾除病、延绵子嗣、升官发财、多子多福等类型，这些法符剪纸在巫师作法过程中有的粘贴，有的插挂，有的摆放，但更多的是焚烧。"靖西民间请巫师或巫婆做仪式，在仪式上焚烧和粘贴剪纸，都是出于民众自身现实生活的实际需要来做的。都具有典型的功利目的。"[1]靖西巫符剪纸蕴含着不少的可读取信息，通过对这些信息内容的解读，可以感受到民间法事仪式的相关内容与祈求指向。在壮族民众的传统思想观念中，"桥"有着非常特殊的含义，人们相信人的生命中有各种各样的"桥"。妇女在怀孕时为了祈求腹中胎儿平安成长会请巫师架一座"花桥"，"花桥"实际上是用红纸剪出来的长方形图案，上面有踩着三道杠的成托举状的三个小人，小人的头顶上是两个灯笼，再往上是三个葫芦。三道杠象征着人生的桥，桥下是两朵花，花的两边有

图7-3　岱族民间剪纸（谅山博物馆）

对称的水果、五谷、酒杯、碗筷等物，这种"花桥"剪纸的含义是："顶上的葫芦表示小孩仍然孕育其中，并未出世，其下的灯笼寓意小孩的前程光明，三个并排的小人为元神，左天右地，中间为人，象征神灵的庇佑，元神下的三条杠表示桥，示意小孩未来将跨过各种各样的桥。两翼的内容可解读为：小孩开花结果，落地后开始谋生，不愁吃不愁喝，还能找到和自己一心一意的伴侣。剪纸下端的花朵是生殖繁衍的象征，也是剪纸'花桥'名字的由来。"[2]小孩出生时需要架一座"人生桥"，当人有难时架"解难桥"，老人祝寿时架"老人桥"，人去世时架"奈何桥"。各种剪纸在民间巫事仪式中成为一种法符，反映了壮人原始拜神信仰的传统民俗，也体现了在这些民俗中所产生的民间艺术。

越南岱、侬族民间的剪纸也与当地的民俗活动有着十分密切的联系，历史上，由于越南北部边境地区交通闭塞，生产水平落后，人们对自然界产生了畏惧和神秘感，"巫蛊文化"在这些地区比较盛行，岱、侬等民族的民间巫术也多用剪纸为通神媒介。在法事仪式中，神职人员往往用纸剪成各种各样的人、物形象，作为一种祭祀的装饰供品，这些剪纸一般在祭拜后烧掉，丧葬时也随同死者一起下葬。这时，剪纸已经成为具有一定神秘性与鼓惑性的法力载体，这种剪纸形式有的意指人魂的人形，有的意指神鬼的人形，各种动物形及几何纹形都有一定的含义。在纸张色调上，人多为红色，也是指阳间的生灵；鬼则为白色，也是指阴间的阴魂，这就是巫剪纸。各

图7-4　壮族巫婆剪纸画符（农敏坚提供）

地巫师使用巫剪纸有不同的施法方式，"有在人形图像剪纸的头部用香烛烧三个倒'品'字形的小孔，也有在剪纸上画眼睛，表示剪纸已获得了'巫'的神力，可任受巫师的驱使和派遣。在施法仪式中，要按照巫师的旨意焚烧相应的仪式剪纸，再把剩下的仪式剪纸或贴在家里的神龛两侧，也有拿到外面的土地庙里粘贴"[3]。

"祈子"同样是越北岱、侬族巫师经常举行的仪式活动，多在婚仪和年俗中进行。"祈子"仪式中的剪纸有花婆神、求子符、荷花莲子、七子团圆等，各种图案往往有不同的寓意，如男阳多为云头图

案，女阴为菱形孔或莲花图案，意喻多子多福为葫芦、石榴、葡萄等图案，表现人们祈求繁衍旺盛心愿，是祈子剪纸的主要内容，祈子剪纸有祈花符、求育符、花桥、保胎解厄符、护魂过桥符等，不同的仪式使用不同的剪纸。

图7-5 越南岱族的剪纸挂符（太原博物馆）

由于长期受汉文化的影响，岱、侬族人将各种不同含义的动物花卉组合，构成民间剪纸图案，表达喜庆欢乐、接福迎祥的愿望。如"鸡"与"吉"谐音，"羊"与"祥"谐音，那么鸡羊组合的剪纸便寓意"吉祥"；"莲花结籽"的剪纸寓意"连生贵子"；"喜鹊"取其"喜"，"梅花"取其谐音"眉"，喜鹊梅花组合则寓意"喜上眉梢"。在民间节庆中，还有平安、招财、添寿、添丁等寓意的剪纸，寄托了人们求平安吉祥，求发家致富，求延年益寿，求人丁兴旺的愿望。

图7-6 壮族婚事剪纸（陈家友摄）

第二节　年画习俗

　　年画在中国历史悠久，古人在家中贴吉祥物以驱邪纳吉，汉代民间已有在门上贴神荼、郁垒神像的习俗，汉代蔡邕《独断》载："神荼、郁垒而身居其门，主阅领诸鬼，其恶害之鬼，执以苇索，食虎。

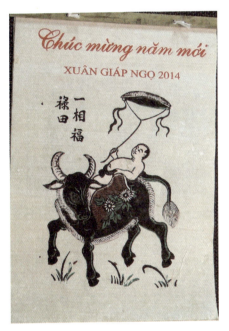

图7-7　越南北方民间年画（太原博物馆）

故十二月岁竟，常以先腊之夜逐除之也。乃画荼、垒并悬苇索于门户，以御凶也。"东汉末年的《风俗通义·祭典》也载："于是县官常以腊除夕，饰桃人，垂苇茭，画虎于门，皆追效前事冀以卫凶也。"[4]门神习俗反映了古人避凶纳吉的心灵慰藉和崇拜自然吉祥物的精神信仰。年画中起初大多是桃符、苇索、金鸡、神虎等自然吉祥物，后来逐渐转为民间传说中神荼、郁垒、钟馗、天师、东方朔等神明，以及神化了的历史武将，如关羽、赵云、尉迟恭、秦叔宝等。

　　在年画中，还有年节时张贴在家中的风俗画，这些风俗画往往寓意吉祥如意，象征幸福美满，是农村村民非常喜爱的绘画形式。年画的题材很广泛，大多与迎春接福、驱邪纳吉的内容有关，也有反映普通民间百姓生活的题材。由于年画的通俗性、装饰性、美化性及增加节日喜庆气氛的民间风俗特征，因此，为广大城乡民众所喜爱，在长期的社会生活中不断传承、创新。

　　受汉族文化的影响，壮、岱族地区春节等传统节日也较早在家居中贴挂门神与年画。广西靖西、龙州一带历史上曾经有过生产年画的作坊，给当地及毗邻的越南边民提供年画货源。这些画坊具有地方民族文化的特色，主要表现在画面线条单纯、色彩明快，并有不少壮族文化元素融入其中。年画内容主要有如下几种：一是民间的传统吉祥物，如瑞兽祥禽中的龙、凤、鹤、龟、狮、虎、鹿、蛙等，花草树木中的莲、兰、松、竹等，以及虚构物等；二是世俗生活中的内容，如农耕劳作中的春牛、岁朝、嘉穗、收成等，日常生活中的戏婴、合家、观灯等；三是符像吉祥物，如神像、神符、摇钱树、聚宝盆等，神像年画张贴或悬挂在家中的龛位，并接受日常的香火祭拜。民间都相信"符"能辟邪镇宅，因此"同安符""八卦符"等法符在作法事时存留下来，在年节时张贴，意喻着一种"神祇护宅"的祈求。壮、岱族民间年画丰富多彩、通俗易懂、雅俗共赏，通过夸张、象征、隐喻等手法，以及斑斓多姿的画面，表达民间迎春接福、人瑞年丰的习俗主题。

图7-8　广西大新壮族人家的门神（陈家友摄）

民间年画反映了人们欢庆佳节、共祝人寿年丰的愉悦心情，也反映了乡民祈盼幸福吉祥、风调雨顺、丰衣足食、家宅安泰、四季平安的祈求，表现了所在时期的社会意识与民间习俗，同时，宣扬礼教、尊崇忠良、倡导仁义、惩恶扬善也是年画的表现内容，在宣传社会道德，维护公俗良序方面起到了重要作用。

20世纪中叶以后，由于交通物流的逐渐便利，大量质美价廉的年画进入边境市场，地方年画作坊失去竞争能力，纷纷退出市场，许多年画作坊的图片及工艺制作设备只是作为当地博物馆陈列的历史资料。现在中越边境地区的年画市场充斥着大量现代表现形式的年画，但不少的壮、岱族家庭仍然喜欢选择具有传统地方特色的年画，越南北宁省东湖画坊、河内古街画坊生产的传统套色木刻年画在中越边境地区仍比较受欢迎，特别是一些具有中国传统文化元素的年画，如《福禄寿三星图》《老鼠嫁女图》《七童图》《八仙过海图》《天官赐福图》等，成为边民年货选购的热销年画。[5]

图 7-9 越北地区年画（太原博物馆）

图 7-10 太原博物馆展出的年画（陈家友摄）

除了家庭张贴年画，为了彰显地方文化特色，中越边境地区的不少商铺、宾馆、会所、车站、景点等公共场所，在年节期间甚至平时都会张贴年画类型的装饰画，喜气洋洋的画面为公共环境增添了具有地方特色的文化气氛，成为吸引游人、招揽顾客的一种商业文化手段，同时为打造地方文化环境发挥了一定作用。

第三节　锦画习俗

　　锦画是指通过织锦机在锦布上织出的精美的图案画面。壮、岱族传统手工织锦历史非常悠久，秦汉之前，中国南方百越先民已掌握了麻布纺织的技术，当时的原始腰机已能织出质地结实的麻织布。秦汉之后，印染技术已普遍应用，织布工艺进入一个新阶段，机织布已由腰机发展为较先进的织机。虽然起初只有红、黑、白几种简单的颜色，但已是一个里程碑式的飞跃，从原来单一素色的织布，进入彩色的世界，为后来织锦工艺技术的发展奠定了基础。南朝后，随着棉花种植在南方地区的普及，织布由麻线换成了棉线，这种棉丝混纺成的彩布更加美观、实用。20 世纪 70 年代，广西贵县罗泊湾发现并发掘了距今两千多年的汉墓，考古工作者在墓中的陪葬品发现了一些橘红色的回纹锦残片，这些出土物品证实了汉代时期广西已普遍使用织锦技艺。宋代壮族先民自称"僮"，因而僮人的织锦也称"僮锦"，后因"僮"改"壮"，故称"壮锦"。壮锦"采用原色（白色）纱线为经，以五彩线为纬，织绣成各种花纹图案。其

图 7-11　侬族土锦图案（太原博物馆）

纬线有红、蓝、紫、黑、黄色。其色料皆为壮族妇女利用当地的野生植物和矿物中提取，如红色纱线用赤铁矿粉浸染，橘黄色用黄枝子加入红花粉、赤铁矿粉染成，黄色用黄枝子果和槐花染成，蓝色用伏青粉染成，其他颜色以上述几种颜料配剂染成。'凡衣裙巾被之属，莫不取五色绒线杂以织，如花鸟状。'"[6] 壮锦图案丰富多样，但更多为几何形，也有回纹、水纹、云纹、花卉、动物等传统纹样。各种精美的壮锦往往经过精心编织，细腻的织技、多样的图案、斑斓的色彩、古朴沉着的艺术风格，使其被历代地方官员作为贡品进献朝廷。随着壮族织锦技术的不断发展，广西明、清时期，壮族织锦已用多色绒线来编织，并且成了普通百姓家庭的装饰品。"壮锦各州县出，壮人爱彩，凡衣裙巾被之属，莫不取五色绒杂以织布为花鸟

图 7-12　织锦的壮族妇女（陈家友摄）

状，远观颇工巧炫丽，……壮人贵之。"[7]后来，壮锦逐渐由原来的几何图案，增加了各种体现喜庆、吉祥的动物，如喜鹊、画眉、凤凰等，也有大自然中的花、草、树等植物。壮锦装饰图案的多样，题材的广泛，是壮人丰富多彩民间生活的体现，更加增强了壮锦浓郁的民族文化特色。

广西忻城织锦历史非常久远，其花色、质量也久负盛名，到了清朝时期，已达到鼎盛，县城及乡下遍地是织锦生产作坊。当地妇女大多都会织锦，外地的许多富贵官商都到忻城抢购锦布。清代莫震《忻城竹枝词》云："十月山城灯火明，家家织锦到三更，邻鸡乍唱停梭后，又听砧声杂臼声。"[8]乾隆年间《庆远府志》也有织锦的记载："壮女作土锦以棉为经，以五色绒为纬，纵横绣错，华美而坚。惟忻城、永定花样更佳，做工更巧。"[9]从前壮族人家妇女出嫁都少不了壮锦被面，壮锦被面的数量及质量，成为娘家家况与新娘身价的衡量条件，甚至对新娘今后在夫家及族中的地位有决定性的作用。

同为古越民族后裔的越南岱、侬族群，较早就把织锦技术从广西故土带到了后来生活的越南北方，其织锦工具及织造过程与壮族几乎是一样的，而锦画图案也仍然保留了族源地的传统文化与艺术风格，由于与越族及其他少数民族长期杂居，也难免夹进了不少其他民族的文化元素，

图7-13 绚丽的壮族织锦头饰（农敏坚提供）

体现了多种文化融合的特点。中越壮、岱族民间织锦习俗非常相同，一般作为被面、褥面、背包、挂包、头巾、围裙、台布、服饰花边的面料，以及家中厅堂及住室等装饰使用，姑娘出嫁时，织锦也是不可缺少的陪嫁物。过去编织织锦被认为是岱、侬族妇女必不可少的女红，姑娘长到十二三岁，就要向母亲学习纺纱织锦，不少地方织锦成为农户一种主要的经济收入来源，形成了村村寨寨到处都响起织锦机声的民间习俗奇观。

在越南北方，各种节庆、歌圩、集市上到处可见穿戴和佩挂有织锦图案的妇女，其图案简练生动、

图7-14 用织锦缝做的岱族背带（太原博物馆）

美丽质朴，往往比较注重纹样的镶拼组合，在衣、领、袖、肩部、背部、胸部、裙边镶以各种纹样花边，并辅以挑花、补花、抽纱、刺绣、织锦等工艺。长期以来，岱、侬族及各自的分支在服饰装饰方面是多种多样的，形成了各个族群的服饰风格，成为各自服饰标记的识别，并且这种识别大多都使用了织锦图案来修饰。不少经济殷实的岱、侬族家庭喜欢在家中挂摆各种色彩鲜艳、图案造型奇特的织锦画，在日常生活中，织锦也成为民间馈赠的具有民族特色的珍贵礼品。

第四节　石雕习俗

　　人类石雕文化源远流长，历史悠久，石材质地坚固、经久耐用，很早就成为牢固的建筑材料。同时，石材又以其天然之美，可雕可刻的物质性质，被人们用来装饰自己的生活环境，用石材雕刻各种各样的造型与图案，为房屋、桥梁、墓地、牌坊等建筑进行装饰，各种石雕石刻以其特有的表达方式与艺术特征，向世人显示它独有的文化魅力，使历代石材雕刻所记载的社会生活、远古神话等资料得以长期保存，使不同时代的石质造型艺术传留于世。

图 7-15　越南高平博物馆藏的石刻（陈家友摄）

　　中越壮、岱族地区多为喀斯特地貌及丹霞地貌，丰富的山石资源为历代工匠的石雕石刻提供了品质优良的石材，也形成了历史上该地区民间使用石雕石刻来装饰生活环境的习俗。当然，由于历史上经济发展比较落后，壮、岱族地区住宅多为干栏民居，因此，石雕石刻多在一些公共建筑物中出现，如寺庙、祠堂、山门、牌坊、亭棚等，这些石雕石刻样式有人物、动物、神像、佛像、花鸟虫鱼，也有各种装饰图案纹样，风格古朴，技法粗犷，富有独特的古越遗风，体现了当地的传统文化与民众的审美情趣。特别是一些历史上地位显赫的人物墓碑，如历代土司、归田官员、地方富户的墓地，更是以大量石质优良、技法细腻、造型独特的石雕石刻来彰显主人的荣耀与地位，成为地方历史文化与民间艺术的重要遗迹。

图 7-16　广西平果岑瑛土司墓前的石人（韦明提供）

　　在相当长的历史时期，中国各朝代都在少数民族地区实行土著人自治的土司制，因此，在广西的壮族地区，至今仍遗存有不少著名的土司墓葬，如平果县旧城乡岑瑛墓，靖西市新靖的岑氏墓群，宁明县明江乡的明江黄承祖土司墓，东兰县太平乡纳腊的韦虎臣墓，大新县全茗乡灵煞村的茶岭土司墓群、福隆乡营旺村的许祖兴夫人赵氏墓和二夫人黄氏墓、龙门乡三联村许嘉镇夫人岑氏墓，田阳县隆平乡瓦氏夫人墓，凌云县的岑氏墓，都安县地苏乡的潘如禄墓，那坡县的岑池墓，扶

图 7-17　广西平果土司岑瑛墓前的石马（韦明提供）

绥县昌平乡的双甲墓群，南丹县吾隘乡的罗腾皋墓，凤山县乔音乡的韦昆墓，等等。其中，平果县郊的岑瑛墓是最有代表性的土司墓葬。

平果县东南方向有个旧城镇，为古代州治所在地，古城旧址至今还保留着许多历史遗迹，土司岑瑛墓就建在距该城西南方约3千米弄良山间的盘地之中。岑瑛，字济夫，明朝永乐年间广西思恩州的一名土司官，据史书及地方志记载，岑瑛颇有地方管理才能，且擅长用兵，在任之时地方安定，颇得当地民众拥戴，后官至正二品的都指挥使。岑瑛卒于明宪宗成化十四年（1478年），葬于今广西平果县旧城乡弄良村，其墓葬之地相当平坦开阔，如今虽杂草丛生，极为荒凉，但一条甬道仍然依稀可见，两旁原来曾竖有众多的雕刻石像，后经风蚀及人为破坏，大多已消失，现在甬道两旁还竖立的石柱、石狮、石虎、石羊、石马、石人等造像，均为对称，各种石雕造型多姿，具有明代中国南方石雕艺术特色。石马虽然雕刻简

图7-18 广西平果土司岑瑛墓前的石虎（韦明提供）

单，但刀功娴熟，浑然天成，显示了骏马的粗壮高大；石羊造型非常生动，羊头微抬，双膝作跪卧状，羊腿前屈后伸，极其写实；石狮分雌雄立甬道两侧，四目对望，双脚露出，作蹲坐状，雌狮左脚踏一绣球，神态十分逼真；石虎两耳竖起，两眼瞪圆，前腿前伸，后腿屈膝作卧状，虎爪雕刻得十分锋利，虎尾盘绕着腿后，极富动感。石人雕刻得十分细腻，"高均1.7米，头戴冠帽，面形窄长，但丰满光洁。目光凝视，面部简单但生动地塑造了持重而深谋远虑的神情。石人身着右社宽袖纹样线条简洁而流畅的长袍，长袍垂到鞋面，双手相握置于胸前并藏在简单修饰的宽袖里，动作持重而自然"[10]。

图7-19 越南北浒寺庙的石雕香炉（陈家友摄）

越南北方也有不少墓葬的石雕石刻，特别是经济较发达的平原地区，人们对先人墓地的修建十分重视，用各种精湛技法雕刻的石雕石刻装饰墓葬也越来越多。这些墓地石雕刻以浮雕为主，主要为各种各样的吉祥、镇邪等图案，也有不少汉族丧葬文化中的内容，如"狮子登鼓""天宫赐福""二十四孝""八仙过海"等。在前往谅山的路上有一片古墓地，不少坟墓为天然花岗岩、大理石、砂岩等石料建造，坟身用条石砌成，前后衔接流畅，碗口雨墙与坟头相扣，显示了不凡的气派。墓碑两侧有汉字刻的墓志铭，石供桌刻有鱼龙和螃蟹戏水等图案；墓园多数有照壁，正面刻有"霜雨感慕""浩气凛然""福泽万代"等汉字，壁顶脊尾还雕饰着

图7-20 越南北江天台寺的石狮子（陈家友摄）

"鱼吻"等石刻。

与其他材料的文化载体相比，石雕作品可以说是最耐得住岁月风霜的造型艺术与历史见证物。越

图7-21 越南谅山侬智高庙的石雕（陈家友摄）

南北方地区不少寺庙、祠堂的石雕石刻，具有深刻的历史文化内涵与较高的雕刻艺术水平。天台寺是北江省陆崖县洪江乡一座有一千多年历史的古寺，建于当时还是中国领地的北属时期，寺庙占地面积近5000平方米，是越南北方规模较大的寺庙。寺内古树参天，有的虽然已经中空，但依然枝繁叶茂、生机勃勃，众多的庙殿坐落在一片幽静安宁的林荫之中。寺里没有住持，也没有和尚，目前管理寺庙的是村里70多岁的长者郑庭生，一位地方政府委派的寺庙负责人。平时这里人迹罕至，香火不盛，政府没有拨款，全靠年节期间与平时香客进寺祭拜施舍的香火钱维护寺庙的修缮。寺内断壁残垣中有许多石雕石刻，在寂寥冷落之中见证着岁月的沧桑。

进入天台寺，令人首先注意的是到处可见的石柱子，有的是圆雕的龙柱，有的是刻有中文楹联的方柱。龙柱是汉族的传统建筑物，历史非常悠久，相传古人在交通要道上都要设立一个木柱作为识别道路的标志，叫"桓木"或"表木"，因古代的"桓"与"华"音相近，后慢慢读成了"华表"，其材料也由木材改成了石材。受汉文化的影响，越南的寺庙也有许多盘龙祥云石雕柱子，多数是庙殿柱子上的龙雕，有素色的，也有的描上各种颜色。天台寺的方形石柱非常高大，每一根高7米多，全部是用整块巨石斫成，这是很有特色的方形华表，它是由柱基、柱身、柱顶三部分组成。柱基稍为简单，没有过多的雕刻却显厚重；柱身阳刻有各种宋体汉字的楹联，如"凛凛英灵于江北""昭昭杞异在天南"等，笔法苍劲，文涵幽远；柱顶为刻有各种动物图案的浮雕与花蕊型的柱尖。寺内还遍布各种造型的石狮与石象，石狮的造型十分生动，英姿勃勃，勇武刚健，脚下踩着一个大龙珠。狮子的雕工很精细，无论是头部、饰带

图7-22 越南高平天台寺的石刻立柱（陈家友摄）

还是铃铛，甚至连毛发、爪子都认真雕刻，一丝不苟。大象是古时东南半岛盛产的野生动物，在中越边境地区也曾长期存在。天台寺的石象多为跪状，象鼻往上翘于头部，眼睛圆瞪，耳朵夸张，象牙被

图7-23 广西来宾古河道上造型奇特的石刻
（陈家友摄）

人敲掉，石象形象憨厚可爱，雕工笨拙之中见匠心。此外，寺内还有众多的石观音、石力士、石塔、石马、石香台、石香炉、石磬等，处处体现了曾经的庄严与凝重。

中越壮、岱族地区属亚热带，雨量充足使这里江河纵横，各种桥梁跨水而过，同其他建筑材料相比，石材建桥更为坚固耐用，因此，这里的桥大多为石拱桥。民间在建桥时往往在桥身与护栏上雕刻各种图案与文字，各地石拱桥雕刻艺术古朴，造型粗犷，刀法苍劲有力，不少成为

当地民间文化保护重点对象。同时，该地区独特的喀斯特地貌，形成了大自然鬼斧神工的悬崖峭壁与千奇百怪的岩洞，也留下了历代前人雕刻的珍贵的石雕与石刻。广西那坡县城东北面的后龙山下，有个著名的旅游景点叫感驮岩，此岩洞口非常开阔，各种千奇百怪的钟乳石构成天然的石雕，甚为壮观，地下河从洞内缓缓流出并蓄水成湖，清澈见底，水草飘荡。感驮岩为边陲景观胜地，历代乡绅贤达多有捐资积德造福乡里，屡次对景观修饰维护，石壁上留下不少历代官员、文人墨客的诗、词镌刻，"驮岩滴翠""福荫边陲""群蛙泰和""吸尽云天""别有洞天"等书法苍劲有力，镌刻刀法细腻，艺术隽永。

在越南太原省少数民族文化博物馆的实物与图片展品资料中，可以看到石雕石刻艺术被广泛运用到岱、侬族地区各个时期的社会生活中，各种石雕石刻在民间大量存在，许多碑志、门楣、柱础以至宗教的造像台座上面，不少都雕刻有内容丰富的各种装饰画，记载了当时的人类文化和造型艺术发展的过程。无论是描写社会生活、神话传说、宗教故事的浮雕，还是具有民族文化元素的装饰图案与民族图腾造型，有的朴质雄劲，有的优美细致，彰显出一种跃动的活力与和谐的韵律，反映了不同时代的社会生活面貌与独特的文化内涵。

广西壮族地区不少地方的荒野，保存着数量颇多反映当地历史文化的石雕。红水河边的忻城一带，当地壮族先民信奉蛇图腾，在该县石南海故道的双好桥上，有两个形象十分奇异的秃尾蛇头石刻；无独有偶，在龙祥村长帅庄的村头与村尾，都有一个奇特的石蛇头，蛇脖上刻着一只当地的吉祥物水葫芦；在周安有两座古桥，分别为横山桥和周安桥，在这两座桥上都有两只似龙似蛇的石刻。奇怪的是，这些石刻蛇头的朝向，都是指向当地认为是神圣的"敢仙"方向。在盘古时代，蛇与葫芦都是壮族先人崇拜的图腾，关于忻城的龙蛇石刻，都流传着一些神奇的传说。"横山桥约建于清代，当年建这座桥的时候，好几个月都是风雨交加无法施工，后来，工程师傅专门为此做了一场法事，风雨就停了。工程结束后，工程师傅就装上两个似龙非龙，似凤非凤的石刻，而且这样的石刻都是头朝石门方向，都是秃尾的。在周安村的增福庄，又有两个石雕蛇头，一个胸前刻有'泰山石敢当'，一个刻有'龙狗飞凤石'的字样。"[11]这些残留在村落、荒野、河岸上的古老石雕石刻，默默地守候在几乎被人们遗忘的角落，无声地诉说着那曾经的岁月，也见证了壮族先民的古老文化与石雕艺术。

图7-24 具体某种文化含义的石狗（陈家友摄）

第五节　壁画壁雕习俗

　　壁画，顾名思义就是画在或刻在墙壁上的图画，古代也有在洞壁、崖壁上作画。早在石器时代，壁画就已经出现了，古人类为了记录他们在捕猎或生产中的行为，往往在树干、洞壁或石壁上刻画各种为他们所理解的形象与图形，用以作为记事的符号，这就是原始壁画。原始壁画，是人类最早的文字、最早的生活记载、最早的信息传递方式。

图7-25 壁画艺术丰富的越南高平庙宇（张耀军摄）

　　壁雕，就是雕刻在墙壁上的各种造型。壁雕一般分为石雕、砖雕、灰雕，石雕是在石块上雕刻物像；砖雕是在砖块上雕刻好各种造型后，再安装到墙体上；而灰雕则是用石灰、白垩土、石英砂、糯米糊、桐油等做成灰料，再调进颜料，在墙体、柱体及屋脊上塑制各种半立体的形象。灰塑材料较轻，可塑性强且成本较低，故中越壮、岱族地区的传统墙雕多为灰雕。

　　早在战国时期，在今广西及越南北方生活的骆越先民就在许多崖壁、洞壁上留下了无数的壁画，其中最有代表性的是广西宁明县明江河畔的花山崖壁，在距县城东南15千米的花山屯沿江山壁上，遗留有一大批赭红色的岩画，这些岩画是骆越先民为了宣扬族群祭拜太阳神的仪式而绘制的。

　　当地壮语把花山称为"岜莱"，意思是画满了五颜六色的山。"花山壁画是一个统称，只因宁明地区花山的壁画在所有壁画中最为丰富和完整，故以花山壁画命名左江流域沿岸崖壁上所有的壁画。流域内的壁画共有81个地点180处280组，广泛散布于广西西南部的龙州、宁明、崇左、扶绥、大新等县市境内左江及其支流明江和黑水河两岸及江河附近的悬崖峭壁上，绵延近300千米，形成一道狭长的崖壁画分布带。"[12]在宁明花山沿江高约270米，面积约8000平方米的临江陡壁上，骆越先民用一种赭红色颜料，绘制了近1500多个岩画图像，经数千年风吹雨打日晒，仍保持着较鲜艳的颜色。进行化学分析，这种绘画颜料以赤铁矿和动物胶、血为原料制成。岩画以人物形象为主，且全部裸体赤足，造型有正面的，也有侧身的，其中最典型的姿势是双手平举，两脚屈膝半蹲。岩画上还有太阳、铜鼓、动物、刀

图7-26 越南高平庙宇的壁画（张耀军摄）

剑、船只、道路等，单色平涂的画风粗犷古朴，只有形象轮廓而无细部描写。每组岩画都体现了一定的构图，多以骑马的、头部绘有兽饰的人物为中心，人物腰部都挂着刀剑，表现的应为部族首领或某

种祭祀活动的主祭者，而其两侧与下方则为击鼓奏乐、狂舞纵欢的人群，场面十分庞大壮观。花山上众多内容丰富、意境隽永的画面，反映了古骆越地区真实的社会活动场面。流经越南高平省诺海、高平、达龙等地的凭江，是当地的主河流，地方相关资料记载，凭江河道上两旁的山体古时也有崖画，只是由于经历了千百年岁月的雨淋日晒，以及山体的坍塌，大多现已不存在，只是在河内国家博物馆里有一些崖画照片的展出。越南历代政府官员及学者对同为古越文化的广西花山岩画非常重视，"在中越宗藩关系存续期间，越南派往中国的使臣，在途经广西左江流域时，面对谜一般的花山岩画，留下了较多的考察和描述文献。现存32份越南使臣留下的花山岩画文献，总体而论，文体类型多样，形成时间跨度大，描述层次深浅不一，反映出越南使臣不同的花山岩画形成观"[13]。

中越壮、岱族地区历史上遗留下来的壁画、壁雕，更多的是在各地的庙宇、宗祠及其他公共建筑中。越南高平省元平县历史上是中越边贸的一个传统互市集市，在这里到处可见到以前中国商人的商贸文化遗迹，坐落于该县集市中心的有300多年历史的关圣庙，就是当年中国商人在这里建造并受到当地民众供奉的庙宇。此庙现已年久失修，庙门上方有的横梁已朽，不得不另用木柱支撑，大殿内积满尘土，蛛网遍布，关圣及其他神灵塑像虽已有些残缺，但其威严依然不减。庙内的屋顶、柱子、墙壁上有许多具有汉族文化特征的壁画、壁雕，虽因风雨的侵袭已色彩斑驳，但近观时各种人物造型及场景仍然清晰可见。

广西百色城内有一古建筑——粤东会馆，是清朝在百色经商的粤人商会所在地，建于1720年，整栋建筑为砖木结构，是一种封闭式的建筑群。会馆有前、中、后三大殿宇，并以此为主轴，四进厢房和庑廊位于两侧，完全体现了一种岭南传统的古建筑风格。主体建筑三大殿宇的内山墙上完整保存着众多十分古朴、精美的水墨壁画。而庑廊雨檐及琉璃瓦上的屋脊则塑有各种人物、屋宇、动植物及吉祥图案的瓷雕。

图7-27 越南高平庙宇的壁雕（张耀军摄）

越南元平关圣庙与广西百色粤东会馆等古建筑的壁画、壁雕，在题材与艺术风格上有非常相似之处，题材方面大多以中国的儒教文化、历史典故及民间传说为主，如"郭子仪带子上朝图""桃园三结义""孟母教子""西厢幽会"等，而取材于中国民间传说中的道教"八仙"题材，更是屡见不鲜，如倒骑毛驴的仙翁张果老，吹着笛子的英俊少年韩湘子，背着宝剑的纯阳子吕洞宾，扛着葫芦的跛脚铁拐李，持着荷花的罗浮山何仙姑，手拿玉板的红袍官服曹国舅，舞着扇子的正阳祖师钟离权，挽着花篮的行乞道仙蓝采和。壁画中还有"老翁醉酒""寒江独钓""山童牧牛"等充满村野情趣的题材，以及"龙凤呈祥""旭日高升""花好月圆"等吉祥图案，这些壁画壁雕人物塑造惟妙惟肖，花草动物生动活泼，具

图7-28 广西百色粤东会馆的壁雕艺术（陈家友摄）

图 7-29　越南凉山的廊雕艺术（陈家友摄）

有极高的艺术价值。值得注意的是，太阳、蟾蜍、羽人等壮、岱族先民的崇拜图腾也多有出现，可见中越壮、岱族传统文化也融入了这些汉族风格的古建筑。

　　在中越壮、岱族地区的一些古建筑，还有一种廊雕艺术，即在走廊、通道进行雕刻的一种艺术形式，其材料多为木质或石质，石廊雕多为浮雕，其题材多为民间喜庆内容，装饰性很强。

[1][2] 许江，顾平 . 靖西壮族仪式剪纸艺术的叙事性特征 [J]. 民族艺术，2013（6）：27.

[3] 乔亮 . 关于西南地区壮族剪纸艺术的旅游开发设想 [J]. 重庆科技学院学报，2012（12）：105.

[4] 潘超 . 应劭《风俗通义》汉代风格述略 [D]. 长春：东北师范大学，2011（5）：26.

[5] 泰亨 . 越南民间年画 [J]. 美术，1963（5）：18.

[6] 覃彩奕 . 壮族传统工艺美术述论 [J]. 民族艺术，1996（1）：18.

[7] 巫惠民 . 壮锦几何图案渊源初探 [J]. 广西民族研究，1986（4）：67.

[8] 王易萍 . 广西壮锦及其文化价值与功能变迁研究 [J]. 玉林师范学院学报，2015（3）28.

[9] 郑超雄，覃芳 . 壮族历史文化的考古学研究 [M]. 北京：北京出版社，2006.

[10] 覃丽丹 . 壮族土司墓葬石刻艺术研究 [D]. 南宁：广西民族大学，2008.

[11] 侯金谷 . 神奇的壮族龙母文化之源 [J]. 绿色中国，2006（7）：80.

[12] 李婷婷 . 民族文化的再生与认同 [D]. 南宁：广西民族大学，2014.

[13] 张惠鲜，王晓军，张冬梅 . 浅论越南使臣与花山岩画 [J]. 广西民族研究，2016（4）：42.

第八章
壮族与岱、侬族群的贸易习俗

- 贸易集市
- 贸易方式
- 行市习俗

　　贸易，是人类在生产与生活中进行的货品或服务交易，最原始的贸易形式是以物易物，即直接交换货品或服务，以后发展成为以货币为媒介的交换方式。中越边境山水相连，数千年来，中越壮、岱、侬族先民无论是在同为一族时期或者分属两国而居，民众都是自由来往的，即便是分国而治，国界观念仍比较模糊。20世纪中叶之前，除了镇南关、水口、平孟、岳圩等几个主要口岸设有关卡外，其他地区一般是无人管理，民间贸易渗透到社会交往的方方面面。由于地缘、族源、文化源的关系，在长期的边境贸易中，形成了许多富有地域特色的边贸互市圩场、贸易方式、行市规矩与民间贸易习俗。从原始的以物易物，到以一种媒介（金钱）作贸易平等代换，乃至当今的网络交易，两国边贸体现了边民生产与生活物资的互通有无、相互依赖，也显现了该地区独特的贸易文化与传统习俗。

第一节　贸易集市

　　人类在进入农耕社会后，最初都是以家庭为单位的小农经济模式，生产、生活资料基本上是自给自足，后来，人们生活中某些物资有盈余，有些物资又短缺，于是，出现了物资流通互换的社会需求。最初是少数家庭间的物资相互调剂，后来逐渐发展成为一个村子的村民在约定俗成的地点进行物资互换，这种分散的物资交流方式一开始是非常简单的，并且主要是以物易物的等价交换，因此，在交换

图8-1　中越边贸老图片（太原博物馆）

的品种、数量上都是有限的。后来，随着社会物资需求的增大，物资交换次数逐渐增多，交换的规模和范围也不断扩大，分散、原始的交易方式已不能满足实际生活的需要，于是，逐步发展成为规模较大的，有固定时间和地点的物资交换地点，这就是集市。

　　中越壮、岱族地区的集市贸易有非常久远的历史，除了双方各地数以千计大大小小的集市外，中越边境自古以来就形成了众多的传统边贸互市，目前广西段共设12个边境开放口岸，国家一类口岸有东兴、凭祥、友谊关、水口等，地方二类口岸有岳圩、硕龙、平孟、龙邦、平而、科甲、爱店、峒中等，除此以外，越南、广西边境双方还

设有25对边贸互市点。这些口岸与边贸互市点活跃了中越边境贸易，促进了两地经济的发展及传统贸易习俗的嬗变。

　　广西壮族把集市贸易的场所称"圩"（念"xū"），村民到圩上进行买卖称为"赶圩"。"圩"星罗棋布地分布在城乡各地，其规模有大有小，大的圩场设在县城、乡镇要道之地，有许多商铺和贸易圩亭，大的圩场圩日时赶圩者逾万，日贸易量相当大；小的圩场分布在偏僻的山村，一般只有为数不多的圩亭与小商铺，赶圩者数百上千人。以前，中越边境地区由于地理条件的限制，交通极为不便，与内地的物资交流不畅，边境社会基本上属于自给自足的自然经济状态。随着社会生活的不断发展，人们对生产、生活物资互通有无的需求不断增长，边境地区由于山水相连，边民居住毗邻，跨境物资交流反倒非常便利，因此，很早以来就形成了众多交往频繁的边境互市，这些边境圩场对调剂双边民众物资的余缺，满足边民生产物资与日常生活的需要，促进边民的社

图8-2　那坡边贸互市的小吃店（陈家友摄）

会交往，起到了重要的作用。中越边境地区的边贸活动由来已久，史书及地方志上都有不少的记载，乾隆四十年（1775年），两广总督李侍尧奏称："乾隆九年，前督臣马尔泰奏请开放由村隘口，以通商

旅，自此内地人民得以出入货贩，惟是愚民趋利如鹜。"安南国王在给乾隆的咨文中也说道："本国仰荷圣恩，曲轮物产短细，特赐开关通市。自本年正月以来，商贾骈集，百货云屯，国用渐舒，举国臣民皆感颂大皇帝柔远深仁，处处歌舞。"[1]

图8-3　满载而归的越南边民（陈家友摄）

中越边境不少的圩镇都有悠久的历史，在经济落后、交通闭塞的年代，为周边的乡民提供生产材料、生活用品互通有无的场所，也成为一些长途贩运的马帮的歇息驿站。化峒圩是广西靖西市成圩最早的圩镇之一，清朝康熙年至今已有数百年。成圩伊始，人口不多，几乎没有固定的店铺，四周是一些简陋的茅屋瓦房，只是在圩日乡民才临时摆摊买卖。20世纪50年代，化峒圩已具备相当规模，"那时，一圩约有一千多人。人们拿到市场上来交易的货物，种类虽不多，数量却较大。市场上一般交易的货物有大米、黄豆、黄糖、桐油。每圩交易量，黄豆有一百多担，黄糖几十担，桐油一百多担。此外，还经营有洋纱和日用品，摆卖家禽畜的也不少。此圩一成圩就设有牛行，每圩约有一二百头牛在市场上出售。由于与越南临近，所以每圩亦有越南人来化峒圩出卖农副产品和土特产，然后从市上买回所需商品"[2]。由于化峒为边境贸易重地，20世纪50年代前就有客栈10多家，专门接待南来北往的生意人，甚至远从云南跑广东、福建的马帮队，也常在化峒歇脚，次日再出发往大新县，经钦州、湛江、化州、广州到达香港。这些马帮人数较多，且配各种武器，化桐街及沿途时有冲突发生。

中越边境的圩场圩期各不相同，开市日期有十天三圩，也有十天四圩，或五天一圩，也有的天天都是圩市。各地圩市的圩期是错开的，一个区域内的各圩期分布得比较合理，专门做生意的村民今天跑这个圩场，明天跑那个圩场，不会耽误生意。广西靖西市龙邦镇境内就有龙邦圩和其龙圩两个圩场，都是五天一圩的。根据《靖西县志》记载，此两个圩场历史上一直是靖西一个重要的中越边境互市点，许多边民云集此地经商贸易。每逢圩日，一大早不少商户就出摊了，日上三竿，市场就非常热闹，四面八方的中越边民开始涌入圩场，他们或挑着山货，或赶着牲畜，圩场上熙熙攘攘，人来人往好不热闹。货摊子有卖农副产品的，也有卖服装日用品的；有卖餐饮小吃的，也有理发卖药的。圩市时间不会很长，往往不到中午12时就散圩了，只有少数买卖双方仍在讨价还价。

图8-4　熙熙攘攘的边贸互市（陈家友摄）

越南一侧的贸易集市与广西边境的差不多，其传统圩市分布与毗邻的广西圩市是自然错开的，也就是说历史上两地的圩市是根据边民货物交流的需要而自然形成的，其布局非常合理。广西靖西市其龙村圩市是中越边境一个历史悠久的边贸集市，相邻的越南圩市主要是茶岭县城圩市和街恩圩市，按中国农历推算，每逢农历四、九都是茶岭圩日，街恩圩市逢农历三、八为圩日。地理位置正好是个等腰三角形，圩日三圩自然错开，双方边民到三个圩场赶圩非常方便。"其龙村村民除了去龙邦街赶圩之外，也会到越南那边赶圩，主要购买越南水果和农产品，有时也买玉米，一元人民币能买二十斤左右，

相对比中国市场价低。或者去卖刚孵出的小鸡、小鸭，越南主要是人工孵化小鸡、小鸭，没有中国的便宜。越南边民来其龙赶圩，发现长成的鸡、鸭价钱便宜就直接买了回去，养鸡鸭的人越来越少。"[3]另外，在来回的路上也很方便，不管是茶岭圩市或街恩圩市，到其龙坐摩托车也只需一个钟头，特别是街恩圩市，抄边境小道即便是走路也才需要一个小时左右，非常方便。

图8-5 高平集市一角 （陈家友摄）

随着双边民众对生产、生活物资需求的扩大，圩市贸易也在不断扩大，中越边民互市的性质及经营种类有了很大的变化。过去交易个体主要是物资余缺的边民，后来逐渐出现了以赚取货物差价为目的的小商小贩，过去市场经营的主要是传统的农产品、山货、药材，后来增加了各种生产工具及五金工具，最后大型家电、高档服装生活用品进入了市场，边贸市场的商品经营也体现了双方社会经济的发展及边民不断提高的生活水平。那坡县的念井镇，是中越边境设有边民互市点的一个山区圩镇。因为念井边贸市场建在地势较高的山岭，所以当地人都称那是专为山民开的圩市。边民互市点只在圩日开市，当圩之日，集市到处熙熙攘攘，外来游客会领略到中越边民互市的贸易盛况。

图8-6 那坡念井互市的边民 （陈家友摄）

在县城公路进入念井的路口，设有一个班车停靠点，市场入口竖有"念井边贸市场"几个大字的牌子。念井圩是个边贸互市，规模不是十分大，但各种商品门类五花八门，十分齐全，有猪肉行、菜蔬行、水果行、禽畜行、粮油行、农具行、成衣行等，各种饮食小吃更是布满了市场各个角落，街市上空飘荡着扑鼻的香味，有卷筒粉、煎油饼、糯米饼、芋头糕等，而最具特色的是当地的一种叫"油松"的小吃。这种放到油锅里炸熟的糯米糍粑诱人垂涎。念井市场除了有大型开阔的露天圩场外，还有多个占地数百平方米的瓦棚交易圩亭。服装、干货、饮食等的摊位一般集中在圩亭里，其他经营土特产、推销药品、牲畜交易的都在露天市场，小商小贩见缝插针，占上一小块地便摊开货品进行吆喝，吸引南来北往的乡民。上午9时以后，在通往越南的大道、小路上，会看到三五成群的越南人肩挑手提带着货品前来赶圩，其中不少是身着民族服饰的岱、侬族妇女，她们成为一派亮丽的边塞集市风景。这些越南边民有的离边境线较近，走十多分钟路就到了，有的到念井来赶圩得走七八公里的山路，有的甚至更远。越南边民来念井除了做买卖，有的还趁机走走亲戚，两地新老亲戚比较多，也有的是多年交往中结识的"老同"。长期以来，边境线两地的边民语言相通，虽然各自的口音略有区别，本地人都能从语言上识别对方，但交流起

图8-7 过境赶圩的越南边民（陈家友摄）

来一点障碍都没有。经常过来做生意的越南人，还能说一点简单的中国普通话，即便是面对中国其他地方的游客，他们在货物介绍与讨价还价时，并不十分困难。而经常到越南圩市去的壮族边民，对当地的越语也不太陌生，尽管在货币计量上两国相差较大，但双方边民在价钱计算及表述上丝毫不含糊。念井圩大约下午 1 时开始收市，满载而归的越南人提着大包小包，挑着大担小担，有说有笑地踏上通往自家村子的边境道路。

图 8-8　广西大新的边贸市场（陈家友摄）

中越壮、岱族地区乡村除了一些传统圩市以外，还有众多的村头、路口小型货物交易摊点，这些小摊点几乎天天都开市，并多在早上。经营的主要是蔬菜、肉类、家禽、本地特产以及山间野味。一些山村交通要道的路口集市，几乎成了过往车辆必定要驻足的山货采购点，山鸡、野兔、蛤蚧、蛇类、山蚂蚁等野生动物，山核桃、野枣、山栗、山木耳、猴头菇等野生植物，蜂胶、花粉、野生灵芝、三七花等野生药材，成为这些小集市招揽南来北往的过客的主要货物。菠菜、韭菜、莲藕，黄瓜等菜蔬，荔枝、龙眼、桃子、山竹等鲜果，鱼、虾、龟鳖等水产，则是附近村民为家庭一天的餐饮而采购的食品。山里人都喜欢凑热闹，村中大人小孩没事都愿意到村头的小集市转转，聊天的，晒太阳的，小市场成为山村人聚集的地方。

图 8-9　越南谅山的路边市场（陈家友摄）

第二节　贸易方式

中越壮、岱族地区古代的货物交易方式是非常原始的，以物易物是最基本的交换方式，甚至农忙季节两地农户的农作"换工"，也是以对等的工时决定双方的帮工协定。即便是后来使用了货币，民间的贸易还是以互通有无为主，解决的是农户家庭中生产、生活资料的补缺，以盈利为目标的商品意识发展缓慢。过去对以重量为计量的概念还相当模糊，不少集市上仍然保留着视物品的大小来定价的习俗，甚至把货物分成一堆堆，或者一把把，以堆或以把论价。中越边境地区还有些山村的小市场上，村民们把自己栽种的一些果蔬摆放在摊点上，并不去看管，由购者随意付款自行拿走，晌午后摊主前来拿钱收摊，并不计较其收入多少，这也反映了过去壮、岱族人在商品贸易中的纯朴与豁达心理。

图 8-10　广西那坡的一个边贸市场　（陈家友摄）

由于历史的原因，中越壮、岱族地区各地传统的圩市，自然而然地形成了那些交通方便以及位置比较适中的村镇，各圩市圩期自然错开，方便了周边乡民对生产物资、生活资料的收购和交易。经过多年的经营，各大圩市都发展得比较成熟与规范，各类物资一般分别集中在划定的交易地，以便于交易和管理。在中越边境地区，各地都有自己的特产以及价格上的优势，商品存在着一定的差价，这必然导致市场经纪人的产生，而经纪人的经纪行为则进一步促进了商品流通市场的成熟。所以，边境互市中边民物资的互通有无与专业的商品经纪行为，对圩市的发展发挥了重要作用。

图 8-11　德天瀑布旅游品市场　（陈家友摄）

广西防城港峒中镇是一个有着数百年历史的边贸互市，在两地民间贸易中，越南广宁省的海产品及药材是峒中镇边民收购的主要商品，越南边民则从中国进口广东产的家具、建筑材料、陶瓷及五金商品。壬庄乡是靖西的一个边贸互市点，过去越南食用牛缺乏，壬庄乡当地的乡民注意到这个信息，很早就开始做食用牛的贩卖生意，他们从靖西龙临等地以较低的价格收购菜牛（食用牛），雇请几个乡民赶到越南的重庆县市场出卖，从中获取差价。他们也会利用在越南有亲戚的便利，将菜牛先放到亲戚家饲

图 8-12　中越 890 界碑的一条边贸小路
（陈家友摄）

养，伺机出售，这样一年可以卖出 200 多头，取得很好的经济效益，短短几年中越双边的亲戚都盖起了小洋楼。"越南重庆县潭水社离县城较远，而距离广西大新县硕龙镇只有几里地，重庆县虽然也有猪肉、蔬菜、水果，但从硕龙运来的距离近而且价格便宜，运来的蔬菜的价格是当地的一半，所以到硕龙赶圩成为大多数潭水岱族村民的选择。"[4]市场商品经济的发展使边境两地的壮、岱族人做起跨境小买卖，他们瞄准两地圩市物资的差价，巧妙地周旋在各个圩市，以获取经济利润。豆腐加工是重庆县玉溪社侬族村民的主要副业，他们把豆腐运往广西靖西市岳圩销售的同时，又在那里购买便宜的大豆，这样，产品销售与原材料收购两不误，维持了生产营销的最低成本，取得了较好的经济效益。

利用边境旅游景点开设贸易集市，也是中越壮、岱族边民从事商业买卖的一大特色。广西大新县

图 8-13　德天瀑布旅游品市场经营的岱族一家
（陈家友摄）

硕龙乡德天村与越南高平重庆板约村之间有一条著名的跨国大瀑布，中国称"德天瀑布"，越南称"板约瀑布"，这个相连两国国土的大瀑布群，上游的归春河是广西左江的一条支流。归春河水从广西缓缓地流经越南的板约，几经迂回又绕回广西，在大新县硕龙乡德天这个边陲小村的河床上，喀斯特地貌的突然断层，使归春河水积蓄了很久的能量终于在这宽约 200 多米，落差 70 余米的开阔断崖骤然爆发，它冲破了河道上的怪石嶙峋，甩掉了沿途的峰峦叠嶂，河水瞬间汹涌澎湃，一泻而下。此时千流激荡，浪花飞溅，数里之外都能看到瀑布上方弥漫的雾气，都能听到雷鸣般的水声，大自然造就了这个雄伟无比的亚洲第一跨国瀑布。在德天（板约）大瀑布的上游 600 米处，立有中越 53 号界碑，两边居住着世世代代的中越壮、岱族民，他们很早就在瀑布的下游进行着边贸往来。进入 21 世纪后，当地旅游业飞速发展，德天瀑布吸引了中外大量游客，也给越南边民提供了商机。在界碑附近中方一侧数百米长的旅游品市场中，也有很多越南岱、侬族边民货摊，他们操着熟练的汉语，叫卖一些廉价的旅游纪念品与地方特产，一天的收入也比较可观。在这里主要是中国内地游客，流通的是人民币，大多游客出于好奇或为了收藏，都愿意越南摊主给他们找回一些越盾零钱，以为纪念。

中越两国拥有 1281 多千米的漫长陆地边界线，历史上边境走私贸易非常活跃，清朝两广总督的一份奏折写

图 8-14　中越边贸老照片　（太原博物馆）

道："查粤西僻在炎陬，山川纠错，沿边三关百隘，处处接壤。……至安南土产微眚，并无中国需用之物，而内地药材硝磺绸缎等物，系彼处所需。内地无籍之徒，带货私越隘口到彼贸易，牟利甚多。"[5]历代中越走私活动屡禁不止，成为地方政府颇为头痛之事。近年来，中越边境民间贸易日益活跃，促进了两地经济的发展，但也出现了不少走私现象，中越边境不少的边界只是一河之隔，甚至山路相接，两地边民多有在这些河流的渡口或山道进行逃税走私交易。广西靖西孟麻乡通往越南都是山路，其中孟麻至安宁的公路就有通向越南南让的山间小路，机动车可以开到卡口。尽管政府部门已设置了层层路障，但中越双方的商贩往往会把机动车停于卡口之处，然后雇请劳力将货物搬到对方车上。广西大

新硕龙镇与越南只有一河之隔，河道许多渡口晚上都有双边的车队通过渡船或竹排偷运走私货物，往往在只有数十米的河道上横拉一根长绳，不用桨也不用篙，使劲拉着绳子，货船即可向对岸驰去，速度极快。

20世纪八九十年代，中越两国都把发展经济置于社会发展的首要地位，壮、岱族地区的商品集市也逐渐步入市场经济的轨道，集市贸易方式不断规范，进入21世纪，还涌现了不少商品交易的现代市场运作模式。

图 8-15 利用边界河道走私时有发生（陈家友摄）

那坡县平孟口岸是广西对接"中国—东盟自由贸易区"的国家二类陆路边境口岸，位于中越边界第114号界碑处，其境外是越南高平省河广县朔江口岸。年过六旬的关老师原为平孟某中学校长，在讲坛上耕耘了30多年，2011年退休。他个头不算矮，像许多当地壮族汉子一样，皮肤黝黑，头发竖直，上扬的眉毛较浓黑，不大的双眼却炯炯有神，颧骨微微突出，脸上有少许胡茬。他耳顺之年却精力旺盛，脚腿也挺麻利，刚退休时原也打算到外地转转，弥补一下几十年的忙碌很少外出旅游的遗憾。

图 8-16 走进商海的退休关校长 （陈家友摄）

关校长身在边贸商海的儿子做的是网上商业生意，缺个自家信得过的助手，关校长退休前虽说并非计算机高手，但各种电子文档处理得有条有理，受儿子影响，还不时帮老师们在网上购物，从校长岗位退下来的他最终成了儿子网上商业往来的业务主管。他根据平孟口岸中越双边货物贸易的实况，从交易为中心的站点功能建设出发，以会员制为基础，进行贸易撮合，直接服务于目标客户，直接在网上进行产品查询，订单交易。数年下来，由于市场信息及时通畅，供求双边信誉皆备，特别是在越南高平省河广县朔江口岸建立了相应的网上商业机构，与几个在对方市场上经营了多年的侬族亲戚通力合作，网上生意做得红红火火，也带动了两地商品交流朝着现代贸易的方向发展。

第三节　行市习俗

　　中越两国毗邻，山水相连，历史上由于交通不便，信息闭塞，壮、岱族边民长期处于生活贫困的状况，民间基本上是以自给自足的自然经济为主。边境地区平时有一些定期的简单圩场，但由于生产力落后，这些圩场边民互市种类稀少，多是一些生产资料和日常生活资料，经济交往不太频繁，而较大规模的地方贸易集市，往往只有在边境两地每年的传统节庆活动时才能形成。

图8-17　中越边境市场至今仍有以只计价的习俗
（陈家友摄）

　　民族节日是人类文明孕育出来的重要民族文化呈现方式，在长期的历史时期，中越壮、岱族在生产劳作与社会生活中，形成了各种民间传统节日，除了同汉族一样的春节、灶节、清明节、端午节、七月七、中元节、中秋节、冬至节以外，还有具有鲜明民族特色和深厚文化积淀的三月三歌节、牛王诞节（脱轭节）、开耙节（开秧节、插秧节）、莫一大王节、开青节（尝新节）、收镰节等。这些民间传统节日往往形成传统的集会活动地点，或在开阔的山坡、河岸，或在交通方便的村屯及古老的庙宇前，人们以游神、对歌、跳舞、奏乐等形式庆祝节日，尽情欢悦。在这种民俗文化盛会中，人们除了参与各种传统文化娱乐活动以外，还会带来各种生活、生产物资进行交换，也会利用节日进行促进游客消费的商业活动，因此，这些传统民间节日既是乡民聚众而乐的场合，也是乡民进行经济交流的盛会。在传统的自给自足经济模式下，更多的物资交易依附于这些民族节日集市，这种节日盛会的集市点随着经济的发展与民间交往的频繁，逐渐衍变为固定的周期性物资交易地，这就是中越边境地区圩市形成的习俗。

图8-18　岱族有的地方卖柴还以担计费（张耀军摄）

　　中越边界第114号界碑处的平孟口岸，是那坡县通往越南河广、通农、保乐、保林、苗皇5县的一个商品集散地。很早以来，这里是中越壮、岱族边民经常欢聚而歌的地方，每年的春耕之前与秋收之后，当地壮、岱族群众都在此聚会，青年男女对唱山歌，举行各种斗鸡、斗鸟、打陀螺、抢花炮、赛秋千的民俗活动，成为历史悠久的跨境歌圩。人们为了赶歌圩，多带些物品进行交易，节日集会为物品交流创造了有利条件，平孟歌圩后来逐渐形成了边贸互市。平孟互市清光绪十一年（1885年）开市，农历逢三逢八为圩日，圩市传统的物资交流有牛马、生猪、桐油，以及土布、蓝靛、大米等日用物资，民间贸易逐渐取代了民间娱乐的主导地位。

　　中越边境自古以来交通闭塞，受外来影响较少，因而民风淳朴，尚农疏商，在圩市上买卖方式较

为原始，流传着许多奇特的交易习俗。过去壮、岱族地区农村圩市以粮食、布匹、茶叶、食盐、家禽、牛马等交易为主，在进行交易时规则也是多种多样，甚至有些现在看来是不可思议的，如谷子以"担"计算，粮食作物则多用"斗"来计算，"斗"又分"米斗""笭斗""袋斗""杂粮斗"，量少时则用"筒"或"碗"来量，因此，不同的地方粮食计量方法也有所差异。猪、牛、羊等家畜论"头"，牛市上以"掌牛"来定价值，即用篾片或草绳度量牛前肋，以篾绳掌量的多少来定大小；马市上以马匹年龄及鞍高来议价，即蹄底到鞍处掌量，高至十三掌为大，撬开马嘴看其齿多寡，掌多龄少为好马，价钱以马的优劣来定；鸡、鸭、鹅等家禽交易论"只"，蛋类论"只"，也有论"篮"；过去布匹交易虽也有以长度度量的，但多用手或指来度量，以拇指与食指伸开度量为五寸，以双手伸开左右中指端为五尺；木头是以粗细来论价，竹子则是以"捆"论；菜市上青菜论"把"，甘蔗论"条"，水果论"个"或"串"。民国以后，随着外地商贩的进入，以前那些贸易风俗才逐渐改变。[6]

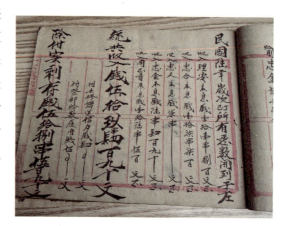

图8-19 清光绪年间民间买卖契约（靖西博物馆）

　　清末民初，中越壮、岱族地区有的圩市已经发展成熟，逐步形成了以货物种类划分的商行，这些商行的店铺受汉族文化的影响，从筹建到开张经营，都有一定的传统习俗。首先是店铺选址，店铺选址非常讲究风水，特别是一些大型的商铺，讲究屋前视野开阔，接纳八方财气，能让顾客和行人老远即可看到铺面。商铺朝向多选坐北向南，为的是冬暖夏凉。在民间，烟囱、厕所、牛栏、马厩等被认为是对风水不利的建筑，因此，店铺的正面门应尽量避免与这些建筑正对。店铺的陈设很讲究，多摆放乌龟、牛角、八卦镜、鱼缸、风铃等招财吉祥物，以及鹿、马、龙、麒麟、咬钱蟾蜍等祥瑞动物。另外，起个吉利的名号是非常重要的，以前壮、岱族没有自己的文字，都以中文书写商铺店名，因此，用"祥""和""宝""发""兴""盛""永"等汉字为店号的较多，现在越南岱、侬地区的集市店铺名号已全部使用越文，但其取名仍然离不开招财进宝、兴旺发达等文化内涵。

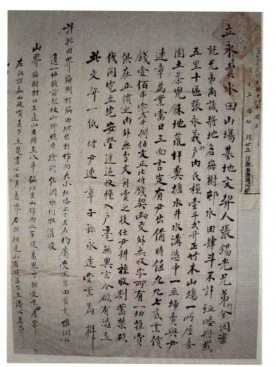

图8-20 靖西博物馆展出的房屋契约（陈家友摄）

　　如同汉族一样，祭祀财神也成为壮族地区从商必不可少的活动。各地的财神略有不同，有祭拜土地神和赵公元帅；有祭拜增福财帛星君；有祭拜一手执如意，一手捧上书"招财进宝"宝盆的比干；但更多的是祭拜关公。关公就是三国时期的名将关羽，因其形象威武，忠肝义胆，在中国被历代帝王尊为"武圣"，民间也多崇拜其为"财神"。在家中设案供奉，镇宅避邪、护佑平安，开店经营，经商理财，也多有尊奉关圣，以求招财进宝，生意兴旺。时至今日，中越边境集市的许多店铺大堂都供奉关公神像。以前，各地集市还有正月初五"迎财神"的习俗，生意人忙碌了一年，除夕开始放年假，至正月初五才开门营业，是日各商家

一早就焚香供牲，鸣放鞭炮，抢先迎接财神，民间称之为"开头盘"。

图 8-21　越南北江公路旁商铺的关圣财神
（陈家友摄）

越南岱、侬族民间财神崇拜也甚盛，它既受到中国汉族的影响，也受到本国主体民族越族的财神文化影响。在越族的普通民众中，几乎每家每户都会供拜财神，在他们的传统观念中，财神是家庭的保护神，能给家庭带来好运。关于财神的来历，民间有这样的传说："从前有一位商人名欧明，他过青草湖时水神赐予他一位名唤如愿的丫鬟。欧明将其带回家，从此一天天富了起来。后来有一年过节，不知什么原因欧明打了如愿，如愿十分害怕，于是钻进一堆垃圾里不见了。此后，欧明的生意日渐滑坡，不久便一贫如洗。人们纷纷传言如愿是财神，于是立供桌常年祭祀。从这个故事还产生了年初头三天忌倒垃圾的习俗，因为人们认为财神在垃圾里，恐若倒了垃圾便把财运都倒掉。"[7] 这个财神传说的版本，在越南北方普遍流传。越南岱、侬族许多地方也像越族一样，民间的财神供台只是放在房间的角落里或是屋檐下，一般是安放在地面上，并常常只是一个贴金的红漆小神龛或贴着红纸的木桶，上书"土能生

白玉""地可出黄金"等表达家庭愿望和希望得到财神帮助的对联，神位前放有几个盛酒斟茶的杯子，以及一个小香炉。但集市的大多商铺还是供奉关公，早晚都烧香祭拜。

中越壮、岱族地区集市还流传着一些经商习俗与禁忌，如大年初一不能扫地，平时店铺早上也不能扫地，将垃圾清扫出屋，即为损财，最好前一晚打扫干净，清扫时还必须从门口扫入，意为赶财进屋；早上开店忌有人收债、赊贷，这样会预示着今天生意都不好过；有些大一点的商铺，早上开门营业时，也会像汉族人一样先晃几下算盘，使珠子噼啪作响，寓意"算盘一响，黄金万两"；正月初一要在店铺前烧"天地纸"，点燃香烛朝着历书上指明的财神方向"接财神"。

图 8-22　越南谅山公路旁庙宇的财神（陈家友摄）

[1][3] 张政 . 清代乾嘉时期中越边境贸易探析 [J]. 广西右江民族师专学报，2005（2）：45-46.

[2] 吴国富，范宏贵，谈琪，等 . 靖西壮族社会文化的人类学考察 [J]. 广西民族学院学报，1997（12）：137-229.

[4] 冢田诚之 . 中国广西壮族与越南民族的交流 [J]. 广西民族大学学报，2007（5）：2-6.

[5] 黎升，方晓超，余雷 . 北宋至 1949 年桂越经济交往变迁研究 [J]. 经贸广场，2011（7）：14.

[6] 李品良 . 明清以来西南民族地区集市习俗及成因 [J]. 中南民族大学学报（人文社会科学版），2011（3）：93.

[7] 徐方宇 . 越南民间传统财神信仰的象征意义及其变迁 [J]. 解放军外国语学院学报，2006（9）：116.

第九章
壮族与岱、侬族群的
信仰习俗

- 自然神明信仰
- 祖先崇拜
- 神明崇拜
- 原生宗教信仰

　　宗教信仰是人类一种特殊的社会意识形态和文化现象，原始社会发展到一定阶段后，人类对生存、繁殖、死亡以及祖先、自然万物的认知，发展成对超自然体之神灵的信仰及崇拜，因而产生了以反映人和自然矛盾为主要内容的原始宗教。在世界各民族的发展史上，无不包含着民族宗教文化的内容，宗教活动总是如影随形地伴随着每一个民族的社会生活，自然崇拜、图腾崇拜、祖先崇拜、神灵崇拜等原始宗教几乎存在于每个民族的早期阶段。在中越边境壮、岱、侬族群的现代社会生活中，许多传统的民间信仰仍然在广大民众的意识与行为中顽强地存留下来，这些民间信仰现象仍然具有普遍的社会意义与文化价值，它既保留了共同的传统文化特质，也体现了各民族生活环境中多元意识形态文化的融合。

第一节　自然神明信仰

广西壮族和越南岱、侬族都是农耕民族，远古时代，人类生产力落后，人们的生产生活完全处于一种听由大自然摆布的状态，大自然给他们带来果腹的食物与遮体的衣料，也给他们带来各种灾难。面对变幻莫测的自然界，面对天灾人祸、瘟疫疾病、收成丰损等现象，人类无法解释，也无力抗拒，一切都听命于大自然，因此把影响人类生存的自然物与自然现象视为神灵加以崇拜，产生了土地神、天神、雷神、水神、山神、树神、火神、灶神、谷神等自然神明，为广大民众顶礼膜拜。刘锡蕃《岭表纪蛮》中载："蛮人迷信最深，凡天然可惊可怖之物，无不信以为神，石头种种，亦时见香烟缭绕，相率跪祷，竞相膜拜。即平常如桥梁、道路、大树、河流、以故神祇之多，几无名目可数，其中如'花婆庙'与'三界庙'尤遍于此等社会。"[1] 文中提及当时的南蛮之地诸多石、桥、路、树、河之神祇，以及各种香火极旺的寺庙，可见当时民间神明崇拜风俗之盛。

图9-1　头上三尺有神明——壮族人的祭祀（农敏坚提供）

（一）天神崇拜

天神崇拜是中越壮、岱族流传久远的传统信仰，先民们认为上天神灵主宰着人类的一切，人在世间的衰盛、寿夭、福祸、贵贱等都是天神赐予的。天神在壮族中称为"then"，岱、侬族则称为"Phi"，壮、岱族对天神常怀敬畏之意，但凡过年过节，家家户户都在自家的门前祭祀天神。祭祀仪式非常隆重，往往是在祭桌上焚香三炷，摆放三茶五酒，及三牲、粽子、糍粑、米饭等祭品，然后由家中长者牵头，向天跪拜，祈求天神庇护人畜平安、五谷丰登。平时村民遇事都认为是天上神灵在监视人间，所谓"头上三尺有神明""人在做，天在看"。村民在发生争执时，为辨明是非，涉事双方常要对天发誓，以此向天上神明表白自己的诚实或无辜。过去，村民或因耕田、园地、宅基、山林有纠纷，在无法辨明是非的情况下，争执双方常在族长或村中长者的监督下，来到约定地点，当场杀一只公鸡，然后摆在上了香的案前，双方在证人的主持下跪下，用"天打雷劈，不得好死"等恶毒词语诅咒发誓，以这种方式冀望上天来裁决人间的纠纷，惩治讲假话的坏人，这种对天发誓的形式实际上是民间天神崇拜的具体表现。在壮、岱族的传统观念中，"天"是至高无上的，天神则是天界上的神圣，管理尘世间的所有事情，人们在面对自己的命运或遭遇无可奈何时，往往都会以听天由命或各安天命来自我安慰，这也说明了"天"在壮、岱族人思想意识中的地位。

广西宁明、凭祥、上思、龙州及越南谅山、北泮一带的壮、岱族人，信仰和崇拜"天"的习俗非常久远。龙州县金龙镇是中越边境的一个乡镇，这一带祖祖辈辈都流传着古老的"求天"习俗，镇里几乎每个村屯都有从事"求天"活动的神职人员，他们都封有不同的法号，如板约屯的"诸王"李金政、"明王"李群、"廖王"李彩明、"慧王"李绍伟，板求屯的"武王"李敬能、"仲王"李何山、"男王"农庆良，板典屯的"安王"马立强、"姬王"陈梅仙，板烟屯的"状王"马贵益、"唐王"马振扬，花都屯的"吴王"农有良，板迎屯的"使王"农德礼，其逐屯的"大王"沈光玉，都宽屯的"统王"沈安宁，这些民间神职人员至今还在各屯从事着民间"求天"的各种活动。

板约屯是一个充满"天"文化神秘色彩的壮族村子。板约屯离龙州县城约 60 千米，四周是喀斯特地质的群山合抱，山脚下有一个流量特别大的涌泉，不管春季夏季，泉水从不枯竭。泉水沿渠道绕着村子流进一个类似八卦的池塘，山水辉映，景色十分宜人。据说大凡地理先生到此，无不惊叹南国竟然还有如此得山得水得地气的风水宝地。板约屯村中竖立着许多奇异的石碑，上面书写着《汉语字典》上查不到的神秘汉字，村中还有不少造型奇特的亭子，这些奇异的石碑以及奇特的亭子，就是先民遗留下来的"祀天"碑志与特定场地。这里的村民把祭祀"天"的仪式叫"做天"，"做天"神职人员男的称"天师"，女的称"天婆"。50 多岁的李绍伟就是板约屯中名气较大的天师，她 20 多岁出道，如今已有 30 多年的道行，起初是秉承其母的"做天"衣钵，后来拜其逐屯的"大王"沈光玉为师，修得正果，方圆几十里的村屯甚至越南对面的村民家中有红白事宜，很多都会找上门来请李绍伟去做法事，如今是龙州县文化部门公布的首批非物质文化遗产天琴的传承人。

图 9-2 侬人在祭天（太原博物馆）

图 9-3 龙州金龙镇天师名册（陈家友摄）

毗邻的越南谅山一带，岱、侬族"做天"多为女性，当地也称"天婆"，或称"天太太""天姑姑"，少数男性从业人员也称为"天师"。过去村上或家里发生什么事情，如有人得病，或孕妇难产，遇水灾旱灾或地质灾害，都会请天婆随时起坛"做天"，驱邪赶鬼，消灾除难。男婚女嫁、小儿满月、老人祝寿、新房建成等喜庆活动也"做天"，祈祷上天赐福送吉祥。谅山省诺干县广明社 60 岁的灵氏甲，做天婆 42 年了，18 岁那一年她得了一场大病，病愈后时不时神经错乱，胡言乱语，哭笑无常，村上的人见其病后疯疯癫癫、语无伦次，都说是天婆现身了。那时家中贫困，父母认为女儿当天婆也是一种谋生手段，

图 9-4 访问侬族天婆（庞健萍摄）

于是灵氏甲18岁就开始从业"做天"，一做就是40多年。年轻时也有不少青年追过她，一天晚上她梦到仙人不让她过鹊仙桥，于是决然断了情缘。或是修道圆满，从此不婚的她"做天"非常灵验，名气日增，方圆几十公里的村民拜祭祖先、男婚女嫁、解凶避邪、祈求康吉都会请她去"做天"。中越边境"做天"仪式非常特别，它不像别的法事仪式那样需要法师口中念咒，手上舞动剑、拂等法器作法，而是用一种很特别的仪式礼器——"鼎叮"来"唱天"。

"唱天"仪式非常讲究，一般在天婆家中的厅堂举行，有时也会在事主的房室进行。举行"唱天"仪式时摆设神台，安置天神的神位、神像，祭台上摆放香筒、大米和米酒。祭祀是不能杀生的，因此祭品无须肉类。传统的仪式程序先为"唱天"，接下来是"跳天"，最后是"做天"。天琴是"做天"时使用的法器，有两弦的，也有三弦的，天琴由琴头、琴杆、琴筒、琴轴、琴弦构成，琴筒多用葫

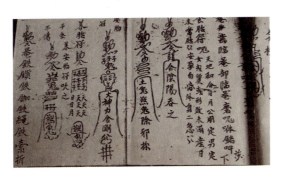

图9-5 天师的法符（陈家友摄）

芦壳制作，也有的用竹木材料制成。由于"做天"忌杀生，琴筒的振动面是不能使用蛇皮或牛皮制作的，原始的天琴多用竹笋壳做琴面，音色不是太好，后来基本上都改为薄木板做成。"做天"辅助的法器还有铜链、铜铃、彩扇等。"法事开始时，'天婆'手弹琴，脚趾套上铜链，双脚抖动，使之发出嚓嚓的响声，口中唱歌。有时边跳舞，边唱歌，可以说全身都在运动着。所唱内容由进程来决定，歌词有固定的，也有即兴编的。从出门请'天'神下凡开始，过村寨、行荒野、爬高山、穿森

林、涉溪水、划船过河、战虎狼，与妖魔鬼怪搏斗，腾云驾雾，历尽艰险，最后胜利到达天宫，请'天'神下凡。"[2] 在"做天"过程中，天婆迈着各种脚步，用不同的手势，通过翻滚、跳跃、劈打等动作，来表现在"请天"途中的各种艰难险阻，以及天神附身后的神旨传达，最后是天神重返天宫，天婆回到人间。

"做天"是一种歌唱的宗教仪式，上天的天婆可相互对唱，也可与围观的群众对唱，从祈求五谷丰登、人财兴旺，到生活礼节、伦理道德，无所不唱，有严肃，也有诙谐、欢乐，但最后总会回到"做天"的主题。中越边民的"做天"有许多交流，天婆灵氏甲就有亲戚在广西宁明，她的一个表伯与一个表姐也是从业"做天"，她本人经常往来中越之间，家中所用的天琴及墙上所挂天图都是从中国购回的。中越边境一带都认为龙州是"做天"的圣地，"天"最灵验，许多毗邻的越南边民也会到龙州请天师、天婆，从龙州出来的天师，妖魔鬼怪见了都害怕，都要逃跑。两地"做天"时，往往是从厨房开始赶鬼到大厅，再赶出大门，并高喊："我是龙州大地神圣，妖魔鬼怪赶快走。"

历史上，中越边境民间"做天"的宗教活动交流非常密切，两地的天师、天婆经常被境外一方邀请去"做天"，有的天师、天婆在交往中也会感情日增，最后结为秦晋之好。其逐屯是中越边境跨界的一个小村子，一村两国，越南一方称"上其逐屯"，中国一方称"下其逐屯"，下其逐屯的沈光玉天师年轻时气宇轩昂，为人诚实，深得卜其逐屯天婆马美花的喜爱，于是在天琴的牵引下，两人遂坠入爱河，结为连理，成为名扬中越边境一带的天师夫妇，常年奔走在边境两边"做天"，深受两地村民的欢迎。由于他们热衷于传统信仰文化的传承，致力于民间艺术的传播，2013年被龙州文体局评为"优秀民间艺人"。

除了"做天"，壮、岱族人与"天"交流还有许多方式，如民间占卦问凶吉的"鸡卜""茅卜""石卜""蛙卜""谷卜"等，越巫是壮族巫师的先祖，中国汉代的史书曾记载："汉元封二年

（公元前109年）平越，得越巫，适有祠祷之事，令祠上帝，祭百鬼，用鸡卜。斯时方士如云，儒臣如雨。天子有事不昆命于元龟，降用夷礼，廷臣莫敢致浄，意其术大有可观者矣？"[3]《赤雅》卷下也载："卵卜者，握卵祝之。书墨于壳，记其四维，煮熟横截，视当墨处，辨壳中白之厚薄，定吉凶。撞人卜葬，请鸡匠祝神，以卵投地不破者，如获滕公之碑。"[4]《岭外代答》卷十《鸡卜》条记载："南人以鸡卜。其法以小雄鸡未孽尾者，执其两足，焚香祷所占而扑杀之，取腿骨洗净，以麻线束两骨之中。以竹挺插所束之处，稗两腿骨相背于竹挺之端，执挺再祷。左骨为侬，侬者我也。右骨为人，人者所占之事也。乃视两骨之侧

图9-6 广西平果巫婆在作法（陈家友摄）

所有细窍，以细竹挺长寸余者偏插之，或斜或直，或正或偏，各随其斜直正偏而定吉凶。"[5]

历史上，"竹卜"曾经在中越边境一带非常流行，"占卜"一般由民间神职人员进行，占卜的法器一般是选取一节长1寸多的罗汉竹或紫斑竹，中越边境一带也有采用本地盛产的楠竹或马蹄竹。用刀

图9-7 壮族道公驱鬼仪式（农敏坚提供）

将选好的竹节破为两半，做占卜时将卜竹高举头顶往下掷，此时如竹子面全部朝上称为阳，全部朝下称为阴，两者均为吉，如一正一反则为凶。"角卜"是有的地方占卜的方式，将牛角破成两半，以此为法器，向上抛下落时形态相反为吉，状态相同为凶。

广西平果县是壮族人聚居之地，历史上求巫觋之风甚盛。马头镇城龙村的班玉英是当地远近出名的巫婆，70多岁了，从事"做巫"40多年，平时主要是素食，身体十分硬朗，村民家中有事有难往往前来找班玉英请神占卜。问神时，求卜者先将自己的生辰八字报来，并告诉巫婆求卜之事，然后在签筒里抽出一签放置于神台之上。此时，只见巫婆安神入定，口中念念有词，只消片刻就浑身发抖直打寒战，旁观者便知此时其已天神附身，巫婆将两块竹签高高举起，诉其所卜之事项，然后松手放开竹签，让其落地，以其仰覆测凶吉。然后班玉英巫婆查找病因，看是何鬼作祟，或是冲撞何神，才能决定治疗方法和手段。在平果县壮族民间，"问神"与"驱鬼"是有所分工的，"问神"是由师公及巫婆负责，而"驱鬼"则是由道公去完成，各司其事，各尽其职。

（二）太阳神崇拜

世界上几乎所有的民族都曾经崇拜过太阳，人类从生产到生活都离不开太阳。太阳神也是中越壮、岱族群非常古老的民间崇拜神祇，太阳神信仰痕迹在这些族群日常生活中到处可见。

铜鼓是古越先民祭祀活动使用的礼器，壮、岱族地区出土的铜鼓上都在鼓的圆心铸有阳光四射的纹饰，可见太阳神在古越民族中的崇敬地位。在广西壮族地区，太阳神的传说是这样的："远古的时候天上有19个太阳，被壮族英雄郎正用弓箭射下17个，最后仅剩两个，分成为现在的太阳和月亮。射太阳那天，正是农历二月的头一个龙日，一个个太阳落下山坡，剩下两个躲着不愿出来，人们只好向太阳请罪，男人一律跪在地下等着太阳出来。从此，就有了祭祀太阳的活动。"[6]先民祭祀太阳的记录

遗迹在广西壮族地区多有发现，宁明明江及崇左驮柏山的岩画，描绘了壮族先民载歌载舞迎接、祭祀太阳神的场面。壮族民间流传着"造太阳""射太阳""救太阳"等太阳崇拜的山歌、经书与传说，反映了壮族人太阳崇拜的内容。甚至在民间丧葬习俗中，也有不少先民太阳崇拜的体现。广西南宁市武鸣区是壮族骆越文化的发祥地，在该县马头乡元龙坡有一大片西周时期的坟墓，其墓向全部是坐东向西。而安灯养岭坡上数十座战国时期的墓葬，也一律是坐东向西，这就是考古学上的"日向葬"。太阳给人类带来了温暖，给世界带来了光明，给农作物带来了收成，景仰与追逐太阳是先民的古老信念。历史上中越壮、岱族曾经流行祭祀太阳的仪式，而"日向葬"便是太阳神崇拜的体现，它是太阳神灵在人类冥界的延续，先民希望借助太阳的力量使死者得以安息。此种葬墓的朝向文化在越南高平、北㳇、谅山等岱、侬族地区也多有存在，如高平省的朔江县、宝乐县一带就非常流行"日向葬"，许多古老的岱、侬族人墓地几乎是清一色的向东朝向。

图9-8　壮、岱族铜鼓上的太阳纹（太原博物馆）

在广西那坡、云南文山及越南河江一带，历史上曾经有过"太阳节"，太阳节又称女人节，是传承母系社会原始部落祭祀太阳的遗俗。古代汉族就有太阳女神羲和的传说，中国古代文献中也有壮族先民祭太阳的记载，"北齐魏收《五日》诗云：'因想苍梧郡，兹日祀东君。'苍梧乃广西东部，东君便是太阳神"。[7]汉族与百越民族的太阳女神是否有必然的联系，无从考究，但人类原始母系社会时期，世界各地的许多原始部落都曾经有女性"日神"的传说。广西百色与云南文山一带历史上的太阳节，是壮族先民敬畏、崇拜太阳的民俗文化现象。

越南岱、侬族人历史上也存在太阳神崇拜，其仪式与壮族相差无

图9-9　越南谅山一带岱族人的向阳墓（陈家友摄）

几，随着时间的流逝，某些风俗仪式多已消失，只有边远山区的村落中还偶有存在，但从一些寺庙、民宅的装饰及衣饰、布染中的图案中仍可以感受到太阳神崇拜传统文化的存在。

同登是越南谅山省的一个山城，同登灵寺已有300多年历史，同登传统庙会在两国边境地区民众中影响甚广，寺庙受中国传统建筑风格影响，寺庙里里外外刻满了"阳光普照""福气长临"等各种汉字楹联，以及各种具有地

图9-10　同登灵寺上的太阳神造型（陈家友摄）

方艺术特色的装饰图案，太阳神图案在其中特别显眼。越南谅山、高平一带岱、侬族人的墓地，也到处可见到太阳神图案装饰在各种墓碑上，体现了岱、侬族太阳神崇拜的传统观念。

（三）土地神崇拜

在人类出现原始农业之后，社会生活发生了重大的变化，人类由简单的向自然界索取的采集、渔猎，逐渐转向用生产性的方式获取自己的生活资料，即在土地上栽种各种农作物，因此，人类对自己栽种的作物特别关注。那时的农民对土地肥沃与否及气候变化对农作物的影响无法理解，以为土地也是有灵魂的，土地高兴时，农作物就会获得丰收，土地动怒了，种植的作物就要歉收。土地有灵观念随着人类思维的抽象化，逐步形成神的观念，先民们相信土地与其他自然物或自然现象一样有神灵主宰，于是产生了土地神观念。土地神最初只主宰农作物的收获，后来，又发展成为掌管各个地域、各块土地上的神祇，成为保护村寨吉祥平安、牲畜兴旺的地方神。

图9-11 广西大新县城土地庙中的神明（陈家友摄）

中国汉族民间土地神源于古代的"社神"，是管理一方地界的神。战国时期儒家重要的经学典籍《公羊传》注曰："社者，土地之主也。"[8]《左传·通俗篇》有云："凡有社里，必有土地神，土地神为守护社里之主，谓之上公。"[9]《风俗通义·祀典》引《孝经纬》曰："社者，土地之主，土地广博，不可遍敬，故封土为社而祀之，报功也。"[10]传说土地公历史上确有其人，本名张福德，生于周武王二年二月二日，出身贫寒，自小聪颖至孝，后在朝廷任总税官。他为官清廉，体恤百姓疾苦，好为善事，至周穆王三年（公元前999年）辞世，享年102岁。据说张福德死后半月容貌如旧，众乡民甚是称奇，一乡民遂以石垒屋奉祀，不出两年便富裕起来。消息在乡里传开，乡民都相信张福德已成神仙，相信其神恩能够保佑百姓平安致富，于是纷纷效仿，建庙塑像膜拜，取其名而尊为"福德正

图9-12 已经本土化的壮族土地神（陈家友摄）

神"。民间多称其为"土地公""土地爷""后土""土正""社神"，从普通百姓到商贾富庶人家无不争相祭祀之。土地庙供奉的土地公和土地婆都是慈眉善目，白须白发的老人，因其善良随和，人们有事必向其祭祀祈祷，是百姓心目中的善神，是一方土地上的守护者。尽管土地神的神位不高，却是民间供奉最普遍的神灵，土地庙几乎遍布每个村庄。

土地神信仰后来传到了汉族以外的地区甚至亚洲邻国，在中越壮、岱族地区，土地神崇拜非常广泛，"几乎每一村寨均建有一至数处土地庙或社坛，庙坛立有怪石或石刻雕

图9-13 身着官服的土地神（陈家友摄）

像，象征土地神或社神。壮族人认为，土地神是管辖一方的神灵，威力无边，神通广大，既能保佑风调雨顺，五谷丰登，又能驱魔除鬼，庇佑村寨。为此，每年春秋两季，各村寨皆杀猪杀鸡，隆重祭祀土地神，并请巫师诵经作法。如果平时出现凶兆，也须备牲醴祭祀，祈求攘除灾祸"[11]。在平民百姓的观念中，土地神就像村寨中最亲近民众的长者，村里家里大小事情，都可向其请示，服从其裁决。壮族村屯的土地庙多设在村边路旁，一般都是树林或竹林茂密之处，幽静神圣，不受外界纷扰。土地庙通常用砖瓦盖一间小屋，规模大小不一，多为一米见方，屋内大多没有神像，只是用一张红纸贴在墙的正中，表示土地神之位。有些大村屯设有土地庙多个，有时在路旁垒几块石头，即可成为土地庙烧香祭拜。1932年《柳州县志》云："僮人社无定所，偶指片石以为神，即相戒不敢犯，其尚鬼乃天性也。"[12] 广西许多地方也把土地庙称为"社"，土地神即为"社公"，有趣的是，一些地方壮族人奉祀的社公形象虽然还穿着汉服，但头上却包着壮族人传统的头巾，完全是一副壮族长者的模样，由汉地传过来的土地爷在这里已经本土化了，真正成了一个地地道道的壮乡土地神。每逢年三十、春节、清

明、中元、中秋，村人都要前往拜祭土地神，不同的节庆供品也有所不同，除了香烛，一般春节供品是鸡、猪肉、年糕，清明节用粽子，中元节用馒头，八月十五用鸭与月饼。村上的人家办婚嫁、满月、祝寿等喜事，或商贾人家商铺作坊开业，也要到村头的土地庙祭拜，祈求土地爷保佑平安吉祥、万事顺意。

图9-14 越南太原公路旁的土地庙（陈家友摄）

受中国汉文化的影响，越南岱、侬族地区土地神崇拜也是流传最广的民间信仰。同样，这里的土地庙也都是建在郁郁葱葱的古树之下，或者建在村口路旁树木茂密之处。年来节至或春耕夏收之时，村寨造房或婚娶得子之喜，乡民都要前往土地庙，摆上供品祭祀土地神。土地神在当地称为"土公"，"在越南，人们普遍信仰土公（土地公），土公有着很高的民间信仰地位，有着固定致祭时间—阴历的二十三（与中国的农历日子相同），有些岱、侬族人家还设有一个家庭的土地神香盘，不过规模比村寨的土地神庙小。土地神香盘的位置多在住房旁边或后边的干净处所。香盘装饰得比较简单，仅包括三个香盆和三至五个酒杯。当家庭过年过节或遇有事情，根据每户人家不同的经济条件，准备一些祭祀品进行祭祀"[13]。越南壮、岱族地区的人家除了年节祭拜土地神外，平时家中操办喜庆仪式，都得去土地庙上香。各种农事季节，农人在举行开犁、播种、收割等农事仪式时，也要祭拜土地爷，所以岱、侬族地区的许多土地庙都建在农田边长有大树的小土丘或土坡上，这样方便村民祭拜，平时也成为他们干农活时休息的地方。

图9-15 桂南乡下土地庙（陈家友摄）

越南的土地庙牌位多用汉字书写，少见越文，中越两地祭祀土地神的形式比较相似，都有定期和不定期两种仪式。除了初一、十五固定的祭祀日子，半时家庭有事需要请求土地神的允许，也可以买祭祀品来祭祀土地神。壮、岱族祭祀土地神的区别主要是举行祭祀仪式的时间，以及

具体的祭祀仪式。由于受汉族文化的影响，现在经济发达一些的壮族地区修建的土地庙趋向大型些，并塑有土地神像于庙中，还形成了一年一小祭，三年一大祭的习俗，成为地方传统民俗文化的代表。

（四）水神崇拜

水是人类生活和生产活动不可缺少的重要物质，中越壮、岱族群历史上属于农耕民族，与水更有着天然、密切的关系，风调雨顺给他们带来了作物的丰收，洪水泛滥或天旱无雨给他们带来了流离失所与颗粒无收，因而，先民们对水充满着敬畏的心理。在壮、岱族聚居地区的传统文化中，有诸多管理水的神灵，如天母、雷神管理着天上的风雨，龙神、水神、河神管理着江河湖泊的涨落，井神、泉神管理着村落用水的枯涌，每一处水源都有神灵镇守，这些水的神灵主宰着大自然的水资源，对人们的生产、生活乃至生存产生重大的影响。

中越壮、岱族先民水神崇拜的渊源，可以追溯到原始时代。在远古时期，生活在今中越边境的初民以渔猎

图9-16 广西昭平的见龙祠（陈家友摄）

为生，当地河网交织、湖泽密布，人们在渔猎中收获丰歉不等，有时还遭遇各种灾害，或舟覆人溺，或遭蛇鳄伤害。对各种自然灾害与个人遭遇无从解释，于是人们认为水中有掌管水域的水神。人们从主观意识出发，认为水神心境的好坏直接影响人间的祸福，只有讨好这些掌控水的神灵，人间才能免遭灾害，才能平安生活。于是，为娱神媚神，人们建起各种庙宇，敬祭水神，在神诞之时献以歌舞，乞求水神佑护。在农耕社会，农作物的生长对水的依赖进一步提高，水对农事的丰歉起到关

图9-17 广西横县河道上的敬神碑（陈家友摄）

键的作用，农业生产的需求使人们对于水神的崇拜观念不断增强，其祭祀的形式更为多样，有天旱时祭拜雷公的求雨仪式，有洪水泛滥时祭拜河神的止灾仪式。越南岱族人过去的求雨仪式很有意思，在焚香上供祭拜雷神后，"青年男女打鼓或敲簸箕模仿雷声，抽竹篾或葵叶模仿雨落下的声音，到各家各户求水，或相互泼水，或相互邀约到河流小溪去洗澡，然后穿着湿衣服围着神龛转以示求雨耕种之心。此时，参与者唱着求雨歌相互戏弄。这一习俗因地而异，非常生动"[14]。祭雷神是过去广西壮族的传统习俗，"壮族祭雷神分三年举行，一年一祭共有三次，初年薄祭，中年稍丰，末年盛祭"[15]。祭水神以前多在河边，也有的在村头，后来各地多建有水神庙，所以祭祀"一般在神庙中举行，这些神庙多建在村边一棵大树旁，由村中一两位老人加以指定修建。神庙的规格不一，有的一村一庙，也有的多村一庙。一般认为，祭祀场所是神灵'灵魂'能感觉到的地方，里面摆设不一，多有神像、祭桌等。管庙人也多由村中有资望的老人充任，负责主持每年的祭庙仪式"[16]。

在水神崇拜观念的主导下，壮、岱族先民对水这种物质赋予了特别的含义。每年正月初一的一大早，天刚蒙蒙亮，村子里就热闹起来了，壮、岱族妇女都要在村边的小河或井泉边祭拜水神，竞相"抢新水"，清光绪年间《镇安府志》（今那坡）云："元旦，未明时，民家各提瓮汲水……汲而归……旋烹茶，点香烛，列油团、米花、粽糍、果蔬、酒馔，拜天地、祖宗、父母毕，绅奢诣官署称贺，然后比间互相拜贺。"[17]可见壮族人在新年到来伊始、万象更新之时，礼敬水神，抢饮新水祈求好运之俗。在

广西壮族不少地方，婚娶人家在婚礼过后的第二天，新娘要在姑嫂的陪同下，来到村外的泉边或河边，先往水中丢一枚铜钱或硬币，以示祭拜水神。然后新娘挑水回家，给公婆及家人做早饭。桂西壮族人家在媳妇怀孕五个月后，都要请娘家父母来喝喜酒。娘家父母来时必须带上鸡、梭子、竹篓、竹节及糯米饭，还要带上一壶用一种当地叫"淋沉"浸泡的树叶水。有喜人家还要举行传统仪式，由师公念完经符后，把"淋沉"倒在带来的竹器上，据说这样可以保佑母子平安并可预测胎儿的性别。[18]中越壮、岱族许多地方在家中老人过世后，都要从村边的河流中挑来新鲜的河水，为逝者擦洗净身，更换传统的民族服饰，据说这样才能洗去逝者生前的罪过，使其安详地走进列祖列宗的行列。

中越壮、岱族对水神的崇拜还有不少习俗，雨后天边的彩虹曾经被认为是掌管天雨的龙在吸江河上的水，在民间被视为凶兆，哪里出现彩虹哪里就会缺水，这时，村民就要杀猪祭祀彩虹，老人们经常会阻止小孩用手指彩虹，说是那样手指会变弯永远伸不直。壮、岱族祭祀水神的习俗由来已久，历史上也曾经发生一些愚昧的行为。20世纪50年代前越南高平省宝乐县盛行祭江神的事情，据一些巫师讲述，以前曾经发生过用活人祭水神，后来这种野蛮的行为不再被允许，继而以祭白牛或黑牛来代替。[19]由于岱、侬族民崇拜水神，不少地方在日常生活中形成了诸多爱护水源的习俗与禁忌，如在村前及上游的河段村民不能游泳和洗涤，更不能往河中丢弃污秽之物，否则会冒犯或亵渎水神，招致灾祸，也会引起公愤而遭受众人的指责。

图9-18　龙主庙的"祭文"　（陈家友摄）

图9-19　广西龙州博物馆收藏的灶神画
（陈家友摄）

（五）火神与灶神崇拜

人类在进化与发展的过程中，离不开火，在原始社会，火给人类带来了光明、温暖与熟食，也给人类带来了灾难、恐惧与毁灭，人们对火既感戴又敬畏，因而，产生了对掌管大自然之火的火神崇拜。中国汉族民间信仰和传说中最著名的火神为祝融，祝融原名重黎，相传帝喾高辛氏时，他担任地方火正之官，掌管天地之光明，以火造福于民，帝喾命其为"祝融"，后世尊为火神。中越壮、岱族的先民很早就产生了火神信仰，燃烧的火焰或火塘被他们视为火神的化身或象征，并奉其为恩赐光明和财富，是家族繁衍兴旺的保护神。人们在猎获或丰收之时，总会点燃篝火载歌载舞，以此来感谢火神赐给他们的食粮。壮、岱族地区多有祭火、拜火的习俗，不少的地方把四月初八定为祭祀火神的日子，举行各种仪式与活动祭拜火神。在中越壮、岱族人生礼俗中，有不少的习俗体现了传统的火神崇拜，"在广西壮族乡村，每年农历正月初十，人们都要举行'添灯节'。凡前一年家中生了小孩子

（添丁）的人家，都要请人扎好一盏彩灯，悬挂在祠堂正堂的二梁上予以敬奉，而外家亲戚则要送来粽子、红鸡蛋等礼物，以示庆贺，祝福人丁兴旺"。[20] 壮族的这种习俗固然是由于"灯"与"丁"谐音，家中"添灯"就意味着人丁兴旺，但究其文化根源，可以追溯到壮族先民对火的崇拜，有了火才能添丁，添了丁就要敬奉火，实际上也是祈佑火的生殖功能福及家族的繁衍。火在中越壮、岱族的各种礼仪中都有很重要的地位，在这些地区民间的丧葬仪式中，出殡前先要在棺材的一头烧一堆火，将逝者生前用过的衣物从火上拿过，有些甚至当场烧掉。出殡后，丧家及送葬亲友必须在燃烧着的稻草堆上跨过，这也是祈求火神保佑，以求吉利的遗俗。民间的不少习俗与禁忌，都体现了火神崇拜的内涵。壮族传统认为，"火塘是家中火神居住之处，因此火塘中的火种须长期保留，不能熄灭，否则便意味火神出走，家人尤其是妇女不能从火塘上跨过，更不能对火塘吐痰，否则即为亵渎火神，将遭到火神的惩罚，口生毒疮。乔迁新居时，主人家要在旧房屋神龛前祭祀，恭请祖灵和火神搬迁新居，然后将神龛上的香炉和火塘中的火种移往新屋，点燃新屋火塘中的干

图 9-20　越南太原博物馆收藏的灶神画
（陈家友摄）

柴，升起大火，以示火神仍在，并预祝生活红火"[21]。

　　火与人类的日常生活联系非常密切，人的饮食离不开灶火，因此，在中国传统的民间信仰中，由于对火神的崇拜引发了对灶神的崇拜，祭祀灶神成了汉族传统文化中流传最广泛的民俗。从火神演变到灶神，实际上体现了人类对火的自然属性到火的社会属性的认识过程。灶神在民间被尊为"一家之主"，接受百姓的供奉。灶神崇拜后来传到了汉族以外的地区，也成为中越边境壮、岱族人家中比较普遍供奉的神灵。壮、岱族关于灶神的传说与汉族比较相似，"灶神是每家每户都有的生活神，每年农历十二月二十三日，当人们忙着准备过年的时候，灶神都要动身返回天庭，向玉皇大帝报告一年来这户人家的品行与善恶。人们在这一天也都举行'送灶'仪式，是日杀鸡祭祀灶神，还要献酒供糍粑。据说灶神返回天庭是要有坐骑的，鸡就是给灶神上天时的坐骑。而供糍粑的意思是用糍粑封住灶神的嘴巴，不要说出人间的丑事，以免受到惩罚，使之'上天言好事，下天播吉祥'。至除夕晚上，灶神由天上返家，家人又需设祭'迎灶'"[22]。在越南太原省武咀县岱、侬族人中，每家每户都供奉灶神，其祭拜形式同广西龙州一带壮族的差不多。"一般在炉灶上或火塘旁的柱子贴着灶神牌位的红纸，纸上几乎都是用汉字写的'灶君之神位'，也有贴汉族地区所使用的灶神画像。祭祀灶神有特定的香盘，香盘上有焚香所用的香炉，盛祭品的供碗。香盘设在墙边或墙边的烟囱处，也有摆放在火塘旁边的墙脚。"[23]

　　在越南岱、侬族，人们奉灶神为神灵，相信它能呵护家人平安，保护六畜兴旺。每当百姓乔迁新居之时，都要请主家的外祖母来给新居的火塘点火，请家中最尊敬的长辈来迎接灶神。同中国汉族一样，越南一些岱、侬族地区还把姜子牙当成火神来供奉，村上的人家建新

图 9-21　越南天台寺大殿横梁上书写的汉字"姜太公在此"（陈家友摄）

房上梁时，常在房梁上书写"姜太公在此"五个汉字，以供奉火神，防止秋冬时节风干物燥时发生火灾。

（六）树神、山神、石神崇拜

在远古时期，人类尚处愚昧阶段，山、石、鸟、树、草等自然物，都被先民视为神灵祭祀。其中，树神崇拜尤为突出，在广西壮族地区民间，一些古老的大树被认为有神灵，榕树、樟树、木棉树等生长期较长的树种，往往被人们栽种在村头或祠堂边，村民视其为村庄的保护神，认为是村庄平安生存的依托。平时定期上香祭拜，多在每月的初一、十五，以及各个年节。村民家中有大小事情，特别是遇上小孩生病，大多要到村头的大树前焚香祭祀，祈求树神保佑，有的人家甚至将大树拜认为小孩的祖母，让小孩在树神的呵护下健康成长。"广西壮族民间有寄身的习惯，不管大人小孩，都要把村边路旁的一棵或几

图9-22 广西龙州武镇乡枧木王树神（陈家友摄）

棵榕树、木棉树作为家族或个人的寄身树，认为这两种树有灵性，有福气，可以保护家族和本人的平安，视为家庭和个人的护身符。"[24] 这种"家族寄身树"在族中受到严格的保护，不能损坏，更不能砍伐，如有损树者必遭村人谴责，如有砍伐更遭族内严厉惩罚；若为个人寄身树，本人逢年过节都需上供祭拜树神，小孩得病，也会请巫婆在其寄身树上念咒，并将写有姓名生辰的红纸贴在树上，祈求为其祛病赐祥。

图9-23 越南谅山仙蛾佛寺前的树神（陈家友摄）

在树神中，有护命树神、祖先树神、土地树神等。壮、岱族地区的村前寨后一般都长有古老的大树，比较多的是苍翠茂盛、枝叶繁密的大榕树，并将其尊为"村庄神树"。村庄神树不但不能砍伐，也不能在其下便溺。人们认为如用语言亵渎了树神，就会受到神灵惩罚，轻者患疾破财，重者天灾人亡。不少地方有这样的习俗，婴儿刚生下来，就要请道公、巫婆为其选定一棵树为干爹或干娘，这样小孩在成长过程就可免遭灾难，有些地方还有婴儿未出生就种树祈祥的风俗。越南北方少数民族崇拜树神的民俗很盛，不少的地方还定期举行祭树活动。"岱、侬族人祭祀树神的活动，一般多举行于每年农历正月三十日。早晨，人们便将森林里举行祭祀活动的场所收拾干净，祭祀活动往往在森林里最大的两棵古树下进行。祭祀盘具分为两类：上面的是水土祭祀盘，下面的是保佑村寨盘。祭祀活动由两位法师主持，祭祀活动完成后，村长邀请村里每家的代表来参加聚餐活动，参加的人都是男性，必须穿着整齐，并且带上自己的碗筷，然后大家一起用餐。"[25]

图9-24 越南广源县板约村石神潭（陈家友摄）

山神与石神，也是壮、岱族民间的自然神。村子背后的挺拔的山体，被认为具有护佑村寨平安的神性。过去山岭经常有猛兽出没，猎人进山时，总要在山口祭拜山神，祈求捕捉猎物顺利，打猎过程平安。民间也有视石头为神灵的习俗，大树旁的土地石神，田峒中田地石神，都被村民顶礼膜拜。过去壮、岱族地区的乡民认为深山中的岩洞和崖壁边的深潭等地是山神的居住之处，对村前村后的山神尤为尊崇，平时经过这些地方，总要悄然轻步，不得嬉戏，不能言及山神，乡民都相信在此吐口水或便溺，必遭山神报应，经常上山狩猎的山民过年过节还

图9-25 越南布标族森林崇拜（太原博物馆）

需在此敬香祭拜。过去有的地方有这样的习俗，山民猎捕归来，总要

图9-26 壮族的山石崇拜（农敏坚提供）

拔下猎物的几根兽毛，或割下一小块兽皮，深埋于山神所在地，以感恩神灵的恩赐。后来，人们不再主要以打猎谋生，于是，管理山林的山神演变为守村护民的地方神，防止妖魔鬼怪与邪恶猛兽侵害。

中越壮、岱族地区不少的村寨路口立有"泰山石敢当"的石碑，此俗一方面是受汉文化影响，另一方面是当地民间石神崇拜的一种形式，以此祈求石神保佑全村男女老少避祸就福、平安吉祥。

（七）雷神与蛙神崇拜

雷是古时人类最直接崇拜的天象，远古的时候，气候变化异常，晴朗的天空会突然乌云密布，出现划破长空的闪电，震耳欲聋的雷声，因雷击带来的火灾及人畜的伤亡，引起了人们对雷的恐惧和敬畏，先民认为划破长空的闪电是雷神在发怒，震耳欲聋的雷声是天神的咆哮，对雷从畏惧发展为膜拜。同时，人们注意到春雷一响，万物苏生，大地繁茂，秋冬雷声息止，满目萧瑟，遍野枯萎，因此，古人将雷视为主宰万物生长的神。雷具有无比的震撼力，是最早让人类发生恐惧的天象，甚至有学者认为，雷神崇拜是人类信仰文化的源头。在中国古代文献资料中，关于雷崇拜的记载要比其他天象崇拜早。《山海经·海内东经》载："雷泽中有雷神，龙身而人头，鼓其腹则雷。"[26]东汉王充《论衡·雷虚》所记雷神："图画之工，图雷之状，累累如连鼓之形。又图一人，若力士之容，谓之雷公。"[27]唐朝李肇的《唐国史补》，卷下，有如此记载："雷州春夏多雷，无日无之。雷公秋冬则伏地中，人取而食之，其状类彘。又云，与黄鱼同食者，人

图9-27 壮族地区庙宇中的雷神（吴力提供）

皆震死。"[28]历史上汉族还把雷公视为主持公道的天上神灵，人们在解决纠纷之时，总会以"雷劈火烧"来作为双方表明自己清白的咒语。民间也有"不肖子孙，天打雷劈"等俗语，成为族训家规中的警句。中越边境地区是多雷地区，会目睹更多的雷电现象，使这里的先民较早产生雷神崇拜，并在社会生活各个方面体现出来。广西宁明县左江和明江临江的悬崖峭壁上，布满了数十处神奇的土红色远古岩画，据专家考证，"崖壁画应是古代瓯骆民族祭祈雷神以镇水患的原始祭祀图。它反映了瓯骆先民对天神，即雷神的敬畏崇拜，以及祈求它降福消灾的虔诚心境。是原始人类在宗教观念下试图依靠神的力量来消除自然威胁，从而求得生存的见证之一"[29]。铜鼓是古代百越民族的一种具有特殊社会意义的铜器，它原是一种仪式

图9-28　铜鼓上的青蛙造型（高平博物馆）

活动中的打击乐器，后来成为族群权力和财富的象征，为族群首领所占有。在铜鼓表面上，铸有许多充满古越民族文化元素的造型，并且大多鼓身都布满精细的云雷纹，这种云雷纹舒展飘逸、玄妙莫测，更增加了铜鼓的神秘色彩。中国西汉哲学著作《淮南子》载："雷霆之声，可以鼓钟写也。"[30]说明了铜鼓上发出的声音是模仿雷声得来的，云雷纹实际上是古越先民雷神崇拜在铜鼓上的印记，是先民祈求生存，祈求生命繁衍的体现。

中越边境两地都有不少关于雷神的民间传说。在这些民间传说中，雷神一方面是主宰人间的天上的神灵，人们畏惧他，崇拜他。"雷王住在天上，有一副青蓝色的脸，灯笼般的眼睛，鸟类的嘴，并长着一对翅膀；他左手可以招风，右手可以招雨，凶恶威严；他主宰着人间风雨，生死祸福，既可使人间风调雨顺，又可使天旱地裂或洪水滔天。"[31]雷神能判断善恶，辨别是非，人们有纠纷时总是要请他评判；另一方面，雷王又是一大恶神，常常会用他手中的板斧伤害生灵，所以，在两地的神话中又常常是被民间英雄征服的对象。民间雷神崇拜主要体现在祭祀求雨仪式上，多数地方是天旱或水灾之时才求神，也有不少地方为了确保一年的风顺雨顺，将祭雷神的时间、仪式固定下来，一年一祭，三年一大祭，"初年薄祭，中年稍丰，末年盛祭"[32]。雷神祭祀起初多在村边、河边举行，以后逐渐固定下来，不少地方都建有雷庙、雷神庙、雷王庙、雷祖庙等祭祀雷神的庙宇。雷神庙一般建在村边，多数旁边会有一棵大树，神庙的规格有大有小，有的多村一庙，有的一村一庙。神庙中多有神像，其形象凶神恶煞，神像前摆设有祭台等。神庙一般由村中有名望的老人管理，并负责主持每年的祭庙仪式。过去天旱之时，人们除了祭祀雷神乞求降雨外，还要请师公作法，用人扮演曾经战胜过雷神的布伯，威慑雷神，逼其降雨。

蛙神崇拜在中越壮、岱族群历史发展中，也是具有很大影响的自然物崇拜。古越先民进行原始农耕生产，起初完全由大自然来决定农作物的收成，天气的变化，雨量的多少，都关系到农业的丰歉，也影响着人们的生活。在原始农耕生产中，风调雨顺带来了农业的丰收，保证了农人的生活所需。而台风、暴雨和洪水，则造成农业生产的歉收，影响人们的生活，甚至威胁到他们生命财产的安全。青蛙是田野中靠皮肤呼吸的动物，对天气变化的反映比较

图9-29　壮、岱族地区陶器上的蛙图腾装饰（陈家友摄）

灵敏。在长期的农耕劳作活动中，先民发现蛙鸣与气象有密切的关系，当气温和空气中的湿度发生变化时，都会引起青蛙鸣叫的高低不同。因此，古越先民认为青蛙有给人传递风雨信息的神力，是一种能掌控风雨和天气变化、指导人们进行农业生产的神灵。春天来临，人们听到蛙叫之后，就知道播种、插秧的季节到来了。在古越民族的传统传说中，青蛙为雷神子女，雷神将其派送到人间繁殖，令其管理人间的耕作生产，于是，青蛙在古越先民的意识中是非常神圣的，对它产生了崇拜的心理。同时，古越人非常惊叹与钦佩青蛙超强的繁殖能力，也希望自己的族群像青蛙那样快速繁衍，人丁兴旺，因此，青蛙成了古越民族一些南方族群的图腾。铜鼓是古越先民的重要仪式礼器，上面大多铸有代表自己民族图腾的青蛙饰物，这些饰品甚至有小青蛙趴在大青蛙背上的造型，寓意族群像青蛙那样繁殖兴旺。在现代中越民族民间生活不少的饰品中，经常可以见到青蛙的图案或形象。

图9-30 越南谅山土锦上的青蛙形象（张耀军摄）

青蛙在壮语中称为"蚂蚜"，在广西南部的壮族民间都有"蚂蚜节"，长篇叙事歌谣《蚂蚜歌》就是东兰一带用歌声唱出的蚂蚜神故事。相传远古时期，这一带，有个男孩叫东灵，是当地远近有名的孝子，他20岁那年母亲得了重病，不久便去世了。那时这一带生活十分贫困，盛行吃人肉，哪家有人死了，村上的人都要把他分食。东灵爱母心切，不忍心母亲被别人吃掉，于是把遗体藏起来。而此时屋边的蚂蚜却叫个不停，东灵急了，怕引起邻居的注意，就烧了三锅开水把蚂蚜全都烫死了。谁知当年就出现了一场前所未有的大旱，人们纷纷祭神求雨

图9-31 越南谅山陶碗上的青蛙形象（谅山博物馆）

都没有结果，于是去找了氏族的始祖布洛陀。布洛陀告诉村民，村上有人害死了蚂蚜，蚂蚜是雷神的儿子，雷王生气了就用不降雨来惩罚人间。要求得雷王宽恕，只有把被害的蚂蚜尸体找回，送它的灵魂上天去，向雷王赔礼道歉。村民按布洛陀的话找到了蚂蚜的尸体，并隆重祭祀安葬，果然天上乌云密布，雷声隆隆，大雨倾盆而下，地上的庄稼得救了。自此，每年正月期间，壮族不少的地方都会举行祭拜蚂蚜的活动，从祈求年年风调雨顺，岁岁五谷丰登，四季人畜兴旺。

图9-32 岱、侬族的蟾蜍崇拜 （陈家友摄）

壮人崇拜青蛙，有的地方还有一些很特别的祭拜礼式。广西东兰、巴马一带的壮人，正月初一清晨，全村男

性便到野外寻找青蛙，谁第一个找到青蛙，谁就贵为雷神的乘龙快婿，然后要在野外鸣放七声土炮，向雷神报告他即将与青蛙结婚的消息。还要专门制作一个精美的小棺材，把青蛙放进后罩上纸扎的花轿，抬到族中的祠堂或平时举行公共活动的地方，开始举行祭青蛙的仪式。祭青蛙由族长或村中长者主祭，这时人们敲击铜鼓、燃放鞭炮，围着青蛙唱起古老的"蚂蜗歌"，跳起古老的"蚂蜗舞"。祭拜仪式结束后，人们抬着青蛙游乡，逐家逐户贺年贺岁，每家每户都要向游乡队伍赠送供品。游乡结束后，按照古老的传统习俗，把青蛙杀死，据说这样才能借助青蛙的灵魂与上天的神灵沟通，将乡民新一年的美好愿望传递到天上。"当晚男女青年为青蛙守灵，通宵达旦地唱山歌。次日清早举行葬青蛙仪式，这是蚂蜗节的高潮，主祭人在歌场旁边竖起一根高高的竹篙，上扎红、蓝、白三色长幡，在支架上悬吊铜鼓，小停地敲打。大家抬着青蛙的灵柩，唱着《蚂蜗歌》，绕着田地转一圈，然后抬到青蛙坟安葬至此，祭祀青蛙的活动全部结束。"[33]

在越南北方，青蛙（包括蟾蜍等蛙类）也受到人们普遍的尊崇，也有关于蛙神类似的传说。蟾蜍

图9-33 广西东兰一带壮族的"蚂蜗节"（李珍提供）

是当地一种善良、聪明的动物，传说有一年天下大旱，河流干涸，土地龟裂，植物枯萎，动物干渴。蟾蜍非常焦急，决定上天找天帝，求降雨人间。它带着螃蟹、熊、老虎、黄蜂和狐狸一同前往。到了天庭前，"蟾蜍充分发挥自己的智慧，并在同行动物们的齐心团结下，打败了前来挡路的包括雷神在内的天兵天将，找到了天帝当面对质，要求天庭降雨，以解天下生灵的燃眉之急。天帝不得不满足蟾蜍的要求，找来龙王，命龙王即刻降雨，并向蟾蜍承诺：'往后，只要天下久旱不雨，您只要咬牙通知我，我定当命龙王降雨。'"[34]自此，蟾蜍等蛙类受到人间百姓的尊崇与爱护，将其奉为神灵。

在农耕社会，水稻等作物的生长需要大量的水，古代农人靠天吃饭，盼望老天及时降雨以确保水稻丰收。然而天有不测之风云，时涝时旱的气象使农人把降雨归于神灵主管，同壮族人一样，岱、侬族也对能预报晴雨的青蛙非常崇拜，"在岱、侬族的社会里，被认为是雷神闺女的青蛙，被人们视之为母神，并成为好运的象征。每年，当地的'青蛙会'都举行得非常热闹，并持续到农历正月的后半个月。"[35]现在的岱、侬族老人们还非常崇敬青蛙，在田间遇到青蛙，都要小心地绕道而行。许多地方不准捕杀青蛙，甚至小孩捉青蛙玩也会受到大人严厉的斥责，不少的地方至今还有禁吃青蛙的习俗。如果蟾蜍跳进居住地，人们都会善待它们，不随便把它们赶走；即使爬进厨房或卧室，跳上灶台，也只用扫帚轻轻扫走，绝对不会将它们打死。越南有歌谣唱道："蟾蜍是老天爷的舅舅，谁敢打它必遭天谴。"[36]

（八）农神崇拜

中越边境一带古属交趾，该地区的古百越民族较早就掌握了种植水稻的技术，裴渊《广州记》载："交趾有骆田，仰潮水上下，人食其田……"[37]。北魏时期地理名著《水经注》之《交州外域记》云："交趾昔未立郡县之时，土地有骆田，其田从潮水上下，民垦食其田，因名为

图9-34 广西隆安那桐农具节（农敏坚提供）

骆民。"[38]明清各代地方志均有大量记载，清乾隆《开化府志》卷九说："黑土僚，喜种水田。"[39]"水田"在壮语和岱、侬语中都称"那"，中越边境地区带"那"或"纳"的地名有数千个，可见壮、岱族先民农耕文明的历史相当悠久。

农耕是壮、岱族群历史上的主要社会经济形式，先民们的思想观念与之有非常密切的关系，从气候天象到农作物，以及对农作物有影响的相关物质，都被先民们神化，敬畏与崇拜同农耕稻作相关的各种神灵，是壮、岱族原始的宗教信仰。"农神"是一个农业诸神的总称，月神、牛神、田神、稻神、谷神、草神、仓神和农具神等都是农神的各个种类。人们从事农耕稻作一年到头都与相关的自然物接触，都希望在所有的生产环节中顺利进行，因此，对农神的崇拜深深地融合到先民的观念意识之中，在农作活动中随时向相应的神明祈求，以求神明佑护着他们的农耕行为。这种祈求一般无须特定的祭祀场所，大多为即时性，但在一些传统的农事节日中，各地都流传着祭拜各种农神的传统仪式与民俗活动。

在中越壮、岱族地区民众的传统观念中，太阳神是主宰宇宙万物的父神，月亮神是主宰农业生产的母神，因此，月亮神也是该地区的农神之一，祭祀月亮之神，祈求风调雨顺，欢庆五谷丰登，是中越边界广大地区过去比较普遍的传统风俗。两地民间都有关于月亮神的传说："传说月亮上有月亮妈妈和12个漂亮的仙女，她们也是负责管理人间耕种事务的神灵。人们举行'月亮神会'的目的，主要是迎接月亮妈妈及各位仙女到尘间，来倾听人民的愿望。"[40]越南的高平、谅山、河江、北浒等地举行的"月亮神会"，同广西的靖西、德保、大新、天等地非常相似，在形式上越南的祭祀更为丰富。

图 9-35 侬族的"牛王节"（谅山博物馆）

岱、侬族"月亮神会"大多举行于农历十五月圆之时，地点一般在村外较开阔的草坪上，在草坪中间摆个香台，台上有插满鲜花的香盘，一块绣着白色月亮图案的红布或黑布围着香台，上面是祭祀礼品。仪式开始时，主持仪式的天婆在香盘焚香前面静神默念，待神魂附身后，做出邀请月亮姑娘下凡的动作，由1个中年妇女饰演的月亮妈妈及12个年轻姑娘饰演的仙女款款飘来，降落人间，在草坪上翩翩起舞。接着进行祭拜月神活动，为月神供奉鲜花、果品及香饼，祈求主宰农业生产的母神保佑风调雨顺、五谷丰登。村里男女老少唱起古老的歌谣，跳起丰收的舞蹈，表现天上人间的一片美好，最后送月亮神回月宫。据说活动的热闹程度会影响这些神灵对人间的印象和态度，因此，各地的拜月神的仪式都非常隆重。礼会结束时，由村里的一位德高望重的长者，将手中的一盘爆花米撒向四周，表示祭月神活动结束，企盼丰收的一年到来。

以前广西壮族不少的地方都有"祭月"的习俗，时间多在农历八月，祭祀的形式也多种多样，靖西、那坡、大新、德保一带民间流行一种叫"请囊亥"的祭月请神仪式，

图 9-36 壮族牛魂节（韦明提供）

"请囊亥"当地土话的意思是"请月姑娘"。"请囊亥"活动在每年八月中旬，举行的时间长短各地不一，最早从八月初十开始，最迟二十日结束，也有的只是在中秋节当晚举行。"祭月活动通常以自然村为单位，推选有组织能力且在群众中德高望重的老年妇女主持，同时公推二至三人为司仪。整个活动过程包括请月神、神人对歌、神算、送神等。言语往来以山歌形式，月神下凡则是以神魂附体的形式来表现。"[41]请月亮神实际上就是请农神，人们在秋高气爽的月夜，祭祀月神，祈求神灵护佑民间风调雨顺、农作物丰收。

图9-37　广西东兰壮族人的农事仪式（东兰博物馆）

在越南北方少数民族中，就有不同的农神传说，在岱、侬族的《布良君》神话里，相传古代这一带民众缺衣少食，生活十分困苦，有一位叫少该的少女上山采果实，发现了一种"白粒青草"，果实又多又饱满，于是将它带回家，在田里播种，终于获得丰收，于是这一带便有了稻米。在越北一些少数民族，秋收季节有"祭稻母"的习俗，"有一个女人扮作'稻母'先到田里捋稻子，之后每家每户才能收割。这一仪式据说是为了稳住稻魂，以免稻魂受惊而影响收成。在中越边境地区，许多民族供奉的稻神、农神都是女性。从带回稻种到种植、耕作和收获，担任这一工作的都是女性，可见，越南的稻作神话与女神信仰是紧密结合的"[42]。

"一年之计在于春"，在农耕社会，一年的生计都会在新年到来之时安排下来。越南岱、侬族开春期间都会有一些传统的农事习俗，祈求风调雨顺保丰收。"有些地方，家长醒来（如在夜间）挥手拍打谷子，打醒稻魂（侬族称为稻神），他们立一根柱子，上面插有花和竹筛，象征着稻花。接着，人人都到河流里去洗脸、洗手脚。出门时他们认为神灵也兴高采烈地跟着，回家后便举行仪式祭供天、地、诸神灵和祖先，祈求他们保佑在即将来临的季节里庄稼获丰收。"[43]春天来了，播种的季节到了，壮、岱族人在耕种前都要举行下田的祭神仪式和活动，壮族称为"下田节"或"峒田节"，岱、侬族称之为"下田礼会"。"人们通过举行下田仪式及各种祭祀活动，祈求农神及乡社神、村寨神保佑开春耕种大吉，保佑全年风调雨顺，农作丰收。祭祀完毕，村民们还要组织各种歌舞活动。"[44]

广西各地壮族传统的下田节，有村落集体举行与农户个体进行两种，集体举行的下田仪式同越南岱、侬族的差不多，农户个体进行的更加简单。田林县的壮族群众崇拜田神，有每年祭拜田神的习俗。"拜田神的时间多在大年初一，届时带上一炷香、一对宝纸、一个鸡蛋到田头，先点上香，插在田头，再点燃宝纸。与此同时，拜者口中念道：'请田神保佑，不给禾病虫，不给稻枯死；保旱谷满仓，穗大如马尾，好过下三峒，上五峒，人人都爱它。'念

图9-38　岱族人下田祭祀（谅山博物馆）

完后，祭拜者将蛋剥开，分成两半，先将一半放到香炷下，以敬田神，另一半自己吃掉，就算祭拜完毕。"[45]

牛在农耕社会中具有非常重要的作用，农业生产的大部分环节都离不开耕牛，牛给农作带来了丰收，给农人带来了富足，因而，爱牛、敬牛、崇牛成了壮、岱族世代相袭的习俗。牛神崇拜在古越民族历史非常悠久，在中越边境地区，就有关于牛神的传说。很久以前，山野寸草皆无，大地一片荒凉，天帝怜悯人间，派了牛王下凡播种百草。牛王脑瓜不开窍，把天帝命令它三步撒一把草误记为一步三把草，结果大地野茎疯长，杂草丛生。天帝见状不许牛王再回天庭，要它永远在人间吃草，为农家干重活。由于牛的辛劳，换来了人间的丰收，于是牛成了农人心中的神灵，在农历四月初八牛王生日的这一天，中越两地的壮、岱族人都要为牛脱轭，让它休息，带它到河边洗澡，并以米酒、鸡蛋、五色饭侍候耕牛。

除此之外，中越壮、岱族群还有不少祭奉农神的活动与习俗，水稻开始孕穗时，农户就摘下几根稻穗放在祖先香盘上祭拜祖先；稻子即将成熟之时，农户总要用新米煮饭祭祀祖先神明，然后家人与亲朋、邻居共尝新米，这就是壮、岱族传统的"尝新节"。而开镰秋收时则在田边祭祀谷神，这时需请村里受人尊敬的老人先下田收割，然后众人在欢呼声中开镰。有些地方开镰前的仪式是请巫师进行的，程序更为复杂，农户对谷神的崇拜更为虔诚。

图 9-39　布标族庆丰收的尝新节（太原博物馆）

第二节　祖先崇拜

　　原始时期，人类处于蒙昧年代，对生老病死的生命现象迷惑不解，以为人的灵魂是永远不会消失的，只是从人间到了另外一个世界。在母系氏族社会向父系氏族社会的发展过程中，亲缘意识逐渐萌生，起初是对同族死者的追思和怀念，后来发展成对本族始祖先人的敬拜思想。例如，一些氏族的首领或大家庭的家长，生前在族群生存或家庭生活中发挥了重要作用，受到族人或家人的尊敬，他们去世后，人们以为其灵魂仍然存在，还会继续庇佑本族或者家庭，还会赐福子孙后代，因此，祖先神明崇拜便产生了。古老的祖先祭拜活动在中越边境地区各民族中绵延千百年，成为当地民间信仰传统习俗的重要组成部分。

图 9-40　祭祀祖宗是壮、岱族的传统习俗（陈家友摄）

（一）氏族先祖崇拜

　　两千多年前，广西南部及越南北部一带，属于当时百越诸族中的骆越族群，至今各地都有关于骆越的始祖的不同传说，广西南部百色一带的壮族认识较为统一，"祖先崇拜起源之初，人类社会的基本单位是氏族、部落，因而，人们当时崇拜的是本居民族的共同始祖，壮族神话传说中的布洛陀和布伯等，就是壮族历史上某氏族、部落的共同始祖"[46]。

　　在壮族民间传说中，布洛陀是他们的民族始祖，其原名为"黼洛陀"，在壮语中，这个名字有较深的含义，"黼"指的是长者，"洛"指的是样样通晓，"陀"指的是非常全面，"黼洛陀"完整理解就是无所不知的睿智老人。布洛陀的传说在壮族地区广泛流传，但各地的传说略有不同，大多数是根据壮族《麽经》中的说法。经文中称布洛陀为壮族麽教的主要神祇，他开天辟地创造了宇宙世界，他播种万物孕育了大自然、制定伦理安排了人间秩序，布洛陀的故事传说通过麽教经书、民间故事及民间歌谣等不同形式在壮族地区广泛流传。

图 9-41　广西大明山骆越祭祀大典（刘广铭摄）

　　中越边境的广西龙州县金龙镇及周边的地域，居住着一个叫"布岱"（也称"布傣"）的族群，是南部壮族的重要支系，与越南北部的"布岱"是同源族群。两地的"布岱"氏族祖先没有祭祀布洛陀的传统，其主要的始祖信仰是姝稷歌、蚵稷帝、霜舜皇、伏羲、神农等，而姝稷歌和蚵稷帝则是其中神位最高、崇拜最广的神祇。从民间传说来看，这两个神都是女性神，可见布傣族群的信仰还停留在母系社会氏族

女性祖先崇拜的状态当中。与广西南方许多地方的壮族比较，"布洛陀信仰以男性神灵为主，而布傣族群的祖神信仰以女性神灵为主。在布洛陀信仰中，姆洛甲不仅是创世神，也是为人之妻、为人之母。传说中她不仅是布洛陀的妻子，还是九个儿子的母亲，当布洛陀外出治山治水时，她如常人一般含辛茹苦地养育子女，完全赋予了她始祖母神格的身份。而布傣族群信仰中妹积歌、蚵积帝除了是人类最高管理者，再无其他的身份。"[47]

广西宁明县的花山，以及上林、武鸣、马山三县交界处的大明山，都有相传为骆越始祖诞生地的传说，每年三月三，多地举行骆越始祖祭祀仪式，其中以宁明的骆越始祖祭祀大典最为隆重。

宁明县的骆越始祖祭祀大典非常热闹，大典当日首先是仪仗队到骆越王宫请出始祖，然后进行"神像巡游""始祖登坛""合唱《迎客歌》""集体公祭""自由祭祀""始祖回宫"等祭祀程序。在"集体公祭"中，又分为"同根共土""骆越圣火""净手上香""颂祖昭恩""行祭拜礼""乐舞告祭""源远流长"等仪式。各骆越后裔分支代表穿着族群的服装，手捧各自带来的，撒向种有木棉树的花盆，象征骆越大地后裔同根共土。始祖祭祀大典吸引了包括越南北方岱、侬族人在内的远近乡民前来祭祀、观看。

图9-42 越南同登祭神庙会（同登云祠展图）

由于历史的原因，越南岱、侬族群没有形成、流传本氏族祖先的信仰观念，只是个别地方仍传承着从祖籍地带来的盘古崇拜习俗，当然各地庙会也有祭祖的民俗仪式，但祭拜对象并不完全统一，大多是民族杰出历史人物或民间传说英雄人物。

（二）花神崇拜

骆越先民所居之地属于亚热带气候，阳光充足，降雨充沛，植物繁茂。春天到来之时，百花盛开、争芳斗艳，有桃花、李花、茉莉、杜鹃、月季、茶花……花是植物的繁殖器官，有各种形状和颜色，且很美丽，大多有香味，花谢后一般结成果实。花的繁殖作用，以及花的艳丽多姿，使壮、岱族先民很早就把花朵与人类的生育繁殖联系起来。壮族地区的《巫经》有云："凡儿出生，精魂蒂结于花树之间。花之花痒，花婆主之。"[48]"花"在壮族民间有多种含义，年轻的女性或雌性动物都被称之为"花"，女人或雌性动物怀孕了也称为"得花"，总之，壮民古老的思维中，"花"与人或动物的生育繁殖有密切的联系。管"花"的花神是中越壮、岱族群共同的神，这些族群至今还保留着祭拜花神的信仰习俗。清代李调元在其《南越笔记》中记载："越人祈子，必于花王圣母。有祝词云：'白花男，红花女。'故婚夕亲戚皆往送花，盖取诗'花如桃李'之意。"[49]壮族在民间社会生活中的各个方面都反映了花神崇拜的存在，在民间传说、山歌及巫师作法时所啕唱的唱词中，不少的地方都提及了花神姆六甲。广西平果县壮族嘹歌中就有不少关于花婆的歌谣，当地

图9-43 壮族人供奉的花神（陈家友摄）

壮民在建好新房后，都要在祖宗的牌位旁边摆上花婆神位，家中的老妇人都要在花婆神位前唱起古老的歌谣。

> 好酒敬给花婆神，
> 好茶敬给凤凰灵，
> 婆神凤灵莫嫌弃，
> 领下虔诚一片心。

又唱：

> 我家墙角神龛下，
> 三十六朵山茶花。
> 山花来把花婆敬，
> 花婆送子送到家。

婚礼时，新娘在花婆神位前唱道：

> 花婆保佑妹一生，
> 又有菩萨与祖神。
> 给妹生个男娃仔，
> 读书比谁都聪明。[50]

图 9-44　琼山侬族家庭中的神龛（张耀军摄）

中越壮、岱族关于花神的传说比较相同，都是传说冥冥宇宙初开之时，从大自然绽开的第一朵花中，走出一个伟大的女人，这就是姆六甲。姆六甲极其聪明，创造了世上的山山水水，创造了人类和各种动植物，因其派送人类生育都是以送花的方式，故称其为"花王"或"花婆"。

广西壮族许多地方民间都崇拜花王，所以各地多有"花王节"，但神诞时间各有不同，大多在农历二月十九。壮族不少的地方尊姆六甲为始祖，其诞生于农历二月二，因其专管给人间赐花送子，故被奉为花婆神。过去广西壮族地区都有在村边建花王庙的习俗，庙中塑立花王婆神像，而几乎家家户户都会在妇女卧室里设立花婆神位，这是一个非常古老的信仰习俗。"在壮族农村，凡婚后或生孩子后，都要在卧室床头边上设立一个花婆神位，用从野外采摘来的花和花枝扎成'花盘'，祈求花王保佑小孩健康。新生儿出生未满月时，要天天供奉'花神'，满月后要给'花盘'上香。若小孩生病，认为是神花长虫或缺水枯萎的缘故，为了孩子早日安康，母亲要给花婆上香祭拜。"[51] 敬花神最热闹的时候是过年过节，村中的妇女总要成群结队，带上各种供品及香烛纸钱，到花婆庙去祭拜花神。供祭完毕，

图 9-45　越南归元寺供奉的花神（张耀军摄）

她们还得三五成群地走到野外，采摘最鲜美的花朵，插在头上，别在胸前，用这种方式祈求花神护佑妇女及小孩健康吉祥。一些久婚未孕的妇女出门前沐浴净身，祭拜一番后方前往野外采花。如他日怀孕得子，就要请道公、巫婆到野外念经答谢，还要另设架桥仪式，在桥上接花，带回家早晚祭拜。

越南岱、侬族人信仰花神的历史也比较久远，至今在各地民间仍保留着许多祭祀的习俗。祭拜花王圣母的时间各地不一，但民间家庭祭拜却随时都可以。家中娶了媳妇，会请女巫到家作法求子，巫婆在花王神位前求得法符，这种求育符是用红纸剪成的长条吊钟状图案，左边是金花童子的形象，右边是银花女孩形象。在剪纸正中，有一汉书"孕"字，其他还有代表求神妇女命桥与命星的各种符号。求完神后，此符要珍藏在家中柜子中，孩子八岁举行"送花"仪式后，方能毁掉。据侬族的风俗，孩子出生"三朝"后，要请巫师来举行祭祀母婆的

图 9-46 壮族花神出游（韦明妃提供）

仪式，"若小孩是男孩，香盘上要插入两大朵纸花。若小孩是女孩，香盘上插入两小朵纸花，母婆祭台保留至最小儿女结婚才拆卸。孩子满月的时候，家里要举行满月礼仪，家人要祈求圣母祖先保佑孩子健康……孩子满月那天，孩子妈妈背着孩子出门走一段路后再返回，标志着坐月时间结束。随后，家人开始给小孩理发，只留一片头发在头顶上作为小孩灵魂的所在，理发时剃下的头发必须妥善保存"[52]。岱、侬族人传统的祭花神习俗，有求子延嗣的传统观念，体现了始祖崇拜的族群信仰，这一点在侬族祭祀花婆的祝颂词句中可以体现出来。

图 9-47 巫婆请"壮族花神"仪式（农敏坚提供）

在中越壮、岱族的花神文化中，有花婆神话传说、花婆庙、花婆塑像、花婆神位、花神花符、架桥求子仪式、花婆诞日、崇拜仪式等，构成了内涵非常丰富，特色非常鲜明的民间信仰习俗。中越边境壮、岱族群在花神祭祀活动中也有许多交流，在村民为小孩办"满月酒"时，中越双方有时会请对方的巫婆来主持"满月酒"仪式，因而在花神信仰文化上的共同特征保留得较多。

（三）家祖崇拜

家祖崇拜是一种宗教信仰，也是一种文化传统，它体现了古越人"灵魂不灭"的宗教意识。人类进入父系社会后，由群居的生活模式过渡到了家庭模式，原始家庭制度趋于稳定，父亲家长在家庭以及前辈长者在家族中树立了核心的权威，逐渐萌生了维护家庭、家族生活基础的亲缘意识，衍化出对家庭前辈与本族始祖先人的敬拜思想，产生了祖宗灵魂可以保佑后代、赐福子孙的观念。壮、岱族崇拜、祭祀祖宗的风俗，受汉族的影响是很大的，后来汉族儒家思想同本土"灵魂不灭"观念的融合，逐渐形成具有自身民族特征的家祖崇拜文化。

壮族的家祖崇拜除了日常生活的思想意识以外，主要表现为在年节或其他礼仪活动中，壮族"家祖崇拜一般上溯至前三代的祖先，如果建有祠堂的家庭则会将历代的祖先一同敬奉。尽管壮族祖先崇拜以多种形式并存于其日常生活中，但随着宗族社会被地缘社会所取代，壮族人口渐渐从村落转移分散

至城乡，以一家一户为单位进行的家祖崇拜活动已经成为现今壮族祖先崇拜的主要表现形式"。[53]

越南岱、侬族的家祖崇拜基本上传承了其先人族源地的习俗，只是在新的生活环境中不断受到周边民族的影响，在祭祀方式上发生了些许变化。"岱、侬族人亲属范围的划定，也以九代为限，但是家中祭拜，则限于从父辈上三代的祖先，即父亲、祖父和曾祖父。从再上四代的祖先起，已变成大家族的神圣而受族人祭祀。"[54]当地的传统习俗是这样的：父母去世后，家中要建一个新的神位接受供奉祭拜，居丧期过后，还要重新立一个香盘，并将其置放家中神台的下方，三年后才拿走，这时已故父母就已经进入祖先的行列了。

在中越壮、岱族群的家庭中，无论是富裕还是贫困，无论是住传统的干栏房屋，还是干打垒瓦房，或者现代的混凝土建筑，都在家中为自己的"历代宗祖"设立神台。有用上好木材制作的神龛，也有只用普通的红纸书写的神位，不管是壮族还是岱、侬族，都在上面用毛笔书写汉字"某门历代宗亲考妣之神位"的牌位，神龛两旁贴有怀祖扬今的对联，如"神自有灵观子弟，祖原如在佑儿孙"等。

图9-48　越南同登民居门前的祖先祭台（陈家友摄）

尽管绝大多数岱、侬族人已不识得汉字，仍然虔诚地对这些老祖宗曾经用过的文字顶礼膜拜。祭台上一般摆设三个香炉，神台下设神案，上面放置香炉、香、纸钱等祭品，并常供以三茶五酒。壮、岱族人把祭拜祖先的神台叫"香盘"，"香盘一般设在住宅中最中间屋子里最尊贵之处。孕妇不能接近香盘，不用狗肉、牛肉作祭祀品。刚去世不足三年的人，须在屋角设立另一个香盘，三年后才能放进家庭香盘，与家庭祖先一同受祭"[55]。

祖先崇拜是中越边境民族地区古老的信仰，民间过年过节或遇喜庆之事，都要祭拜告知祖先，祈求祖先保佑。

图9-49　祭墓是壮、岱族祖先崇拜的主要形式（农敏坚提供）

在壮、岱族人看来，在诸神当中，家里的祖先神才是最亲近的神祇，香炉是壮、岱族家庭香火延续的象征，是祖先神灵所在的体现。各地祭祖习惯各有特点，侬族人家"在进出的门边插上香筒或香烛来供奉第四、五代的祖先。这些祖先的任务是照看房屋，防止害人的鬼进入家里。第六、七代祖先在牛栏或鸡栏供奉，他们的任务是看管家畜。第八代祖先以上，灵魂才回到祖先那里"[56]。

壮、岱族群每年都有好几个较为隆重的祭祖节日——春节、清明、中元。春节祭祖从大年夜就开始了，下午，各家都把美味供品端到宗族祠堂，也有的摆上自家厅堂的

图9-50　三茶五酒是壮、岱族传统祭祖样式（陈家友摄）

祖先神案，点香烛，烧纸钱，祭拜列祖列宗，感谢先人一年的佑护，祀求来年五谷丰登、人畜兴旺。新年期间祖先牌位前的香火不断。"扫墓要在祖宗墓前祭祀，时间一般是在清明前后或农历三月三前后几天进行，祭祖扫墓所用的供品主要有五色糯米饭、鸡、猪肉、彩蛋等等。祭拜前要给旧坟添土除草，在墓周围插上'标'。'标'即缠有白纱或铜钱状白纸的小树枝。"[57]受汉族的影响，中越壮、岱族人也过中元节，不同的是汉族的中元节主要是祭鬼，当然祭鬼也会涉及祭祀先人，因此汉族把中元节也称"鬼节"。而壮、岱族中元节则偏重于祭祖，壮族有的地方还接连过三天的中元节，分别有"迎祖""祭祖""送祖"等仪式。中元节祭祀家祖在家中神龛前进行，除了烧香点烛，还要摆上鸭、猪肉、香糯饭、粽子、糍粑等供品，准备冥衣冥物等"送魂品"。

图9-51 广西平果壮族家族祭祖仪式（农敏坚提供）

供祭完毕将"送魂品"焚烧，然后把灰烬用蕉叶包好，插上香后，放入村附近的溪河中，任其随水漂流。壮族有些地方中元节祭祀家祖是以鸭子为主要供品，传说为的是让鸭子带着祖宗灵魂从阴间渡河，避免奈何桥上太拥挤。当晚也有些人家到路边和河边祭拜，烧些冥钱和冥品，据说是为了祭祀不能归家的先人亡灵和野魂孤鬼，让其吃好喝好，不要到人间闹事。也有些人家在河边放水灯，以此祈求年年顺风顺水。

图9-52 侬族家庭将祖宗与诸神同一龛供奉（陈家友摄）

受儒家文化的影响，一些经济较发达地区的壮、岱族人还建有本氏族的祠堂。祠堂建筑一般比民居规模大、质量好，多数都有堂号，祠堂大门及各进建筑柱子上还配有联对，不管壮族或岱、侬族，均用汉字书写堂号与对联。祠堂是家族光宗耀祖的一种象征，所以不管是建筑还是装饰都比较讲究，采用上等的用材，有精致的雕饰绘画，还有姓氏渊源、族人荣耀等匾额。祠堂平时主要是用来供奉和祭祀祖先，也是族长行使族权及族中议事的地方。祠堂祭祀祖先仪式非常隆重，许多议程都受汉族的影响，从祭品、祭文到祭拜的仪节、顺序与节奏，都反映了参拜人之间的伦理地位和尊卑秩序。在人与神的沟通与交流中，在场的子孙们获得了一种普遍的祖先临近的感觉，传播了一种同宗同族、血脉相连的亲密感情，拉近了宗族成员的相互距离。

中越壮、岱族的信仰意识历来都是多元的，这也反映在民间家庭或家族供奉的神台上。不少的地方把当地崇拜的家祖、花神、真武、天后、土地、关帝、华光，甚至去世的国家领导人集一龛而供奉，意为不管来自何方灾害，自有相应的神灵佑护，使家庭或家族老少平安，四季吉祥。

图9-53 供奉国家已故领导人是越北地区的习俗（陈家友摄）

第三节　神明崇拜

远古的时候，人类先民处于蒙昧时期，他们对于变幻莫测的自然现象充满了疑惑与不解，对生老病死的社会现象无法解释，因此，对日月星辰、风雨雷电、山川草木等非常崇拜，产生了自然神的原始信仰，认为这些大自然物体具有超然的能力，具有主宰人间的无比威力。当社会进入亚文明时代之后，影响人们思想意识的物体由原来的大自然逐渐转移到人类自身上来，也就是说人类文化中的"神灵"发生了变化。先人信仰逐渐取代了自然信仰，对人类或族群做出杰出贡献的历史人物，在民间的传颂中被夸大并赋予神奇的色彩，出现了根据自然现象和事物虚构出来的各种超群脱俗的神话人物，并被尊为天上的"神仙"，产生了传说人物神明的信仰意识，以及对这些"天神"顶礼膜拜的行为。其中，不乏在民族文化交流中来自其他民族的人物神明崇拜。

（一）始祖神崇拜

中越两国都有将开天辟地的盘古作为人类始祖的说法，壮族和岱、侬族在一些唱本或口头文学中也有关于盘古的内容。盘古之名最早出现于战国《六韬·大明》，"召公对文王曰：'天道净清，地德生成，人事安宁。戒之勿忘，忘者不祥。盘古之宗，不可动也，动者必凶。'"[58] 传说远古时期，宇宙天地一片昏暗混沌，沉睡了千万年的巨人盘古醒了过来，他发誓要创造世界，于是开天辟地，身体化成了三山五岳，两眼分别变成了太阳、月亮，须发变成了繁星，血液变成了江河，皮肤和汗毛变成了大地与草木。不少地方都尊盘古为创造世上万物之神灵，但盘古神话到底源自何方，学术界各执一词，不少专家学者较倾向于源自中国南方的越人，认为盘古传说与越人先民盘瓠神话是同源的。中国现代著名学者茅盾在其《神话研究》中把盘古神话的发源地推断为岭南地区的广东、广西，后渐渐北行，传遍中国大部分地区。越南北部原为交趾之地，民间流传盘古神话，崇拜盘古就不足为奇了。

壮人在歌圩上也有不少关于盘古传说的唱词，如：

盘古开天地，造山坡河流，
划洲来住人，造海来蓄水。
盘古开天地，分山地平原，
开辟三岔路，四处有路通。
盘古开天地，造日月星辰，

图9-54　壮民敬神仪式（农敏坚提供）

因为有盘古，人才得光明。[59]

广西武宣县的东乡河沿江一带，盘古庙比比皆是，盘古文化特别丰富，有盘古神庙、盘古塑像、

图9-55 广西兴业洛阳乡伏羲庙（陈家友摄）

盘古钟、盘古祭祀礼仪，也有盘古地名、盘古神话、盘古山歌、盘古戏剧等，形成了一个罕见的盘古文化完整体系，因此，广西的壮族一直认为这一带是盘古传说的发祥地。这里流传着"盘古兄妹"繁衍人类的神话：远古时期，有一年暴发洪水，淹没了大地村庄，只有两兄妹躲在葫芦里漂浮最终得以幸存。后来兄妹俩在荒芜的大地上成了亲，生出像磨刀石一样的肉团，他们将其砍碎，撒向四面荒野，结果变成了遍布各地的人群，这些人群开创世界，重建家园。在壮语中磨刀石叫"盘"，葫芦叫"勾"，因此后人把这对兄妹称为"盘勾"，而神话北传后，逐渐以近音汉字记作"盘古"。在壮族《姆洛甲》《麽经布洛陀》等神话及经书中都有开天辟地和兄妹结婚再造人类的内容。葫芦是壮族地区普遍种植的植物，多籽易生，繁殖能力强，其形状似孕妇圆润的躯体，因此，葫芦成为壮族先民追求生命繁殖的象征。当地的盘古庙里都贴着各种葫芦剪纸，一些住房及公共建筑的柱子、横梁上，经常还描绘或雕刻有葫芦的形象，这也是一种地方盘古文化的遗留。

有专家认为，虽然壮族和岱、侬族在一些唱本或口头文学中都有关于盘古内容，但实际上大部分地区在民间从来没有形成过真正的盘古信仰。"越南岱侬族、侬族都没有一位全民族共同崇敬的神灵，这一点反映了其形成过程和各部族居住情况复杂而多样化。"[60]一些专家论著的观点认为，不管是盘古传说还是布洛陀、姆六甲传说，整个壮族历史上都没有存在一个统一的民族神，这同越南北方岱、侬族是一样的。"壮族与岱、侬族诸神信仰的不同之处，主要体现在所信仰的一些神明不同，这主要是这三个民族分化时间的不同和分化后受到不同文化的影响及相互间的影响和地域因素造成的。壮族和岱、侬族民间诸神信仰都受到佛教、道教、儒教的影响。壮族与岱族分化的时间较早，分化出去的岱族更多是受到越族的影响。侬族和壮族分化的时间较晚，而受中国南方文化的影响较多。"[61]开天辟地、再造人类的盘古传说，是珠江流域原住民民族——壮族及其同源民族的远古神话，也许在遥远的年代曾经在这片广袤的土地上流行着盘古崇拜，时至今日，在一些地方仍保留着这种崇拜的习俗，但这对于中越壮、岱族大部分地区来说，仅仅是一种遥远的记忆，并非真正意义上的民间崇拜。

图9-56 广西兴业乡村庙宇盘古神像（陈家友摄）

（二）民族神崇拜

侬智高（1025—1055年）是北宋时期生活在中国南方（包括当时的交趾）的壮族先民首领，一千

多年来，在中国官方史料中，侬智高一直被认为是叛逆朝廷的"反贼"。但在他在出生地及曾经活动的地区，却被当地人民尊敬与崇拜，直到今天，仍是中越两国部分地区信仰的神灵。特别是中国的百色与越南的高平一带，不少地方都修建庙宇供奉祭拜侬智高，甚至关于他的国籍及出生地，中越两国的历史学家都在争论。中国学者认为侬智高的年代为中国宋朝，那时广源州属中国领土，侬智高后来起事活动的范围也多在今广西境内，从历史观而言，侬智高无疑应为广西壮族人。这方面的论著有黄现璠的《侬智高》，黄国安的《论侬智高》等。越南学者黄俊南、黄良的《一些有关侬智高历史的资料》指出：侬智高出生于高平镇命玉乡嘉宫村，按现行行政管辖版图，应属于越南岱人。[62]

图9-57 越南高平市水光乡侬智高庙（张耀军摄）

　　侬智高，北宋时期傥犹州（今越南高平及部分中国边境地带）人，后来其父举家搬迁到安德州（今广西靖西安德镇，时属傥犹州所辖）居住，侬智高在安德长大成人。侬智高自小聪明伶俐，学文习武，成为广源州（今靖西、田东一带）的少数民族首领。当时地方连年自然灾害，加上官府欺压，百姓苦不堪言，侬智高揭竿而起，以其生活地傥犹州（今崇左、扶绥一带）为根据地，招聚灾民，平息其他地方势力，于公元1041年建立"大历国"，与当时邕管政权和交趾郡王对抗。1053年，宋朝朝廷派狄青率十万军队南征，侬智高败退今云南西双版纳元江县一带，1055年在大理国遇害。侬智高的起事是为了当地民族的生息，具有一定的正义意义，因此获得当地各族民众的支持，以至在他战死后，受到中越边境地区少数民族的敬仰与崇拜，多有地方建寺立庙供奉。侬智高死后，他的部属仍受到北宋军队的追杀，其残部为求生存，部分逃往越南、老挝、缅甸等国，融入这些地区的土著民族，同时带去了侬智高的影响。"侬智高这个历史人物，经过不断地演化，成为中国的壮族，越南的岱族、侬族，泰国的泰族，缅甸的掸族崇敬的神，有的还说成是始祖神。岱族、侬族农姓的族谱也说他们是侬智高的后裔。越南'保乐一名襄安府——世袭知府侬宏义，侬智高后也'。当今越南出版的一些有关历史、民族的书刊也提到侬智高。在越南的岱族、侬族中也广泛流传有关侬智高的传说、神话，视其为民族英雄，是保护神。"[63] 除了民间传说，关于侬智高早期活动在越南的一些史书上也有所记载，《大越史记》是越陈圣宗绍隆十五年（1272年）黎文休编写的史书，上面就有侬智高的记载.《大越史记全书》

图9-58 越北地区庙宇的侬智高神像（陈家友摄）

是黎圣宗洪德十年（1479年）吴士连补撰的史书，也有侬智高的记载。《越史略》为陈昁昌符年间无名氏所撰写，对侬智高在越北地区的活动有所记载。时至今日，在越南北方的不少乡村，都保存着祭祀侬智高的寺庙，其中规模较大的有高平省广渊县朔河社、高平市永光乡板银村、民主乡板茹村的侬智高庙，广渊县朔河社、和广县朔河乡谷旺村、复和县广源乡的侬智高庙至今还香火极盛。侬智高庙的祭祀时间各地不一，其中规格较高、影响较大的要数高平市永光乡板银村的侬智高庙。每年正月初十是板银村侬智高庙会举行的日子，当天庙宇里里外外打扫干净，庙内饰品焕然一新。同其他侬智高庙一样，庙堂上位前摆放供桌两张，分别供奉侬智高及其母亲阿侬，本地侬族尊拜阿侬为家中禽畜的保护神，说是只有供拜阿侬，鸡鸭才饲养顺利，不会瘟死。以前侬智高庙会非常热闹，方圆数十公里的乡民在当日都会赶到庙

图 9-59 那坡百合乡侬公寺中的神像（陈家友摄）

会祭拜侬智高，在供桌前摆上自己带来的供品，燃起高香，祭拜神灵。高平省广渊县朔河社的村头，有个绿荫环抱的侬智高庙，与其他庙宇不同的是，此庙把城隍、关帝和侬智高同时供奉，祭拜时间为清明节。高平省和广县侬智高庙宇的祭拜时间为每年农历七月十四，当地的岱、侬族人宰杀一头猪或者水牛祭祀侬智高，祭祀结束后本地乡民男女老少都要聚餐，分食供品。高平省朔江县是一个产粮大县，历史上当地的农民把侬智高奉为农业保护神，为了求得年年风调雨顺、五谷丰登，每年四月十五日当地乡民都在侬智高庙举行祭拜活动，祈求神灵护佑。

在姓氏文化上，也体现了中越边境地区的侬智高崇拜的历史遗留。在广西侬峒一带，侬姓家族是普遍信仰侬智高的，这在唐代史籍中早有记载，后来侬峒也因侬智高起义而广为人知。"现在壮族地区之所以少见侬姓，其主要原因是宋时侬智高及其部族战败后受朝廷镇压追剿，侬氏族人被迫改名换姓以求余生，《岭外代答》有记载，'智高乱后，侬姓善良许从国姓'。一些坚持保留侬姓的人群，其文字也将'侬'改为汉族姓氏'农'，但从地方土语的发音上则能感知其区别所在。现在中国的靖西安德、那坡平孟，还有天等等地，还有侬姓。"[64] 广西边境一带农姓的壮人特别多，他们都把侬智高视为自己的族群神灵。靖西市安德镇的侬智高庙是每年农历二月初二举行祭拜仪式，令人惊奇的是，当地农姓村民在祭拜仪式上有个传承了几百年的习俗，各村总要按照当年侬智高在

图 9-60 靖西安德乡侬智高庙（陈家友摄）

此安营扎渠时的编号列队，并舞动各自的彩旗，似乎是部队集结，整装待发。靖西市坡州有座侬智高山，山上有个洞传说是其出生地，因此每年农历正月初八当地侬姓乡民都要在洞口举行祭祀侬智高的活动，靖西、德保、大新等地侬姓族人也都赶来烧香燃炮。广西大新县下雷镇信隆村传说是侬智高称王称帝之地，所建侬智高庙称为"京帝庙"，此庙香火极盛，逢年过节前来祭拜的民众络绎不绝。天等县也是侬智高活动的地盘，至今仍有遗址多处，其中金洞乡福利村的侬智高庙历史最为久远，平时常有百姓烧香祭拜，"每年腊月三十和正月初一新旧交替之际最为隆重。百姓通宵不眠，午夜时分就赶到

庙门前等候，吉时一到就争先恐后地拥至侬智高神台前，开始烧香、燃烛、摆放供物，争立'头功'，即谁在庙里上头一炷香，谁就在新的一年得最大的福分"。[65]广西德保县一带的农姓壮民有个古老的习俗，每年三十晚都要关上大门祭拜侬智高，据说是当年侬智高兵败身亡后，当地百姓怀念他，供奉他，但又怕被官府知道，因此有了关门祭侬智高的习俗。

越南岱、侬族有许多姓氏与壮族是相通的，其宗族历史也有不少共同的认可。"在越南，侬智高信仰不仅仅止于家族（氏族）内部的信仰，而是成为某一地方甚至诸多民族的风习。越南侬族的'侬'与'侬'姓有所关联，自称是侬智高的后裔或者一部族，越南的岱、侬、拉基等民族都流传着侬智高的英雄神话，与中国毗邻的越南北部老街、高平、河江等省份，都分布有侬智高庙宇，民间也还承袭着祭祀侬智高的纪念仪式。"[66]

图 9-61　南宁吴圩周村的二王庙（周坚提供）

在中越边境地区，还有一些与侬智高相关的民间神话，南宁吴圩周村的二王庙始建于北宋哲宗年间，二王关朗灵原在石香炉山占山为王，后归顺侬智高。宋仁宗庆历八年（1048年），关朗灵在广源州刀劈交趾大将郭盛益，一战成名。成为侬智高手下第一猛将，在多年征战中，多次打败剿蛮宋兵与交趾入侵之敌。宋军首领狄青施计在邕州昆仑关附近村寨布下包围圈，派奸细组织当地艺人演戏，关朗灵及其部属在看戏时全部被杀害。后其阴魂不散，随风飘回了起兵根据地石香炉山，托梦与当地周村的族长，说是要重返故地显灵，消息传开，周氏百姓群情涌动，于是在山上建成了二王庙。此庙建成后瑞相迭出，威灵显赫，附近的村民前来求财、求子、祈福、求签问卜，十分灵验。从此四面八方百姓便纷纷前来朝拜二王庙，形成了每年农历四月初八举行庙会的地方习俗。越南高平等地相传以前都有一些与侬智高部将相关的庙宇，现多已毁。

（三）外来神崇拜

图 9-62　广西防城观音寺（陈家友摄）

人类在其社会活动过程中，不同民族的文化总是互相影响，不断嬗变，在族群民间信仰的神祇崇拜方面，也是如此。岱、侬族地区的外来神主要是来自佛教、儒教、道教的神祇，如女娲、伏羲、玉帝、观音、城隍、关帝、伏波等。由于民族的迁移以及汉文化的长期影响，这些神祇逐渐为中越壮、岱族所接受，从而融入本民族的信仰体系。这些神祇在保持了原有神职功用的基础上，供奉的形式上产生了差异，如观音菩萨，有的单独建庙宇供奉，也有的与其他神祇同堂供奉，在广西凭祥一带，大多数乡民家中厅堂的神位共同供奉祖先神与观音菩萨。同样，关帝在壮、岱族地区都受到普遍的信奉，各地关帝庙不少，哪怕是其他普通寺庙，也都会将关羽金身与其他神祇同庙祭拜。城隍是汉族宗教信仰中冥界的神祇，传说是掌管生人死人的户籍，也有说其主管地方城镇，中越便境不少地方民间也信奉城隍，但现存城隍庙不多，一般是经济较发达的大村镇建有城隍庙，也有邻近几个村子供奉一个城隍庙。越南北方也有供奉孔子的庙，在高平、谅山、北江等地

的城镇偶有遗存的孔庙，但乡村中就没有了，人们都说那是读书人拜的神，乡下老百姓不供奉。

1. 观音崇拜

观音菩萨，也称观世音菩萨，是佛教四大菩萨之一，原为男性，佛教进入东土后，与中国文化及世俗要求结合，逐渐以女性的形象出现。她相貌端庄慈祥，经常手持净瓶杨柳，以无量的智慧和神通，普救人间疾苦，具有"大慈与一切众生乐，大悲与一切众生苦"的德能。据说世间众生受苦受难时，只要念诵其名，菩萨就会"观"此声即刻前往解救。观世音菩萨是中国民间流传最广泛的佛教人物，她在民间的影响甚至超过了佛祖释迦牟尼，她集智慧、慈悲，救苦救难等良好品德于一身，受到世人的爱戴和尊重。

图 9-63 广西南流江畔宴石山观音摩崖造像（陈家友摄）

广西现存最早的观音佛像，是地处桂东南的博白县南流江畔宴石山摩崖造像。佛像凿于高高的红砂岩石上，虽已风化，但还能清楚地看到侍立于佛祖两旁的观音菩萨丰满圆润的面部，弯细的眉毛，上翘的凤眼，圆直的鼻梁，樱桃小嘴，垂肩的两耳，修长的身躯，蓄发下垂至耳际，双肩有披巾下垂，下身着长裙，侍立于圆莲花台上。据考证宴石山摩崖造像时间应为隋唐时期，那时桂东南几乎还是壮、瑶先民聚居之地，南流江为中原到海南及东南亚的主要水路，汉传佛教顺流而下也给这片南蛮之地留下了许多佛教文化遗迹。

广西南部有不少著名的观音像碑与寺庙，如明嘉靖年间凿刻的灵山县六峰山的观音像碑，合浦的东山寺、接龙庵、大士阁，南宁的水月庵，贵港的南山寺，桂平的龙华寺等。其中，规模最为宏伟的要数合浦山口镇的大士阁，这个全国重点文物保护单位建于1390年（明洪武二十三年），是为防御海上来的倭寇而建的，中祀观音大士。该阁坐北向南，面对大海，南北长16.75米，东西宽10米，由36根铁木大圆柱（大小不一）支撑，各柱间有72根木梁相牵连，梁柱全为榫卯，无一根铁钉。

图 9-64 越南北江天台寺中的观音塑像（陈家友摄）

在越南北方，有许多佛教庙宇，都供奉有观音菩萨，大一点的寺庙还有观音殿，在河内最古老的镇国古寺观音殿门前，有一对中国古典式的对联，上有汉字书就的对联——"座上莲花普及生灵苦海，瓶中杨柳随时变现如来。"观世音是佛教菩萨之一，是救苦救难之神，既神通广大又平易近人，是民间最受百姓亲近和顶礼膜拜的神灵，此联非常形象地描写了观世音菩萨的形象。观世音手持杨柳枝，慈悲救世，以各种不同的化身救护芸芸众生，世人在遇到危难困苦之时，只要口中念诵她的佛号，就会请到观者前来拯救解难。

在越南岱、侬族地区，更多的观世音菩萨是在土地庙中受到供奉，普通老百姓家中也经常看到祖宗神龛上供奉

观音菩萨，而大多没有安放观音塑像，只是贴了红纸一张，上面用汉字书写："观世音菩萨之位"，早晚供奉。

在汉族民间传统文化中，观音菩萨除了为众生解除苦难，还是给民间百姓添丁送子的圣母化身，俗称"送子观音"。受汉族影响，中越边境壮、岱族群也相信观音菩萨能为众生增添子嗣，因此，与花婆一样，送子观音成为乡民求嗣的崇拜神祇。民间在婚后或产前，都要烧香拜观音，认为观音不但可以保佑人们生男育女，还会庇护妇女顺利生产、母子平安。因此，观音诞生之日许多妇女都会前往观音庙焚香燃烛，叩头祭拜。家中请有观音菩萨像的，早晚也会烧香祭拜。

图 9-65　观音诞游神（韦明提供）

"观音诞"是汉族民间观音崇拜的盛大节日，"观音诞"一般有三个，即农历二月十九观音出生之日，六月十九观音出家之日及九月十九日观音成佛之日，各地民间对观音诞十分重视，往往要举行十分隆重的庙会活动，包括拜神与游神两种仪式。中越壮、岱族地区由于独立的观音庙较少，大多是与其他神祇一起供奉，所以，不少地方每逢神诞日即抬出观音、关帝，也有花婆、北帝、三界等神像在乡间游神，同时进了师公、道公的巫教活动，形成了众神闹乡的热闹场面。有的地方还在神诞日开展放花炮、山歌会等项目，成为富有地方文化特色的民俗活动。

2. 关帝崇拜

关帝即关羽（162—220 年），本字长生，后改字云长，河东郡解良（今山西运城）人，三国时期的重要将领，始终跟随刘备，忠心不二。古典名著《三国演义》的"桃园三结义""温酒斩华雄""土山三约""秉烛达旦""斩颜良诛文丑""过五关斩六将""捉放曹""古城会""刮骨疗伤"等故事，将关羽的义、

图 9-66　广西崇左武圣宫（世平提供）

忠、勇描写得淋漓尽致。"卧蚕眉，丹凤眼，胸前五绺长髯，胯下赤兔马，手握青龙偃月刀"的关羽，被尊为蜀国"五虎上将"之首，在民间成了家喻户晓的忠义和勇武的化身。关羽去世后，逐渐被神化，先是被民间尊为"关公"，又称"美髯公"。后来各朝代帝王为维护封建统治，宣扬封建道德道义，对关羽多有褒扬与爵封，曾获"圣帝君""圣帝祖"等封号，受到中华文化的推崇，关圣庙遍布大江南北。老百姓对关羽的崇拜并非只是出自对历史人物的褒誉，更重要的是神化后的关羽被赋予了多种现实的社会功能，"关羽受到广泛崇拜和信仰，除了他忠义神勇、威风凛凛、正气干云的形象之外，在民间百姓的意识里，他

还是一位能为一方驱鬼除魔、辟邪禳灾、除病保安康、主持公道、伸张正义和抗敌御魔的地方保护神"[67]。在广东、广西及越南部分地区，在一些商贾与店铺中，关羽还被视为能佑护商家生意兴隆的财神。受汉族的影响，关公在壮族民间知名度也比较大，各地民间都散落着一些关帝庙。广西凭祥有座关帝庙，香火极盛，此庙原为明朝驻兵军中供奉关羽的庙堂，后来驻兵撤走后，地方百姓将其改建为祭祀关羽的"武圣宫"。此庙宇规模宏大，前后共分为三殿，甚为辉煌，刻着"精忠浩气"四个大字的大牌

匾悬挂在大殿正门上方，大门两侧分别刻有"荡敌御寇"与"保国佑民"的楹联。像大多数中国内地的关帝庙一样，殿内案桌上供奉着关羽、其子关平及扛着大刀的周仓三尊神像。殿内墙上方刻画着关圣的历史故事与花鸟图案，屋脊雕龙塑凤，甚为壮观。武圣宫是方圆数十公里乡民祈福求平安的寺庙，每年举行的"关公出游"是当地传统的民俗活动。东兴市是广西边陲重镇，中越北仑河畔的关帝庙始建于清朝道光年间，至今已有180多年的历史，关公的精忠大义与高节清廉为两国历代边民所景仰与崇拜，初一、十五前来进香的民众络绎不绝，关帝庙见证了两国边民友好交往的历史。关帝庙原址只有130平方米，近几年在庙山岭重新扩建了占地38亩的新寺庙，成为目前岭南地区最大的关圣庙宇。农历二月二是中越边境宁明县爱店镇传统的关帝庙会，爱店口岸是国家陆路一类口岸，

图 9-67　广西桂南民间庙宇供奉的关圣帝　（陈家友摄）

每天进出口岸的中越边民及物资不计其数，爱店关帝庙会也成了两国边民隆重的民俗节日活动。庙会融合了中越民俗风情展演、民间趣味竞技、祭拜关帝庙，关圣神像出游以及贸易集市促销等活动，传统民俗文化活动吸引了大量中越游客及边民群众纷至沓来，参与这一边关庙会盛事活动。受汉文化的影响，关圣帝在越南北方也受到了普遍的敬崇，而关羽"忠义"的神格则成为儒家思想的代表。在越南北方的岱、侬族地区，也有不少祭祀关公的忠烈庙，北江省陆崖县台天寺是一个有一千多年历史的寺庙，此寺规模宏大，气魄恢宏，寺内古木参天，松柏苍翠，秀竹郁郁，芳草青青，一派幽静、肃穆气氛。庙中许多柱子和碑石上还保留着历代的诗对，佛殿门楣正中高悬金匾，上面书写着苍劲的中文殿名。各种神话故事与多彩的花卉图案使殿堂富丽堂皇。在寺内众多的佛祠中，有一个最灵祠，供奉着一尊手持秦龙偃月刀，全身披挂金甲，威风凛凛的关圣帝塑像。两侧紫檀木的圆柱上，分别刻有"万古忠肝昭日月，千秋正气作山河"的楷书对联。据天台寺住持郑

图 9-68　越南北江陆崖天台寺中的关公神像　（陈家友摄）

庭生介绍，一千多年来，天台寺香火极盛，特别是最灵祠，经常有人前来祭拜关帝，求神、求财、求平安，据说非常灵验，20世纪60年代，美国飞机前来轰炸陆崖县，许多民居在轰炸中化为灰烬，天台寺却丝毫无损，巍然屹立在满目的断壁残垣之中，民间传说那是由于关帝显灵了。

高平省和安县有一关帝庙，寺庙周边林木葱郁，翠竹环绕，一片幽静。寺庙殿宇雕梁画栋，虽不算十分宏伟，倒也庄严肃穆。此庙建庙已有数百年，一直香火不熄，"其庙自戊午黎永治三年（1678），镇所迁居牧马城（今属和安县两国社），始建庙焉，灵应不泯"[68]。庙内有关公铜像及牌位。谅山省关公崇拜受众较多，省内各地以前多建有关公庙，谅山市目前尚存关公祠两座，"关公祠，在省城北温州枚坡社。脱朗州驱驴庸亦有祠"[69]。平常乡民特别是商贾人家常赴庙祭祀。以前乡里贫

困，没有经济能力建寺造庙，常在村头建祭神村亭，太原省武崖州云凌总罗轩社廊来村就有奉关公的村亭，并有一道敕封："敕旨太原省武崖州云凌总罗轩社廊来村从前奉事关圣帝君忠烈威灵应大土尊神护国庇民，显有功德，节蒙颁给敕旨，准许奉事，肆今正值联四旬大庆，节经颁宝诏，覃恩礼隆登秩，特准许依旧奉事，用志国庆而答神麻。钦哉。启定玖年柒月二十五日。"[70] 除此以外，越南北方地区著名的关公庙还有太原省定化州朱市社关帝村的关帝亭，宣光省咸安县绮罗社的关公庙，

图9-69　边境壮族家中挂的关公像（陈家友摄）

莱州省清山县、水尾县的关公祠，北宁省嘉平第一峰天台山的圣公祠，北宁省佛迹寺（万福寺）的关公殿，河内市寿昌古津村的关公庙，寿昌县河口坊粤东会馆内的关公庙，河内还剑湖畔玉山祠的关公神像，河内镇国寺内的关公及关平、周仓像，寿昌县古津村历史上曾经有两个供奉关公的忠烈庙。[71]

越南北方的关公庙，规格比较接近，体现了特有的关公文化。"在关帝庙的山门，一般都可看到这副有名的楹联：'赤面秉赤心骑赤兔追风驰骋时无忘赤帝；青灯观青史仗青龙偃月隐微处不愧青天。'在庙中，关公一般都被安置在中间的位置，关平和周仓紧随其侧。其他还有天后圣母、观世音和木神、地神等，这是由当地人自己安排的。"[72] 可见，在秉承中国汉族关公文化的基础上，越南关公庙的祭拜已本地化了。

在中越壮、岱族地区，关公崇拜已融入民间信仰体系，因此，祭祀关公大多没有独立建寺，而是同其他神祇一起接受乡民供奉。散落于各村寨的土地庙，有不少也同时供奉关帝，关公实际上作为地方保护神被乡民顶礼膜拜。除了建寺庙祭祀，乡民也会在家中的神台设关公神位拜祭，有手书神位，但更多的是摆放神像或悬挂画像。人们把关公当作百事灵验的神灵来祭拜，认为关公能满足自己生活、生产上的各种要求。"在现代社会文化环境中，关公更多的是以'财神'的形象出现在中越边贸市场的商铺里，在两国边界口岸的贸易市场，不管是中方的或越方的，商铺大多都供奉有关公的神像，早晚祭拜为的也是生意兴旺、财源滚滚、老少平安。"

3.伏波崇拜

伏波崇拜曾经在中国岭南地区及越南北方持续了相当长的时间，伏波即东汉光武帝时期平灭交趾"二征"之乱的伏波将军马援。马援（公元前14—49年），字文渊，扶风茂陵（今陕西省扶风县窦马村）人，新莽末年，天下大乱，中原地区兵家混战，马援追随汉世祖光武帝刘秀，南征北战、出生入死、屡立战功，成为东汉的开国功臣之一。后来虽然年事已高，仍老当益壮，时常请缨出战，曾统兵西破羌人，南征交趾，后来官至伏波将军，后人敬仰其英勇无畏、死而后已的英雄气概，各地多有建庙供奉其为神灵。"建武十八年，奉命率军由广西至越南平定征侧、征贰的叛乱。马援南征，带来了中原地区的先进生产技术和中原文化，并留下大批的士兵和部分将领与当地的骆越人居住生活，对推动当地

经济社会发展做出了重要贡献，受到后世敬仰。"[73] 东汉以后，岭南地区（包括海南部分地区）逐渐开始祭祀马援，各地都流传着不少关于伏波将军的民间传说。据考证，从唐代开始，中国南方（包括交趾）凡马援南征所经过的地区均有伏波庙兴建，今中越边境地区仍有不少历史悠久的伏波庙，其中比较著名的是横县乌蛮滩伏波庙。横县伏波庙位于珠江上游河道——郁江南岸云表镇的乌蛮滩边，乌蛮滩依山傍水，地面开阔，许多道教风水先生到此，无不惊叹乌蛮滩气场之大，实为不可多得的风水宝地。伏波庙就建在乌蛮滩边郁郁葱葱的树林之中。寺庙的规模比较大，是一座三进式的具有岭南风格的建筑群体，山门是一个牌楼，两侧各摆放一只铸铁的大香炉，前殿庙门门楣上悬挂着书有"伏波庙"三个楷书的牌匾，两侧为被收降的交趾"二征"姐妹塑像，庙宇以祭坛为中心，大殿供奉着数米高的马援金身，后殿、侧殿、回廊等组成一个封闭的院落，整座庙宇与江、山融为一体，古朴庄重，清静悠远。寺内长者说，乌蛮滩伏波庙非常有灵气，尽管庙宇周边都是枝繁叶茂的大树，但树叶从无半片落在寺庙的屋顶，实为罕见。每年农历四月十四是乌蛮滩伏波庙庙会，是日，横县周边数十个县的民众及外地游客数万人，云集而来朝拜祭祀伏波将军。建于清光绪十六年（1890 年）的东兴罗浮峒伏波庙也是较有影响的寺庙，每年

图 9-70　边境集市商铺供奉的财神关公像（陈家友摄）

正月初四至初八为罗浮峒伏波庙庙会，届时，方圆数百里的民众及很多越南边民都会前来赶庙会。祭祀大典有降神祈福、舞狮舞龙、歌舞祭拜、山歌对唱及师公戏演出等活动。祭拜结束后便是传统的"乡饮"，在伏波庙前摆开数十桌酒席，乡民与来宾一道开怀畅饮，气氛异常热烈，大家频频举杯，共祝风调雨顺，国泰民安。

图 9-71　广西横县乌蛮滩伏波庙（陈家友摄）

在广西边境一带，还有许多伏波信仰文化的遗迹，如龙州雍正十三年（1735 年）初建的治东龙江南岸伏波庙，光绪三十一年（1905 年）初建的仁宇区擎村伏波庙，凭祥光绪二十年（1894 年）初建的隘口街北端伏波庙，光绪九年（1883 年）石乡练江村伏波山上的伏波庙，还有龙州彬桥乡秀岭的伏波城，逐卜乡弄岗村坡那屯结构为石砌五孔的伏波桥，陇昔屯的马援古寨，崇善县（今崇左市）的伏波庙，宁明明江东门宝胜街的伏波庙，旧时思乐海渊乡那明屯的伏波庙，江州州城内西北的伏波庙，左州康熙年间的伏波庙，万承土州的伏波庙，上龙

图 9-72　伏波神像（陈家友摄）

土司的伏波庙，金龙峒金龙街的伏波庙，等等。

伏波将军在越南北部也曾经有很大影响。当年马援率军进入交趾后，安抚百姓、发展生产、改革弊政、安定治安，受到民众的欢迎和赞扬。《后汉书·马援传》载："援所过辄为郡县治城郭，穿渠灌溉，以利其民。条奏越律与汉律驳者十余事，与越人申明旧制以约束之，自后骆越奉行马将军故事。"[74]交趾人追缅他的德威，在各地建庙供奉纪念。马援入驻交趾正是越南北属时期，王师到来戡乱，无疑稳定了地方的政局，使人民得以生息。因而，民间曾留下不少与伏波崇拜有关的民间传说与文化遗迹，《新订较评越甸幽灵集·白马神庙传》云："（马）援还后，百姓追思功德，立庙奉之。其后世代沿革。兵火相争，庙宇残毁，惟存故址。"[75]

同登，是宋时谅山的重镇，此地居住的基本上是岱、侬等少数民族先民。同登历史非常悠久，是越南北属时期重要的商贸集散地，伏波将军马援率部平定交趾后，受到地方百姓拥戴，曾将同登改名"文渊"，文渊是马援的字，岱、侬族先民以此来纪念他，现在同登市内还有很多伏波庙。

谅山、高平、北江一带的岱、侬族人历史上都曾经祭祀伏波将军，将其视为为民除难、保护地方的神祇，当地供奉马援的庙宇，至今尚存不少，只是自宋之后，随着越南的脱北，马援的影响逐渐被抹消，曾经被征服的"二征"夫人逐渐成为越南民族英雄而被广为崇奉。各地供奉马援的伏波庙、白马寺内的神像也多有毁弃，但各寺仍保留有象征马援将军的白马塑像。尽管如此，在越南北方，民间伏波崇拜仍然存在，许多岱、侬族边民在广西境内伏波庙庙会期间，都会越境前往朝拜。

图9-73　高平永平社旗甚庙中的白马塑像（张耀军摄）

第四节　原生宗教信仰

　　中越壮、岱族群是古百越民族后裔，作为稻作民族，原有的万物有灵、拜物、巫术、图腾崇拜等原始信仰根深蒂固，特别是古老的越巫文化，更是这些跨境民族民间传统的意识形态观念基础。同时，由于历史上不断受儒教、佛教和道教的影响，其原生性宗教信仰糅进了许多外来宗教的因素，催化了其信仰仪式的丰富化与多样化，形成了壮、岱族群颇有特色的原生宗教信仰。这些族群长期共同生活在同一地域，民间宗教活动相互交流，各种宗教书籍、神像挂图、宗教用具大多源自中国南部各地，因此，中越壮、岱族群原生宗教无论从教义、仪式、内容上比较接近。壮族原生型民间宗教形式主要包括巫、麽、师、道，而越南岱、侬族群的原生型宗教一般指天、麽、道、佛等宗教体系。

图9-74　广西平果壮族巫婆（陈家友摄）

图9-75　岱族巫师法服（太原博物馆）

（一）巫教

　　中国先秦时期，"越巫"很早就流布于珠江流域的西瓯、骆越部族之中，并多见于史书记载之中。《史记·孝武帝本纪》载："是时既灭南越，越人勇之乃言：'越人俗鬼，而其祠皆见鬼，数有效。昔东瓯王敬鬼，寿至百六十岁。后世漫怠，故衰耗。'乃令越巫立越祝祠，安台无坛，亦祠天神上帝百鬼，而以鸡卜。上信之，越祠鸡卜始用焉。"[76] 唐代柳宗元《柳州复大云寺记》记载："越人信祥而易杀，傲化而侚仁，病且忧，则聚巫师，用鸡卜。"

　　巫分女巫与男觋，女巫在广西南部的壮语称"乜末"，简称"末"；男觋称"末特"，简称"特"。女巫与男觋在职能上有所分工。女巫的宗教活动主要是通神和问卜，而男觋除了占卜，还要通过法事驱邪赶鬼、解厄禳灾。壮巫认为在人们生活的这个世界，分为上界、中界与下界，上界，就是天界，是天上神灵居住的天宫；中界，就是地界，是人与大地上所有生物生活的地方；下界，就是水界，是地下、水下的神灵以及鬼魂藏身的地方。巫教的信众认为，天界的天宫范畴同样是天堂的花园，也是人类来到人间前的生命之园，人间每个人前身都是其中的花朵，通过求花巫事，与上天相通的巫婆可求花神给人间男女赐予孩子；小孩身体多病可请求女巫进天上花园查看该命花是否缺水生虫，以便弥补获安；也可通过做巫事把逝去者的灵魂带回花园，从而获得转世重生。壮族巫师往往自称"贯"，意思是在行巫问卜时，其灵魂意志往往身不由己，任由神鬼的支配，替代阴间灵魂给阳间人传递话语。

图9-76　广西平果壮族"做巫"仪式（农敏坚提供）

在广西南部的壮族地区，不少地方的女巫在施巫过程中，往往会使用巫术剪纸，即给不同的问巫者分发各样不同形态的剪纸画符，有出师符、求育符、祈花符、祛病消灾符、祁寿符、添粮符、拾星符、补命桥祈寿符等。巫术剪纸多由人形、动物形及几何纹形等符号组成，如出师符是老巫师给新巫师传授巫术时通神的法具，由上下两个层次构成，上层为三个双手叉腰、两腿半蹲的正面人形，为巫神；下层左侧为双手叉腰、两脚叉开的人物形象，右侧为一匹马，马往右为一直线通道，右下角有一四瓣对开的小花，人与马是巫师通神役鬼的替身及工具，通道为通神之道，四瓣对开的小花是授予新巫师的"星"或"桥"。求育符的巫术剪纸是非常有寓意的五层长条吊钟状图案，正中为"南无度金桥菩萨"字样，左边是金花童子人形，右边是银花小娘人形，"孕"字在中间连接两个人形，还有一些指向性的箭头，以及呈棱形的图案，均匀地分布在画面的中轴线和对角线上，这些图案与标记代表求嗣妇女的命桥和命星。在靖西边境地区一带，做巫时根据求育者的愿望，剪纸图案具有明显的区别。求男孩时，图案为椭圆尖叶状，尖尾部朝上，叶状上贴一书写的"金"字；求女孩，金字帖的位置要压在叶齿上。做完巫事后，这个纸符是不能丢失的，要珍藏于求育妇女的衣箱中，一直等到生育的小孩八岁后，举行一次感谢花神的"送花"仪式后，才能烧毁谢神。

巫术剪纸常用的形象有人形、马匹、飞鸟、蛾蝶、家畜、家禽，物体有太阳、月亮、桥梁、路径、山脉、河流、花卉、树木等，符号有几何纹、波纹、圆形、方、箭头等，还有一小部分为臆想出来的物象，巫婆（师）就是使用这些巫符，采用各种图案、形象、符号来表达上界天神的意旨。

越南岱、侬族的宗教信仰与毗邻的广西壮族有基本相同之处，如高平等地一些地方民间做巫也经常使用巫术剪纸，在太原的越北少数民族博物馆中，就展出了不少巫事剪纸的图片，只是在形式与造型上具有地方特点。在传统宇宙观与文化观念上，越南岱、侬族同广西壮族一样，认为万物有灵，也就是说在自然界与社会生活中，一切都是有神灵的，这些神灵有福神也有凶神，岱、侬族也认为"天"是最大的福神，它在冥冥之中主宰着世界上的一切，人们与天沟通的渠道是巫师，在祭祀神灵的法事中，巫师通过运用各种程式和法器与神鬼进行交流，如中越谅山与龙州、宁明一带壮岱巫师使用天琴进行"问天"，高平与

图9-77　壮族巫婆画符（农敏坚提供）

靖西等地使用鸡骨、龟骨、甲骨进行占卜，包括架桥安花中的占卜，架屋安宅中的占卜，收魂送鬼中的占卜，祈福求愿中的占卜，随着巫教的世俗化，许多巫术已衍变为民间百姓的纳吉避凶习俗。

在越南岱、侬族群民间巫事中，避凶的办法普遍是使用咒符以及刀剑等鬼神忌惮物来防范鬼魅对人的伤害。在高平一带民间，"鬼神忌惮物最普遍有效的是一张旧网或一张用竹子编织的猫眼形状的竹筛来象征网。人们认为旧网或钓筛可以抵抗任何一种超自然力量的侵害。第二普遍使用的鬼神忌惮物是人类远古时期的工具：被人们称为雷公黑刀的石斧、铜斧或通过托梦看到的偶然得到的异样物品，如大象脚趾、虎牙、虎爪、奇形怪状的石头等，儿童的金项圈是道公、麽公的符和圣物，也是鬼神忌惮物。"[77] "偶人"在当地叫"茆郎"，以前，壮、岱族群民间都有做"茆郎"的习俗，"茆郎"有茅人和剪纸人两种，"旧时壮族民间凡是死了人，必扎一个茅人烧给死者，期望死者在阴间有仆人使唤；另一种形态是女巫用白纸或红纸剪成的人形剪纸。用白色纸剪成的人形剪纸，双手朝下，是拿去顶替灾难用的；用红色纸剪成的人形剪纸，双手朝上，是用来抬酒送酒以及收魂用的，所以又称'收魂童子'。茆郎的作用显然是巫师祖师指令的执行者，负责把野鬼恶邦挑走，或用船把野鬼恶邦渡河载走运走，使病人康复，使家人平安"[78]。

图 9-78　岱族巫事（太原博物馆展图）

图 9-79　侬族巫师悬挂的法图（琼山博物馆）

壮、岱族地区的村民一直有求子的习惯，以前妇女生育不管怎样都要生到男孩为止。因此，请巫婆给无子家庭作法祈子，或者给男孩满月谢神成为地方的传统习俗。近年来，广西靖西的许多边境村民在需要请巫作法时，一般都会请越南巫婆来。据说是越南巫婆作法比中国巫婆灵验，并且越南那边的巫婆不少是终身未嫁，都说这种童身巫婆更灵验。其龙村是靖西紧靠中越边境88、89号界碑的村屯，一条其龙河流经其龙村流入越南那逐村公交屯境内，中越两国边民世代在河两岸繁衍生息。例如，其龙村村民李恒好在为其孙子做满月时，就请了越南那逐村的56岁的巫婆农氏主持仪式。

在举行仪式之前，主家在花神供案前将在准备作法用的放了半箩大米的箩筐中放上一个鸡蛋，将事先剪好的花旗、纸钱、纸飞马放在米上，巫婆做法事的法印及一面镜子也插在米上，箩筐两边各放着一碗柚叶水及一个芒果，然后点燃焚香，并在一旁生起柴火烧盘。这时，头戴法饰、身着法服、手持色扇与摇铃的巫婆，上前将一炷香朝着祭坛数拜后系在头饰上，嘴中念念有词喃诵经文。诵毕，端起祭祀碗沾着柚叶水向外弹点。这时，主家妇人将装有家人衣服

的包裹置放于神台，巫婆将燃烧着的木柴插进水盆，然后举着还在冒烟的柴火在神坛转一圈，在主家

图9-80　越南太原博物馆展出的民间法师模型
（张耀军摄）

神台与花王圣母神间搭上一架竹梯，这是象征着平安吉祥的花轿，巫婆点燃一旁的小油灯，一边念经祈神，一边不断用扇子舀大米于布裹上面，这时主家爷爷将满月的孙子抱出来，外婆撑伞随后，在大门口拜天神，家人点燃户外的鞭炮。"巫婆将装着家人衣服的包裹里面裹上稻穗。巫婆劈开几根竹筒，在上面划几下，象征驱走鬼怪，再拿一个渔网盛着全家人的衣服、几个小竹筒、一个小竹桥。然后巫婆收起花桥，继续唱经文，主家的几个妇女拿出剪纸（衣服、马、花旗等）焚烧，同时将小孩衣服和稻穗放在小孩床头，巫婆拿起小孩的一件上衣，往小孩衣物里放一撮米和一段香，包裹起来，递给主家，整个满月祈神仪式结束。"[79]

随着社会的发展及科学知识的普及，中越两国的传统宗教都曾经受到限制，边境地区经济较发达的城市及附近乡村，巫术宗教的影响力已很小，而在一些偏远地区，特别是交通不便的山区，还有巫教踪迹存在。进入21世纪以来，民族民间传统文化在两国都得到了一定程度上的保护，巫教等原生宗教逐渐得到了恢复与发展。

（二）麽教

宗教是人类发展到某一历史阶段的产物，壮族原始宗教是社会一定历史时期的产物，随着社会生产力水平提高与社会经济制度的变化，原始宗教也会逐渐走向更成熟的宗教。麽教就是壮族先人从古老的越巫衍变出的一种较为成熟的原生型民间宗教。"麽"壮语念"Mo"，指喃诵经诗，也指通神祈禳。麽教信奉布洛陀，"有整套的法事仪式，壮语称'古麽'，即做麽教法事，并有相应的一系列原为口头传承的五言押腰脚韵诗体的祝词，后来用古壮字记录传抄而成的'司麽'，即《麽教经书》，简称《麽经》，由神职人员'布麽'即麽公做法事仪式时祷祝喃诵"[80]。

布洛陀是麽教的最高神祇，在壮语中，"布"的含义是始祖、元老、长老的意思；"洛陀"则为通晓法术之意，布洛陀就是指神通广大的智慧始祖。麽教有大量用古壮字抄写的经书，认为布洛陀创造了世界万物，其法术高超，能为百姓消灾解难，济世降福。麽教没有一个统一的组织机构，神职人员一般为男性的"麽公"，平时分散从事宗教活动。麽教法事仪式主要有三类，一为"麽纵"，是较大型的祭祀仪式，仪式上到场的麽公有数人甚至数十人，场面庄重威严，祷祝时布麽们或挥符，或舞刀，均伴以深沉的喃麽哼唱声，表现出一种震撼人心的道场气氛；二为"麽嘿"，是平时布麽为村民请神驱鬼的法事，有一套传统的作法程序；三为"麽岸"，是布麽为村

图9-81　壮族麽教法图　（陈家友摄）

民家庭所做的念经祈福法事仪式。此外，还有"麽布""麽防""麽兵""麽呷"等多种法事形式。

然而，壮族人口众多，地域辽阔，民间信仰呈多元化状态，因而，并不是所有的壮族地区都信奉布洛陀，"喃麽"一词在其他壮族城乡及越南岱、侬族地区都在普遍使用，但并非严格意义上的麽教，有时往往把麽公与巫师混为一谈，没有严格的界线。他们把所有从事原生型民间宗教的神职人员，不管是巫师、道公、师公或麽公，在作法时的念经都称为"喃麽"。"岱、侬族举行'麽'祭祀活动时的主持人也称'Mo'，在传统的社会生活中，巫师的地位是很高的，多为人们举行求平安、贺长寿、求子等祭祀活动。他们还会治病、占卜等，为世人求平安吉祥与破解灾难，在葬礼礼仪上为亡故者招魂，老百

图9-82 壮族麽经（陈家友摄）

姓认为'Mo'是能与上天神鬼对话的，因而能够得到人们的尊敬。"[81]越南北方岱、侬族地区还有其他宗教职业者，如"Tao""Put""Mot"等，在不同的区域乡民生活中从事祭祀仪式和治病驱鬼的宗教活动，只是其宗教观念略有不同，法事施法形式也各有特点与要求。

（三）道公教

道教是中国本土的宗教，发源于中国春秋战国的方仙道，《史记·封禅书》："宋毋忌、正伯侨、充尚、羡门高最后皆燕人，为方仙道，形解销化，依于鬼神之事。"[82]道教在中国古代鬼神崇拜观念上，承袭战国以来的神仙方术，以黄老道家思想为理论根据，以"道"为最高信仰，济世救人、得道成仙、长生不死是"道"的主要宗旨与追求。道教是中国古老的本土宗教，南北朝时期就已在广西传播和流行，最早的遗迹是在广西南流江畔的宴石山紫阳观。"博白紫阳观，在城西南六十里。"[83]钟山县的丹灶山，较早就有道教传入的记载："丹灶山，县五十里，在白霞浮云山旁，相传汉张道陵炼丹于此。"[84]

图9-83 壮族土地庙中供奉的姜太公（陈家友摄）

壮族万物有灵的原始信仰思想与汉族道教在宗教观念上极为接近，因此，道教在壮族地区的传播较快。有专家指出，壮族的"道"是中原道教的正一道和太一道传入壮族地区后，与本土的原始宗教结合而产生的，其神职人员壮语称道公，因此，壮族崇奉的实际上是壮化了的道教。壮化道教也是多神祇崇拜的宗教，除了供奉道教三清之玉清元始天尊、上清灵宝天尊、太清道德天尊，五老君之元灵元老黄帝君、青灵始老苍帝君、丹灵真老赤帝君、皓灵皇老白帝君、百灵玄老黑帝君外，还有天地日月星宸等大神。壮族地区几乎每个村寨都有道公在活动，在壮民的日常生活中，奏请道教祖师助法，驱赶鬼邪或超度法事等宗教活动，都是由道公去主持。与汉传道教一样，壮族道公

在作法时会使用不同的法器，只是品种上较为简单些，一般有朝简、龙罗、令木、法印、阴阳答、鼓、钹、刀、符书、竹杖等。过去，村寨的平安是村民关注的头等大事，往往要在相关的节日举行斋醮法事，有的地方一办就是数天。是日，全体村民都要吃素，一大早便聚集在村中的祠堂，只待时辰一到，村民们肃立于祠堂主殿及外面的前庭，身着蓝色太极八卦法衣的主祭道公，在香云缭绕中舞动道拂飘然而至。身穿黑衣的助法道公手持三角形彩旗，上面书写东、南、西、北、中五方大将军名字，道公在道家三清及各路神仙画像前，步罡踏斗，走禹步，掐着各种手诀，既有汉族道教的仪轨，也融入了壮族巫教的规矩。由主祭道公在祭台上将法符盖上法印，在主殿几个方位焚烧祭祀，然后给每家每户分发一张带回去，据说这种祭祀后的法符十分灵验，贴在自家的门上有驱邪镇妖、保家护舍的作用。

壮族有些地方过去还有舞火龙的习俗，传说有一年当地发生严重的瘟疫，夺去了不少人的性命，一位路过的老道人让村民用干草扎成长长的草龙，龙身上插满了香，然后把草龙点燃，绕着村子舞动起来，果然人畜转危为安，瘟疫得到了及时遏制。实际上是由于香中含有的硫磺，经过草龙的舞动散发，杀灭了空气中的病毒，才产生了如此的神效。

在中越边境的壮族村寨，村民家中建好新房后，首先要举行仪式请道公将祖龛安放在厅堂。祖龛为上好的木料制作，上面贴有用黄字书写的各种神位的红纸，除了观世音、家神、花神外，还供奉了灶神、土地神及三清、三皇、三星等道教神灵，道公的家堂上除了道教供奉的诸神外，还另立有本地历代道公的牌位。在那坡一带，过去村里人住的干栏式住房，人住的上房前、后门及牲畜住的底栏（下房）都会悬挂八卦镜和张贴道符，八卦镜在道教中是一种风水吉祥物，有凸凹两种，凸镜镇宅化煞，凹镜吸财纳福，传说太极八卦镜可震慑邪魅、扭转乾坤、调节风水，一般人家也会悬挂普通的圆镜。在与道教相关的节日，如正月

图 9-84 越南太原博物馆展出的道教法物（张耀军摄）

十五上元节，二月初二社公节，七月十五中元节，腊月二十三送灶节等，各家各户都会祭祀供拜，可见道公教在壮族民间中影响之大。

早在东汉时期，道教就已传入越南，玉皇大帝、真武神、伏羲、女娲、太上老君、姜太公等道教神祇在各地均受到供奉。在越南岱、侬、族地区，道教的影响也是比较大的，在村头土地庙中的土地神，本身就是道教中的一个神祇。在民间的传统信仰观念中，各种神灵大多来自道教，道公就是天界旨意的行使化身。"道士是玉皇的官吏，生活在阳间，但在另一世界做官任职，掌管祭拜事宜即联络凡尘人间与另一世界（分界是一条无形的河），以祈求玉皇和诸神赐福避祸……如遇恶鬼则要请阴兵，用符把它'撵走'，耀武扬威地拿出'玉皇印'或'天'的文札来吓鬼神。"[85]岱、侬族的道教神职人员大多也称道公，但他们往往只注重宗教仪式，不太注重宗教教义，在仪式上，与巫师的祭拜方法差不多，所以道、巫有时很难区别。

图 9-85 侬族道公道服（太原博物馆）

"道公主持的仪式有高低级之分，活动范围有大小之别。道士有十级之分，其职能也按不同地方有规定分类。如道士、僧道是道公中级别最高的，主持葬礼醮祭，主持集体性的大祭祀和祈福仪式等。"[86] 同广西壮族的道公一样，越南岱、侬族的道公也经常用画符或咒符来驱魂逐鬼，施法过程十分相似：在请神前都要净身、净手、净口，然后摆好香案上香，将笔纸墨砚台放置于神台之上，然后进行祷告，也有舞动法拂或长剑，一番作法后，取出一张长方形黄纸摆于桌面，一边念念有词，一边取笔书写，道公口含法水喷于纸上，画符即告完成，并将其交予求神者，或贴于家中厅堂，或藏于卧室衣柜，以期逢凶化吉、驱邪纳福。

图 9-86　壮族道公在作法（农敏坚提供）

无论是广西壮族还是越南的岱、侬族，他们的道公不像中原汉族道教的职业道士那样，需要过着被世俗之人视为清苦寂寞的宗教生活。道公没有统一的宗教组织，没有专门的宗教活动场所，只是流动性地从事个体的宗教活动。他们大多是普通的农民，平时或上山砍柴，或下地耕田，当村里有人家需要做法事，或驱邪逐鬼，或超度亡灵，或主持葬丧法事时，才充当道公举办道场。职业道士是要出家住观宫的，他们不必这样，还可结婚生子，平时生活只是忌食狗肉，其他荤素不忌。他们是普通的社会人，是民间通天地晓鬼神的智者，而并非社会宗教的领袖，村民也并不是道教教徒。

广西壮族把有名望的道公称"祭司"，由于道公教经书里都是汉字，越南边境岱、侬族人中认汉字的人不多，所以平时村里有事需做法事时，都会邀请中国边境的祭司过去主持仪式，那坡县弄陇屯的祭司马明科，就是经常被邀请的一个。这几年，他到过越南高平省苗旺县辛丐社的古东、爱作、板章、古西、丈香、洞陇、达浪，山尾社的弄兰、平罗、巴兰等屯。光是古东屯就去过十多次。他平时做的仪式主要有送丧、脱服（老人死三年后，守孝的家人要举行仪式脱孝服）、安龙（在坟地上安龙）、解关、小鬼关煞、收魂、驱鬼等，也有人请他过去看地理风水。越南的岱、侬族人认为祖宗是使用汉字的，请中国的祭司来作法最容易与先人的神灵沟通。

图 9-87　广西平果壮族道公（农敏坚提供）

（四）师公

在中越壮、岱族地区，还普遍盛行师公教。师公教也称作"梅山教""三元教""师教"，是在壮族先民越巫信仰的基础上形成和发展的一种民间宗教，壮族师公教尊奉唐道相、葛定志、周护正为始祖，师公教作法极富动感，所以也被称为"武道教"。以前，壮人天旱时祭河神求雨，丰收时祭农神酬谢，遇灾难时驱鬼逐疫，老人过世后料理丧事，都要请"公筛"（壮语中师公的称呼）主持祭祀仪式，这种祭神作法的仪式，壮族民间叫"古筛"，或者叫"跳芒庙"（跳庙神的意思），也有人叫"跳筛"（跳师）

或者"唱筛"（唱师）。"古筛"实际上是壮族的一种乡傩，同其他地方的乡傩一样，傩面具是师公在祭祀仪式中必戴的施法用具，师公一般身着玄衣朱裳法服，法器有剑器、长戈、盾牌、赶鬼杖等，在作法仪式中边唱边舞，傩舞有三元舞、天师舞、功曹舞、梁吴舞、雷神舞、白马舞、盘古舞、鲁班舞、土地舞等数十种，民间称之为"师公舞"。做法时喃讲各种与神交流的语言，有时也会喃唱与神灵有关的传说故事，所以民间也有称其为"师公戏"。壮族师公起源较久远，一些师公的唱本中都有记载，如"盘古开天又劈地，周朝唱师传下来"，"三元三圣号真君，周兴幽厉作谏臣，辞职参师为正教，究竟五行秘密文"等。"关于'师公神'的起源，也有传说为汉代诸葛亮南征十洞蛮王时，随征的梅山教徒流落于壮族先民腹地十万大山一带，娶妻生子，并在当地广泛传教，逐渐衍变为今天的师公神。"[87]

图 9-88　壮族师公（农敏坚提供）

同道公一样，壮族师公虽有专职的神职人员，但大多是半职业性的农民，经常务农与"唱筛"兼之。师公神职往往是师徒相传，但必须经过拜师受戒，掌握舞蹈、杂技的一些技巧，能背诵经文及与唱师相关的历史人物与神祇的传说。做道场时喃念的主要是师父口头相授的传统内容，唱颂以姜子牙、雷震子、关云长、张飞、诸葛亮等古代名将的故事为主，也可自行添加一些忠直、孝顺、善良等有益伦理道德的内容。

在越南北方的岱、侬族地区，民间的原生宗教也有"文""武"之分，"文"者通常也称道公，"武"者则为师公，在民间宗教活动中各司其职，并行不悖。师公的主要职责有："打醮"，在地方年节祭祀、祭天求雨、驱瘟逐疫、丰收酬神等活动中当主祭；"做斋"，为成年死亡者超度亡灵，在丧葬的法事中，往往"喃颂的天、佛经书籍里，极少有劝世箴言，而偏重于减轻尘世罪孽以躲避阎王的惩罚，希望师公能够化解灾难，把人的灵魂送上天堂等"。"看岭头"，即在山坡上设道场祭献野神野鬼，为村屯辟邪收妖除瘟、祈求庄稼丰收、人畜平安；"跳南堂"，孩童体弱多病、婚礼寿辰、不育求子、孝满脱服等还愿性法事仪式；"祭祖"，各姓氏举行的大型祭祖仪式中，师公担任司仪主持；"游神"，神诞之日，乡民从寺庙中抬出神像，沿街坊、村社游行祭献，师公主祭与歌舞助兴；"逐鬼"，在有病疾或灾难人家驱赶鬼祟，师公舞剑跳跃，作符箓咒法，以驱鬼魅。

在这些仪式中，中越壮、岱族地区的师公都要戴各种神祇的面具，傩面具多数用木头雕刻成型后彩绘而成，也有用硬纸壳、竹壳制作后彩绘。师公面具的形象多种多样，大多来自道教的神祇，也有本地民间的神灵形象。例如，头上长犄角，嘴角露獠牙，圆瞪怒目的雷祖，满脸乌黑、铁

图 9-89　侬族的傩面具（张耀军摄）

面无情的判官；青面獠牙、蓬头垢面的山魈；面呈红色、龙眉虎眼、炯炯有神的都天；凶神恶煞、令人生畏的玄武祖师北帝；刘海垂额、弯眉细目、纯朴端庄的纺织娘；面褐浓须、肃穆庄重的财神赵公元帅；白皙红颜、蛾眉凤眼、俊俏秀丽五仙娘；面额朱红、肃穆严峻的灵官；面为褐色，多长一只竖眼在额上的二郎神；短胡须、凸眼睛、凶相毕露，专司岁时更替的公曹；笑容可掬、满脸慈祥的土地；慑伏魑鬼、宽额大面的令公；等等。

在长期的民间宗教活动中，师公教有一整套清规戒律，有些规诫也影响了当地民众的行为规范，成为地方民俗的一部分。例如，师公禁杀青蛙，禁捕蛇类，禁止在祖宗神龛前吃狗肉，这些都成了当地民间的禁忌。师公授徒有一个仪式叫"授戒"，受戒期间，不论师父或徒弟，都不得与妻子同房，新徒甚至一个月不能近女色。这种戒律的严肃性也影响了民间：在父母双亲丧葬期间，孝子只能睡在灵位旁，更不能与妻子同房，否则，就是犯了天条。

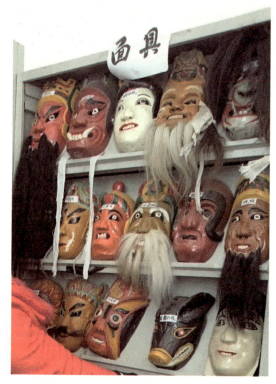

图 9-90 壮族师公面具 （陈家友摄）

[1] 尉富国. 壮族民间信仰的历史变迁与当代转型 [D]. 南宁：广西师范大学，2005.

[2] 范宏贵. 壮泰各族对"天"的信仰与崇拜 [J]. 广西民族研究，1996（3）：87-93.

[3] 刘兆秋，林辰. 浅析壮族巫医治病中的心理治疗作用 [J]. 中国民族医药杂志，2016，22（1）：1-3.

[4] 蓝鸿恩. 赤雅考释 [M]. 南宁：广西民族出版社，1995：45.

[5][6][11][19][21][23][25][35][40][45][52][54][55] 阮庆如. 中越边境地区岱、侬、壮三族原始祭祀信仰比较研究 [D]. 上海：华东师范大学，2012.

[7] 关童. 端午节的龙蛇结构和南北文化差异研究 [J]. 杭州师范学院学报，2010（4）：103-109.

[8] 邓启铜. 春秋公羊传 [M]. 南京：南京大学出版社，2014.

[9] 左丘明. 左传 [M]. 李士彪，今译. 胡志挥，郑爱芳，英译. 济南：山东友谊出版社，2000.

[10] 应劭. 风俗通义校注（上下册）[M]. 王利器，校注. 北京：中华书局，2010：31.

[12] 舒启，吴光昇. 柳州县志 [M]. 刻本. [出版地不详]：[出版者不详]，1932：35.

[13] 马昌仪. 石神和神石的民俗文化学研究 [J]. 民俗研究，1993（3）：81.

[14][42][43][44][48][60][77][81][84][85] 黄友平，黄闭，陆冬梅. 越南岱侬族、侬族的宗教信仰 [J]. 东南亚纵横，2003（10）：46-53.

[15][32] 周去非. 岭外代答校注 [M]. 杨武泉，校注. 北京：中华书局，1999.

[16]《中国少数民族社会历史调查资料丛刊》修订编辑委员会. 广西瑶族社会历史调查（第5册）[M]. 南宁：广西民族出版社，1986：389-390.

[17] 羊复礼，梁万年. 镇安府志 [M]. 刻本. [出版地不详]：[出版者不详]，1892（清光绪十八年）：24.

[18] 廖明君. 壮族水崇拜与生殖崇拜 [J]. 民族文学研究，2001（2）：59-66.

[20] 肖妹，李小峰. 浅谈我国少数民族的"火崇拜"[J]. 西北民族大学学报，2012（2）：43.

[22][56][61][73] 滕成达. 中国壮族与越南岱、侬族民间诸神信仰比较 [J]. 东南亚纵横，2002（2）：45-48.

[24] 古开弼. 中华民族的树木图腾与树木崇拜 [J]. 农业考古，2002（8）：136-146.

[26] 孙见坤. 山海经 [M]. 北京：清华大学出版社，2015：58.

[27] 王充. 论衡校注 [M]. 张宗祥，校注. 郑绍昌，标点. 上海：上海古籍出版社，2010：32.

[28] 李肇，赵璘. 唐国史补 因话录 [M]. 上海：上海古籍出版社，1979：14.

[29] 黄成贤. 壮族先民的雷神崇拜 [J]. 广西民族研究，1988（1）：108.

[30] 黄怡鹏. 从铜鼓纹饰看我国南方各民族先民的审美追求 [J]. 广西师范学院学报（哲学社会科学版），2008（10）：9.

[31] 蓝鸿恩. 布伯的故事 [J]. 广西民间文学丛刊，1980（2）：28.

[33] 李岚. 壮族的蛙崇拜文化 [J]. 广西教育学院学报，2000（6）：92-100.

[34][36] 韦凡州. 越南的蟾蜍文化 [J]. 广西民族师范学院学报，2013（12）：40-41.

[37] 裴渊. 广州记 [M]// 黄佐. 广东通志. 刻本. [出版地不详]：[出版者不详]，1561（明嘉靖四十年）：31.

[38][41][46] 李富强. 人类学视野中的壮族传统文化 [M]. 南宁：广西人民出版社，1999.

[39] 云南省民族协会. 云南民族（文化卷）[M]. 北京：人民出版社，2009.

[47] 何明智. 壮族布洛陀与布傣族群祖先神信仰比较 [J]. 广西民族师范学院学报，2011（4）：28-30.

[49][50] 李萍. 从广西平果嘹歌看壮族原始宗教信仰 [J]. 梧州学院学报，2011（4）：52-53.

[51] 张小娟. 民间信仰与村落生活——广西靖西县龙邦镇其龙村的民间信仰 [C]// 人类学高级论坛秘书处. 人类学的中国话语——人类学高级论坛 2007 卷. 哈尔滨：黑龙江人民出版社，2008：646-651.

[53][57] 李慧. 壮族祖先崇拜研究 [J]. 河池学院学报，2007（12）：74-83.

[58] 黄朴民. 黄朴民解读三略·六韬 [M]. 长沙：岳麓书社，2011:64.

[59] 欧阳若修，黄绍清. 壮族文学史 [M]. 南宁：广西人民出版社，1986：29.

[62] 范宏贵. 侬智高研究资料集 [M]. 南宁：广西民族出版社，2005：248.

[63] 范宏贵. 同根生的民族 [M]. 北京：民族出版社，2007：44.

[64][66] 黄玲. 记忆、实践与文化遗产：中越跨境族群侬智高信仰比较研究 [J]. 广西民族研究，2014（6）：88.

[65] 乔舒琪. 侬智高跨国崇拜研究 [D]. 南宁：广西民族大学，2013.

[67][75] 韦凡州. 越南人信仰中的中越共同神研究 [D]. 南宁：广西民族大学，2010.

[68][69][70][71] 谭志词. 关公崇拜在越南 [J]. 宗教学研究，2006（1）：29-35.

[72] 阮光颖. 试论关公信仰文化在越南的传播 [J]. 东南传播，2008（4）：136-137.

[74] 滕兰花. 边疆安全与伏波神崇拜的结盟 [J]. 广西社会科学，2009（12）：83-84.

[78][82] 竭宝峰 . 史记 [M]. 沈阳：辽海出版社，2015.

[78] 黄桂秋 . 壮族巫师的信仰世界 [J]. 文化遗产，2010（1）：114–121.

[79] 马菁 . 其龙壮族村民跨界交往问题的历史考察 [D]. 南宁：广西民族大学，2009.

[80] 潘其旭 . 壮族《麽经布洛陀》的文化价值 [J]. 广西民族研究，2003（4）：69–72.

[83] 梁庭望 . 壮族原生型民间宗教结构及其特点 [J]. 广西民族研究，2009（1）：66–76.

[86] 黄静 . 边民生活中的宗教实践 [D]. 南宁：广西民族大学，2012.

[87] 杨树品 . 壮族民间师公教：巫傩道释儒的交融与整合 [J]. 中央民族大学学报（人文社会科学版），2001（4）：94–101.

第十章
壮族与岱、侬族群的
健体游艺习俗

- 健体习俗
- 游戏习俗
- 杂艺习俗

在人类发展的历史上，健体与游艺成为一个族群体魄强壮与聪慧提高的重要形式。

健体活动作为一种文化现象，是随着人类社会的发展而不断萌生和演化的，原始人类为了生存，在与凶禽猛兽的搏斗中需要强壮的体魄，在与各种自然灾害的抗争中需要坚强的意志，先民在狩猎时非常羡慕各种野兽的威猛与机灵，他们会模仿各种野兽的动作与姿态以自娱；进入文明社会后，人们发现某些劳作动作具有自娱性与强体性，于是相约进行这些劳作动作的再现与竞赛，这就是人类健体活动产生的缘由。

人类在长期的劳动、生活中，注意如何不断提高自身的智慧去应对与解决面临的各种困境，于是，在劳作之余常进行一些益智的活动，这就是民间游艺产生的原因。

中越壮、岱侬各民族在长期的社会生活中，创造了许多与他们的生产生活相适应、体现族群健体与益智要求的健体与游艺活动，这些民间健体游艺活动，植根于本民族传统的生产、生活方式以及社会结构的土壤之中，锻炼了人们的体魄，开启了人们的智慧，活跃了人们的文化生活，提高了族群的整体素质。

第一节　健体习俗

　　远古时期，人类在同恶劣的生存环境进行抗争的过程中，经受了大自然优胜劣汰的磨炼，也造就了逞强好胜的本性。在漫长的社会发展时期，人们会开展种种具有挑战性的竞技活动，这些竞技活动大多源自当地的生产与生活，特别是那些具有典型意义的传统劳作方式，体现了个人或群体在体力、智力、心理等方面的抗争能力，刺激了参与者与观看者的兴奋心理，增强了他们的体质与心理素质，这些地域性健体益智的民俗活动，具有地方民族传统文化的特征。中越壮、岱族在长期的社会生活中创造并传承了各种丰富多彩的竞技活动，如抢花炮、摔跤、抛绣球、荡秋千、赛板鞋等，也有其他动物参与的竞赛活动，如斗牛、斗马等，这些竞技活动提高了壮、岱族群众的身体素质，活跃了边境地区的群众文化生活。

图 10-1　壮族乡村运动（大新博物馆）

（一）抢花炮

　　种族繁衍是人类在生存与发展中最重要的诉求，人丁是否兴旺是一个民族或一个家族是否强大的先决条件，因此，人们总会创造各种方式提高自身各方面的素质，以达到强壮族群、繁衍后代的目的。

图 10-2　越南谅山民间"抢花炮"（谅山博物馆）

抢花炮是中国南方及越南北部许多民族的传统体育娱乐活动，壮族抢花炮起源于明朝，至今已有近 800 年的历史，是一种常在冬季农闲时节或开春前举行的带有民族繁衍性质的民俗活动。中越壮、岱族地区历史上的民间抢花炮，原为一种祭祀祖先、祈求族群强壮繁荣而举行的民俗体育活动，许多地方志都记载了此项民俗活动。清康熙四十四年（1705 年）广西《上林县志》载，"三月三玄帝诞辰，建斋设醮，或俳优歌舞，乐工鼓吹三日夜，谓之三三胜会。至期送圣，群放花炮酬神；求子者竞得花炮头以为吉利，且主来岁之缘首焉"。[1] 清光绪《贵县志·卷五·纪人节令》载："城厢初二日，众会社前放花炮，大小不等，

人者高丈余，小者亦尺许，周身糊以花纸，名曰花炮。有头、二、三等名目，结草环为标识，轰起时，接得者谓之得炮头。会董用鼓吹、仪仗送琉璃镜一座，至其家，香花酒烛供奉堂中。次年及期，亦照样另备屏镜、大炮、金猪，鼓乐送至社前，谓之还炮。"[2] 三江县《民国志·卷二·赛会娱乐篇》记述："花炮会，六甲人，僮人皆盛行，而全县率参加……于集会地点演剧舞狮及各种游艺助兴，届时男

女咸集。其竞赛以冲天铁炮内装铁环，若使弹然。燃炮后，铁炮直冲霄汉，观众闻炮声，即以铁环为目标蜂拥相争取，以夺得铁环者按头、二、三炮依次领奖，其友族皆簇拥庆贺，欢声若雷。"[3]中越壮、岱族地区各地抢花炮的竞赛规则与程序基本相同，都体现了"祈神求子""主财喜""求神佑"等乡村文化，但活动组织形式与其他附属活动内容却各有特点。

壮族地区各地的抢花炮民俗形式多种多样，其中以邕宁、平果、靖西等地的抢花炮最有代表性。南宁市邕宁区中和乡抢花炮节是每年农历二月二，是日，方圆数十里的乡民早早就赶到比赛现场，尽管正值初春伊始，天气尚寒，但丝毫没有影响乡民们的观赛热情。比赛开始时，按照传统的习俗，要先举行隆重的祭祀祖先仪式。这时，比赛用的花炮摆放在土地庙里，以各村寨为单位，参赛队及乡民列队到庙里烧香，祭祀祖先与神圣的花炮。上一年抢到花炮的人家排在队伍前面，这是一种莫大的荣誉，舞狮队及当年花炮参赛队员紧跟，观战助威的本村群众随后。九时许，司仪宣布祭祀仪式开始，两只威猛的舞狮在鞭炮声中跳进来，绕着供桌进行各种招式的表演，舞动起势、奋起迎宾、施礼、发威、过山等造型，非常富有勇猛阳刚之气，表现了舞狮喜庆迎祥、

图10-3 壮族斗牛盛会（韦明妃提供）

驱邪逐鬼等寓意，博得四周观众的阵阵喝彩与掌声。这时，主祭者宣读祭文，并率领全体乡民跪拜土地神灵，然后司仪宣布比赛规则及程序，抢花炮活动正式开始。

花炮是比赛的器具，中越边境两地的花炮大同小异，一般是直径约5厘米的铁制圆环，外面用红布缠绕，显得格外耀眼。花炮"置于内装火药的铁炮上，铁炮为六角柱形，每面均饰有图案，炮身分

图10-4 越南谅山"抢花炮"（谅山博物馆）

三层，底层为六角柱的基座，座角镶有桂花花边，中层较细，镶有各种人物造型，上层是喇叭状炮口"[4]。参赛的两队各为八至十人，比赛开始时，分别站列于指定位置，听到号令，工作人员把花环放在装有黑火药的火炮里，然后点燃导火索，只随着"轰"的一声巨响，火炮把花环送上百米的高空，这时场外的观众顿时欢腾起来，欢呼、呐喊、尖叫声不断。场上参赛的队员看到花环下跌时，狂奔前往抢夺，在互相争抢当中，有人拉着对手的腿脚，也有人拽着对手的肩膀，几十个人扭成一团。在混乱中一方抢得花环后，持花炮拼命奔跑，极力摆脱对方的拦截、搂抱，并迅速传给队友。而失利的一方则前截后追，拼命抢夺，经过数个回合的抢夺，场上形势上多次逆转，最终有一方将花环送到篮里，获得一局的得分，在规定的比赛时间里，得分多者获胜。整个抢花炮过程紧张刺激、扣人心弦，它既是力量的较量，也是智慧的较量，更是团队协作精神的较量。因此，花炮队员必须具备健壮的体魄、顽强的意志、敏捷的反应、默契的合作，这样才能在竞争中发挥团队精神，夺取最终的胜利。抢花炮体现出较强的竞争性，极具观赏性，被誉为"东方的橄榄球"。抢花炮比赛过程的激烈对抗，"不仅可以锻炼身体，培养人们勇敢拼搏、团结协作的精神，还丰富群众的业余文化生活，具有较高的健身和观赏性，能给予人们力与美的享受，激发民众积极向上，增强民族凝聚力，增进民族之间交往"[5]。

传统的抢花炮体现了壮族传统的子嗣观念，男丁少的家族更是抢着当花炮队员，"家里抢得花炮就是天神赐福，来年必有子。因而抢花炮的人，都是没有生男育女或生女无男的人家参加抢得多"[6]。抢花炮以前在民间影响很大，获胜者往往在当地赢得很高的荣誉，所以，一旦比赛决出胜负名次后，赛场总是欢呼声、锣鼓声、鞭炮声响成一片，民众都在尽情地享受着抢花炮带来的喜悦，憧憬着来年的风调雨顺、人丁兴旺。此时获胜者拉着奖励的公田稻谷及其他奖品，还有被允许带回家的花炮，敲锣打鼓返回村子，将花炮放置本族祖先神龛上供奉，来年才送还组委会，以便再次举行比赛。

由于共同的历史文化源头，越南岱、侬族群各地民间也流传着抢花炮的娱乐民俗，"在广和县街道，农历二月二日和三日举行'庙会'，还举行抢花炮（用火药打铁圈争夺）抛绣球舞龙、斗牛等活动……侬族中也有这些活动"[7]。越南岱、侬族抢花炮无论从花炮的样式还是比赛的程式，都同广西壮族相差无几，或许是数百年前他们的先人从祖籍地带过来的，现在已作为一种本民族的传统健体活动传承了下来，并且许多古老的传统规则一直没有改变。由于地缘、族缘、亲缘的关系，中越边境两地都把抢花炮视为双边的共同民俗活动，将其作为维系双边情感与交往的纽带。"在靖西县湖润镇××村，举行了作为农历二月二日的礼仪的争夺铁圈的

图10-5　抢花炮获胜者（韦明妃提供）

抢花炮活动。接下来还有演戏、篮球比赛、象棋比赛和对歌的活动。参加对歌的以中年以上的人居多。这个活动和圩日是同一天，估计有三千多名侬族人从越南前来参加。"[8]相同的民族文化与传统习俗，抢花炮在加强中越两国人民的传统友谊、维护边境地区社会安定、促进地方旅游业发展方面，发挥着重要的作用。

（二）斗牛

牛是人类文明进程中的重要伙伴，世界上许多民族在与牛类亲密相处的同时，也曾经有过开展斗牛活动的历史文化。中国的史书上较早就有民间斗牛的记载，西晋皇甫谧在《帝王世纪》中载"秦武王好多力之人，齐孟贲之徒并归焉，孟贲生拔牛角"。宋代高承《事物纪原·卷九·斗牛》载："成都记曰：李冰为蜀郡守……蜀不复病水，由是斗牛之戏。今世尚或有之，盖自秦世之始也。"文中载战国时期就有斗牛之戏。宋代孙光宪《北梦琐言·卷四》记："杜幽惊每早食饭干脯，崔侍中安潜好看斗牛。虽各有所美，而非近利。"汉代画像石斗兽图案中以斗牛图案最多。[9]

壮、岱族群都是历史悠久的农耕民族，在他们的劳动生产中，牛的作用非常重要，牛用自己辛勤的劳动促进了农耕社会的发展，并以一种代表力量、倔强、斗志的形象在这些族群中受到推崇，因此，在漫长的历史时期，牛曾经作为一种民族图腾在壮、岱族群中流行。很早以前，中越壮、岱族地区就开始开展斗牛竞技的活动，并成为一种很有地方特色的传统文化。一般斗牛比赛多在立春前或秋收后的农闲时节进行，斗

图10-6　广西武鸣"三月三"斗牛（韦明妃提供）

牛要选择体格壮硕、威武彪悍的大牸牛、大水牛或大黄牛，并全是处于发情期的成年牛牸。赛牛平时得到主人的精心护理，赛前两三个月还要给它喂蜂蜜、猪油、鸡蛋、米酒等，因此，赛场上所有的斗牛都非常剽悍强壮，身价不菲。广西田阳县是壮族始祖布洛陀文化的发祥地，每年四月在这里举行的斗牛活动最具特色，是方圆数十公里乡间的盛大节日。每到斗牛的日子，各村寨的乡民就会从四面八方涌向斗牛场，观看这种体现地方民俗文化的活动。斗牛场大多为历史上流传下来的，往往都是类似小盆地的地形，四周山坡为观众观看的地方，斗牛场则在中间开阔的平地，也有的选择平坦的河滩，河堤上为观众席。田阳斗牛一般是由几个大村轮流坐庄承办，各村除了派出斗牛参赛队外，还组织啦啦队为本村的赛牛队呐喊助威。斗牛活动是地

图 10-7 越南谅山民间斗牛（谅山博物馆）

方盛大节日，当天的斗牛场万头攒动，热闹非凡。"一切准备就绪后，只听'嗵、嗵、嗵'三声铁炮声响，比赛开始了，两头斗牛的主人各自撒缰放绳，早已迫不及待的斗牛气势汹汹地径直冲向对方，只见两头红着眼的牛牸你来我往，牛角'咔嚓、咔嚓'地互相顶撞、刺戮，打斗得难分难解。这时场外激动的观战人群敲起锣鼓，吹起唢呐，摇旗呐喊，直到有一方把对方赶跑或顶倒。"[10] 经过多轮决斗，获得最终胜利的大牸牛被广大村民视为"神牛"，由裁判员将红绸披挂在获胜斗牛的牛角或牛颈上，绕场一周，接受村民的欢呼与赞扬，牛主人还会获得由组委会奖励的稻谷或奖金。然后，其所在村屯的乡民在斗牛场燃起鞭炮，敲锣打鼓，像迎接得胜的将军一样簇拥着斗牛回到村子。斗牛活动是壮族古老崇牛文化的遗传，体现了在长期的农耕社会历史时期，农民盼望与祈求耕牛的体硕健壮及强盛繁殖，他们通过竞斗的方式，选拔优良的耕牛，并在地方广泛地推广，促使耕牛优胜劣汰，促进农业生产不断发展。同时，以传统的斗牛民俗活动，祈求上天佑护地方风调雨顺、五谷丰登，成为乡间乡民社会凝聚的一种方式。

越南北方的岱、侬族群也有悠久的斗牛传统民俗，当地民间把斗牛比赛视为一种带有尚武精神和英雄气质的民族文化，其习俗既受到毗邻的壮族影响，也受到本国京族等其他民族的影响。著名的越南海防市图山斗牛赛会于每年农历八月初九举行，而岱、侬族地区的斗牛活动同广西边境壮族一样，多数是在农历四月进行。每年斗牛活动的准备工作比较早就开始了，并且形成了一种行业产业。首先是选牛，选牛要提前一年进行，多数行家都会到各个牛市中，四处寻找品种好的牛牸，"选斗牛有以下几个基本要求：九到十一岁身体强壮的公牛，肤色为铜棕色、撇毛，头上有一个黑点四个圆圈，牙颚黑、头毛又粗又硬，胸宽、脖子圆长，后背厚平。两条后腿的距离要宽，屁股小尖，两个乌黑的牛角形成弓形、眼睛乌黑，显出血红色等。一般来说，具有上述特征的牛的胆子都很大"[11]。选好牛后，接下来就是驯牛，这也是很重要的步骤。赛前大半年，斗牛人就开始进行赛牛的训练。经过长期的实践，民间形成了不少驯牛的方法与传统的习俗。训练斗牛是一门技术活，放牛者一般都在富有多年驯牛经验的人中选择，驯牛人还有这样的规矩，赛前三个月不能与妻子同床，赛牛要单独喂养，不能混同其他家牛，以免丧失野性。平时赛牛吃的是嫩草、精料，还要在牛料中加进少许烧酒。临近比赛，喂的是鸡蛋拌玉米粥、啤酒，以及桂圆、熊胆等高级营养品。"比赛前几天要让斗牛习惯打拼的气氛，主人把它们拉到荒山沙滩上练习跑步，在深泥水中游泳提高它的力气，然后拉到城里让小孩们在斗牛耳边打锣鼓，用红旗等方法来刺激它。"[12]

越南民间斗牛与广西壮族斗牛也有很多相似之处，不少地方每年都举行传统的斗牛活动，吸引着四方的乡民前来观看。是日，赛场内外人头攒动，比赛时间一到，鼓声、锣声、叫声响成一片。这时，一个打着红色雨伞的引斗者走到赛场当中，裁判员在赛场一侧高声宣布斗牛开始，工作人员分别把两头斗牛从赛场两头赶进赛场，"人们用红布覆盖牛的全身及头部，等到两头斗牛的距离只剩下二十米时就把红布揭开，并立即跑出赛场，两头牛朝对方冲去的速度是不可想象的，两对牛角彼此顶撞的声音十分响亮。就这样两头斗牛打起来，气

图10-8　广西田阳壮族摔跤比赛（吴力提供）

氛非常热闹"[13]。比赛的规则及过程同广西壮族差不多，不同的是，越南北方一些地方民间斗牛，不管赢输结果如何，赛牛都逃脱不了最后被屠杀的命运，人们相信吃到"冠军"的肉就可以得到好运。[14]

除此以外，中越壮、岱族斗牛会上，还有摔跤、抛绣球、荡秋千、放风筝、上刀山等民间竞技表演活动，这些民间竞技表演活动承载于各种民族节庆之中，具有与民众日常劳动生活紧密联系的民俗文化性质，成为活跃民间文化生活、提高民众身体素质的重要社会活动。

图10-9　壮族"上刀山"比赛（韦明妃提供）

第二节　游戏习俗

很早以来，娱乐性的游戏就是中越壮、岱族民间闲暇之时的一种活动方式，游戏能消除民众的疲惫，也能让他们在趣味的活动中享受快乐。少年儿童的天性是好奇好动，他们求知、好胜心强，更愿意接受充满情趣的游戏。游戏是欢乐童年的重要组成部分，轻松的嬉戏健全了孩子们的心理，开启了他们的智慧，提高了他们的思维能力与反应能力。越南学者武氏雪在《越南传统庙会民间游戏的文化探析》一文中指出："民间游戏与小孩有着密切的关系，民间游戏是他们人生第一节课的重要组成部分，有助于他们熟悉这个社会；同时，这也是一种有益的活动，可以让他们锻炼身体、培养竞技精神、团队意识，让他们学会怎样做人、怎样处理问题等。可见，民间游戏在塑造小孩人格的过程中起着极其重大的作用。"[15] 中越边境的壮、岱族群在漫长的社会生活中产生了许多游戏活动方式，不少传统项目至今还在民间流传，两地的游戏活动有许多相同的形式，成为边民民间交流的组成部分。这些玩法独特、饶有趣味的民间游戏，极大地丰富了乡民与孩童的文化生活。

图 10-10　儿童"织花样"游戏（陈家友摄）

（一）打陀螺

陀螺，是一种古老的健体游戏器具，是众多民族的一种民间娱乐玩具，特别受到少年儿童的喜爱。陀螺出现的年代比较久远，世界上不少考古遗迹里都曾经挖掘出陀螺。陀螺是一种圆锥形的木质物体，在一种外力的作用下（如用鞭子抽打），它会绕着自身的中心轴旋转，由于旋转的惯性使陀螺能较持久地保持平衡。在中国，后魏时期的史籍就有关于陀螺的记载，当时称为"独乐"：宋朝时有一种类似陀螺的小玩意儿叫作"千千"，是当时宫中宫女为了打发无聊的时间而玩的一种游戏。千千是一个针状圆形物体，将其放在圆盘中，用手使劲去捻，千千就会快速地旋转起来，当转速慢下来时，用拂子去拂动它，即可继续旋转，宫中的千千游戏，就是比谁的千千转得最久。由于游戏十分有趣、有益，也较有刺激，当时在民间也广泛流传，成为社会上的一种老少咸宜的游戏活动。明朝初年，这类千千玩具逐渐被称为"陀螺"，刘侗、于奕正的《帝京景物略》就有"杨柳儿青，放空钟；杨柳儿活，抽陀螺；杨柳儿死，踢毽子"[16] 的记载。关于陀螺的结构及运动方式，也有详细的记载"陀螺是

图 10-11　越南岱族儿童打陀螺（太原博物馆读物插图）

木制的，实心而无柄，用绳子绕好了，一抛一抽，陀螺便在地上无声地旋转。当它缓慢下来时，再用绳子鞭它，给它加速，便可转个不停"。[17]除了娱乐，陀螺在古代也常被当作赌博的工具，或者民间占卜预言的判断。

图10-12 儿童打陀螺年画（太原博物馆）

后来打陀螺的游戏流传到了南方少数民族地区，中越边境壮、岱族群现在民间仍然盛行的打陀螺，即为古时所传。陀螺在壮、岱语都叫"勒江"。陀螺制作要选用质地优良的木料，大多形状为上大下小的圆锥体，酷似田螺，下端安装一枚小小的铁头，以利于旋转，系带用苎麻搓成，也有的用纺织棉线结成，长短以绕满陀螺为宜。壮、岱族群民间打陀螺游戏的玩法也比较接近，大多采用"劈旋"的方式，即把缠绕好的陀螺高举于头之上，瞄准对方正在旋转的陀螺，用力劈拉下去，把对方的陀螺劈停，自己的陀螺却在旋转。

陀螺主要是男孩子的玩具，而中越壮、岱族民间打陀螺比赛却是成年人参加的一种娱乐活动，举行这种赛事多在冬季农闲时节，尤以春节期间最为热闹。玩陀螺多在村里空旷的地方，或祠堂前的空地，或村中的晒谷场。陀螺比赛种类多样，分双人、三人、多人比赛。双人赛的规则是："甲方先将陀螺旋在地面上，让乙方来'打'，'叭！'的一声，打中后（打不中为输），甲方的陀螺被抛出一两丈远的地方，这时还要看看哪方的陀螺在继续旋转，先倒的一方为输。输的一方就将陀螺旋在地上，让赢的一方来'打'。"[18]三人赛更有趣，三个参赛者轮流打，以打的次数最多者为赢家。多人赛即是集体赛，每队人数相等，采用淘汰赛规则，同样，打的次数最多的队为赢。中越边境不少地方都有传统的陀螺节，每到举办的日子都会吸引无数的村民前来观看，获得比赛第一名者被誉为"陀螺王"，会受到乡里村民的追捧与尊敬。

同其他民间体育运动一样，打陀螺也成为中越边境民间交流的一个特色项目，不但毗邻的边民会跑到对方的陀螺节观赛，而且赛事组委会往往会邀请邻国边境的陀螺组织前来参加陀螺比赛。农历"三月三"是壮族传统的民歌节，各地会举行各种各样的文娱活动，广西防城港市防城区峒中镇每年"三月三"期间，都会举行盛大的山歌会及传统的陀螺赛，是日，来自中国和越南的多支参赛队伍角逐打陀螺大赛，数万名边境民众及游客在欢庆广西这个"三月三"公众假日中，观赏富有地域文化特色的打陀螺比赛，各种攻击性陀螺、空中陀螺、砧板陀螺等精彩绝技让游客大饱眼福，共同的民间传统体育项目成了维系两国边境地区社会安定、边民和睦的纽带。

图10-13 壮族人打陀螺（大新博物馆）

（二）打棍子

打棍子也叫"打尺子"，是中越边境壮、岱族群男孩子在秋冬玩的一种游戏。打棍子的游戏用具是用圆木头做的"棍子"，棍子分"母棍"和"子棍"两种（有的地方也称"母尺"与"子尺"），母棍一般为直径约5厘米，长约25厘米的木棒子，子棍直径约4厘米，长约10厘米。打棍子活动的场地不需要太宽，但要长些，一般不少于 10 米。比赛开始前，先在场地一端挖一个倾斜的"棍穴"，其深浅、大小以能放进"子棍"并稍有露头为宜。比赛开始，一方先将"子棍"斜放在洞穴上，拿着"母棍"猛地敲击"子棍"露出地面的头部，"子棍"一瞬间弹跳起来，然后用"母棍"将"子棍"击向远方。"比赛时一人打一人接，打的将尺子打出去，接者在正面前方的一丈多两丈远的地方站着迎接，当子尺打出后，接者眼快手快将子尺接住，打者就输了，如接者接不住子尺，打者就将母尺横架在洞穴上边，接者将子尺捡起后，从远处向洞穴上的母尺投击。若击中，接者赢了，双方换位，若投不中，打者再将子尺用力打出，接者将子尺往洞穴掷回，掷入洞穴，或在洞穴周围不到一尺之内，接者就赢，双方换位；如接者将子尺掷回时被打者用母尺挡拦再打出去，打者就从子尺落

图 10-14 儿童"打棍子"游戏（陈家友摄）

地点起，用母尺头脚、脚头反复量，每一反复算五尺，数着'一五一十，十五二十'。比赛前先商定打多少尺，谁积累的尺数先满谁就赢，一盘结束，第二盘开始。"[19] 打棍子是一种锻炼眼力、臂力和判断力的游戏，孩子们在玩的过程当中身体各个部位都得到锻炼，是一种有趣、有益的游戏。在每一次比赛决出胜负后，负者受到的惩罚也是很有益的，"赢者从洞穴将子尺挑往远处，输者从子尺落地处用单腿一步一步跳回洞穴，一步算五尺，如输五百，就得用单腿跳跃一百步"[20]。这种受罚的单腿跳跃实际也是一种运动，因此，玩打棍子既启智又健体，双方斗智斗勇斗体力，是一种有益身心的游戏。

打棍子游戏在中越边境地区普遍流行，各地都推出了富有地方特色的玩法与游戏规则。以前边境两边的民众走亲访友时，无论是儿童还是成人，闲来无事都喜欢玩一下打棍子，是两地边民的一种共同爱好。

图 10-15 儿童"斗拐"游戏（陈家友摄）

（三）抛石子

女孩子的游戏一般比较文静而充满智慧，抛石子便是中越边境壮、岱族群女孩子经常玩的一种游戏。抛石子游戏不受场地限制，在家中，在村边，在田头均可进行，只要有一块 1 平方米左右的平地或石板就可以了。抛石子的材料随地可寻，众女孩结伴相约玩耍时，先找来 5 颗或 7 颗小石头，然后"每人双手在背后摸石子，将一些石子握在手中，两人同时将一只手往前伸，并猜数（如二、三、四等），这叫'猜头'。猜中头了即开始抛石子，分'拣一'、'拣二'和'拣三'等几种。两人将手中的石子全部放到地上，由中头的人先抛，抛法是把全部石子（十颗、十二颗或十四颗）撒在地上，手中拿一颗为'媒石'，将媒石往空中一抛，手在地上迅速捡一颗（两、三颗），又马上接住媒石。如捡不到，或捡多捡少了，或捡到石子但接不住媒石的就算输"[21]。接下来，只要按这样的规则捡完所有

图 10-16 壮族女孩玩"抛石子"游戏（靖西博物馆）

的石子，即进入下一轮玩法。下一轮难度增大了，每次捡的石子两颗，这就是"拣二"，如也能顺利完成，就可以进入最后一轮。"拣三"难度更大了，当"媒石"即将落地的瞬间，要迅速捡好三颗石子并且接住下落的"媒石"，如此顺利过了三轮，即为胜利。抛石子游戏获胜一方可以处罚负方，可以让她唱一支歌，或者念一段童谣。玩抛石子游戏，可以培养儿童脑、眼、手的反应能力，非常有益她们的身心健康。

与抛石子类同的女童游戏还有抛沙袋，其玩法主要是以布缝的小

沙袋替代小石子，其他游戏规则与抛石子是一致的，与小石头相比较，小沙袋携带方便，抛起下落的稳定性更好，因而更受壮、岱族女童的喜爱。

图 10-17 儿童"数棍子"游戏（太原博物馆）

第三节　杂艺习俗

民间各种动作表演、口头语言表演、综合艺术表演等娱乐形式，称为杂艺。一个地方传统的杂艺表演活动及传统表演规矩，称为杂艺习俗。杂艺活动的形式多种多样，娱乐性和群众性是其主要的表现特征，通过各种杂艺习俗的展示，可以看出不同地域、不同民族、不同时代的娱乐方式与审美情趣，反映了一定时期的乡风民情，因此，传统的杂艺形式一直受到广大民众的喜爱。本节研究的主要是中越壮、岱族民间带竞赛性质的杂艺，如斗鸟、斗鸡等，这些杂艺活动反映了该地区丰富的市井文化与民间游乐民俗。

（一）斗鸟

自古以来，鸟类与人类就有非常密切的关系，人们捕获鸟类作为自己食物的一部分，同时，对那些啼鸣悦耳、聪慧逗人的飞鸟往往特别宠爱，经常将其圈养在笼子里娱己娱人。在人们捕获的鸟类中，有的天生好斗好胜，在拼争配偶或抢夺窝巢中与同类格斗厮打，以维护自身的生存空间。鸟类的这些竞斗习性也引起人们的兴趣，过去街坊市井中平民闲来无事，往往聚集村头集市，将圈养的这种鸟类放在一起厮打斗技，以引起民众围观取乐，甚至博彩获益。历史上广西壮族的许多地方都有斗鸟的传统习俗，甚至形成一种行业，不少乡镇集市都有一些斗鸟组织，每当农闲时节或年节期间，举行斗鸟活动成为一些地方的传统习俗。斗鸟的地点一般选在集市或村屯的祠堂前，每逢乡间斗鸟之日，都会吸引周边的村民前来观看，各种小商小贩抓住这样的商机，在一些大斗鸟场四周遍布各种小吃摊点，以供参赛者与观赛者消费。当然，更多的斗鸟比赛是当地节庆活动的一个组成部分，人们在欢度地方节日之时，观看紧张而又有趣的斗鸟表演，也是一

图 10-18　侬族斗鸟（太原博物馆）

种开心之事。在民间众多的斗鸟种类中，画眉是最有代表性的鸟种，画眉鸟个头不大，小巧玲珑，成年的画眉一般身长也只有 20 厘米左右，身上羽毛多为青花色，也有棕褐色，鸟头以及鸟背有漂亮的褐色纵纹，因其眼圈形成又白又细的眉状，所以人们将其称为"画眉"。画眉往往栖息于灌丛或竹林之中，雄鸟在繁殖期常鸣啭高歌，声音悠扬婉转，非常动听。画眉天性好斗，与同类争斗时奋不顾身、勇往直前，获胜后常振翅高鸣。

壮族斗鸟十分精彩，一有赛事往往会吸引附近村落的村民赶来观看。比赛开始时，由裁判员（壮语称"会首"）将抽到签的两只鸟笼笼门移近，然后两边笼门同时打开，于是两只画眉就激烈地厮打起来。这时，围观的乡民兴奋不已，为自己喜爱的斗鸟高声呐喊助威。

斗鸟的规则各地不一，多数由裁判员在开斗后开始数数："一打一,二打二,三打三……"此时,如有一方败下阵来,再由下一号斗鸟来与胜者相斗,最后斗赢场数最多的画眉获胜。获胜的鸟主人将获奖彩旗插在鸟笼上,风风光光地凯旋,这在乡下也算得上是很体面的事情,有的回家后还会宴请亲友共同欢庆胜利。

图 10-19　壮族斗鸟
（韦明妃提供）

越南许多岱、侬族乡村也有传统的斗鸟活动,据史料记载,早在 15 世纪,越南北方不少地方就流行玩画眉鸟,并且一直流传至今,其中,"最多的要数凉山省了。如今金莲社区同凛村和芒姜社区每年都举办斗鸟比赛,20 世纪七十年代时,芒姜社区就已成立专门培训斗鸟大会,有时候也把画眉鸟带到中国参赛,并得到过很高的奖励。有一种斗鸟人们经常把它用作猎鸟、捕鸟的诱饵,吸引林鸟入笼,带回去训练,一只极品斗鸟可以卖三到五千人民币"[22]。画眉鸟的自尊心很强,为了自身的利益,会不顾一切去抗击外来之敌,画眉的这种好斗性格,被人们利用来开展娱乐活动。岱、侬族村民组织画眉鸟搏斗比赛活动很有特点,赛前培养斗鸟是要成双成对的,并且是一雌一雄,这样两只画眉鸟如同情侣,相亲相爱。赛前鸟主人都要给斗鸟灌点酒,在酒精的作用下斗鸟异常亢奋,主人还故意将雌鸟放于一旁观战,这样可激发斗鸟的斗志,比赛开始时裁判员总是不急着打开笼门,而是让斗鸟在鸟笼中互相对视,激发其厮斗的情绪。"笼门一打开,当即飞扑过去,你来我往,对阵厮打中常出现双方锁翅膀、掐脖子、啄眼睛等残忍的动作,直到最后有一方奄奄一息,全无招架之力,方才决出胜负,最后也是以出的招式最多,屡战不败的斗鸟为胜者。"[23] 由于社会上流行斗鸟,因此,自然而然地催生与形成了相关行业市场,捉鸟的、驯鸟的专业户各有分工,平常一些大集市都会有"鸟市",特别是那些在比赛中获胜的斗鸟,更是身价百倍,在行市上往往会标出不菲的价格。

（二）斗鸡

斗鸡是一种古老的禽戏,这个民间传统游戏历史久远。中国古代较早就有民间斗鸡的历史记载,东汉时期史学家班固编撰的《汉书》上就多处记载有关"斗鸡走狗"之事。山东古有成武斗鸡台,《成武县志》记载:"斗鸡台在文亭山后。周渲王三年（公元前 679 年）,齐桓公以宋背北杏之会,曾搂诸侯伐宋,单伯会之,取成于宋北境时,斗鸡其上。"[24]唐时斗鸡更盛,《全唐诗》提到"斗鸡"一词的有 50 余处,李白《古风》诗云:"路逢斗鸡者,冠盖何辉赫。鼻息干虹霓,行人皆怵惕。"杜甫《斗鸡》诗云:"斗鸡初赐锦,舞马既登床,帝下宫人出,楼前御柳长。"张籍《少年行》云:"日日斗鸡都市里,赢得宝刀重刻字。"[25]《东京梦华录》卷之八即有二郎神祠

图 10-20　广西武鸣壮族"三月三"斗鸡（韦明妃提供）

六月二十四庙会斗鸡的记载:"自早呈拽百戏,如上竿、趯弄、跳索、相扑、鼓板小唱、斗鸡、说浑话……"[26]

受汉族文化影响,中越边境壮、岱族的斗鸡习俗也非常普遍,《岭外代答》记述广西少数民族斗鸡

情形："番人之斗鸡，又乃甚焉。所谓'芥肩''金距'，真用之。其芥肩也，末芥子掺于鸡之肩腋，两鸡半斗而倦，盘旋伺便，互刺头腋下，翻身相啄，以有芥子能眯敌鸡之目，故用以取胜；其金距也，薄刃如爪，凿柄于鸡距，奋击之始，一挥距，或至断头。盖金距取胜于其始，芥肩取胜于其终。"[27]同斗鸟比较，斗鸡更为热闹，它无须用笼子将斗鸡囚禁起来，博弈的空间更大，厮斗更为激烈，因此更具刺激性与观赏性，壮族不少地方过去都有每年举行"斗鸡节"的传统习俗。

广西扶绥县柳桥镇西长街壮族斗鸡节是农历四月十七，当日一大早，柳桥镇上就热闹起来：来自周边乡镇的斗鸡人都挑着鸡笼或抱着斗鸡来了，这些斗鸡一只只色彩斑斓、气度轩昂，一百多米的西长街一片鸡鸣声。斗鸡人与旁观者互相打着招呼，或寒暄，或议论，到处洋溢着乡下人过年过节的喜悦。街头上的斗鸡台以木板架搭而成，台上用竹篱围成圈子，那是斗鸡的场子。上午10时许，抽签分组完毕，主持人宣布斗鸡开始，霎时响起震耳欲聋的鞭炮声。此时，两个手执纸扇的裁判员登上斗鸡台，分两旁相对而立，斗鸡人上台将自家的斗鸡交给裁判员检查。"裁判员检查毕，'刷'地抖开扇子，伸手竹篱圈中，扇子把圈子隔开，一分为二，斗鸡人便分别在扇两边投下斗鸡。俄顷，哨响，扇起，敌鸡骤见，势不两立，竞争相搏而起。也有的并没有立刻扑斗，蓬着劲毛，针拉翅翼，一面晃头啄地，

图10-21 壮族斗狗（韦明妃提供）

一面兜转圈子，睥睨对方。甚至旁若无人，引颈啼鸣。其实这都是幌子，双方都在小心翼翼审视对手，伺机进击。一旦交战，就拼命厮杀，毫不示弱，斗得难分难解。只一会，战圈内鸡毛纷飞，血迹飞溅，斗鸡双方的冠、面颊鲜血淋漓了。再一会，又都气喘吁吁，或刺头于对方腋下，或交颈旋转了。斗鸡者说，至此，输赢已逼近分晓，以不敢应战，在战圈内寻找逃路者为输。"[28]斗鸡是乡间喜庆愉悦的活动，体现了社会安定的娱乐气氛，丰富了民众的精神文化生活。斗鸡这种民间游戏充满了刺激性，对参与者或是观斗者，都具有十分强烈的吸引力，斗鸡往往造成观斗者紧张的悬念心理，因此，斗鸡又经常与乡间赌博的陋习联系在一起，从而导致博彩的产生，以斗鸡的输赢作为赌注获取金钱，也催生了斗鸡生产、训练、买卖等行业的形成与发展。

在越南北方，历史上岱、侬族民间斗鸡娱乐也比较普遍，除了传承本民族的传统习俗外，也受到国内京族喜爱斗鸡风气的影响。京族斗鸡娱乐活动"在越南自从十二世纪雄王时代就已经出现，如今已经有着七百多年的历史。之前斗鸡比赛主要是封建阶级的娱乐活动，慢慢地才流传到底层阶级"[29]。岱、侬族的斗鸡活动一般都在年节进行，平日有时圩市上也有些小型的比赛。春节期间各地庙会的斗鸡往往是最热闹的，在这些庙会中，都会开设斗鸡的活动，乡民们都把宝押在看好的斗鸡上，期待其取胜而为自己带来开年的好运。岱、侬族斗鸡一般没有特设的斗台，往往是在指定的地方让观者围成一个大圈即可举行。裁判员一般也由两人担任，其比赛规则与壮族差不多，比赛分局数进行，每局为20分钟，中间休息5分钟，直至分出胜负。也有的地方以焚香来决定比赛时间，即把香分成三段，每烧完一段斗场休息一会儿，再进行下一段的比赛。岱、侬族各地斗鸡的进攻招法很多，有"割喉爪"，有"撇爪"，有"狐狸招"，但最好的还是随机应变，不管对手出什么招式，它都可以接住，并予以还击。[30]过去岱、侬族斗鸡也会有博彩现象，因此一只强悍善战的斗鸡身价很高，从选种、培养、训练到比试的各个阶段，甚至到赛后的治疗、康复都形成了一整套相当专业的技术要求。现代斗鸡公开的博彩已经没

有了，但暗中的赌博操纵还是时有发生，这也是边境地方政府屡禁不止的事情。

　　此外，壮、岱族还有斗狗、赛猪等民间竞赛活动，这些活动多为群众娱乐性质，特别是憨厚可爱的小猪比赛，给乡民带来了喜庆与欢乐。

[1] 张邵振. 上林县志 [M]. 刻本. [出版地不详]：[出版者不详]，1705.

[2] 夏敬颐，王仁钟. 贵县志 [M]. 刻本. 郁林：紫泉书院，1894.

[3] 李宗喜. 侗族抢花炮流变及其现代发展的研究 [D]. 南宁：广西民族大学，2011.

[4] 潘晓. 广西南宁市孙头坡壮族"抢花炮"民俗文化内涵分析 [J]. 传承（中旬刊），2011（7）：58-89.

[5] 陈炜，陈能幸. 西南地区少数民族体育非物质文化遗产开发研究——以抢花炮为例 [J]. 桂林师范高等专科学校学报，2010（1）：41-48.

[6] 工俊奇，溪荣海，董慧娟. 种族繁衍文化中的民族传统体育——广西邑宁抢花炝民俗调查 [J]. 西安体育学院学报，2008（3）：54-56.

[7][8] 冢田诚之. 中国壮族与越南侬族的民族关系与交流 [J]. 广西民族大学学报（哲学社会科学版），2007（5）：2-8.

[9] 宣炳善. 中国斗牛民俗的分类 [J]. 民间文学论坛，1997（4）：46-52.

[10] 何季玲. 从壮族习俗透视其牛崇拜 [J]. 参花，2014（5）：149.

[11][12][13][14][22][23][29] 武氏雪. 越南传统庙会民间游戏的文化探析 [D]. 武汉：华中科技大学，2012.

[15] 阿迪力·阿布力孜. 古今游戏利器——飞去来器与陀螺 [J]. 新疆人文地理，2015（2）：94-95.

[16] 李念萍，戴念祖. 浅说陀螺史 [J]. 力学与实践，2007（2）：80-83.

[17][18] 蓝克宽. 广西少数民族风俗录 [J]. 广西民族学院学报，1982（3）：46-50.

[19][20][21] 黄革. 壮族民间游戏 [J]. 中南民族学院学报（哲学社会科学版），1990（4）：85-86.

[24] 山东省成武县史志编纂委员会. 成武县志 [M]. 济南：齐鲁书社，1992.

[25] 郭茂倩. 乐府诗集 [M]. 北京：中华书局，1979.

[26] 邓之诚. 东京梦华录注 [M]. 北京：中华书局，1982：206.

[27] 周去非. 岭外代答校注 [M]. 杨武泉. 校注. 北京：中华书局，1999.

[28] 凌渡. 鸡斗西长街 [J]. 民族艺术，1985（6）：160-163.

[30] 罗长山. 越南的庙会文化 [J]. 民族艺术，1994（12）：133.

结　论

　　几年来，课题组数次赴中越边境地区考察与调研，足迹遍及中国的东兴、上思、宁明、凭祥、大新、龙州、那坡、平果、百色等县市，以及越南的谅山、北江、广宁、太原、北洴、高平、河江等省，行程近 10000 千米。在熙熙攘攘的边贸集市，在树影婆娑的干栏茅屋，在香烟缭绕的古刹寺庙，在肃穆神秘的法事仪式现场，在春意盎然的播种田间，在色粽飘香的传统佳节，在载歌载舞的三月歌会，在扣人心弦的花炮赛场，处处呈现了中越壮、岱族群大体相同、各有特色的民族民间文化，透视出这些跨境近亲族群在家族、家庭、礼仪、劳作、年节、娱乐、审美、贸易、信仰、健体、游艺等方面的传统习俗与历史渊源。

　　在数年的社会调查与课题研究中，课题组致力于中越壮、岱族跨境民族同俗文化事项调查的同时，也带着由此而产生的人类学、民族学、民俗学、美学等方面的问题，进行了认真思考与探究，进入了多层面的学术研究。在这个研究过程中，我们对相关民族在同源文化异流历史中的民俗嬗变形态有了切身的感受，对各种民俗事项传承与变化的成因，有了根本上的了解，对跨境民族在以民俗为意识基础的睦邻共识维系问题上，有了更深刻的认识，对本课题的研究内容在广西边境地区社会与经济发展中的作用，有了更深层的体会，由此凝练出了结论性的研究理论。

一、壮、岱族同源文化异流的成因

　　广西壮族与越南岱、侬族同宗同源，都是中国古代百越族群部落的直系后裔，在族群认同的三个标准方面，他们语言、服饰、节庆上的文化特征，都具有高度的相似性，体现出他们之间共同的文化渊源。经过漫长的历史岁月，由于不同的生息环境、不同的文化环境、不同的政治环境的影响，壮、岱族的宗源文化也朝着不同方向发生变化，这就是人类社会学中族群的同源异流现象。这种文化嬗变表现在生活方式、思维方式和群体组织结构等方面，对其进行深入研究，我们可以观察和体会到宗源文化在历史发展中恒守与异化的交织。

（一）生息环境变化中的文化异流

　　越南岱、侬族与中国壮族有较近的亲缘关系，在唐代的时候，越南北部与广西为同一疆土，今广西大新县到云南文山及毗邻的越南北方地域置西原羁縻州，故生活在这一带的本土居民史称"西原蛮"，可见壮、岱族的先民同属于一个民族群体。10 世纪中叶，驩州刺史丁部领平定当地内乱后，建立了独立的封建国家——大瞿越国，并不断向北方扩张，逐渐控制了原属唐岭南道邕州府不少州，其中的广源州便分属两个国家。为防止疆土失守，宋朝也加紧了防务，增派军队和官员镇守边关，加强了对边境地区的防范，也加强了对当地民众的压制。1052 年，地方少数民族首领侬智高带领部下起兵反抗交趾掠夺，反抗宋兵压制。饱受战乱之苦的边民，流离失所，纷纷外逃，再加上地方生活环境已

不能适应越来越多的外来人口，逐渐形成了边民的外流潮，分别朝着更为偏僻的中国西南及毗邻的越南北方地区流动。课题组在越南高平省广渊县坤兑社调研时，当地侬族村民农有才告诉我们，听老人说他们祖上在中国广西镇安峒（今那坡县），当年侬智高举兵起义，祖上跟着南征北战，最后溃败于大理国王弄山部地（今云南文山），家族后进入越南河江省纳农县，经过几百年的辗转迁徙，最后到了高平广渊县定居下来，那也是他曾祖父那一代了。他曾到过广西那坡几次，我们通过翻译问起他对两边的印象，他说与那坡那边的人说话大部分听得懂，只是口音有较大区别，有些话只能听出个大概。至于生活习惯，也是有异有同，他也去过河江省纳农，本地跟那里侬族的语言基本上是一致的，很多生活习惯同周边的赫蒙族、拉基族差不多。从这里可以看出，一个民族的传统文化，总是处于恒守与变化之中，当有些族群在流动之时，受外部因素的影响，它的变化处于活跃的状态，导致了较多观念与习俗的改变。高平广渊一带的侬族族群，从祖上开始迁徙，经过数百年的漫长岁月，辗转两国多地，在这个渐进的流动过程，尽管传统的宗源文化如影随形般跟随着迁徙队伍，但是，每一个立足点的环境与文化，总是不断地影响着后来者。入乡随俗是迁徙者初来乍到的行为准则，时间一久，亦会化为己有。反之，迁徙者本身的生活习俗也会给当地带来影响，久而久之，你中有我，我中有你，外来文化与当地文化日益融合，形成了更有特色的地方文化。迁徙者一代代地接受沿途不同环境的地方文化，生成了以宗源文化为基础，与多种地方文化相交织的族群民俗文化。

（二）主体民族影响下的文化异流

当今世界，大多国家都形成了以一个或数个民族为主体民族，与其他非主体民族共同构成的国体形式。主体民族是指在人数上占整个国家的大多数，在国家内具有文化上、政治上的优势，对国家的心理认同度最为强烈的，在国际上一般被视为国家的主体文化代表。中国与越南都同属由主体民族与众多非主体民族共同构成的国家体系，中国以汉族为主体民族，以及 55 个少数民族，而越南则是以京族（越族）为主体民族，以及 53 个少数民族。

毋庸置疑，一个国家的主体民族对其他非主体民族的影响是很大的。由于历史的原因，一般主体民族总是生活在地理环境比较优越、更适合人类繁衍的地方，而非主体民族往往只能生活在生存环境恶劣的边境与山区。在经济落后、交通不便、信息闭塞的年代，非主体民族在长期生活中形成的意识形态、宗族体制、生活礼仪、农林劳作、年节规例、娱乐方式、集市贸易等方面的习俗，受外界影响较少，能比较完整地保留下来。而在现代社会，经济繁荣、交通发达、信息畅通，打破了非主体民族生活环境闭塞的状态，各种现代文化与生活方式必然蜂拥而入，迅速蔓延到其生活的各个角落。这种现代文明，大多以主体民族文化为主，因此，现代社会文化发展，基本上是以一个国家主体民族主流文化对其他非主体民族传统文化的融入而体现的。当然，在这个过程中，非主体民族的优秀文化也会被主体民族文化所接纳，形成一个包容性的国家民族文化。

中国汉族与少数民族关系、越南京族与少数民族关系的交流与发展历史，充分印证了上述国家主体民族与非主体民族关系的理论。

广西南部边境地区，生活着壮族等多个少数民族，他们在长期的历史时期，不断受到汉族生产技术、思想意识、生活方式的文化影响，他们传统的风俗习惯也随之发生变化。壮族是一个传统的农耕民族，历史上也不断接受汉族的农作技术，如先进的龙骨车技术的传入，改变了壮族以戽水为主要手段的农田灌溉习俗，大大提高了农作效率；汉族土坯房与砖瓦房建筑的传入，也逐渐改变了壮族原始的干栏居住习俗，使其生活居住更加舒适、方便、清洁；受汉族的婚嫁文化影响，壮族改变了古老的

"不落夫家""做后生"等落后婚俗；而近代汉族在边境地区的贸易活动，也改变了该地区原始的贸易习俗，加快了社会经济发展的进程。

京族是越南的主体民族，历史上受汉族影响很大，在社会生活各方面都深深地烙上了汉文化的烙印。19 世纪中叶开始的法国殖民统治，使西方文化对京族形成了很大的影响，其在社会各领域都接受了法国的殖民统治。主体民族的这种文化变迁也在影响着其他非主体民族，如在建筑文化上，法式楼房建筑影响了传统的干栏，法式婚礼也逐渐在边境地区城镇流行，侬族的"夜婚"习俗早已消失；京族从传统拜月请神转向关爱儿童的风气，也开始影响岱、侬族民间的中秋习俗。

中越壮、岱族的同源传统习俗在本国主体民族影响下形成的异流，是世界上许多国家社会发展的普遍现象，具有人类族群文化融合、分解、优化、劣汰的特点，正视跨境民族传统文化同源异流的存在，充分理解在现代生活环境的背景下，中越壮、岱族跨境民族同俗文化的恒守与变异，对正确处理边境地区边民交往中出现的问题，促进地方社会经济、文化的发展，是有积极意义的。

（三）国家政治环境影响下的文化异流

国家，是由国土、人民、文化和政府四个要素组成的，国家是政治地理的划分，是被人民、文化、语言、地理区别出来并拥有政治自治权的领地，国家是一定范围内的人群所形成的共同体形式。自古以来，国家与民俗之间始终存在着复杂的关系，这种关系随着历史变迁也在不断演变，这种历史变化，有其自身的传承演变特征。中越两国长期以来处于比较稳定的农耕社会，这种社会经济与社会文化结构，即使朝代更替也没有被打破。在封建社会，国家权力所触及的范围，对民间的民俗文化影响不大，民俗一般也不会与统治阶级的政治利益相悖，因此，国家与民俗之间多数是处在一种相对平静的关系。但是，由于民俗具有引导风尚、宣扬教化的作用，统治者往往会以民俗"教化"来稳固天下，历代统治阶级都比较关注地方民俗，特别是近现代，国家的治理与民众的关系越来越密切，执政者往往从国家治理的目的出发去规范民俗，因此，中越壮、岱族同源的传统民俗，在各自国家的法规规范下，形成异流，也是必然的。

壮、岱族历史上曾经使用较统一的民族语言，即便是在分疆后，都没有发生太大的变化，而进入现代社会后，两国政府为了维护国家的文化统一，优化国内语言交流环境，促进社会的流通，分别制定了本国"国语"标准，大力推广国家统一语言，特别是在地方各级学校，以国语为主的课堂教学，使少数民族新生代不再把民族母语作为自己的第一语言，中国推行的汉语文字，越南推行的越语文字，使壮、岱族朝着各自国家引领的语言文字方向走去，传统的语言交流习俗发生了极大的变化。又如，以前地方的宗法乡规，制定了严厉的惩罚条例，对族人乡民道德行为曾起到了规范的约束作用，现代社会，国家对于国人行为规范有了全面的法律法规，各级执法部门的严格执法使社会秩序有了充分的保障，壮、岱族群有些宗法乡规失去其存在的必要。

二、壮、岱、侬族当前族群文化认同的心理状态解析

民俗，是一个地方或族群的历史文化传统，是民众社会生活的表现形式。族源相同而生活地域相异的人群，往往在坚持族群传统生活习俗的同时，彼此在心理情感上会产生出一种认同心态。

中国壮族与越南岱、侬族群，是中越两国人口最多的少数民族，也是中越边境地区分布最广的跨国民族。中越壮、岱族源于中国古代百越族群，后因种种社会原因，他们跨境而居，分属不同的国家，

成了国界线两侧的跨境民族，有了不同的国家概念。但是，传统的风俗习惯与彼此毗邻的生活地域，使他们交往十分频繁，关系十分密切，正是由于这些生活上的共同习俗以及不同国度间的跨境往来，形成了壮、岱族之间族群认同的不同心理状态。

语言相通，是壮、岱族族群认同心态形成的首要原因。不言而喻，壮、岱族历史上为同一民族时，所使用的语言基本上是一致的，后因历经辗转迁徙，分居不同的国度，生存语境发生了很大的变化，但是，作为族群最为根本的语言表达，却是最牢固、最稳定的根基文化，深刻地烙印在这些跨境民族的内心深处，难以撼动。尽管由于时间的推移以及环境的变迁，所在国的主体民族及邻近民族总会给自身母语带来一定的影响，但其基本语音、语汇与语法是不会有根本改变的。课题组在广西边境平孟、百南、念井、龙邦、岳圩、孟麻、水口、科甲、硕龙、弄尧、浦寨等口岸和边贸市场调研时，通过当地向导与中越边民交谈，发现他们之间交流毫不费力，对答如流。向导告诉我们，当地壮、岱族边民在集市做买卖，70%的对话发音是一致的，都可听明白对方的意思。在越南茶岭县广汉村岱族村民黄文杰家中采访时，正好遇到其在广西靖西市新靖镇的外甥农志本，农志本曾有在村中小学校当民办教师的经历，他告诉我们，新靖镇的壮语与广汉村的岱语基本上是相通的，语言结构几乎设有什么区别，只是在语音上的某些差异、在借用词上的某些不同，可以看出双方的区别。

由于国家文化治理与发展的需要，越南政府加强了在少数民族中的京族文化渗透，大力推广越南语，在边境地区各级学校教学与地方媒体宣传中，使用的都是越南语；而中国政府也一直在全国范围内推行普通话。尽管两国政府为壮、岱等族创造了民族文字，但一直都未能较好地普及使用，往往看的是本国普及文字，念的是自身民族语言，这几乎成了所有跨境少数民族的通用方式。在边贸集市，边民们大多讲的都是能互通的跨境语，所以，民族认同首先是语言认同，没有边境集市的来往，没有边民的走亲访友，中越壮、岱族跨境民族的语言就会相背而行，朝着不同的方向发展，双边语言的差异就会越来越大。跨境民族交往越少，民族的认同度越低，民族的隔阂就越大，跨境语言在边境地区族群认同中的重要意义可想而知。这些年来，两国边民的民间经济、文化交往越来越频繁，一个十分普遍的现象随处可见，那就是不管是壮人到越南做买卖，还是岱、侬族人过境务工，人们在接触之始往往都会先说对方国语，一旦互相了解身份后，乡音就会脱口而出，滔滔不绝。

同样的问题，在边民跨境探亲访友中显得更为有趣，课题组无论是在跨境亲戚家庭采访，或边贸集市与跨境老同的交谈中，他们的语言无疑都是使用约定俗成的跨境壮、岱族语，但其中有个语言交流现象，是向导告诉我们的，当双方交谈中出现词义差异之时，越南岱、侬族人总是有意无意地向壮语靠拢，在他们看来，讲壮语的是老家那边的人，自然要让着点。由此可见，相通的跨境语言，是中越边境地区民间往来的表意工具，也是维系壮、岱族群民族认同的重要因素。

壮、岱族当前族群认同的心理状态，还表现在文字使用上。如上所述，虽然两国政府都为相关民族创造了拉丁文字，但一直未能成功推广，壮族现在一直使用汉字，而岱、侬族使用的是越文，但在一些涉及祖宗或历史的文字表达时，岱、侬族民中仍然反映出一种怀旧故土之情。课题组在进入越南谅山省那干县爱兢村调研时，看到村中宗族祠堂上悬挂着一块村民管理轮值表，令人惊奇的是，每个村民越文名字的下方，都很认真地用中文书写同一名字。村中长者通过翻译告诉我们，为宗族祠堂值班，是对祖宗的孝敬，名字只有用老祖宗使用的文字书写，才能让祖宗知道谁最有孝心。

民族认同，包括历史认同与文化认同，是民族成员对本民族归属感和感情依附的基本体现。这种经过漫长历史时期形成的族群稳定心理，一般不会因为生息地域的改变或行政区域的划分而出现根本性的变化。这种心理深层的认同和情感，往往通过传统社会风俗的形式展现与表达出来，其中包括了

族群成员的思维方式、生活方式和行为方式。不管是在族群内部的日常生活，还是在跨境的族群交往中，可以说他们之间的文化语境与心理的深层意识是不受国界影响的。壮、岱族的跨境语言交流，是中越边境地区的特殊文化现象，深入解析在相同文化语境下体现出来的族群认同心理，是促进边境地区安定、和睦、互信、协作的有力保障。

三、壮、岱、侬族传统民俗变异与社会文化发展

民俗是民众传承传统文化的一种群体表现形式，它在社会生活中无处不在，无时不有，农耕劳作中有春种秋收的劳俗，日常生活中有衣食住行的习俗，传统节日中有贺庆祭游的风俗，宗族家庭中有传统仪式的礼俗。历史上，各种民间民俗维系着人们的社会行为，让民众在传统文化的环境中有序地生活。因此，民俗是民间思想意识与文化生活的规范与约束。

共有的民间节庆，是维系跨境民族民俗文化的代表，历经漫长的历史岁月，中越壮、岱族群仍然延续和保留着众多共同的民间节庆，如春节、下田节、侬峒节、三月三、牛魂节、布洛陀祭祀、中元节、中秋节、尝新节等，还有不少的地方性节庆。这些传统民间节庆，对于传承族群和地方传统文化，凝聚民众意志与精神，具有重要的意义与作用。当然，任何社会文化的存在方式，总是在传承与发展中延续下去的，民俗的社会文化结构，是一种开放性的动态结构，它在孕育与形成的过程中，一直处于恒守与运动之中。时代的变迁，生息环境的变化，群体成员文化素质的提升，使民俗在文化意义与表现形式上都会发生变化，历史上民俗的变迁，大多具有社会进步的意义，都会被赋予新的社会含义与时代价值。课题组在社会调研中了解了壮、岱、侬族跨境民族不少的传统风俗，也耳闻目睹了一些传统民俗的变化，从中感受到新的风俗背景下，壮、岱、侬族民的心态与行为变化。

以前，壮、岱、侬族都有嚼槟榔的习惯，这种习惯长期流行于民间，在成年累月的咀嚼中，槟榔泌出的果汁慢慢把人的牙齿染黄染黑，于是，黄黑的牙齿就成了壮、岱族民的一种时尚。同时，槟榔由于谐音，又被民间视为婚娶定亲的吉祥礼品，"槟榔订婚"是壮、岱族的一种古俗，清代道光年间的广西马山县地方志《白山司志·风俗》载："土人媚姻……行聘亦以槟榔为重。富厚家以千计，用苏木染之，每八枚包以箬叶，每二三十叶为一束，缚以红绒。"[1] 在现代社会，人们的审美观念发生了很大的变化，黑齿不再被壮、岱族民视为美观，洁白的牙齿成了年轻人美丽外观的重要条件。同时，随着饮食品种的日益丰富，味道苦涩的槟榔失去了民众的喜爱，亲戚来访或朋友聚会，已难见敬槟榔的习俗了。当然，婚嫁仪式上的礼单上，乡下人大多还是有槟榔的，但那只是一种传统意义上的表达，全然没有贵重之意，过后更不会有人去嚼了。

婚嫁礼俗上的变化，在壮、岱、侬族中尤为突出，直至20世纪60年代，在广西那坡和越南保乐一带壮、岱、侬族的婚礼中，曾传承着一种"半夜迎亲"的古老风俗。新郎家在迎亲之前一切准备工作都是低调进行，不奏喜乐，不放鞭炮。婚日前晚，新郎家数名壮实青年族人，于半夜打着火把抄小路去接新娘，直到接回男家，才鞭炮连天、灯火辉煌，鼓笛大作，觥筹交错。这种残留着原始人类抢婚行为的习俗，在现代文明的冲击下，早已荡然无存。今日之壮、岱、侬族人婚礼，婚日前数天就大摆宴席，张罗婚事，婚日更是鼓乐齐鸣、热闹非凡，不论城镇还是乡村，轿车已成为迎亲必备交通工具，男家女家喜气洋洋，就连最能表达惜别之意的"哭嫁歌"，也很少有新娘唱了。可见，民俗也是随社会的进步、人民思想意识的提高而发生变化的。

以前，壮、岱、侬族的民间风气比较淳朴，乡民邻里间和睦相处，对神灵常怀敬畏之意，认为生

活中处处"人在做，天在看"。这种朴素的神明意识同样表现在民间纠纷的处理中。村民们在发生争执时，为辨明是非，涉事双方常要"对天发誓"，以此向神明表白自己的诚实或无辜，争执双方甚至在族长或中人的监督下，用"杀鸡诅咒"的方式冀望上天来裁决人间的纠纷，这种风俗一直延续到20世纪中叶，今天有些边远山区的民众还残留着用此种方式解决纠纷的现象。当然，今天这种原始的纠纷裁判习俗早已在大部分乡村消失，相信政府、相信村民组织、相信司法部门早已成为乡间处理纠纷的普遍共识。

中国古代百越人的生活中，习惯用歌声来表达自己的思想与感情，壮、岱、侬族群一直传承着唱山歌的习俗。唱山歌是过去壮、岱族人的主要娱乐方式，人们在旷野田间，在花前月下，在农贸圩市，在婚嫁喜事，都会唱起热情洋溢的山歌，可以说，山歌是壮、岱、侬族人思想情感、语言表达、审美情操的艺术载体，而作为地方民众聚众而歌的歌圩，成为历史悠久的民众娱乐传统方式。在文化匮乏的年代，人们在这里获得了精神生活上的满足，收获了爱情与友情，歌圩也成为壮、岱族跨境民族文化交流、经济往来的地方。中越边境地区，布满了不少年代久远的传统歌圩圩场，每逢歌圩日，境外民众都会相约结伴前往对方的歌圩赶场，加入山歌对唱行列，传统歌圩成为两国壮、岱族民寻欢作乐，走亲访友，联系感情，维系族群认同的重要场所。

随着时代的进步，经济的发展给人们带来了丰足的物质享受，也带来了越来越丰富的文化享受，多元化的娱乐方式进入了中越边境地区，各种精彩的文娱节目通过现代媒体进入了壮、岱族普通家庭。两地许多年轻人外出务工，经济发达地区丰富多彩的文化娱乐活动方式使他们更新了自己的审美观，并将这种观念带回了家乡，社会文化面貌正在发生根本性的改变。课题组在边境两侧乡村社会调查中了解到过去曾经非常盛行的山歌习俗正在逐渐弱化甚至消失，村上会唱山歌的都是50岁以上的中老年人，年轻人普遍不会唱甚至不喜欢唱。现在，在边境两边的传统歌圩场地，虽然仍有少数民众对歌，但今非昔比，已经不成气候了。壮、岱族民传统的文化娱乐习俗正在走向濒危之境。两国边境地方政府都意识到问题的严重性，采取了不少的措施加以抢救、扶持，近些年，由地方政府经费支持的三月三文化活动，每年在广西境内的靖西、龙州、大新、那坡、凭祥等地举行，经常邀请毗邻的越南歌手前来助兴，也吸引了无数越南边民过境赶会；谅山、高平等地举行的传统庙会与歌会，也吸引了不少广西边民前往观摩和参与，当前的这种跨境文化交流活动，也在一定程度上加强了壮、岱、侬族人的感情联系，增进了边民之间的民族文化认同。

四、壮、岱、侬族群民族认同与国家认同的心理特征

当今世界，大部分国家和地区都存在着不同的跨国（跨境）民族，在长期的跨国交往中，形成了国境线两侧丰富多彩的边民生活景象，形成了许多有异有同的民间生活习俗。由于跨国而居，有着不同的国家体制和社会背景，跨境民族也会存在一定的政治问题，甚至是国际关系问题。跨国民族的政治影响一般有两个方面：一方面，以边界为划分的领土空间，国家总是要实现以内部政治、文化同一性为最终目标的国家发展，跨国民族大多聚居于边境地区，如在一个国家内部存在着与另一个国家关系密切的共同文化群体（族群），极易产生敏感的极端民族主义问题，一般主权国家对此都是有所顾忌的；另一方面，大多数国家都是由多个以民族为标志的文化群体组成，跨国民族是一个历史存在的客观事实，可以说如果没有极端民族主义思潮或国际敌对势力插手，一般跨境民族对所在国是不会产生离心力的，也就是说他们对民族或族群的认同不会影响对国家的认同。

何谓民族认同，斯大林在《马克思主义和民族问题》一书中指出："民族是人们在历史上形成的一个有共同语言、共同地域、共同经济生活以及表现在共同文化上的共同心理素质的稳定的共同体。"[2]那么，民族认同应该是指民族成员对本民族的归属心理与感情依附，这种稳定的心理特征来自其父母遗传的、与生俱来的民族身份，表现在其对民族历史、民族语言、民族文化的认同，以及对民族生活的参与。在人类社会，一个人的社会属性，首先是其民族归属，也就是说我们首先要明白自己是从哪里来的，才能从这里出发，去了解与认同社会，去了解与认同国家。

现代国际社会，国家是一个政治概念，国家认同有国际与国内两个层面，国际层面的国家认同是指一种存在于国际社会的政治构建，它的合法性必须得到国际社会的承认，从而确立其国家地位，明确国家利益，决定国家对外政策，实施国家行为；国内层面的国家认同，是指国家是一种政治、历史、文化、族群等多种因素复合的共同体，国家必须得到本国国民的认同。

民族认同是一种客观的存在，它的形成来自民族聚居的社会生活；而国家认同则是政治通过社会化的路径，逐步建构而形成的。由此可见，民族认同与国家认同的存在关系，是前者先于后者。国家认同是在多种不同民族文化和生活方式基础上，凝合成能适应这个复合共同体生存与发展的精神与物质空间，并使人们在情感、认知和行为方面形成向心力。国家认同需要全体成员在国家意识的理性支撑下，为共同的目标而努力。因此，如何对待民族认同与国家认同的问题，关系到国家政权的稳固，关系到国家的发展，假如把民族作为情感认同与行为依托，就会出现民族认同超越国家认同的现象。

研究中越壮、岱族跨境民族的同俗文化，绕不开一个民族认同与国家认同的敏感问题，壮、岱、侬族群同宗同源，同语同俗，虽经千百年的分国而居，但彼此间存在着非常密切的联系，在中越边境两侧，许多边民家庭仍存在着双边血缘关系或姻亲关系，兄弟姐妹、祖孙叔侄、甥舅老表等分居两国的现象屡见不鲜。每逢年节圩日，过境走亲访戚是很普遍的事情，频繁的民间来往，使两地跨境民族的关系更为密切，如同一家。农忙时双方也会互相上门帮忙，或抢收抢种，或围塘捕鱼，或建房盖舍，或植林采伐，都会跨境请自家兄弟亲戚来帮忙，密切了跨境亲戚关系。特别是当前两国都在鼓励地方发展经济，双方对本地市场情况比较熟悉，购销渠道畅通，许多地方关系上的事情都能处理得当，因而跨境亲戚合伙做生意、开公司的现象较多。

课题组在广西宁明县爱店镇堪爱村采访时，见到村民赵有华及其越南外甥邓进正在谈生意上的事情，邓进现住越南谅山省禄平县磊汀屯，在当地边贸市场做跨国药材生意，经常往返禄平与爱店之间。爱店是中国国家二类口岸，边贸是爱店镇的主要支柱产业，有中越边境地区最大的中草药材市场，甚至在东南亚地区也享有很高的声誉。邓进精通中国普通话，与舅父在爱店边贸药材市场开设了收购部，经营八角、玉桂、砂仁、鸡血藤、砂姜等药材，运到越南禄平销售，又把禄平当地盛产的金钱草、当归、五味子、枸杞、田七等发往爱店药材市场。十多年来，生意一直不错，舅甥俩都在两地市场买了地建了房，有事无事都喜欢凑在一起喝上两杯，亲情不言而喻。舅甥俩在生活、生意上的密切往来，遵守着两国的法律法规，真正做到了民族认同与国家认同的高度统一。

在中越壮、岱、侬族边民中，双边的民族认同感老年人胜于年轻人，在越南上了年纪的老人意识中，老祖宗是从中国"那边"过来的，他们虽然不懂中文，但心里明白那是老祖宗使用的文字，因而，在家中祭祀祖先的神龛上，总要请人书写汉字，以示对祖宗的尊敬。在他们操办的儿女、孙辈婚事贴喜联，或在过年过节贴对联时，都要请边境那边的老先生用汉字来书写，实在没办法也要请人用喃字写，很少用越语来写，他们觉得在对联上书写拉丁字母，简直是不伦不类。而边境上的壮族老人群体中，在对岱、侬族人的民族认同问题上，心态略有不同，他们普遍认为那是很久之前搬到"那边"生

活的兄弟，他们回到"这边"探亲、打工、做买卖，自然是要欢迎和帮助的，那种亲情感与归属感要略为淡薄些。另外，两边的中老年人在过去数十年的生命历程中，也或多或少经历过两国关系的冷暖变化，从某一方面来说他们对自己国家的认同感也是优于民族认同的。

中越边境两侧的壮、岱、侬族年轻人，从出生到成人，其成长过程一直在本地各级学校接受爱国主义的教育，国家认同的意识与爱国思想相当强烈。有亲属亲戚分属中越两国的家庭，家中的年轻人自然会对这样的"远房亲戚"产生一些亲近感，而没有这层关系的家庭年轻人，往往都只是视对方为"那边"的人，并无特别的好感，只有在那些学历高一点、学问多一些的年轻人，才会了解与理解两国跨境民族的"前世今生"，才会理性地认同对方为同宗同种的曾经族人，从而与对方产生一定的民族认同感。总的来说，当前双方年轻人在民族与国家的态度上，国家认同感总是远远超出了民族认同感，这也是当今世界上所有的主权国家的国家利益所在，只有当国家凝聚力超出了民族向心力，这个国家政权才能稳定，人民才能团结，国家疆土才能安全。

当今世界，正处于大变革、大调整之中，和平与发展仍然是时代的主题。在跨境民族文化认同、民族认同的问题上，我们应充分发挥国家主导作用，在较好地把握与正确处理民族与国家关系的基础上，努力引导跨国民族充分利用文化同一、风俗同一的有利条件，使两国边民友好往来、和睦相处，真正体现跨境民族的和平跨居，为发展地方经济，固边富民，创造安全、稳定的边境环境而努力。

五、壮、岱族同俗文化的当代价值

民俗文化，作为一种人类群体过往文化的沉淀与现时生活的呈现，具有重要的历史与现实价值。作为曾经同一民族而今分居不同国度的跨境族群，其一直保持的习俗文化又有何现代价值呢？这是人类学、民族学、社会学、民俗学、国际关系学等学界关注的问题，也是本课题理论研究需要解决的终端问题。

从社会学的研究角度来看，民俗的价值取决于民俗价值观，在不同的时代，不同的社会意识语境下，民俗价值观的确立是不一致的，也就是说，与时代相对应才是民俗价值设定的基点。从社会发展的历史来看，民俗的价值从来就没离开过政治的影响，民俗的形成和生存必然要与统治阶级的政权管治要求相一致，必须要与社会的利益、国家的利益相一致，历史上的"移风易俗""倡导良俗，抑制陋习"，实际上就是一种民俗政治化的表现，是让民俗成为维护社会政治秩序规范的体现。因此，民俗作用于社会治理，作用于国家发展，是其社会功能与政治目标的体现。

中越壮、岱族地域相近、文化相通、习俗相同，在长期的社会生活中鸡犬桑麻，相安共处，特别是由于两地风俗习惯趋同，成就了双边众多的跨国婚姻，历史上的血缘与姻亲关系，加强了两国民间的密切交往，推动了边境地区和睦相处、和谐发展局面的形成，促进了两地的社会进步与经济发展。这些现象都足以表明，不同国度跨境民族的文化认同与民族认同，仍然符合我国"睦邻、安邻、富邻"的外交政策精神，具有助力营造稳定和平的边疆环境、促进边境地区社会经济文化发展的当代价值。

（一）传统民俗与当前边民社会生活之规范

自从人类进入文明社会，由于生存与繁衍的需要，不同的族群逐渐形成了一些约束成员行为的社会规范，这种社会规范以一定的社会关系与要求为内容，通过明文的规章或约定俗成的传统习惯，约束民众的生活行为，维护一定的社会秩序。这种规范的形式在民间包括族训乡规、宗教规范、道德规

范、风俗习惯等，俗话说："规成圆，矩出方""没有规矩不成方圆"，人们共同生产、生活的需要，导致了社会规范的产生，反之，社会规范的形成同时也是人们共同生产、生活的规律性总结。人们的社会行为是多方面的，因此不同种类的社会规范，对社会关系的调整作用又有所不同。同时，随着时间的推移与时代的变迁，人们对世界、对社会、对事物发展的认识也在改变，因此，社会规范也处在不断变化、不断发展的动态之中。

作为一种约定俗成的社会规范，中越壮、岱族趋同的风俗习惯形成始于古代的百越族群，最早的风俗习惯是族群成员的自发行为，后来经众人长期反复遵循形成族群的规范，之后又经千百年的历史岁月（包括两国分居后的阶段），最终成为跨境族群共同认可与自觉遵守的传统习俗。

中越壮、岱族趋同的风俗习惯体现在生活的方方面面：有宗法乡规的习俗，也有衣食住行的习俗；有传统礼仪的习俗，也有农耕劳作的习俗；有年节庆贺的习俗，也有歌舞娱乐的习俗；有集市贸易的习俗，也有宗教信仰的习俗。这些传统习俗长期存在于民间，人们一年又一年自觉地按照它的规则办事。即使到了现代，两国都建立了社会主义政治体制，只要不违背社会主流文化的规范，只要没有同国家与地方政府的政令法规相抵触，少数民族传统习俗总是受到国家与政府的尊重。《中华人民共和国宪法》就明文规定：各民族"都有保持或改革自己的风俗习惯的自由"[3]。因此，在当前社会生活环境中，中越壮、岱、侬族的共同风俗习惯大多对当地民众仍具有约束力。

课题组在中越边境地区的社会调查中，感受到在壮、岱、侬族民的家庭生活中，基本上还在遵循传统的习俗，他们一年又一年在前人留下来的生活规范中走下去，尽管外面的世界也在不断地影响、改造着他们，但老祖宗遗留下来的根基文化始终牢牢地扎根在他们心中。

壮、岱、侬族群历史上都是农耕民族，一直传承着丰富多彩的传统岁时节日，并且作为民族文化的重要载体流传下来，在长期的民族社会生活中，形成了许多约定俗成的民俗形式与活动内容。壮、岱、侬族时至今日，仍然保持着过传统节日的习俗，无论是年三十的"年夜饭""守年岁"，或者是大年初一的"汲新水""求新禄"；无论是侬峒节的"求神务""弹鼎叮"，还是三月三"祭先祖""五色饭"；还有牛魂节的"脱牛轭"，端午节的"挂艾草"，尝新节的"吃新米"，中元节的"祭先魂"，中秋节的"请月神"，这些体现着民族传统文化的时令节日活动，不用组织，也无须动员，村民都会自觉地参与其中。怀着对祖先的崇拜，怀着对传统的敬畏，他们年复一年地重复着前人留下来的生活规范，繁衍生息，安度春秋。

自古以来，中越边境交通不便，信息闭塞，受外来影响较少，因而社会清静、民风淳朴。壮、岱、侬族群不少家族在自己的族规中明确了族人处世待人的规约，越南北宁省仙游县岱民20世纪初族规民约"券例"载："……里者役全民上下等承札会合，整修该治风俗簿。且夫民之有俗，犹国之有法，风俗美则事事日隆，风俗漓则事事日下，譬犹表正影端，表邪影曲，不可不拟整也。"[4]广西龙州县也有壮族村规记载："村中子弟务宜礼教修明而后文人蔚起，人才辈出，簪缨继美，登科甲之荣。务宜读书积善，正心修身，弘扬文章报国，忠孝传家风。"[5]在过去的年代，族规民约在维护乡村伦理行为，维护社会秩序，维护本地的安全和利益方面，发挥了积极的作用。以前，民间基本上是以自给自足的自然经济为主，尚农疏商，即使是有一些简单的菜市，也只是通较原始的交易，开始是以物易物，等价交换，有货币流通后或以只议价，或以担、以堆讲价，在山村的小市场上，村民往往将自种的一些果蔬摆放在摊点上，无人看管，任由购者自行付款拿走，这也反映了以前壮、岱、侬族人的淳朴与豁达，如今，这种坦荡的贸易思想与诚实的民风仍普遍在中越边境地区存在。

历史上，中越边境地区流行各种神明崇拜，受汉族的影响，壮、岱、侬族人都非常崇尚关羽的忠

义与神勇，并将其视为社会信义道德的化身，关公崇拜已融入当地民间信仰体系，并且衍化为一种神明崇拜的民俗活动。直至今天，关羽的忠义精神仍旧在规范着壮、岱族民众。关羽也被民间敬为财神，在中越边贸的许多市场，不管是中方的公司还是越方的商铺，几乎都在供奉关羽的神像，以祈求生意兴旺、财源滚滚、四季平安，也是在宣传讲诚信、守信用、重义气的商业文化。不难看出，传承了千百年的神明崇拜习俗及其精神内涵，仍然在这个地方影响着后人的思想与行为。

现代社会，社会秩序与治安管理在很大程度上依靠国家政策法令的实施，依靠地方政府法规制度的执行，从而使社会秩序井然，人民安居乐业。地方宗族的宗规族约虽然在不少地区仍然存在，但实际上已失去了其曾经存在的权威性。但是，在宗规族约中体现的诚实、信用、厚道、公平精神，以及长期形成的公序良俗，仍然规范着乡民的行为。

（二）"认老同"民俗与"跨境老同"的现代社会意义

在近现代，中国南方地区及毗邻的东南亚邻国一些地区，流行着一种虚拟血缘的结拜习俗——"认老同"，认老同有的地方也叫"认先庚""打老同""打老庚""打同年"。古时的认同年本来"是指年龄相同或相近的同性青少年之间通过一定的仪式确立，青少年时借以游玩、互学技艺、介绍恋人，中晚年凭以吉庆同欢，灾、丧互助的友谊关系"[6]。清代以后，逐渐衍化为同性朋友的一种特殊关系。认老同的结拜方式，是两位同性别（一般为男性，也有女性）年龄相仿（多为同年生）且无血缘、姻缘关系的社会成员，在自愿的基础上，通过举行特定的仪式，择吉日设案焚香，喝鸡血对天盟誓，禀告两家祖宗，双方结成异性兄弟。结拜老同，要承担相应的权利和义务，这种关系一般都会扩展到双方家庭，从而形成一系列虚拟的亲属关系。双方结为老同后，两家关系密切，经常来往，《广西通志·民俗志》载："双方结拜老庚、老同或同年，见面以老庚、老同互称，对老庚、老同的父母兄弟姐妹等亲属，一概以庚父、庚母等称之……"[7]过年过节自然都要往来，家中有婚嫁、庆生、丧葬、建房、农忙等大小事情，也要前往帮忙。过去中越壮、岱、侬族认老同的习俗比较普遍，跨国老同的现象不少，在许多日常对话与山歌中都有提及老同的话句，如《中国歌谣集成》（广西卷）中，就有一首壮族民歌唱道："拜天拜地拜祖宗，拜爹拜娘拜老同，怨叹祖宗不会托，白花不托托红花……"[8]这是一首在婚礼上唱的山歌，歌中将老同与天地、祖宗、父母并列，可见其社会关系密切之程度。以前壮族有的地方还把农历五月十三这一天作为"结拜节"，许多人会选择在这一天举行"认老同"仪式，此风俗流传之广可想而知。

认老同民俗的形成与流布有其深刻的历史与社会原因，究其成因，与当时的生存环境有很大的关系，其中包括恶劣的自然环境，以及复杂的社会环境。

以前，中越边境地区山高林密，交通闭塞，地广人稀，壮、岱等民族散居于边境地区山林旷野的村落之间，那时生产力落后，人们的生产生活完全处于一种听由大自然摆布的状态，面对变幻莫测的自然界，面对天灾人祸、瘟疫疾病、收成亏损等现象，他们无力抗拒，风调雨顺给他们带来了作物的丰收，洪水泛滥或天旱无雨给他们带来了颗粒无收。面对荒山野岭、草深林密以及各种毒蛇猛兽出没的恶劣自然环境，以两、三代人一起生活的壮、岱族家庭自然感到势单力薄，希望有更强大的外部力量来支持自身的家庭。在当时的社会环境中，家庭的人际交往主要是在血缘关系的范围里，而这种交际往往因为族群的约束，个人的交往自主性和范围受到很大的限制。因而，由异性认老同的方式转化为同性的认老同方式，就是自然而然的结果了。近代的壮、岱、侬族同性认老同，使人们的社会交往方式更为丰富，范围更为广泛，它让人们超越了血缘关系，进入自由交往的社会空间。认老同这种结

拜风俗，不仅是把个人，甚至把一个家族、一个村子、一个地方带进了更大的社会整体，促进了民族之间的交往，更有效地推动了民族地区的社会交流，融合了民族关系，特别是边境跨国老同关系的建立，使壮、岱族民走向国际交往的领域，展开了更开阔的社会交际活动。

进入现代社会，随着经济的发展，交通的便利，文化生活的丰富，网络媒体的普及，各种社交活动形式越来越多元化。自然环境的改造、生活环境的改善、社会环境的净化、人际关系的密切，使过去认老同民俗产生与流传的社会条件不复存在。那么，在现代社会文化的语境下，认老同这一古老民俗是否还有社会群众交往的现实价值呢？跨境老同关系当前的实际状况又是怎样的呢？

这几年，课题组在两国边境调研中，在各边贸集市中遇见不少"老同"街头小聚，他们往往在小吃店里炒上两个小菜，一碟油炸花生，打半斤当地米酒，边吃边聊，聊近来生意盈亏，聊双方家庭婚嫁，聊村中趣事，聊田间耕作收成，直喝得酒酣耳热，不亦乐乎。当我们问到近来本地"认老同"的情况时，回答大多是说以前的老的老同一般还在保持联系，特别有些年代比较长的老同，已经当成真正的亲戚了，连儿孙晚辈都在经常走动。认老同的习俗曾经在本地几乎消失了，最近十多年又逐渐恢复起来，有的还举行传统仪式，但更多的是简单化了，在家中炒几个菜，喝杯"交杯酒"就完成了。仪式也大多在老同之间进行，这种关系很少关联到双方家庭，两家父母也知道两个孩子相处很好，在双方家庭也有来往，但往往是吃顿饭，送点东西，像以前两个老同家庭非常亲密的情况，现在已经很少了。

在越南高平省广渊县安赖社卜棱村侬族村民陆云龙家，我们见到了他从对面靖西赶来帮助建房的老同农本善，他俩今年快65岁了，48岁那年认的老同，17年来双方的关系非常好，平时两家年节或有婚娶大事都会互相来往，还把陆家小女儿介绍到靖西城里去打工。当问到现在两地还有没有新结拜的跨境老同时，老陆说还是有的，都是在生意场认的老同，大多都是在两地做了同样的生意，利用双方对本地市场熟悉的条件，生意做大了，感情也加深了，共同的利益将两家紧密联系在一起。

在近现代中越壮、岱、侬族的社会发展史中，由于特定的自然环境与社会背景，认老同这一独特的民俗在边民社会生活中，发挥着扩展社会交往、改善人际关系、维护社会稳定的积极作用。那么，随着时代的发展、社会的进步，随着社会活动方式的多元化，认老同民俗遭遇现代文化，又将会走向何方呢？经过对边境两地的社会调研，我们对认老同习俗的现代社会文化价值，有了较清晰的认识。

现实生活证明，认老同习俗在边境地区社会生活中的积极作用仍然存在。

历史上，不管中国还是越南，都是重视宗法礼制的社会，依靠血缘关系是乡村信任的主要机制，人们信任的群体往往以血缘姻亲为主，亲缘以外的地缘关系在落后的村寨很难成为人们信任的社会关系，很难成为获得生存资源的重要途径。认老同方式打破了传统社会的束缚，给人们创造了人际间更多互动的机会，可以说认老同在当时是一种社会进步，它成为壮、岱族民间一种新颖的交友方式，是同地或异地生活的人群互相帮助、互相依靠的社会活动。今天，在政治体制比较相同的中越两国，国内民众的民间交往方式发生了巨大的变化，社会给人们提供了较多的交往方式，过去按照地缘形成的传统村落组织大多弱化了，认老同这种交友方式却在广大乡村仍然存在，这也是由于其仍具合理性与适应性而使其社会存在成为必然。当然，在社会文化内涵与交往方式变异方面，传统认老同习俗正在发生深刻的变化。

壮、岱、侬族"跨境老同"，也有其特殊性，我们知道，受国家管理体制所限，即便是跨国民族，也不可能像国内一样进行自由的民间交往，边民们的互相来往，往往依靠的是现存的血亲、姻亲关系，而这种血亲、姻亲关系随着时间的推移而逐渐弱化。如今，中越两国的民间交往，除了亲戚走动，更多的是经济来往，共同的经济利益使两国边民在跨国交往中关系更为密切，在经济来往中发展"跨境

老同"，这是传统民俗在现代社会中传承的体现。

今天的"跨境老同"模式，与传统模式有很大的区别，首先，它已不是在环境恶劣、经济落后的社会中人们自我保护、互相依靠的交往关系，而是在经济发展、社会进步的环境中，人们在共同利益驱使下所建立起来的感情凝聚方式。这种现代"跨境老同"的建立不拘泥外表的形式，在实际行为中部分履行传统老同的义务与责任，与"至交好友"有很接近的意义。其次，双方的家庭虽然不像传统老同那样的关系转化，在称谓上也无须特意改变，但在与对方家人感情及家庭事务上，会比一般的好朋友投入更多的关注。"跨境老同"的优势在于双方都拥有各自的地方资源，包括地方行政关系、宗族关系、社会关系、文化关系与经济关系，充分运用各自的资源优势，可以获取更大的共同利益与发展空间。"跨境老同"是中越边境地区跨境交往中经济利益与感情凝结的综合体。今天，在边境地区从事边贸的边民中，交结一个或数个跨境老同是常有的现象，已成为边贸市场一个有特色的社交方式，他们互通信息，传递商机，取得了互利共赢的商业效益，促进了边贸的发展。

如上所述，在发展边境地方经济中，"跨境老同"风俗的传承具有加强边民人际关系、促进社会发展的进步意义。随着时代的发展，边境地区社会会越来越开放，面对滚滚的商业大潮，边民需要借助更广泛的社会资源。因此，在中越壮、岱族群的跨境交往中，"跨境老同"仍然具有活跃的社会文化生命力，肯定与支持这一传统与现代结合的民俗方式，是必要的。

（三）跨境民族共同习俗与国家的睦邻安邦

在人类社会历史中，民俗是人们在长期发展的历史中逐渐积淀并传承下来的文化现象，是一代又一代民众经验和智慧的结晶，民俗的形成与流传是社会生活的需要，而民俗一旦形成又对人的社会行为产生规范与管理功能。从民俗学的观点来看，民俗管理社会具有三个方面的主要功能：其一，导向功能。在社会生活中，民俗通过认识到遵从的过程，给社会提供规范，对民众生活产生影响，给社会成员以导向。其二，整合功能。民俗是社会不成文的习惯法，对社会具有较强的控制力、约束力与稳定力。其三，向心功能。作为一种社会观念与行为的规范导向，民俗具有权威性，它对社会成员心理形成一种向心力和凝聚力，从而实现群体行为的一致性与和谐性。中越壮、岱族从宗源文化中传承及漫长历史中凝成的民俗，至今仍在边境两边坚守与维系，他们当中无论是在故土耕耘还是他乡务工，始终遵循祖训，墨守先规，一年年地在不断重复着的传统民俗中过春秋、度岁月。即便是在社会生活发生了翻天覆地变化的今天，人们依然遵循着老祖宗四季农作、衣食住行、婚嫁丧葬、岁时节庆、祭祖拜神、经商买卖等传统习俗。虽然界碑给原为同族的人群划开了分治的界线，具有共同传统民俗文化的壮、岱族民，仍然坚守着前人留下的规范，其中不少的传统习俗对国家睦邻安邦国策的贯彻仍具有积极的作用。

1. 共同民俗对边民行为仍具有约束作用

21世纪的今天，曾经的交通闭塞、经济落后的中越边境地区，走进了现代社会，经济的发展，文化观念的改变，往往让我们以为传统的生活方式会离壮、岱族人远去，其实并非如此。不管是在市场繁荣、人声喧闹的城镇，还是在春意盎然、播种插秧的乡村，人们依然沿承着传统的习惯，重复着传统的生产、生活方式。民俗具有规范功能，也就是说每一个社会群体成员的行为方式，都要接受民俗的约束，人们在社会中的生活方式有多种选择，而经过漫长岁月形成的民俗，却还在以一种无形的群体行为模式，一直规范着社会生活有规则地进行，即便在喧闹的现代生活也是如此。

现代社会同样是需要规范的，从社会学的理论来看，一个社会的规范是立体的，它大致分为法律

层面、纪律层面、道德层面与民俗层面。在这四个层面中，民俗是最普遍，也是最早形成的规范层面，它产生于久远的历史时期，并经生活在这个地方的后人一代代的实践而形成，它的精神内核已深刻地烙印在地方意识形态之中，因此，民俗层面的规范是约束面最广、最深层的行为规范。由于民俗起源很早，实际上法律的形成均缘于民俗，法律与纪律的条文只是规定了在社会生活中必须强制执行的一部分，而民俗就像一张巨大的社会之网，笼罩着社会生活各个领域，从衣食住行、社会交际到精神信仰，支配与规范着人们的所有行为，有人将民俗视为"生活规则"与"民间法律"，是有一定道理的，民俗以一种生活指令的方式，让人们在不自觉的潜意识中遵从与践行。

由此可见，进入了现代生活的中越边境地区，传统民俗文化还是顽强地保留在壮、岱族人生活的方方面面，它的文化内涵、存在形式与社会地位，并没有因为外来时尚文化及生活方式的侵入而被撼动。壮族与岱、侬族文化相通、习惯相同，他们在不同的生息环境重复着传统的规范，从边境两边民众交往的情况来看，边民们完全是按照自己的生活习惯去处理与对方的交往，丝毫不用考虑对方是否适应的问题。民间相同的意识形态与生活习俗，给两地社会的生活规范带来了同一性，也给两地社会秩序的稳定带来了来自民间的积极因素。

2.共同民俗在两国边境社会仍具有维系作用

民俗具有社会的维系功能，表现在其在群体成员中的向心力与凝聚力，统一群体的思想与行为，使社会生活保持稳定。任何一个社会文化形式，都是在不断的变化之中，包括来自外部环境与内部情况的变化，文化形式随之会不断地加以调整。民俗作为一种社会文化，经过长期的历史检验与社会实践，具有稳定的社会文化性质，成为不断被后代复制、承袭的规范，因此，民俗又是一种连续性的社会遗产。历史上曾发生过无数次急剧的社会变革，甚至改朝换代，但是建立在民间的民俗体系，没有受到根本性的影响，没有发生整体的变化，没有发生文化的断裂，即使变化也是渐变的，这是民俗在社会维系中的作用。

如前所述，历史上中越边境地区曾是同一疆土，生活在这块土地的人曾是同一民族，经过千百年社会生活积淀下来的民俗，其文化内核与外在形式是稳定的，代代相传的社会规范是同一的，尽管经过了历史无数次社会动荡，甚至分疆而治，其稳定的族群民俗文化从未在根本上动摇与改变。如今，与主权国法律、纪律、道德意识相符的民间习俗，非但没有被削弱，反倒呈现出一种继往开来的发展情势。在人类学的层面，民俗是一种文化，它反映了人类生活的文化积淀；在社会学的层面，民俗是一种约定俗成的制度，它规范着人们的思维方法、生活方式，也影响着人们的世界观与价值观。一般来说，民俗的存在总是具有社会的合理性与适合性，许多作为习惯法的风俗习惯和乡规民约，总是与所在国家法规构建的目的和作用相一致，所以，民俗在遵守国家法律的框架下，成为维护社会秩序、保障社会稳定以及推动社会向前发展的民间因素。民俗作为一种地方规范，在每个社会成员每天的生活中发生作用，民俗作为一种族群文化，是民族对内认同、对外识别的标志；民俗作为一种意识形态，是体现社会意志的文化基础。因此，国家利益、民族利益、个人利益在民俗事项中的体现是统一的。中越壮、岱族的平安跨境生息，也正是基于其遵守各自国度法规的传统民俗规范，这是现代民俗的价值观，充分反映了民俗价值从个人、民族到国家的递进关系，体现了民俗价值从微观到宏观的发展逻辑。从个体生活行为的规范，到构建社会生活的完整文化谱系，是民俗维系的最终作用。那么，在国际关系的层面上，共同的生活习俗，更能加强双边的文化认同、地方认同与情感认同，更能加强边境地区的社会稳定与和谐，这是一种国际关系的维系，是现代社会文化背景下，中越壮、岱、侬族跨境民族同俗文化存在的现实价值所在。

3.共同民俗对两国边境治安仍具有维护作用

巩固国防，加强边境地区治安管理，是维护国家安全利益的需要。国防，指的是国家的防务，是捍卫国家主权统一、领土完整，保障国家安全和社会稳定，防备外来侵略的国家行为，是国家生存与发展，民族兴旺与发达的安全保障。在国家的层面上，国防的手段包括四个方面，即军事手段、政治手段、经济手段及外交手段；在地方管理的层面上，边疆安全管理的主要措施是边境管理制度、基层社会管理和边境治安管理。那么，在民间的层面上，如何通过社会的力量参与边疆安全管理，支持国家的国防建设，构建安定的边境社会环境，促进社会政治、经济、文化的发展，是具有重要现实意义的研究课题。

中华人民共和国成立以来，在社会主义建设的大潮中，广西边境各级地方政府带领当地人民，通过制定与实施各项政策，发展了地方经济，改善了民生，使边境地区呈现出一派欣欣向荣的景象。但是，由于地处边关要塞的敏感地带，除了正式的边境口岸通道，在重峦叠嶂、野树丛生的中越边境地区，遍布无数出入边界的羊肠小道，给不法分子的犯罪行为提供了可利用的条件，走私、贩毒、拐卖人口等犯罪行为时有发生，屡禁不止，成为和平时代边境地区的主要治安隐患。以国家力量为主导、以地方政府为主体，发动边民积极参与是当前我国边境地区公共事务的管理体制，为边境社会治安的建设做出的努力。

民俗在民间拥有广泛的群众基础。与人们的社会生活联系密切，发动边民积极参与边防治安管理，渠道是多方面的，充分利用边境民族共同习俗就是其中重要的积极因素。发挥优秀宗法家规、村规民约的制约作用，加强地方良俗良风在地方意识形态中的影响，促进社会风气的净化，是地方民俗参与社会治安管理的主要体现。

民俗是人类社会最早出现的社会规范，在古代，法律尚未出现时，族群成员就对原始民俗的规范形成了自觉。在中国历代的史书中，对民俗多有论述，《诗经·周南·关雎序》载："美教化，移风俗。"[9]最早指出了风俗在社会教育中的作用。《汉书·地理志》曰："凡民函五常之性，而其刚柔缓急，音声不同，系水土之风气，故谓之风；好恶取舍，动静无常，随君上之情欲，谓之俗。"[10]道出了风俗产生之缘由。史书还记载了乡间陋俗之恶，汉朝贾谊《论积贮疏》载："淫侈之俗，日日以长，是天下之贼也。"[11]古人关于陋俗的斥责，对当时社会不良风气产生了威慑、控制的作用。从规范的广泛性来看，民俗对人的社会性约束要比法律和道德宽得多，民俗涉及人类社会生活的各个领域，特别是包括道德修养的意识形态方面，民俗制约、规范人们社会行为方面的优势性是其他管理方式所无法取代的。

课题组在中越边境地区社会调研中，看到不少民间传统良俗还在当地存在，还在潜移默化地影响着人们的道德规范与情操形成，孕育了地方良好、正直的伦理道德观念，净化了社会风气。乡间风气的淳朴，村民行为的朴实，使我们对两地的传统民俗当前的现状，以及民俗在现代社会环境中的教化作用有了更深刻的了解。"插标定物"是壮、岱族村民一个古老的传统习俗，有人在路边发现可利用之物，或一堆能肥田的牛粪，或一潭游着野鱼的水窝，只要插上一个打了结的草标，别人就不会再去获取。农忙季节天气炎热，村民把脱下的衣物放在路旁，上面放个草标，尽管放心离去，别人是不会去动的。青蛙历史上曾被壮、岱、侬族先民视为崇拜的神灵，在铜鼓这种古越民族祭祀重器上，都铸有青蛙的造型。人们可以忘记教科书上"爱护青蛙"的道理，却牢记着祖宗传承下来的"蚂蚂崇拜"，绝不会到田边去滥捕青蛙。此类事情虽同为小事，也反映出地方民风的淳朴。

在长期的封建社会时期，壮、岱族姓氏宗族组织在维系本族生存与发展，对内协调与处理本族的内部事务，对外防御外来侵扰，以及维护地方社会治安等方面，发挥着重要的作用。两国进入社会主

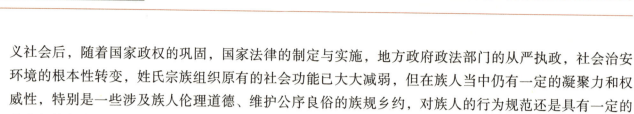

义社会后，随着国家政权的巩固，国家法律的制定与实施，地方政府政法部门的从严执政，社会治安环境的根本性转变，姓氏宗族组织原有的社会功能已大大减弱，但在族人当中仍有一定的凝聚力和权威性，特别是一些涉及族人伦理道德、维护公序良俗的族规乡约，对族人的行为规范还是具有一定的约束与管制作用。

中越两国拥有1450多公里的漫长陆地边界线，边境地区由于地理位置的特殊，历史上边境走私活动比较猖獗，"至安南土产微啬，并无中国需用之物，而内地药材硝磺绸缎等物，系彼处所需。内地无籍之徒，带货私越隘口到彼贸易，牟利甚多"[12]。20世纪八九十年代走私现象曾经有所收敛，但近十几年又复燃，虽经地方警方的严厉打击，无奈山高林密、地形复杂，民间走私总是禁而不绝。走私行为的背后是巨大的经济利益，严重触犯法律。地方政府在实施刑事打击、经济制裁的同时，注意动员地方宗族组织的协助力量，在祠堂议事处重示遵守公序良俗之祖训，对族人走私行为晓之以理，告之以法，动员家人协助劝阻，起到了较好的约束作用。

由于两国存在的社会人口问题，以及非法经济利益的诱惑与驱使，中越边境地区拐卖人口的现象也相当严重，极大地扰乱了当地的社会秩序。对非法拐卖人口的问题，当地社会历史上一直是反对与抵制的，民国时期广西靖西雷屯的乡规民约规定："第四条，若有人未征得家长同意，擅自拐其子到外地为赘婿或嗣子，众将追究祸根，强令召回其子，否则禀官严处；第五条，如有拐带妇女出卖者，同第四条处理；"[13]如今，对拐卖人口危害社会的认识已是深入人心，它对无辜家庭造成的伤害更是遭到社会舆论的谴责，边民的宗族组织也不断以族规严厉管制族人，形成了一种强大的社会压力，有效地制止了拐卖人口非法行为的蔓延。

边境地区由于处于两国不同的社会管理区域，边民发生矛盾、出现纠纷的现象常有，有些问题通过双方政府部门或行政村干部处理有诸多不便，由民间的方式去解决反而更快更有效。虽说随着农村社会、经济的发展及村民文化素质的提升，依仗宗族势力呵护族人利益的传统社会管理模式已不复存在，但共同的族人生活传统管理习俗还是得到了双方的认可，于是，一些族人的涉外纠纷问题，由姓氏宗族组织出面斡旋调解，以不违背双方国家政策法规，尊重当事人合法权益，维护双方宗族的名誉与利益为依据，顺利解决了不少的边民纠纷，维护了边境地区社会的安定与和谐。

六、壮、岱族同俗文化在区域性经济合作中的作用

民族传统文化博大精深，源远流长，曾经在民族发展的历史中发挥重要的作用，它是增强民族自信心、构建良好民族心态的原动力。而壮、岱族跨境民族传统民俗文化，则是边境地区社会安定、边民和睦的意识形态基础，因此，它在区域性经济合作中具有重要的作用。

（一）中越边境地区在国际区域性经济合作中的区位优势

20世纪80年代以来，国际政治、经济形势进入了一个新的格局，经济全球化和区域经济一体化的趋势遍及全球，随着改革开放不断取得新的进展，我国逐步参与到国际性区域合作的领域，跨国的联系与交往也变得更加密切。东盟，是东南亚国家联盟的简称，其成员国有马来西亚、印度尼西亚、泰国、菲律宾、新加坡、文莱、越南、老挝、缅甸和柬埔寨，1967年8月正式成立。1991年我国开始与东盟对话，1996年成为东盟的全面对话伙伴国，2010年1月1日中国—东盟自由贸易区正式全面启动，贸易区涵盖11个国家，人口19亿，是目前世界上人口最多的自由贸易区。中国与东盟地区接壤，历

史上有着悠久的国际交往，保持着友好的传统关系，双方资源各具优势，经济发展各有特点，产业结构互补性强，有很大合作空间；自由贸易区各国国际事务上具有广泛的共同利益，在国家利益上有许多共同语言，在经济发展中有共同的愿望。中国—东盟自由贸易区的建立，使各国相互间的合作关系进入了一个新的发展阶段。

建立中国—东盟自由贸易区，是中国和东盟的重大战略决策，其中，身处自由贸易区前沿的广西战略地位特别重要，从2004年起南宁每年举办的中国—东盟博览会，使广西的地位上升到国家战略的高度，广西的地理位置具有得天独厚的优势，它既地处于中国—东盟自由贸易区的中心位置，又是中国华南经济圈、西南经济圈与东盟经济圈的结合部，广西与东盟既有陆地接壤又有海上通道，与东盟形成立体的交通对接网络，是中国进入东盟最便捷的通道。广西背靠国内广阔腹地，面向东盟各国市场，区位优势日益彰显。

由于亚洲大陆东部与东南部地形的走向，中南半岛的主要河川及山脉大部分为中国广西、云南地区所延伸过来的，山同脉，水同源，地理位置上的特殊关系，使中国边境地区与中南半岛的越南、老挝、柬埔寨、缅甸、泰国等邻国更为密切，历史交往更为久远。广西边境地区与东盟国家越南山水相连、文化同脉，在国际区域性经济合作中，广西边境地区是中国—东盟自由贸易区的桥头堡，在战略地位方面，有如下重要的区位优势。

1.环境区位优势

广西是中国的南疆，位于中国华南、西南及东南亚的交汇区域，与越南接壤，陆地国界线1020多千米，这样开阔的边境地理空间，无论是物质流、信息流还是旅客流，都具有优越的区位优势。在交通上，广西边境地区通过西江水系、防城港、钦州港、北海港等水路网络，南广、南昆、贵广、衡柳、柳南、南钦、钦北高铁及原有普通铁路的铁路网络，"5纵8横8支线"的高速公路及原有国道、省道、县道构成的公路网络，以及以南宁、桂林、柳州等主要城市为中心的国内国际航空网络，连接西南地区、华南地区、港澳地区、雷州半岛地区、海南地区及全国各地，连接东南亚地区及世界各地。广西边境地区背靠经济发达地区的腹地，面向拥有10个国家、人口6.5亿的东南亚地区，无论是在经济合作领域，还是在文化市场开发的领域，都具有得天独厚的区位优势。

旅游资源是广西边境地区环境区位的另一优势，该地区目前是广西旅游热点，区域内拥有多种旅游文化资源，如边关要塞历史遗迹、少数民族文化风情、喀斯特地貌溶洞、山水瀑布景观、森林珍稀动植物、亚热带滨海风光等。

广西边境地区古为中国南疆边防要塞，拥有众多有关遗迹及古代军事防御遗址，其中最著名的是凭祥市的友谊关，是中国十大名关之一，始建于汉朝，初为雍鸡关，历经更名镇夷关、镇南关、睦南关，1965年改现名。出了关门，与越南公路相接，是通往东南亚重要的陆路要塞。广西边关遗址有金鸡山古炮台、平公岭古炮台、宝盖山古炮台以及隘古战场、龙州小连城、靖西十二道门等，还有马援南征交趾遗迹伏波城，这些古军事遗址或利用山体地形而建，或以山中溶洞为营，大多地势险要、城墙绵延、可攻可守。除了古城楼，还有铸铁古炮、摩崖石刻等，边关遗迹分别记载了历代边防守疆以及清末中法战争、名将苏元春抗法、孙中山领导的镇南关起义、邓小平组织领导的龙州起义、红军第八军司令部及自卫反击的作战高地等遗址。众多的古军事建筑遗址，让人领略了广西作为中国南大门的疆土保卫历史，是重要的边关人文景观。

少数民族文化风情又是广西边境地区的特色旅游资源，该地区是广西少数民族聚居地，域内那坡、靖西、大新、龙州、凭祥、上思、东兴等县市，居住着壮、瑶、京、苗、彝等少数民族。边境地区民

族文化丰富多彩，民族风情浓郁多姿，有各种民族节庆，如三月三、侬峒节、斗鸡节、吃立节、霜降节、尝新节，以及众多的歌节、歌坡、歌圩，有抢花炮、抛绣球、放风筝、荡秋千、打陀螺，以及斗牛、斗马、斗鸡、斗鸟、摔跤等民间娱乐方式，有刺绣、蜡染、剪纸、竹雕、藤编等工艺品，有干栏、垒房、戏台、寨门、亭阁、吊桥等特色建造，构建了奇异多彩的边疆少数民族风情景观。

山水秀丽是广西边境地区的自然景观特色，驰名中外的大新县硕龙镇德天瀑布，是亚洲最大的跨国瀑布，这个相连两国国土的大瀑布群，上游的归春河在硕龙镇德天村的喀斯特断层河床上，形成宽约200多米，落差70余米的巨大瀑布，一泻而下，千流激荡，气象万千，大自然造就了这个雄伟无比的壮观景象。广西边境大多为喀斯特地貌，沿边公路一带，山水景色秀丽，有通灵峡谷、三叠岭瀑布、旧州山水、明仕田园等景观，地下暗河、洞穴奇观、原始植被美不胜收。宁明县明江沿岸近的峭壁上，著名的花山崖画以各种人物造型与情景描绘，构成风格古朴、粗犷、壮观的古越先民生活画面，吸引着越来越多的中外游客。

2.边贸区位优势

贸易，是人类生产力逐步提高，有了社会分工，出现了产品剩余，人们拿着多余产品去同别人交换另一产品的行为。最原始的贸易形式是以物易物，即直接交换货品或服务，以后发展成为以货币为媒介的交换方式。广西与东南亚邻国山水相连，比肩并起，千百年来，当地原住民民族先民就自由往来于两地，进行民间交流与贸易活动。《宋史》记载："岭南乎后，交趾岁入贡、通关市，开海商人遂浮泊贩易外国物。""有大贾自交趾回。"[14]清以后，中越边贸有了更大的发展，除了两地数以百计大大小小的集市外，还形成了镇南关、水口、平孟、岳圩等主要口岸边贸互市，在经济落后、交通闭塞的年代，为了把货物运到更远的地方经销，经常在一些主要的集市开设"边贸驿站"，也就是供长途贩运的马帮歇息的客栈。边贸驿站在当时是非常热闹的地方，南来北往的马帮带来了各地大量的文化、商品信息，又把本地的相关信息带到他处，形成了东西南北各方面信息传递的平台，促进了各地商品贸易的发展。广西边民就是通过这些驿站把棉纱、布匹、煤油、中成药、日用百货及广西的土特产运往老挝、泰国、柬埔寨等地。在长期的边境贸易中，形成了许多具有地方特色的边贸文化、贸易方式与行市规矩，体现了边民生产与生活物资的互通有无、相互依赖的贸易关系。目前，在广西边境地段，共设12个边境开放口岸，国家一类口岸有东兴、凭祥、友谊关、水口等，地方二类口岸有岳圩、硕龙、平孟、龙邦、平而、科甲、爱店、峒中等，除此以外，越南、广西边境双方还设有25对边贸互市点。这些口岸与边贸互市点活跃了中越边境贸易，促进了两地经济的发展，提升了两国边民的生活水平。

3.物产资源区位优势

物产资源也是广西边境地区的区位优势之一，由于地处亚热带，这里雨量充沛，河流湖泊众多，是西江水系的上游流域，水能资源丰富，同时，优质的水资源还为边民提供了充足的生活用水，以及水产品养殖的条件。矿产资源也很有优势，那坡县的煤、铁、钢、钛、锌、金、铝土矿，靖西的锰、铅、锑、磷、汞、石灰石，龙州县的水晶、大理石，大新县的锰、铀、磷、钨、钾、铜，宁明县的石膏、黏土、膨润土、高岭土、稀土，凭祥市的金、硫铁，储量都非常高，矿产业促进了地方经济的发展。广西边境地区的农业资源更为丰富，作为传统的农耕社会，这里除了传统的稻谷，还有玉米、花生、红薯、大豆、芋头、蔬菜等作物，为当地人民的生活提供了丰富的食粮；荔枝、香蕉、菠萝、柑橙、甘蔗、龙眼、杧果等亚热带水果，除了满足当地人民的生活所需，还远销湖南、贵州、广东、港澳等地；桑蚕、香料、松脂、桐油、三黄鸡、奶水牛等农产品，鱼、虾、蟹、牡蛎、珍珠等海、水产品，田七、玉桂、罗汉果、砂仁、绞股蓝等药用作物，也是当地经济的重要支柱。丰富的物产资源是

广西边境地区社会发展的物质基础，是当地旅游发展的优质资源。

（二）跨境同俗在国际区域性经济合作中的文化作用

当今世界，经济全球化与区域经济一体化是世界经济发展的两大特点，进入21世纪以来，随着世界经济总量的扩大，随着世界经济危机的潜在影响，各国和各地区的经济资源总想突破原有国界和地域的限制，把目光投放在全球范围内，以寻求更好更优的合作方式和效率。世界各国、各地区经济之间的相互依存、相互融合、相互影响和相互制约，成为社会发展新的局面。在世界经济全球化框架下的区域经济合作，获得越来越多国家的认可与参与，加入区域自由贸易组织，寻求更大的国际经济合作空间，提升本体的经济增长动力，是当前世界经济发展的新趋向。中国—东盟自由贸易区，就是这样一种区域性经济一体化的合作模式，它标志着东亚大陆与东南半岛经济合作步入体制化发展的阶段。

中国与东盟各国的文化交往历史悠久，在漫长的社会发展过程中，各自形成了丰富多彩的民族文化，这些各有特色的民族文化是亚洲文化的重要组成部分，它所体现出来的丰富内涵与绚丽色彩，是世界文化的瑰宝。由于族群起源、历史迁徙、环境影响和长期交流的影响，中国与东盟各国也存在着一些跨国界多民族所共有的文化理念与文化形态，如农耕稻作中的"那文化"，就深刻地烙刻在该区域各民族文化之中。区域性经济一体化离不开区域文化共识，文化共识是区域文化发展的基础，是跨区域性文化交流与文化合作的桥梁，区域经济合作离不开文化合作，文化共识成为区域经济合作的"黏合剂"。共识的文化能在人们的相互沟通中引起共鸣，从而引发情感的交融与力量的凝聚。事实上，在国际跨区域经济合作中，文化的因素及其作用是重要的，也是不可缺少的。

地处中国—东盟自由贸易区前沿的广西边境地区，历史上与东南亚邻国有着十分密切的关系，史料中就有不少相关的历史交往记载，众多的跨国民族现象就是其中最好的印证，当今世界，不同国度的跨国民族形成不同的类型划分，有纷争不断的，也有和平共处的。广西边境各民族与邻国民族历史上大多和睦相处、相安无事，究其原因，除了相关民族的传统意识与民族性格以外，对地域文化的认同是重要的因素。因此，在国际跨区域经济合作中，重视同俗文化在其中发挥的文化认同作用，并将其视为一种优势条件，促进经济领域的合作与推进，具有重要的意义。

1.国际交往中的睦邻作用

"和"，是中国古代哲学的重要思想，"和为贵"是古人一种情操，也代表了一种哲学观念。"和"包含着丰富的内涵，它是对宇宙万物本质和规律的认识，是一种事物存在的"致和""求和"之道，也是人们追求的一个修养理想标准。古人崇尚与周边的环境和人群和睦相处，主张"和而不同"，主张"与邻为善"，这是中国传统文化的精粹。"和"作为一种道德规范，在中国历史各朝代中得到了很好的传承。在现代，作为一种外交思想，"和"文化也在对外关系指导思想上体现出来。"睦邻、安邻、富邻"是我国当前对外国际关系的准则，其中的文化内核就是"和"。中国奉行与周边国家睦邻友好的政策，体现了"贵和""亲仁善邻"的中国传统文化中的核心价值观，在全球政治多极化、文化多元化、经济一体化的今天，继续巩固与加强同周边国家的睦邻友好关系，推进国际社会的和平进程，具有重要的战略意义。

充分发挥跨境同俗在国际区域性经济合作中的作用，实际上就是利用双方相关的文化认同心理，建立一种具有内在情感维系、外在行为认同的紧密关系，形成一种距离与国界原本的障碍不断弱化的相互依赖关系。从某种意义来看，同俗文化是双方对历史与现实的相互认同，认同对方实际上就是认同自我，尊重对方就是尊重自我，大家都在同样的文化认识中和睦生活，这就是这些年较流行的"和平跨居"

观点。"和平跨居"思想及其互动模式，体现着一种"致和"精神与"共生"原则，在国家认同的前提发展地方认同、民族认同，以"跨境同俗"去推进"和平跨居"，这是解决跨国民族问题的最有效的途径。

2. 经济合作中的互信作用

当今世界，我们面对的是一个价值取向多元化的国际环境，不同的社会制度，不同的意识形态，不同的生活方式，形成了极其复杂多样的世界观和价值观。东南亚人口密集、民族众多，各国经济发展不太平衡，如何利用经济全球化所带来的机遇，创新中国—东盟自由贸易区经济合作理念，建立互利互信的经济合作机制，是需要我们认真思考的问题。中国作为全球多边贸易体制的参与者和建设者，坚持在自由贸易区的框架下，通过积极的双边与多边合作，促进各成员国的互信，促进区域经济合作的安全，促进自由贸易区的高质量运作与持续性的发展。

一个区域经济合作组织的互信，包括多个方面，有政治互信、文化互信、外交互信、制度互信、信用互信等，其中，文化互信是诸多互信中的基础与根本，通过文化互信的平台，能让各成员国找到相同的文化语言，找到共同的文化思维。

中国古人非常崇尚真诚待人，《汉武帝内传》载"至念道臻，寂感真诚"[15]，意思是真心实意，坦诚相待，从心底感动他人，而最终获得他人的信任。这个真诚待人，也包括让别人了解自己，让别人能够与自己心相通，情相随。广西边境地区居住的民族，大多与东南亚国家的很多民族有着亲疏程度不等的历史联系，许多民间习俗是比较相同或相通的。在国际区域性经济合作中加强文化互信作用，就是通过共同或相似的风俗意识，在经济合作的过程中，融入文化信任的因素，增强双边贸易的互信度，扩大经济合作规模，拓展经济运营领域，使文化互信在促进区域经济一体化中发挥积极作用。

在中越边民的跨境贸易中，我们看到了文化互信在经济活动中的作用。20世纪末，中越两国都把发展经济置于国家社会发展的首位，边境地区的商品集市也逐渐步入市场经济的轨道，集市贸易方式也不断规范，近10年来，还涌现了不少商品交易的现代市场运作模式。广西那坡平孟口岸中越进出口市场在货物贸易中出现了网上交易的平台，这是一种以会员制为基础，通过网络交流与传递货物信息，直接在网上进行产品查询与洽谈的平台。平台根据各方的需求，进行网上贸易撮合，直接服务于目标客户，实行交易。在这个过程中，存在着中越双方传统贸易运算习俗的差异，作为虚拟的交易经纪人，网上贸易会员平台充分了解双方的传统贸易文化，从中寻找买卖双方都可接受的运算方式，以促进生意的成交。平台还在越南高平省河广县朔江口岸建立了相应的网上商业机构，十分注意收集中越双方客户的跨境亲友信息，及时将商业信息传递于各方的关系网，进一步扩大了网上交易的空间，也带动了两地商品交流朝着现代贸易的方向发展。

七、壮、岱、侬族同俗文化作用于区域性经济合作的策略及展望

在进入21世纪的今天，社会生活发生了巨大的变化，人们的价值观也在不断变化之中，一方面，城镇化、工业化、现代化已成为当代社会发展的主流，以民俗为代表的传统文化虽尚存在，却显日渐式微之势。另一方面，复兴民族文化、振兴国家经济又是当今世界各国国家与民族利益的诉求。如何顺应世界发展的潮流，充分发挥民族文化在国家经济发展中的积极作用，如何把中越壮、岱、侬族的同俗文化应用于国际区域性经济合作之中，是具有重要的现实意义与研究价值的。

（一）创新中越边民的跨境文化交流与互动模式

现代社会发展到今天，文化在经济建设中的作用越来越被人们所肯定与看好，中越边境地区的民间交流与贸易来往，已进入一个迅速发展的快车道，在现有边贸状况的基础上，挖掘促进双方文化与经济发展的潜力，创新中越边民的跨境交流与互动模式，促进中越边境社会进步，是有价值与意义的。中越两国边境民族大多同宗同文，边民之间普遍存在的血缘、亲缘关系，这是两国边民长期紧密联系的纽带。他们虽然异国而居，但宗源的关系是不会因为国界线而切断的，平时都互相串门走动，更不说年节贺岁和婚丧喜庆的日子了。除了亲友的跨境来往，这些年各地民间及地方政府也都举行过不少大型民俗活动，如龙州县金龙镇的"侬峒节"，那坡县的"三月三风流街""同歌节"，靖西市的"端午药王节"，大新县的"土地公庙会"，宁明县的"花山骆越文化节"，凭祥市的"北帝宫庙会"，上思县的"磨福闹元宵"，这些民间民俗活动除了本地民众参与外，还邀请了毗邻的京、岱、侬族越南民众前来参加。而越南方面同登的"灵寺庙会"，谅山的"仙寺庙会"，高平的"拜月请神节"也都同样邀请广西边境的民众过境参加。中越两国边境举行的民间民俗活动，加强了两国边民的交流与互动，促进了两地民族的文化认同。

然而，与当今国际交流与跨国经济贸易的文化交流需要比较，上述的两国民间文化交往还是不够的，并且反映出在内涵、形式、规模、效果上的诸多问题。由于多为官方举办，双方互派人员参与的方式与人数，其影响面还是非常有限的，信息传播范围也不够广，许多民俗活动流于形式，重在表演，变质变味，民俗活动原有的质朴、草根、原生态的本质基本无存。本来根植民间的民俗活动让民众渐渐失去了参与的兴趣与热情，本应融入活动当中的心态泯灭了。因此，创新中越边民的跨境文化交流形式，开创适应区域性经济合作需要的边境互动新局面，就显得非常重要与急需了。

要在创新中越边民的跨境文化交流形式方面有所突破，应从以下几个方面去考虑。

（1）坚持原生态。在课题组赴中越边境考察中，接触到不少完全由民众自发组织的传统民俗活动，原汁原味，非常原生态，如广西龙州、大新，越南高平等地每年举行的"侬峒节"，这个产生于古代骆越先民洞居时期的求雨节日，具有悠久的历史，是每年侬峒节边境壮、岱族民众都要举行传统的祭祀活动，双方都称之为"求务"，即求天神。是日一大早，村民们就将准备好的供品摆放在祭祀场地上，"求务"的天师、天婆弹起传统法器天琴，摇着脚铃，喃唱着经文作法，祈求天神保佑村屯平安、村民吉祥、五谷丰登、六畜兴旺，村民们跪地许愿，十分虔诚。也有两国边民联屯举办侬峒节，极其隆重，两国壮、岱族共有的原生态侬峒节，每年吸引了无数的国内外游客，发展了当地的旅游业。

（2）重视民俗形式与内容上的文化内涵。在过去漫长的历史时期，中越边境两国乡民的传统民俗活动，都是由民间自行组织的，其举办费用或由宗族宗田收成支付，或由大户人家捐资相助，或由村民按户摊派，所举行的民俗活动注重传统性、民粹性、实用性。这些民俗活动与乡民的意识形态相符，与乡民的福祉利益一致，反映了乡民的诉求与企盼，成为社会民众的一种文化自觉。在当今社会，随着现代文明的普及，乡民文化知识的提高，人们科学知识与思想意识水平的提升，曾经的愚昧与落后状况不复存在，一些民俗形式与活动逐渐被历史所淘汰，但是，大量与民众生活息息相关的习俗，仍被民众一年年地复制、遵循。因此，在现代人群对传统民俗活动在态度上呈现多元化、参与的态度与热情不一的情况下，要更多地考虑能充分体现当地传统农耕文化、生活特色、传统礼仪、年节贺俗、歌舞娱乐的民俗活动，呈现地方淳朴民风与传统文化，而并非仅仅为了迎合游客的猎奇心理，实际上失去了存在价值的形式与活动。

（3）摆正文化与经济的位置。近些年来，在开展地方民间文化活动宣传上，"文化搭台，经济唱

戏"是非常走红的口号，应该说，在以经济发展为中心的时代背景下，这种观点一般是不被人质疑的，我们在中越边境地区看到不少地方民俗展示，活动搞得热热闹闹，生意做得红红火火，政府出了钱挣了脸，民众赚了钱，皆大欢喜，何乐而不为呢？然而，从"搭台"与"唱戏"的关系来看，一个是主，一个是仆，仆人对主人，自然要知道分寸，自然不可冒犯，更谈不上平起平坐了。把文化视为仆人的社会，是没有文化地位的社会，"搭台唱戏"论，其实是一种对待社会发展态度的浮躁，是被利益冲昏了头脑，这样的结果势必造成传统文化贬值，使其丧失本来应该有的文化魅力，扼杀了民间文化鲜活的生命力。我们不是不重视从文化事业中产生出来的经济效益，不是将文化与经济割裂开来，而是辩证地摆正两者的关系，在文化中促进经济的发展，在经济中加强文化的建设，两者缺一不可。

（二）加强边贸市场跨国民族文化商品流通的管理

当今世界正发生复杂深刻的变化，各国面临的发展问题依然严峻。中国—东盟自由贸易区的成立，就是顺应世界多极化、经济全球化、文化多样化、社会信息化的潮流，在特定的区域秉持开放、合作精神，加强各国的政治互信与经济合作，维护全球自由贸易体系，促进开放型世界经济构建的重大举措。广西边境地区是中国—东盟自由贸易区的前沿，具有重要的战略地位，广西壮族自治区人民政府非常重视边境地区的建设与发展，多次以政府的名义下发加快边贸市场建设、促进边境贸易发展的文件，从总体要求和发展目标、工作重点、支持政策、保障措施等方面提出了指导意见，对加快建设边贸市场，提升边境贸易发展水平具有重要的指导意义。

当前，广西边境地区已拥有弄尧、东兴、水口、爱店、里火等重要通道互市点，有叫隘、平而、那花、岩应、杨屋、峒中、龙邦、平孟、岳圩、硕龙等中心通道互市点，建设油隘、科甲、滩散、新兴、孟麻等主要辅助通道互市点，正在开通板烂、北山、德天、百南、那布等边远通道互市点，重点打造了凭祥红木文化产业城、叫隘水果交易市场、滩散海产品交易市场、爱店中草药专业市场、东兴市边民互市贸易综合市场、龙州东盟商贸城、凭祥南山建材专业市场、东兴市橡胶交易市场、白龙煤炭交易市场、企沙港钢材交易市场、岩应矿产品交易市场、钦州市边贸煤炭交易市场，形成了边境地区经济发展的新格局。

在加快边贸市场建设、促进边境贸易发展的同时，注意加强口岸互市边贸市场管理的人文建设，促进两国边民经济交往中的文化交流，充分发挥两地传统文化在增进两国边民感情、促进经济合作中的作用，对于边贸市场向着纵深方向发展具有重要的意义。

在中越边贸市场的商品贸易之中，也包含着丰富的文化商品交易，对于日常生活用品中的民族服饰、刺绣、蜡染、土锦、金银饰品、手镯戒指、头巾围兜、布袋荷包、花鞋香脂、裙裤背带、汗衫手帕等，还有木床挂帘、草笠凉席、藤编竹编等居室物品，边贸市场可重新布局，专门设置中越民族生活用品商行，将那些在文化心态、生活习俗、审美情趣体现两国民族传统生活用品单列成行，既能满足两地边民的生活需要，又能给外地游客一个选购地方特产的集中供应点，把边境地区传统文化用品的市场做大做强。

在中越边境地区的边贸市场，那些极为热闹的餐饮小吃摊点，是趁圩赶集边民与游客必然要去光顾的地方。然而，这些餐店饭馆大多是为了解决人们的饥肠饿腹，尽管有一些地方小吃混杂其中，也只不过是搭配而已。中越边境地区两边都有许多具有民族特色的传统饮食小吃，如香粽、五色饭、竹筒饭、粟粥、卷筒粉、桄榔粉、老友面、蕉叶糍粑、米糕、米花、芋泥卷、柠檬鸭、香血肠、脆皮狗，以及蛤蚧酒、三蛇酒、黑米酒等，边贸集市管理部门完全可以开设中越民间特色美食街等，集中营业

展销，让边民、游客尽享当地美食，领略两地传统饮食文化。

当前，中越两国边境地区民间传统宗教活动恢复较快，各种祭祀用品也逐渐形成市场，两国各种神职人员的交流也经常发生，如越南下琅、重庆、广渊等地的岱、侬族人，经常到广西龙州去请天师到本地祭祀道场上作法，他们认为龙州是法界的最高层次，龙州天师功力更强。越南沿边一带的神职人员也常过境到广西大新、宁明购买"鼎叮"（天琴）、啵咧、脚铃、卜骨、法袍等法器与法服。边贸市场完全可以根据两国边境地区社会的需要，开设中越传统民间仪式用品及神职人员交流信息的专业商行，既满足边民的信仰活动需要，又把边境两边民族的民俗物资与文化信息密切地联系在一起，加强了他们之间的文化认同。

（三）利用中国—东盟博览会平台，加强多边同俗文化交流

当前，和平与发展仍是时代的主题，全球经济一体化、区域性经济合作，使世界各国与地区之间形成一个有机的整体，使国际间的经济活动形成相互依存、相互关联的关系。我国政府秉承"发展同各国的外交关系和经济、文化交流，推动构建人类命运共同体"的外交政策，提出"一带一路"合作发展的理念和倡议，其宗旨就是推动沿线各国经济资源高效配置，实现经济政策相互间协调，市场朝着深度融合发展，使区域合作得到更开阔、更高度、更深层的开展，构建更加开放、更加包容、更加均衡、更加普惠的区域经济合作。

中国—东盟自由贸易区成员国都处在"一带一路"沿线，有着广阔的合作空间，一年一度的中国—东盟博览会，是由成员国经贸主管部门及东盟秘书处共同主办，广西壮族自治区人民政府承办的、国际性经贸交流盛会。博览会以展览为中心，同时开展多领域、多层次的经济合作与文化交流活动，是中国与东盟各国交流合作的长期性平台。从博览会已举行18届的情况来看，成果是丰硕的，影响是巨大的，体现了博览会既是经贸盛会，又是多边国际活动，体现了建立和平与繁荣战略合作伙伴关系的宗旨，推动了区域经济合作的深入发展。广西与东盟邻国跨境民俗文化作用于国际区域性经济合作，离不开中国—东盟博览会这个宏大的商品贸易、投资合作、服务贸易、高层论坛、文化交流的宣传平台。

广西与东盟邻国跨境民俗文化建设在博览会的宣传与推进，可从以下几个方面进行。

（1）在博览会文化交流的板块上，进行广西与东盟邻国跨境民俗文化的宣传，通过举行图片展、多媒体视听等形式，把相关民族跨境民俗的历史与现状真实地再现，使各国参会人员更深刻地了解中国与东盟各国悠久的传统文化交往历史，了解这些丰富的跨境民俗在相关地区历史研究中的价值与作用，进一步增进相关国家同宗、同源、同地缘的文化认同，形成更大的地域经济合作的合力。

（2）举行关于广西与东盟各国传统民族文化及其发展的学术报告会，邀请国内外专家学者就相关的论题进行社会调研与学术研究，使广西与东盟各国的民族发展史与文化发展史重新进入学术界的视野，为这一具有深厚历史与现实价值的研究课题得到国际学界的认可与深入研究，从而展开研究成果中构设的发展蓝图，推动中国与东盟各国的文化交流向前发展。

（3）在博览会"南宁国际民歌节""东南亚民族风情展示"等文化活动中，争取把广西与东盟邻国同俗文化的相关内容融合进去，也可以组织专场的"广西与东盟邻国民俗风情"展演，让与会人员与观众在多姿多彩的文艺演出中领略悠久的跨国民族民俗文化。

（4）在中国—东盟博览会上，争取与相关国家达成共识，共同打造边境同俗文化旅游基地。当今世界，积极挖掘地方民族文化旅游资源，推动当地旅游事业建设，促进旅游文化产业发展，是各国地方政府施政的重要理念与举措。在中越边境地区，拥有非常丰富的跨境民族传统民俗文化资源，两国

的壮族、岱族保持着友好的交往与联系，双方共同打造边境同俗文化旅游基地，通过开展多种多样的民间交往与互动，维护了跨境民族的文化认同，促进了边境地区的和平稳定，推动了两国边境地区的社会进步与经济发展。

跨国民族的存在，反映着特定地域复杂的不断衍变的人类社会生活历史。中国在不同时期面临着不同形式的跨界问题，要充分认识多民族的国情及民族问题的长期性、复杂性和重要性，高度重视跨国民族问题对国家安全的影响。在国际关系不断发生变化的新形势下，积极调动与发挥有利于我国建构和平国际环境的各种因素，贯彻"与邻为善，与邻为伴"的睦邻外交思想，增强中华民族的亲和力、凝聚力和感召力。广西与东南亚的越南接壤，并与缅甸、老挝和泰国邻近，在长达1000多千米的漫长国境线上，分布着众多的跨境民族。这些民族大多源于中国古代百越族系，并与一定的语言系属有对应关系，具有相同的族群文化风貌特征。天然的地理联系以及由此衍生出诸多的亲缘关系，增进了双方历史上的交往，这种交往在民间层面上得到了更好的体现，甚至可以说超越了国家层面上的交往。

历史上，中国与邻国跨境民族的特殊关系，极大地影响着边境地区的社会安定、经济来往与文化交流，更影响着现代国际环境语境下国与国之间的交往关系，特别是在当今世界日益加强的区域性政治上互信，经济上合作共赢的国际发展潮流中，积极发展边民的睦邻亲善关系，为跨国区域经济合作创造更为优越的国际环境，是不能缺失的重要条件之一。

中国与东盟打造区域经济自由化，为促成区域经济竞合互补提供了良好的机遇，但也存在诸多困难和障碍，不同程度地影响和制约着双边关系的发展。进一步加强国家层面与民间层面的交往，增强双边的相互了解，加深彼此的信任与感情，是新形势下中国—东盟自由贸易区建设的重要方面。本课题研究的理论价值和实际意义，在于挖掘和利用有利于睦邻安邦的民间积极因素，使具有民间约束力的跨国传统民俗成为维护边境稳定、边民和睦与促进边贸发展的重要动力。

本项目的另一研究意义，体现在历史文化的层面上，深入挖掘与探讨广西与越南跨国民族的渊源与流变，从人类学、民族学、社会学、历史文化学的视角，揭示相关跨国民族的族群起源以及其历史流变，通过对各种共同的或近似的风俗习惯的研究，找到其文化源头，从而为相关跨境民族的"族源认同"与"文化认同"提供史料依据与理论依据，为促进区域性国际关系的历史交往研究，提供具有现实调研基础的佐证材料。

[1] 王言纪，朱锦.白山司志[M].抄本.[出版地不详]：[出版者不详]，1830.

[2] 俞可平，李慎明，王伟光.马克思主义研究论丛（第九辑）[M].中央编译出版社，2008.

[3] 法律出版社.中华人民共和国宪法：最新修正版[M].北京：法律出版社，2018.

[4] 郑阿财.从越南北宁"祭井"论民俗中的水资源文化[J].西北师大学报：社会科学版，2004（4）：60-65.

[5] 谢祖萃，莫炳奎，陈寿民.邕宁县志[M].[出版地不详]：[出版者不详]，1937.

[6] 方素梅.近代壮族社会研究[M].南宁：广西民族出版社，2002.

[7] 广西壮族自治区地方志编纂委员会.广西通志·民俗志[M].南宁：广西人民出版社：1991.

[8]中国民间文学集成全国编辑委员会.中国歌谣集成(广西卷)[M].北京:中国社会科学出版社,1992.

[9]孔子.诗经[M]黎波,译注.长春:吉林美术出版社,2015.

[10]叶长青.汉书艺文志问答[M].上海:华东师范大学出版社,2015.

[11]世亲菩萨,圆晖法师,智敏上师.俱舍论疏颂讲记[M].上海:上海古籍出版社,2016.

[12]黎升,方晓超,余雷.北宋至1949年桂越经济交往变迁研究[J].经贸广场,2011.

[13]吴国富,范宏贵,谈琪,等.靖西壮族社会文化的人类学考察[J].广西民族学院学报,1997(12):137-229.

[14]陈振.宋史[M].上海:上海人民出版社,2017.

[15]王金峰.千古人物:汉武帝刘彻传[M].呼伦贝尔:内蒙古文化出版社,2018.